JN085968

《まえがき》

著作権を大切にしましょう――もはや日本人にとって常識だ。著作権を侵害すれば、相応の法的責任を問われることになるし、社会的な非難の対象にもなる。無論、そのこと自体は正しい。しかし世の中には、この「常識」につけこんで、善良な市民の正当な行為に対して、無理難題、イチャモン、妄想、恫喝的要求をふっかける「エセ著作権者」がおり、その問題が近年顕在化してきている。

しばしば著作権ヤクザ、パクられ妄想、著作権厨などとも揶揄されるこうしたエセ著作権者たちは、著作権についての浅薄な知識、あるいはまったくの無知・無理解や思い込み、ときには法律をあえて曲解した言いがかりを振りかざして、他人の表現の自由や、営業の自由の侵害を試みている。しかも彼らは、あたかも「著作権者としての当然の権利行使」であるかのような顔をして振る舞うのだからタチが悪い。

本書は、こうしたエセ著作権者たちの筋違いの権利主張が問題になった事件や裁判例を取り上げ、その筋の通らなさや事件の顛末について解説、検証し、批評するという本である。「酷似している」「盗作だ」「パクられた」「無断使用された」――一見するともっともらしく聞こえる彼らの主張について、問題視された対象物を比較したうえで、丁寧に紐解いてゆくと、笑っちゃうような矛盾や詭弁、過剰な被害妄想、常軌を逸した言動が浮き彫りになる。

「日本のアニメに著作権を侵害された！」と主張してなぜかアメリカ合衆国政府を訴えた同人作家、ライバル教授の研究論文を盗作だと思い込み、その被害を天皇陛下に直訴して名誉毀損の罪に問われた大学教授、ツイッターで根拠なく他人の作品を盗作呼ばわりして賠償金を支払う羽目になった東京都知事、図書館に著書を寄贈した自分のファンを犯罪者呼ばわりする漫画家、四五年間も盗作の恨みを抱き続けた挙げ句敗訴して一〇〇〇万円以上をドブに捨てた大学教授……。いったい、何が彼らをそうさせたのか。ぜひ、本文を読んで味わってもらいたい。

こうした、エセ著作権者の主張が抱える問題点を指摘することに注力した書籍は、これまでほとんどなかったはずだ。「一億総クリエイター時代」とも呼ばれ、ＳＮＳやＹｏｕＴｕｂｅなどのツールを用いて、誰もが気軽に情報発信や作品創作を楽しめる今日において、著作権の問題は身近である。一般向けに著作権を解説するウェブサイトや解説書も頻繁に出版されているが、中には、必要以上に人々の不安につけこむような売り方をしているのではないか……と疑ってしまうようなものもある。試みに解説書を手に取ると、帯に「その文章、写真、音楽はアウトかも!?(注1)」「ネットで拾った画像・トレース・アニメのパロディ それ訴えられますよ！(注2)」といった「脅し文句」が躍っているのだ。

ため息が出る。こうした、著作権についていたずらに不安を煽るパフォーマンスが、エセ著作権者を増長させている側面は否めないからだ。そして、リスクを真面目に気にする人ほど著作権問題にセンシティブになり、イチャモンのようなクレームにもビクビクと怯えてしまうのだ。不安を煽る著作権啓発と、エセ著作権者の奇妙な結託である。行き着く先は、エセ著作権を振りかざせば、気に入らない他人の表現や営業をたやすく妨害できるディストピアの完成だ。

むしろ、今必要なのは、「アウトかも!?」などとあらぬ疑惑を寄せられたときにそれをはねのけるための勇気と知恵と心構えであり、たとえ「ネットで拾った画像・トレース・アニメのパロディ」であろうとも、合法かつ正当に利用するための知識とロジックを身に着けることである。

本書では、ネットで拾った画像からのトレース、ベストセラー本のカバーデザインのパロディ、漫画や文章の無断引用などについて、エセ著作権者の振りかざす「常識」に反して、「合法」であると裁判所が認定した実例も紹介している。なぜ合法と認められたのか、それもぜひ本文を読んで確認してもらいたい。

本書は、エセ著作権に負けずに自由な表現活動、創作活動を行うすべての人にとって真に助けになる本である。メディア関係者、言論人、音楽家、ライター、イラストレーター、デザイナー、写真家、ユーチューバー、ＳＮＳユーザー、あるいはそれらを志す方、表現活動に携わる、また興味のあるすべての人々に読んでもらいたい。

エセ著作権にまつわる事件や裁判例を知ることは、多様な表現の開花と健全な自由競争の実現に寄与すると、筆者は信じている。

《目次》

《凡例》

・本書で紹介する事件、裁判例は、日本及び各国の裁判所ウェブサイト、主要な判例データベース、新聞記事データベースなどによって確認した。なお公開されている判決や解決後に、当事者間による非公開の和解などにより、別の解決がなされている可能性があることに留意されたい。

・裁判例の紹介において、裁判所の判断は事件当時の法律に基づく。その後の法改正等によって解釈に変更が生じている場合は、必要に応じ、文中や注釈で補足解説しているが、それらは二〇二一年六月現在の法律に基づく。

・引用文中、〔 〕で括った箇所は、引用者による補足・注記。

大迷惑！
驚愕のパクられ妄想ワールド

墓穴を自分で掘れ！　伝説のクレーマーを裁判で黙らせたヒットメーカー

時間は夢を裏切らない事件

松本零士 vs 槇原敬之(注1)

著作権ゴロに目をつけられた！

エセ著作権が抱える問題が、すべて凝縮されているといっても過言ではない事件である。強力な思い込み、安易な謝罪の是非、糾弾と謝罪要求、騒がれた側の名誉毀損……。この事件の顛末から学べることは多く、エセ著作権問題の教科書ともいえる。

事の発端はネット掲示板だ。シンガーソングライターとして有名な槇原敬之が作詞・作曲した、男性デュオCHEMISTRYの新曲「約束の場所」の歌詞の一節が、「漫画『銀河鉄道999』の作中のセリフ『**時間は夢を裏切らない、夢も時間を裏切ってはならない**』のパクリではないか」という指摘がなされていたのである。ネット上の軽口レベルではこの程度はよくある話だが、元ネタといわれた作品の作者が、よりにもよって松本零士だったのが不運だった。彼は一時期、客観的にはどうかしているとしか思えないような著作権に関する主張を連発しており(注2)、恐れられていた(呆れられていた)人物でもあった。

プロのクレーマーのやり口

ネット上の指摘を人づてに聞いた松本は激怒。「約束の場所」が「クノール カップスープ」のCMソングに起用されていることを知ると、広告代理店の博報堂、広告主の味の素社にクレームを行った。作者やレコード会社のみならず、**利害**

関係者にクレームを入れているのがプロのクレーマー然としていますね。また、松本は週刊誌『女性セブン』の取材で怒りの告発をしたのを皮切りに、各週刊誌やワイドショーにおいて、槇原の「盗作」を非難。とにかく頭ごなしに、槇原が自分の表現を知らなかったわけがない、謝罪しろとの要求を繰り返したのである。

これに対し、槇原が自身の公式サイトで盗作を否定する反論を掲載すると、松本はさらに怒りを爆発させた。当時ワイドショー番組などに連日のように出演して、**「何をいうのかこの野郎！」「〈裁判を〉やってもいいのか〜？お前」「漫画家をナメるな」「盗人猛々しいとはこのこと」「男らしくねぇやつだな」「ほざけほざけ」「墓穴を自分で掘れ」**などと、メチャクチャな悪口雑言を公にぶちまけている。

そんなセリフ知ってるか？

松本の尋常ならざる癇癪と、『銀河鉄道999』という作品自体の知名度から、番組を見た視聴者の一部には、「あの『銀河鉄道999』を知らなかったってことはないんじゃない？」と、松本の主張に理解を示す反応もあったようだ。

だが、ここで盗作元として疑われているのは、『銀河鉄道999』という漫画そのものではない。その作中に登場するセリフだという「時間は夢を裏切らない、夢も時間を裏切ってはならない」なのである。そんなセリフ、見聞きした覚えがありますか？　よくよく調べると、これが「知っていて当然」とは到底いえないレベルのものなのである。

そもそも、いかに有名な漫画やドラマといえども、作中のひとつのセリフが「誰もが知っていて当然」のレベルにまで至ることは、流行語化したセリフのような極端な事例を除けば、あり得ないといってよい。それに、「時間は夢を裏切らない、夢も時間を裏切ってはならない」のセリフが発表されたタイミングも問題だ。『銀河鉄道999』といえば、テレビアニメと劇場版アニメがヒットした一九七〇年代末から八〇年代初頭にかけての時期が人気のピークであり、この頃のアニメ作品を記憶する人が多いだろう。漫画連載も、一九八一年で終了している。しかし、ブーム期の『銀河鉄道９９９』のみを記憶する人は、このセリフを知らないはずだ。なぜなら、「時間は夢を裏切らない」というキーワードは、連載終了から一五年後の一九九六年に再開された続編（通称、エターナル編）の第一話で初めて登場するからである。続編と区別して「アンドロメダ編」と呼ばれる、一般に認知度の高い七〇年代末の作品には出てこないのだ。それどころか、**図1、2**の通り、ここに登場するセリフは、

時間は…時間は夢を裏切らない…時間は決してぼくの夢を裏切らない…って…そう信じてたんだ。だからぼくの夢も時間を裏切ってはならない義務がある!!そう信じて何がなんでも…

早く走ってもゆっくり走っても旅は時間と共に進むもの。鉄郎の信じているとおり、「時間は夢を裏切らない」それが宇宙を支配する絶対的大原則だと鉄郎が気付く時が来る。９９９の新しい旅立ちである。「夢もまた、時間を裏切ってはならない」その義務を果たす者だけが宇宙で生き残るのだ。宇宙の海とはそういう場所である。

なのである。松本が盗作されたと主張する、「時間は夢を裏切らない、夢も時間を裏切ってはならない」そのものの文字列はなく、分解された文節は他のセリフと混じり合って埋没している。そのうえ、セリフ全体を「約束の場所」の歌詞と比較しても、以下の通りまったく似ていないのである。

〈「約束の場所」〉

無理かも知れないように 思えても僕は
一番叶えたい事を夢に 持って生きていくよ
日が暮れたのに気づかず 夢中で頑張って
出来るようになった逆上がりも あの頃の僕の大事な夢だった

どれだけ時間がかかっても 夢を叶えるその時まで
あくびもせかす事もせず 未来は待ってくれていた

夢は時間を裏切らない 時間も夢を決して裏切らない
その二つがちょうど交わる場所に心が望む未来がある
夢を携えて目指すその場所に 僕がつけた名前は「約束の場所」

「宇宙を支配する絶対的大原則」の歌なんかつくってないんだよ、槇原は。

図1

図2

『銀河鉄道999』にはセリフが出てこない⁉

なお、エターナル編には、第一話以降にも、似たようなフレーズが数回使われているもの、「時間は夢を裏切らない、夢も時間を裏切ってはならない」の文章そのものは、**実は裁判時に至るまで『銀河鉄道999』には登場していない。**一続きのセリフが使われたのは、なんと『銀河鉄道999』ではなく、一九九七年から九八年にかけてウェブ連載された松本の『ニーベルングの指環（ジークフリート編）』という作品の二コマ（**図3、4**）なのである。これ以降は、『銀河鉄道物語』や松本のエッセイ、講演などでも度々使用されている。

図3

しかし、『ニーベルングの指環』や『銀河鉄道物語』は、それほど知られた作品とはいえず、松本のエッセイなども熱心なファン向けであろう。ましてそこで出てきたセリフの

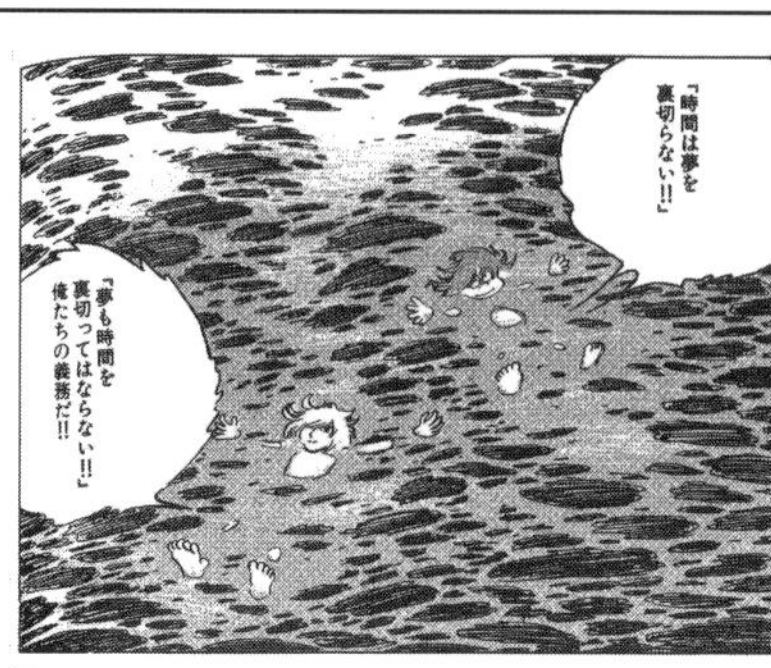

図４

一節など、むしろ**「知らなくて当然」**だ。こんなものを『銀河鉄道９９９』からの盗作疑惑」などと称することすらまやかしである。

槇原の世代は読んで当然？

なお松本は、裁判でも、『銀河鉄道９９９』が、一九六九年生まれの槇原が小学校高学年のころに記録的大ブームとなったこと、槇原が、劇場版『銀河鉄道９９９』（一九七九年）の主題歌を歌ったゴダイゴを愛好していること（注３）などを理由に、「時間は夢を裏切らない、夢も時間を裏切ってはならない」を知らないわけがないと、あくまで『銀河鉄道９９９』（アンドロメダ編）へのアクセス可能性にこだわる主張を行った。しかし、アンドロメダ編に件のセリフが出てこない以上、**まったく無意味**である。なお槇原は、アンドロメダ編も含めて、『銀河鉄道９９９』自体、好みではないので読んだことがないと述べている。これを疑う理由はないだろう。いくら人気漫画とはいえ、世の中の全員が読んでいると思うなよ、という話である。

後に裁判所も、松本のセリフそのものが公表された媒体は限定的であり、しかもセリフは文章の一部であることも多いため、仮に槇原が媒体に接していたとしても、セリフに注目するとは限らないなどの理由で、槇原が松本のセリフに接したことがあるとは推認できないとして、松本の主張を一蹴している。

執拗な謝罪要求の背景に驕り

このように、松本の主張は的外れもいいところなのだが、彼は一貫して、「否を認めて公に謝罪しろ」と執拗に迫り続けている。だが、こんな謝罪要求を受け入れられるはずがない。端的にいって、松本は「時間は夢を裏切らない、夢も時間を裏切ってはならない」への思い入れが強過ぎるあまり、他人の創作行為に対するリスペクトが著しく欠如しているのである。彼にいわせれば「こんなに似ているんだから、知らなかったわけがない。盗作に決まっている」ということだが、「盗作しなければこの表現に辿り着けるはずがない」という**決めつけは驕りである。**槇原にしても、松本のセリフとは無関係に「約束の場所」を作詞したのなら、自分の作品に思い入れやプライドがあるのは松本と同様だろう。おいそれと「他人の作品でした。申し訳ありません」とは言えないはずだ。

では、実際にこのとき槇原は、松本の強硬な謝罪要求に対し、どう応じたのか。これを振り返ると、盗作疑惑に巻き込まれたときに取るべき立ち回り方のヒントが見えてくる。

緊迫の電話会議

松本は、博報堂から「約束の場所」のCDを発売するレコード会社を紹介され、その仲介で槇原と電話会議を行っている。松本は一人で対応、槇原側は、レコード会社や自身の所属事務所のスタッフとともに対応した。この会議で、槇原は頑として「松本のセリフは知らない」として謝罪を拒んだのだが、これは自己の創作プロセスに対する自信とプライドの表れであり、正しい。結果として、謝れ、謝らないの水掛け論となり会議は物別れに終わったが、謝る必要はないだろう。

だがこのとき、事態を穏便に収束させたいレコード会社の意向が働いた。会議終了後、その場にいたレコード会社のスタッフが、槇原に対し、盗作を認めずに形式的な謝罪をすることを提案し、槇原もしぶしぶこれに応じることにしたのである。かけ直した電話で、再び松本から厳しい口調で執拗な謝罪要求にさらされた槇原は、スタッフの助言に従い、**「松本のセリフを知らなかったこと」に対する謝罪**を行ったのである。

この対応の評価は難しい。形

式的、儀礼的に謝罪することで、相手の態度をやわらげるのは処世術のひとつである。これっぽっちも悪いと思っちゃいないのに、「お待たせして申し訳ございません」「ご迷惑をおかけして申し訳ございません」を日々連発しているビジネスパーソンは多いだろう。いわゆる「大人の対応」で、事態を収束させられる可能性は確かにあった。

形式的な謝罪につけこむ松本

しかし、本件では結果的に裏目に出た。相手は名うてのクレーマーなのである。謝罪を受け入れた松本はつけ上がり、今度は新聞広告で謝罪文を公表すること、槇原が松本の自宅を訪問して対面で謝罪すること、「約束の場所」が流れる「クノールカップスープ」のCMに「©松本零士」の表示を入れること（これは一般的な商慣習からして**相当非常識な要求**である）などを次々に要求し始めたのである。さらに松本はその後に出演したワイドショーなどで、「槇原は、自分のセリフを知っていたことを半ば認めた」と、槇原の発言を曲解した見解を喧伝し、槇原の評判をおとしめたのだ。

このように、相手が常識外れの怒りをぶつけてくるクレーマーの場合、形式的な謝罪に対して、**要求のエスカレート**や、**都合のよい解釈**につながることがある点には十分な注意が必要だ。槇原本人は「自分が盗作を認めたことにはならないように」と腐心していた様子がうかがえるが、結果的には周囲のサポートが至らなかったといえる。そもそもこのような相手との交渉は、電話会議などではなく、発言内容や意図が誤解を生まないよう、証拠の残る方法（録音をしたり、書面のやり取り）で行う方がよかっただろう。

ついにキレた槇原

こうした経緯で、ついに槇原がキレてしまい、名誉毀損に基づく損害賠償、著作権侵害が存在しないことの確認（著作権侵害等に基づく損害賠償請求権不存在確認）を求めて、松本を提訴するに至ったのだ。その結果は、述べた通り、槇原が松本のセリフを知っていたと推認することはできず、すなわち表現の類似は偶然の一致であり、盗作にはあたらないことが実質的に認定されたのである。加えて、松本の槇原に対する発言による名誉毀損も認められ、松本には二二〇万円の支払いを命じる判決が下された。

最後に謝ったのは松本の方

最終的には、控訴審の途中で両者が和解してこの事件は終結している。報道によると、執拗に謝罪を要求していた**松本の方が、逆に槇原へ謝罪することが和解条件**だったとされ、さらに、今後松本は「約束の場所」に対して一切の異議を述べないことも盛り込まれたという。つまり、「約束の場所」は盗作などではなく、松本のクレームは不当な言いがかりだったことを、裁判所の面前で相互に確認し合ったということだ。実質的には槇原の勝訴である。この事件以降、松本はそれまでのように、表立ってムチャクチャなエセ著作権の主張をすることはなくなった。

騒動勃発から、丸三年が経過していた。エセ著作権クレームに安易に屈さず、戦った槇原の夢を、時間は裏切らなかったのである。(注4)

ネットの意見を鵜呑み！高名作家遺族のイチャモンに出版社は大迷惑！

『生活維持省』事件

星マリナ vs 小学館、間瀬元朗

ネットの意見を真に受けて

高名作家も草葉の陰から「恥ずかしいから止めてくれ！」と言っただろう遺族の暴走である。ＳＦ作家・星新一（故人）の次女である星マリナが、小学館へ半年にわたりクレームを続け、挙げ句その顛末をネットで公表するという事件が起こった。小学館から刊行されている間瀬元朗（ませもとろう）の漫画『イキガミ』が、新一の短編『生活維持省』に似ているというのだ。

両作品の類似性については、当時ネットでも指摘があったようで、マリナは小学館への抗議にあたり、**一〇〇件以上のネット上の意見**に目を通して参考にしたという。だがこの時点で察して知るべし。ネット上の無責任な「パクリ疑惑」に権利者サイドがまんまとのせられて抗議すると、大抵は**ろくでもない言いがかり**にしかならない。まずは両作品の概要を紹介しよう。

読み比べてみると……

新一の『生活維持省』は、同名の政府機関に勤務する二人の男の話だ。この国では、政府の方針により、国民一人あたりに十分な広さの土地を与えるために、人口抑制策として人間の間引きが行われている。省の計算機が毎日ランダムで選んだ人間を、光線銃で殺すことになっているのだ。二人の仕事は「外回り」で対象者を殺して回ること。ある親子の家で一仕事を終えた主人公が、次に引いた間引き対象者のカードに書かれていたのは、意外な人物だった……というのがあらすじだ。

　一方『イキガミ』は、小学校に入学する日本国民全員に、成人する頃に一〇〇〇分の一の確率で死亡する薬剤を投与する法律がある世界が描かれている。この施策により「生命の価値」に対する意識が高まり、それが社会の生産性を向上させているのだという。そして死亡対象者は、死の二四時間前に区役所の戸籍係から「逝紙（イキガミ）」と呼ばれる死亡予告証を配達される。主人公はこのイキガミ配達人である。漫画は一エピソード毎の読み切りで、各エピソードで、イキガミによって死を宣告されたさまざまな若者が、さまざまな思いを抱えながら最期の二四時間を過ごす様子が描かれる。その様を通して、主人公が自らの仕事に葛藤を抱いていく……という作品だ。

国連にも抗議しろ

　もうお分かりだろうが、「似ている」というのは**「政府が人口抑制策として国民をランダムで殺す」**という設定・アイデアに過ぎないのである。ストーリー自体は、まったく異なっている。設定やアイデアを著作権で独占することはできない。これを分かっていないマリナは、ご苦労様なことに両作品の類似点をなんと四〇点以上も挙げている。かなりの執念深さだが、彼女の指摘する類似点というのは、以下の通り、その多くが理屈もへったくれもないイチャモンなのである。こんな「証拠」を、いくつ積み重ねようが無意味である。一例を、新一の公式サイトに掲載されたマリナの文章から引こう（傍線は引用者によるもので、原文では赤文字で強調されている）。

1 **生活維持省の主人公が勤めるのは、「生活維持省」で、イキガミの主人公の仕事は、「国家繁栄維持法」に基づき死亡予告証を届けることである〔…〕**

2 **生活維持省の主人公は、「生きる権利と死ぬ義務**は、誰にでも平等に与えられなければなりません」と言い、イキガミの主人公は、「まだ6歳だった僕は、その「義務」をよくわかっていないまま受け入れ・・・」と述懐している〔…〕

3 生活維持省では、主人公が「平和だなあ」と言い、イキガミでは、「この法律は平和な社会に暮らすわが国民に対し」との講義がある〔…〕

生活維持省のキーワードである、平和、維持、義務という言葉が、イキガミの本編が始まって8ページのあいだにすべて使われています(注1)。

だ、だから何!?「平和」「維持」「義務」という言葉をセットで使えるのは自分だけだと思っているのかこの人は？ 同様のキーワードは国際連合憲章にも使われているが、**国連には抗議しなくていいのか？** さらにマリナは続ける。

生活維持省、イキガミともに、目的の家に着く寸前に主人公が運転している人に話しかける。生活維持省では、「もう少し先に行って、左にはいるんだ」。イキガミでは、「運転手さん、急いでください」。

これ、類似点の指摘？ セリフが全然違う！ 相違点の指摘になってるじゃないか！（図1）

〔主人公がチャイムを鳴らし、家人が出てくるシーンで〕生活維持省では、「どなた」、イキガミでは、「はい、どちらさまでしょうか？」と家の中から母親が答える。

図1

またもセリフが違う！　おい、ひょっとして、チャイムが鳴って、家人が客人に対し誰かと尋ねる言動を「類似点」だとのたまうつもりじゃあるまいな？　他人がチャイム鳴らしたときに、それ以外にどんなリアクションがあるというのだ。

生活維持省、イキガミともに、主人公が、チャイムを鳴らす。生活維持省では「キンコーン」、イキガミでは「ピンポーン」と音がする。

チャイムを押して、音がする。だから当たり前なんだよ！ むしろたまたまカブらなかったチャイムの音に着目すればこれも相違点だろ！　よくカブらなかったなぁ（なおこれのみ志村貴子作画の漫画版『生活維持省』との比較である。**図2、3**）。

マリナの指摘は、ことごとくこの調子なのだ。さすが、ネット上の意見を参考にして抗議しただけのことはある。とことん

図2（『イキガミ』）

図3（漫画版『生活維持省』）

執拗なくせに中身はどうしようもなく杜撰という、ネット上の疑惑の悪いところがそのまま反映されたご指摘ではないか。

小学館も総出でウンザリ

この言いがかりに、小学館はどのように対応したのだろうか。マリナによれば、四ヶ月の交渉の間に、『イキガミ』の著者の間瀬、担当編集者、掲載誌だった『ヤングサンデー』の編集長とも、一貫して著作権侵害を否定したという。そりゃそうだ。週刊連載を抱えながら、こんな**意味不明なクレーム**に付き合わされた間瀬と編集者が気の毒としかいいようがない。

しかし、それでもマリナが納得しなかったので、最終的に小学館は、執行役員（当時）の片寄聴名義で談話を発表。そこで片寄は、「**ご指摘に困惑するばかりでした**」「**弊社の回答が、星マリナさんのご納得を得られなかったのは誠に残念なことと言わざるを得ません**」などと述べている。小学館の社を挙げたウンザリ具合が伝わってきますな。そのうえで、

『イキガミ』は間瀬氏のオリジナル作品であり、『生活維持省』とはまったく違う創作物です。仮に類似点が見いだされたとしてもそれはまったくの偶然であり、『イキガミ』が『生活維持省』に依拠も参考もしていない以上、法律的にも道義的にも問題は発生しないものと考えます。[注2]

とキッパリと抗議を突っぱねたのである。そうそう、理不尽なクレームは、こういう風に毅然と退ければいいんだよ。

これを受け、マリナは「私としてはまだ納得できていませんが」と、**なおもグチグチ**いいつつも、「**私から小学館への問い合わせ及び抗議は終わりにし、判断はそれぞれの読者のみなさまにおまかせしたいと思います**」として、それ以降、本件については黙っている。そしてその後も『イキガミ』の連載は順調に継続し、二〇〇八年には松田翔太主演で映画化、二〇一一年からは新章『イキガミ 再臨』の連載も開始されて

いる。新一ファンも含めて、読者は正しい判断をしたということだろう。

アイデア独占は作家を殺す

『生活維持省』にも顕著だが、奇抜なアイデアは、確かに新一の書くSFショートショートの魅力のひとつだろう。だがアイデアを大事にする作家こそ、**アイデアを独占されては困る**ことも分かっているはずだ。新一が生きていたらこんなクレームは許さなかったのではないだろうか。

新一の作品に、宇宙人が地球に来たが、ずっと何もしゃべらないので来訪の目的が分からず人間たちが右往左往する『来訪者』（一九六一年）という作品がある。筆者の好きな作品だが、もし『イキガミ』が『生活維持省』の盗作だというのなら、『来訪者』は似た設定のある米国のSF映画『地球の静止する日』（一九五一年）の盗作である。そんなことでいちいちクレームや訴訟が頻発したら創作などできなくなってしまうから、アイデアは著作権で独占できないようになっているのである。これは、著作権の基本のひとつだ。

なお、この騒動の後、マリナは新一の著作権管理を行う会社を設立し、その代表に就いている。しかしこの調子で、果たしてちゃんとお役目を果たせているのか、心配である。しょうもないクレームで、新一の作品の評判を落とすようなことがなければよいのだが……。

宮崎駿が自分と同じ曲を聴いている！ 驚愕のパクられ被害妄想

『崖の上のポニョ』事件

名倉靖博 vs スタジオジブリ

ジブリ新作を悪夢と評した男

　準備段階の企画が、企業に盗まれて先に発表されてしまう。これは、企業と仕事をするクリエイターや企画マンにとって最も避けたい事態だ。企画の持ち込みや、作品の応募を考えるときに「盗まれたらどうしよう……」という心配が頭をよぎるクリエイターは少なくないだろう。その気持ちは分かるし、企画書のバックアップなど最低限の自衛も必要だと思うが、自己の作品への思い入れと、盗用されることへの不安が度を越えてしまい、まったく違う企画に対して「盗まれた、パクられた」と思い込み、大騒ぎをする人がたまにいる。客観的に見れば滑稽なイチャモンだ。

　映画『メトロポリス』や、アニメ『とんがり帽子のメモル』などで作画監督を手掛けた、実績あるアニメーターの名倉靖博も、その思い込みにハマってしまったクチだ。宮崎駿が原作・脚本・監督を務めたスタジオジブリ作品『崖の上のポニョ』（図１）は、自身の未完成作品の盗用だと主張したのだ。

　二〇〇八年の夏に劇場公開された『崖の上のポニョ』は、その前年の三月一九日に製作発表がなされた。報道に接した名倉は、即日、自身のブログにこんな文章を寄せている。

今日、信じられない悪夢のような情報が巷に流れました。〔…〕

図1

今日の報道で僕は物凄くショックを受けています。何故？どうして？何度も何度も自問自答の繰り返しです。〔…〕力関係で申し上げたら、僕の存在は僅かな風にも揺らぐ一枚の葉っぱでしかないのかもしれません。でも、今回のこの試練は敢えて引き受けなくてはいけないものなんでしょうか？答えられる誰かにそれを聞いてみたいです。とにかく…凄く残念でなりません。今はそれ以上何も考えられない状態です。（注1）

世界待望の宮崎駿監督作品の製作発表を、**あたかも同時多発テロ事件の如く「信じられない悪夢のような情報」**と評したのは、世界広しといえどもこの人だけではないか!?

未完成作品の盗用というが……

いったい、何があったのか。名倉は、『ポニョ』を、自身が映画化を目指して企画していたが頓挫したアニメ『金魚姫のシャーベット』『金魚姫の銀魚姫なココロ』の盗用だと疑ったのである。

『金魚姫のシャーベット』は、一九九三年頃の企画だったといわれ、名倉はキャラクターデザインを担当していた。スタジオぴえろがアニメを制作する予定で、メディアミックス展開も計画されたようだが、三分ほどのパイロットフィルムが制作されたのみで、世には出ていない。しかし、名倉にとっては思い入れがあったようで、原作者の了解を得て、自らストーリーをつけて『金魚姫の銀魚姫なココロ』という絵物語に改作し、再び映像化を目指してアニメ雑誌『ニュータイプ』で二〇〇一年から二〇〇二年にかけて連載していた。

ジブリの社員が知っていた？

両作品とも、名倉の画集『名倉靖博の世界』（二〇〇四年）に資料の一部が掲載されている（図2、3）。それによれば、『金魚姫のシャーベット』は、テレビから飛び出してきた王子様に恋をする金魚姫と、家電を操って彼女を追い回す謎の人物・児雷也の「人類皆モーツァルト計画」を描く物語だったようだ。かなりシュールな内容であることがうかがえる。『金魚姫の銀魚姫なココロ』はさらに難解で、ブラックホールに飛び込んで王子様の頭の中に入り込んだ金魚姫を、妹の銀魚姫と、巨大金魚の母親が探しに来るが、城の近衛兵が母親を攻撃したので、金魚姫が王子様の神経を操り母親の口の中に飛び込む……といったような内容だ。この難解さが、商業化をためらわせたのではないだろうか。

図2

名倉曰く、『金魚姫のシャーベット』は当時のスタジオジブリのアニメーターも作画を手伝ってくれたし、名倉の画集はジブリ内にも「購入希望者」がいたとのことである。つまり、ジブリは名倉の『金魚姫』を知っていて企画を盗んだのだろうと

図3

疑っているのだ。

名倉の尋常ならざる猜疑心

だが、**恐るべき被害妄想**といわざるを得ない。そもそもこのときのジブリの製作発表で明かされたのは、宮崎駿以下主要なスタッフ陣、『崖の上のポニョ』というタイトル、多少のイメージボード、それにリップサービス的な制作背景ぐらいで、まだ制作過程だった作品の内容としては「人間になりたいと願う金魚の姫の〝ポニョ〟と、宗介という五歳の男の子との交流を描く」という極めて漠然とした説明がなされた程度であった。つまりこの時点では、作品の具体的な内容など**何ひとつ明らかになっていない**のだ。何か別の作品に似ているかどうかも含めて、あらゆる評価の対象になりようがないのである。

それなのに名倉は、この「金魚の姫」という一言に引っかかり、まるでこの世の終わりのようなショックを受けてしまったのである。前述の通り、名倉の『金魚姫』も「金魚の姫」を主人公とする企画だからなのだが、しかし果たしてここまで漠然とした共通点に、こんなにも打ちのめされる必要があるだろうか。喩えるならば、『新世紀エヴァンゲリオン』を「少年がロボットを操縦する話」だと聞かされた『マジンガーZ』の原作者・永井豪が、**「庵野秀明に企画を盗まれた……。何故？どうして？今は何も考えられません」**などと泣き言をいうようなものである。全然違う作品だぞ。

要するに名倉は、たった一言で説明された初歩的な設定から、映画全体が盗作であるかのように思い込んでしまったのである。これは「繊細」や「軽率」といった評価では収まらない、ちょっと**ただごとじゃない**精神状態ではないだろうか。

宮崎駿が同じ曲を聴いている！

いかにも、ただごとじゃなかった。製作発表から一週間後、ＮＨＫが、『崖の上のポニョ』の制作に挑む宮崎に密着取材したドキュメンタリー番組『プロフェッショナル 仕事の流儀』を放送した。

番組では、宮崎がロンドンの美術館で、一九世紀の画家・ミレーの「オフィーリア」（図4）を鑑賞したことを振り返るシーンがある。宮崎作品といえば、細部まで緻密に描き込んだ迫力ある作画が特徴のひとつだが、宮崎は「オフィーリア」の描写のあまりの丹念さに圧倒され、『崖の上のポニョ』ではあえて素朴な作画に舵を切ったのだという。また、別の場面では、宮崎がワーグナーの「ワルキューレ」のCDをかけながら、スタッフへの指示書やイメージボードを描くというシーンが放送された（図5）。

図4

　このなんてことのないエピソードに、名倉はまたしても**過剰反応**を示したのである。自身の『金魚姫の銀魚姫なココロ』にも「世界観を作る上で散りばめた重要な要素」として、「オフィーリア」「ワーグナー」「ワルキューレ」というキーワードが登場する（中・近世のさまざまな画家や作曲家、楽曲名をキャラクター名などに採用している）ことを挙げ、以下のように訝しんだのだ。

図5

やや大袈裟かもしれませんが、僕は不自然な流れを感じてしまいました。〔…〕「金魚姫」という限られた枠の中で、こんなにも共通点が多いのは、多分…単なる〝偶然〟では無く、限りなく〝意図〟に近い何かの作用があってこの様な流れになっているのだと感じるからです。〔…〕正直とても辛いのです…。このまま僕の「金魚姫」は経済と言う名前のモンスターに踏みつけにされてしまう運命なのでしょうか…… 今は偶然を装った共通点がもうこれ以上増える事の無い様、取りあえず祈るしかありません。[注2]

ものすごい邪推ではないか。映画本編とはまったく関係のない、宮崎が観た絵画や、職場で流していたBGMを取り上げて、「不自然な流れ」「限りなく〝意図〟に近い何かの作用」「偶然を装った共通点」などと、企画盗用の「状況証拠」の如く感じ取り、そのうえ、唐突に出てきた何のことやら分からない**「経済と言う名前のモンスター」**の幻影に恐れおののいているのである。まったくただごとではない。だいたい「オフィーリア」にせよ「ワルキューレ」にせよ、名倉の作品でもなんでもないくせに、宮崎が同じ作品を鑑賞することすら許容できないとはいったいどういう了見なんだ。どうかしているレベルの思考回路である。

神経症と不安の時代

余談だが、宮崎は『崖の上のポニョ』の制作コンセプトについて、「少年と少女、愛と責任、海と生命、これら初源に属するものをためらわずに描いて、神経症と不安の時代に立ち向かおうというものである」[注3]と意気込みを述べている。その作品が、まさか**神経症と不安の権化**のような名倉に立ち向かわれるとはなぁ。皮肉な話ではある。

　さて、『崖の上のポニョ』は、その後一年半を経て劇場公開された。完成した内容は、もちろん、名倉の『金魚姫』とは似ても似つかない内容だった。ポニョのキャラクターのアイデアの元についても、のちに、昔よくあった金魚をかたどったじょうろのおもちゃと[注4]、作画監督の近藤勝也の娘[注5]だったことが明かされている。

そして名倉はというと、その後ブログで『崖の上のポニョ』について一切語っていない。「実際に映画を観に行ったら、全然違って安心しました」くらい言ったらどうだと思うが、疑惑を投げっぱなしで放置している。

それとも、完成した映画を観てもなお、彼は企画盗用の妄想を抱き続けているのだろうか……。

まるでみかじめ料！世界中から小銭を集めて回る著作権ヤクザの敗訴

温和なシャーロック・ホームズ事件

コナン・ドイル財団 vs ネットフリックス、[注1] レスリー・クリンガー[注2]

銭ゲバ親戚縁者の大暴走

先祖が残した遺産は、骨の髄までしゃぶりつくす。そんな卑しさを地で突き進むのが、「シャーロック・ホームズシリーズ」を書いたコナン・ドイルの遺族だ。家族・親戚間でいくら遺産を食いつぶそうと知ったこっちゃないのだが、彼らはそのために世界に迷惑をかけ続けているのだからタチが悪い。

コナン・ドイルの甥の娘、甥の息子、継曾孫（どいつもこいつも**めちゃくちゃ遠縁**だ！）を中心とする遺族ら八人は、イギリスでコナン・ドイル財団という組織を結成している。小さな組織だが、彼らは世界中で制作されているシャーロック・ホームズをモチーフにしたさまざまな映画、ドラマ、小説などに使用料を請求して回っているのである。

これは不可解だ。一九三〇年に死去したコナン・ドイルの著作権は、主要国のほとんどで切れている。日本では一九九一年に、ドイルの故郷イギリスでは二〇〇〇年いっぱいで満了している。わずかな例外が米国だ。米国では、特定の条件を満たす古い作品は、最初の発行年から九五年間著作権が存続することになっている。一八八七年から一九二七年にかけて長・短編小説六〇作品が発表されたホームズシリーズは、二〇二二年現在、晩年の二作品のみ米国で著作権が残っているが、それも間もなく満了する[注3]（**図1**）。

そもそも、シャーロック・ホームズという架空の小説キャラクター自体は著作権では保護できない。小説「シャーロック・ホームズシリーズ」とはまったく異なるストーリーで、ホームズやワトソンが登場する映画やドラマをつくることは自由なはずだが、ドイル財団は**「世界中でシャーロック・ホームズのキャラクターイメージの権利を所有している」**などと喧伝し、ライセンスを押し付けているのである。

図1

大手映画会社の腰抜け対応

これに対し、トラブルのタネを極小化したいワーナー・ブラザーズ、ＣＢＳ、ＢＢＣといった大手の映画会社やテレビ局が、**ヘコヘコしてカネを払っている**事実がある。大資本企業は「理不尽な要求はカネで解決」と思っているのかもしれないが、そうした態度が世の中のエセ著作権者どもをつけあがらせるのである。

二〇一八年には、竹内結子が東京を舞台に活躍する女性捜査コンサルタントを演じた日本のドラマ『ミス・シャーロック』までもがドイル財団の許諾を得ている。日本じゃその三〇年近く前にドイルの著作権が切れているうえに、まったくのオリジナルストーリーなのに。Ｈｕｌｕが配信するネットドラマだが、**事なかれ主義もここまでいくとただのバカ**である[注4]。

ネトフリはエラい！

その一方で、気骨のある製作会社もある。二〇二〇年、ネットフリックス、レジェンダリー・ピクチャーズらが、シャーロック・ホームズの妹が失踪した母親を探すという内容のネット映画『エノーラ・ホームズの事件簿』（図2）を、ドイル財団の許可を取らずに製作した。原作の「シャーロック・ホームズシリーズ」のいずれのストーリーともまったく異なるオリジナルの内容なのだが、映画製作の報道を耳にしたドイル財団は、使用料の支払いを要求している。この極めて図々しい要求を、ネットフリックスらはキッパリと拒否。すると、ドイル財団はこともあろうに米国で著作権侵害を主張し提訴したのだ。ところが、である。**訴えられた直後に、**ネットフリックスは粛々かつ堂々と映画の全世界配信を正式に発表したのだから爽快だ。ネットフリックス、エライぞッ！　法的根拠に基づかない言いがかりへの反応としては、これこそが正解である。

図2

優しいホームズは著作物？

ところで、ドイル財団は何を根拠に訴えたのだろうか。「シャーロック・ホームズシリーズ」の著作権は、述べた通り晩年の数作品の米国での権利しか残っていない。訴えるにもこれに基づかないと話にならないから、ドイル財団は**驚くべき詭弁**をぶち上げたのである。曰く、「晩年の数作品で、シャーロック・ホームズの性格は変化し、温和で、女性に敬意を払い、ワトソンとの友情を大切にし、犬に関心を持つようになった。これは既存作品からの追加要素であり、新たに著作権で保護される。『エノーラ・ホームズの事件簿』には、**シャーロック・ホームズが温和さを示すシーンがある。だから著作権侵害である**」というのだ。

しかし、筆者はシリーズ全話を読んでいるが、ホームズは初期作品でも温和な感情を見せることはあり、後期作品とでそれほどキャラが変わっているとは思えない。シャーロック・ホームズ研究家の北原尚彦も、「［ホームズの］人物像は、後になっても変わらない。あるキャラクターの登場する作品が書き続けられることによって、段々描写が変わってくることもあるけれども、ホームズは初登場作からキャラ設定が完成していたのである」(注5)と評している。いずれにしても、「友情を大切にし、犬に関心を持つシャーロック・ホームズの温和な性格」が、著作権で保護されるなんて主張は、まったく理屈になっていない（だいたい、温和かそうでないかなんて、誰がどう決めるんだか……）。こんなムチャクチャな主張もそうそうあるまい。なお、この主張に対し、ネットフリックスらは**「そもそもこの映画にはワトソンは出てこないし、ホームズが犬に関心を示すシーンもない」**と、その的外れ具合を一蹴している。

結局この事件は、ネットフリックスらによる請求棄却の申し立てに対し、ドイル財団がこれを受け入れる形で和解が成立している。まぁ遅ればせながらまったく勝ち目がないと悟ったのだろうが、いったいなんなんだドイル財団。人騒がせにもほどがある。しかし、もしこの裁判が判決まで至ったとしたら、どうなったか。もちろん、ドイル財団が敗訴したに決まっている。なぜならば、彼らは以前にも似たような裁判で完全に敗訴しているからだ。

アマゾンにチクるぞと脅迫！

二〇一三年に、米国で作家のレスリー・クリンガーが、ホームズシリーズにインスパイアされたオリジナル小説『イン・ザ・カンパニー・オブ・シャーロック・ホームズ』（**図3**）を出版しようとしたことがあった。これに対し、ドイル財団が五〇〇〇ドル（約五〇万円。当時のレートで換算）の使用料を要求したのである。クリンガーと出版社がこれを拒んだところ、あろうことか彼らは「それならAmazonやバーンズ&ノーブルなどの主要書店に、無許可商品だと伝えて取り扱いを

図3

させないようにする」とのたまっただからヒドい話だ。**立派な脅迫、営業妨害**なのだが、揉め事を恐れた出版社はこれに屈し、クリンガーがドイル財団から使用許可を得るまでは出版をしないことを決めてしまった。

著者の逆襲にオロオロ

ところが、弁護士でもあるクリンガーはこれにブチ切れ。著作権の切れたホームズ作品の素材は自由に使うことができることの確認を求めて、逆にドイル財団を提訴したのである。慌てたのはドイル財団だ。情けないことに、彼らは当初この反撃にどうしていいのか分からなかったようで、裁判所に出廷しなかったり、期限内に応答しなかったりと、**かなりオロオロしていたようである。**

やっとひねり出した反論は「シャーロック・ホームズのような複雑なキャラクターは、シリーズが完結するまでその複雑さの全容が分からないのだから、シリーズ全作品の著作権が切れるまで、キャラクター自体の著作権も存続する。初期の小説自体の著作権が切れていても、キャラクターとして完結していない初期のホームズを無断使用することはできない」というワケの分からないものだった。

悪質なビジネスモデルを一喝！

裁判所もワケが分からないと思ったのだろう。「たとえ後期にキャラクターの性格が変わったとしても、それが初期の著作物の著作権の期限を引き延ばすことを正当化する理由になるとは考えられない」「長く使われるキャラクターの性格が変化することは珍しくないが、簡単にいえばそれは老いによるもの」などと、彼らの反論を一蹴した。クリンガーの勝訴である。判決後、無事に著書も出版されている。最終的に、合衆国第七巡回区控訴裁判所は、以下の判決を下している。

ドイル財団のビジネスモデルは、法的根拠がなく、しかし金額的に払えないわけではない程度の使用料を請求するもので、「訴訟費用を払うよりはマシだ」と考える企業がそれに応じることを期待している。

裁判所の知る限り、クリンガーだけがこのビジネスモデルに抵抗した。

ドイル財団の不法なビジネスモデルを暴露したクリンガーは称賛に値する。

ドイル財団が、自らのビジネスモデルを変えるときが来たのだ。

反省なしのドイル財団

このように評して、クリンガーが費やした訴訟費用約三万ドル（三〇〇万円）についても、ドイル財団が支払うよう命じたのである。要するに、ドイル財団は、もはや**裁判所から正式に著作権ヤクザだと認定**されたも同然の存在なのである。

しかしここまでいわれているのに、彼らに反省の色はなく、相変わらずヤクザのみかじめ料のようなビジネスモデルを続け、ワケの分からぬ理屈でネットフリックスらを訴えているのだからどうかしている。まぁ、米国でシャーロック・ホームズシリーズ全作品の著作権が切れるまでいよいよ目前となり、ヤケクソになっているのもしれない。ムダな訴訟でカネを使い果たして、著作権も貯金もまとめて失ってほしい。(注6)

日本のアニメにパクられた！とアメリカ合衆国政府を訴えた男

『ゾディアック・ナイツ2000』事件

アイザック・ポッターJr.　vs 東映アニメーション（注1）

ヒットを夢見る無垢な兄弟

妄想にかられた（としか思えない）個人が、「俺の作品がパクられた」などと、企業に対して**常軌を逸したクレーム**をぶつけて迷惑をかける例は少なくない。その中でも、訴訟大国といわれる米国において、日本の有名なアニメがターゲットになった事件を紹介しよう。

フロリダ州オーランドに住むアイザック・ポッターJr.は、本人の申告する情報を信じるとすれば、一九九二年に兄弟のサミュエル・ポッターとともに『ゾディアック・ナイツ2000』（十二宮騎士団2000）という絵物語を考案し、一九九五年にそのイメージイラストを米国で著作権登録、一九九七年にはタイトルロゴを商標出願している。そして二〇〇三年五月にはこの絵物語を小説化し、自費出版として刊行するに至った（図1）。

内容は、十二星座にちなんでいるらしいキャラクターが、仲間と共に世界を旅するという物語である。キャラクターデザインを含め、いかにも自費出版といった感じの、取るに足らない内容だが、商品化やメディアミックスを望む長文のメッセージも添えられている。自分の考えたキャラクターや小説が映画になったり、グッズ化されてヒットすることは、誰もが一度

図 1-2

Featuring Creatures of the knights
Creatures of the knights (A New Era)
Isaac A. Potter Jr. / Samuel J. Potter

図 1-1

図 2

図 1-3

は憧れる夢である。ポッター兄弟も、そんな夢想を抱いていたのだろう。

あのアニメに盗作された⁉

そんな彼らの運命は、出版同年の八月に米国で放送が開始されたアニメによって**歯車を狂わされることになる。**アニメのタイトルは『ナイツ・オブ・ザ・ゾディアック』（十二宮の騎士団）。ポッター兄弟の『ゾディアック・ナイツ2000』とよく似たタイトルのそれは、日本のアニメ『聖闘士星矢（セイントセイヤ）』を米国向けに編集した番組であった（**図2**）。一〇年以上あたためてきた小説を、やっと自費出版にまでこぎ着けたそのわずか数ヶ月後の出来事に、ポッター兄弟は**怒り狂った**。彼らにとってはとても偶然とは思えなかったのだろう。「俺たちの作品がパクされた！」という思い込みに取りつかれてしまったのである。

どう考えても偶然だ

しかし、原作を知る日本人ならすぐに分かると思うが、『聖闘士星矢』の関係者には何の落ち度もない。原作は車田正美が一九八六年に連載を開始した漫画で、アニメも同年から一九八九年にかけて日本で放送されている。ポッター兄弟の作品よりも明らかに先に存在しているのだ。そのうえ、キャラクターデザインからストーリーに至るまで、何ひとつとして似ていない。タイトルの類似についても偶然だ。『聖闘士星矢』は、八〇年代にヨーロッパと南米の一部に輸出されており、そのときにすでにタイトルは〝十二宮の騎士団〟を意味するフランス語やスペイン語が付けられていた。『ナイツ・オブ・ザ・ゾディアック』は、これを英訳しただけなのである。

何度も何度も訴える！

冷静になって、ほんの少し客観的事実を確認すれば「タイトルがたまたま似ただけで、内容も全然違う。怒るような話ではない」とすぐに気づけたはずだ。だが、ポッター兄弟の怒りは止まらなかった。彼らはアニメを放送する放送局のカートゥーン・ネットワークに著作権侵害と商標権侵害のクレームを入れ、これが聞き入れられないと、その後はカートゥーン・ネットワークや、『聖闘士星矢』を制作した東映アニメーションの米国法人を相手取り、少なくとも七年間で、何度も裁判所を変更して、**一一回もの訴訟を繰り返し提起している。**この時点で、ハッキリいって異常である。すべての訴訟の内容は明らかでないが、同じ内容で何度も何度も訴えているところを見ると、全部負けているのだろう。

合衆国政府も標的に！

　そして二〇一〇年、アイザック・ポッターは最後の大勝負を仕掛ける。東映アニメーションの米国法人を相手取り、一〇億ドルの損害賠償金を請求する訴訟をコロンビア特区連邦地方裁判所に提起したのである（なおサミュエルは訴訟に参加していない）。**一〇億ドル。およそ八二〇億円だ**（当時のレートで換算）。ハリウッドで『聖闘士星矢』をジェームズ・キャメロン監督、ジョニー・デップ主演で実写化して、全五作の超大作シリーズがつくれるほどの金額である。

　しかも、これほど巨額の訴訟にもかかわらず、ポッターは弁護士を雇わず本人訴訟で臨んでいる。よっぽど法律に詳しいのかと思うがそんなことはまったくなく、著作権侵害と商標権侵害の被害を訴えるものの、何ら具体的な主張・立証もせず、おまけに**被告にアメリカ合衆国を加える**という意味不明な行動に打って出たのである。何度訴えても自分の主張を認めなかった合衆国司法への逆恨みなのか。これはもう、完全にイッてしまっている。

東映アニメ社の対応は？

　一方、困惑したのは東映アニメーションの日本本社だ。実は同社は、二〇一〇年までのポッター兄弟とのトラブルや訴訟については表沙汰にはしてこなかった。こんなしょうもないクレーム、内々に留めておくにこしたことはない。だが、一〇億ドルもの損害賠償金を請求されたとなると話は別だ。上場企業である東映アニメーションは、投資判断に重要な影響を与えるような訴訟事案が発生した場合は、その事実を投資家に開示しなければならない。

しかし、著作権侵害で訴えられたという事実を淡々と公表すれば、「『聖闘士星矢』に米国でパクリ疑惑！」などというセンセーショナルなニュースにもなりかねない。実際には、一〇〇％勝てる常軌を逸したクレーマーのトンデモ訴訟なのだが、まさかプレスリリースに、「一〇億ドル請求されちゃいましたが、相手は**頭のおかしな米国人**です」などと書くわけにもいかない。これ、開示するのイヤだっただろうなぁ。

ところが、この心配は現実にならなかった。東映アニメーションは、訴状送達を確認した二〇一一年三月八日に本件のプレスリリースを行ったが、その三日後に東日本大震災が発生したため、この件はまったくもって話題にならなかったのである。

そして訴訟は、震災一年後の二〇一二年三月一二日に、それはもう予想通りにアッサリとポッターの請求が棄却されて終わった。約一〇年にもわたった執拗な訴訟攻撃は、これでようやく収まったようである。ポッター兄弟も、『ゾディアック・ナイツ２０００』に固執するよりも、この一〇年間の異常な体験をつづった方が、よっぽど面白い私小説になるんじゃないか？

字の配置が似ている！コワモテ書家の理不尽訴訟に福山雅治も困惑!?

『龍馬伝』事件

上坂祥元 vs NHK

大河ドラマは全部盗作か!?

NHKの大河ドラマや連続テレビドラマ小説は、国民的ドラマシリーズといわれるだけあって批評の対象にもなりやすく、大小さまざまなパクリ疑惑も取り沙汰されることが多い。大河に限っても、例えば『いだてん～東京オリムピック噺～』（二〇一九年）のロゴは英国近海にあるマン島の紋章のパクリ、『おんな城主 直虎』（二〇一七年）は池田理代子の漫画『ベルサイユのばら』のパクリ、『真田丸』（二〇一六年）は堤幸彦演出の舞台劇『真田十勇士』のパクリ、『新選組！』（二〇〇四年）は千秋寺京介の小説『怨霊記』のパクリ（99頁）、『武蔵―MUSASHI―』（二〇〇三年）は映画『七人の侍』のパクリ（372頁）など、枚挙に暇がない。

しかし、二一世紀にもなって、これほど何度も指摘されているのになお常習的に盗作を繰り返すドラマシリーズがあるとは思えない。これらは、**どんな作品にも盗作の言いがかりをつけようと思えばつけられる**ことの証左なのである。その中でも、よくまぁこんな程度のことで訴訟まで至ったなと思わざるを得ない事件を紹介しよう。

まさか題字が標的に

言いがかりの対象になったのは、二〇一〇年放送の『龍馬伝』である。日本史上、最も有名な偉人といっても過言ではない坂本龍馬を、これまた国民的名優・歌手の福山雅治が演じた、今日でも人気の高い作品だ。坂本龍馬の立身伝は、『龍馬がゆく』や『お～い！龍馬』など、数多くの小説やドラマで描かれている。その中のいずれかの作者が盗作を訴えたのだろうかと思われるかもしれないが、そうではない。問題視されたのはドラマの中身ではなく、**オープニングで表示される「題字」**だった。

『龍馬伝』の題字は、書家・紫舟の揮毫によるもので、これにＮＨＫが「ＲＹＯＭＡＤＥＮ」と英文字のルビを添えたものだ（**図1**）。紫舟は題字の作成にあたり、坂本龍馬に関する資料を一通り読んで構想を練ったそうだ。彼女は、「龍」の字は背が高く青年期に活躍し生涯を終えた龍馬のイメージから縦長に書き、「馬」は型にはまらない龍馬の生き方から最後の一画の「、」をはみ出して書き、「伝」の最後の一画は刀の太刀筋をイメージして大きく払ったと説明している。[注1] 綿密な構想が表現されている作品であることが分かる。

これに著作権侵害を訴えたのが、同じく書家の上坂祥元である。上坂が盗用されたと訴える自分の作品は、「匠象」（**図2**）及び「写影」（**図3**）という作品だという。いずれも企業ロゴに使われているそうだ。

図1

前代未聞の言いがかり

だが、並べたものを比較すれば誰の目にも一目

図2

図3

瞭然だと思うが、これが**まったく似ていない。**もちろん、いわゆる「書」にも著作権はある。だが、同じ文字を書いた場合、誰が書いても基本的な文字の形は似るのが当たり前なので、その著作権の及ぶ範囲は、絵画などと比べるとかなり狭い。ちょっと見た目が似ているくらいでは権利侵害にはならないのだ。しかもこれは「書はどこまで似ていれば著作権侵害になるのか？」という議論以前の問題だ。書かれている文字が異なるのはもちろん、書のタッチという点においても全然違うのは、素人目にも一目瞭然じゃないか。上坂が何をそんなに問題視したのかをよくよく読むと、実は彼も書そのものの類似性について権利主張しているわけではなかった。訴えの中心は「**漢字と英文字の配置**が盗用されて著作権が侵害された」[注2]というものだった。

どういうことか。上坂の『匠象』『写影』は、いずれも左上から右下に斜めにかけて漢字を配置し、その中央左側に英文字で「SHOZO」「SHA-EI」と書かれてある。本人曰く、この配置関係こそ「際立った特徴があり、デザインの最も創作的な部分」であり、同じ配置関係（漢字「龍馬伝」と英文字「ＲＹＯＭＡＤＥＮ」の組み合わせ方）を採用した『龍馬伝』の題字は著作権侵害だというのだ。

理解しがたい主張である。抽象的な要素Ａと要素Ｂの配置関係が共通しているだけで著作権侵害といっているのだこの上坂は。果物の静物画で「りんごの隣にオレンジを描けるのは世界でオレだけだ」と主張しているようなものである。だいたい、そんな配置関係のデザイン、飲み屋街を歩けばその辺の和風居酒屋の看板にいくらでもあるんじゃないか!? ウィスキーや日本酒のラベルにもありそうだ。

誰か止めてやれよ！

まったくメチャクチャな言いがかりで、いくら大御所の書家だったとしても、こんなんで訴えるなどと言い出したら、フツーは「師匠、ちょっとそれは」と周りが止めると思う。だが上坂は、著書で自らを指して「**作品を見れば私自身の技量、才能、感性、性格、しいては〝書は人なり〟で、人格まで見抜くことができる訳ですから、『こわい』という一面は否定できません**」[注3]と述べるほどの性格の持ち主だ。ま、誰も止めてくれる人がいなかったんでしょうなぁ。

結果、彼は『龍馬伝』に加え、同じような配置関係を採用した七年前の大河ドラマ『武蔵―ＭＵＳＡＳＨＩ―』の題字（揮毫・吉川壽一（じゅいち）、**図4**）も合わせて、著作権侵害であるとしてＮＨＫに一〇〇〇万円の賠償金と謝罪広告を求めて提訴している。

この性格は治らないかも……

そして判決だが、いうまでもなく上坂の**全面敗訴**であ

図4

図5（上坂）

図6（商用フォント）

る。彼は控訴審まで争った（どうかしてるよ）が、上坂の主張する漢字と英文字の配置方法は**「文字列の配置としてありふれたもので、創作性を認められない」**(注4)と一蹴されて終わった。くだらない裁判に付き合わされたＮＨＫはもちろん、裁判所も気の毒である。

　なお、上坂は一九九八年にも、商用フリーフォントのソフトウェアに、自身の書と似ている筆書きの書体が収録されているなどとして、ソフトウェア会社らを訴えて敗訴している。**図5**と**図6**の比較の通り、パッと見は似ているとはいえ、同じ字なのだから、書の基本構造が似るのは当たり前の話である。

　裁判所は、「**単に字体や書風が類似しているにすぎず〔…〕一見明らかな相違点を随所に認めることができる**」として侵害を否定した。(注5)一旦似ていると思い込んだが最後、見境なく著作権を振り回してしまう性格は、なかなか直らないのかもしれないですね。

1987年（昭和62年）
7月10日（金曜日）

日本の小学生にトラウマを与えた、ディズニーのエセ教育的指導！

プールの底のミッキーマウス事件

ウォルト・ディズニー・ジャパンvs晴嵐小学校

ミッキーマウスの絵にまでクレームをつけたらしいよ」という逸話が語られることがある。

にわかに信じがたい話だが、「関西地方で実際にあった」「校舎に描かれたミッキーマウスの絵だった」**「クレームを受けた子どもたちは、泣きながら自分が描いたミッキーの絵を塗り潰した」**「塗り潰した〝ご褒美〟に、ディズニー社はその子たちをディズニーランドに招待した」

など、もっともらしい尾ひれと共に、一種の都市伝説として広まっている。

このエピソードの拡散が、「著作権マフィア・ディズニー」のイメージ形成に寄与している側面はあるだろう。実はこの都市伝説、細部にはデマもあるが、実際に日本で起きた出来事である。そして事件の全容を把握すると、このときのディズニー社の行為は、「エセ著作権」の行使だった可能性が高いことが分かるのである。

ディズニー都市伝説は本当か？

ディズニーは著作権に厳しい。これは多くの日本人にとって共通認識ではないだろうか。他者の著作権に対してあまり頓着しない、同人誌やファンアート、ハンドメイドグッズなどのコミュニティにおいても、「ディズニーモノだけはNG」と思われていることが多い。そんなに厳しいのか？と尋ねると、「だって、小学校で子どもが描いた

塗りつぶし強要はあった！

事件が起きたのは一九八七年のこと。舞台は滋賀県の晴嵐(せいらん)小学校という市立小学校だ。当時、全国紙などで新聞報道もされている（**図1**）。それらによれば、ことのあらましはこうだ。

一九八七年の三月、晴嵐小の六年生の児童一〇六人が、卒業制作として、低学年用のプールの底にミッキーマウスとミニーマウスの絵を大きく描き、同年の「卒業生を送る会」で披露した。このことは地元紙で小さな記事になったが、それを読んだ日本ウォルト・ディズニー・プロダクション（現・ウォルト・ディズニー・ジャパン）の社員が、五月になって「**突然現れ、『ミッキーマウスの絵を消してほしい』と要求。『消さなければ著作権法違反で訴える』と迫った**[注1]」というのだ。これに対して校長が、「**『子供たちが一生懸命にかいた絵。営利目的ではないのだから』と絵を残してもらえるように頼んだが聞き入れられず、とうとう六月中旬、泣く泣く塗りつぶして消した**」ということである（なお塗り潰したのは生徒たちではなく先生）。この一件を、サンケイ新

プールの絵 著作権違反

ディズニー 力作を塗りつぶさせる

卒業記念のミッキーマウス

大津の小学校

〝海賊版〟に神経ピリピリ キャラクター商品

図1

聞の報道を受けたワイドショーなどが取り上げた結果、ディズニー社に対する反感の声が多く上がったようだ。こうした世論の反応を受け、その後ディズニー社がお詫びとして、晴嵐小にディズニーの絵本全集を寄贈したとされている。

法的評価以前の問題として、**大企業が、小学校で小学生が善意でやったことに「訴えるぞ」と迫った**ことが、消費者コミュニケーションの在り方として信じられない。そんなことをしてどんな反応が返ってくるか、予想できんかな⁉ しかも、プールの底面全体に描いた大作を台無しにした「お詫び」が「絵本」ってショボ過ぎないか。プール全体を『**リトル・マーメイド**』**仕様**に改修してやらんかい！ こんな無作法な対応では、子供たちの失望、教師たちの無情感、世間の反感を買うのもやむなしである。

実は合法だった⁉

しかもこのプールの絵は、実際には著作権侵害にはならない可能性が高い。実は著作権法上、学校等の教育機関（大学、保育所、学童保育、公民館、生涯学習センターなども含む）において、教師や生徒は「授業の過程における利用に供することを目的とする場合」であれば、必要限度で他人の著作物を複製することができると定められている（第三五条）。つまり、**権利者に無断で描いても合法ということだ。**我が国の著作権法は、教育課程における充実した教育を重要視し、その中で著作権者の利益が多少の制限を受けることは是としているのである。

典型例としては、国語の教科書に載っている詩や小説を黒板やノートに書き写したり、社会科の授業で新聞記事を発表資料に利用するケースが挙げられるが、卒業制作でプールの底にミッキーマウスの絵を描くことも、これに含まれる。なぜならば、この条文における「授業」には、いわゆる典型的な座学の「授業」だけでなく、運動会や文化祭、入学式、卒業式、修学旅行といった学校行事も含まれると解釈されているからだ。こうした学校行事は、生徒たちが人間関係をよりよく形成するための教育課程のひとつだからである。卒業制作ももちろんこの範疇だ。そのような学校行事で、キャラクターのイラストを描くことについて、文化庁著作権課は、Q&Aの体裁で、以下の見解を述べている。

Q：教師Dさんが担任するクラスで、学校の文化祭の準備のため、人気キャラクターを看板に描くことになった。

【回答】人気キャラクターを看板に描く行為は複製行為と考えられ、文化祭の準備目的は「授業の過程における利用に供することを目的とする場合」に含まれるので、権利者の許諾は不要。（注2）

不要なのだ、権利者の許諾は。さらに著作権制度の普及・教育・研究活動をしている公益団体・著作権情報センターも以下の見解だ。

Q4　運動会等で、プラカードや看板などに人気漫画のキャラクターを描く場合、著作権者の許諾を得ておく必要がありますか？

A4　〔…〕設問のように、教育課程上の運動会等で使うために、児童生徒がプラカードや看板などに人気漫画のキャラクターを描くことについては、その学校行事の教育効果を高める上で必要である〔…〕と認められるならば、許諾を得ずに複製できる場合に該当すると考えてよいでしょう。（注3）

なんと、学校行事で使う看板などに漫画などのキャラクターを描くことは、問題ないのである。ミッキーマウスを描こうがドラえもんを描こうがピカチュウを描こうが構わないし、相田みつをの詩を書いたっていいのである。合法だもの。

授業後も常設される場合は？

実際、ある大手出版社の法務部に勤める知人に話を聞くと、運動会や文化祭の季節になると、ときどき学校の先生などから、看板や旗にキャラクターの絵を描いてよいかどうか、おそるおそる問い合わせがあるという。その出版社では、前記の見解に基づき、特に作家に断りもなく、**その場で問題ないことを伝えている**そうだ。学校で、版権キャラクターのイラストはいかなる場合でも使えないと思い込んでいる、教師・生徒諸君には朗報ではないだろうか。ただし著作権情報センターは、先の回答に続けて以下のようにも述べている。

なお、「授業の過程における使用」という目的のための複製であれば許諾を得る必要がないという例外規定ですので、運動会等の教育活動を終えても常設的に展示するような場合であれば、無断で利用できる条件を満たさない可能性があります。

つまり、運動会が終われば処分される看板ならいいが、それを行事が終わった後も校内で展示するならば、それはもはや「授業の過程で使用する」という範疇を超えており、著作権侵害になる可能性があるというのだ。むむむ。晴嵐小の卒業制作でプールの底に描いたミッキーマウスの絵は、しっかりとペンキで塗られたものだ。卒業式が終わってもずっとプールの底に残り続ける。ならばやはり、著作権侵害になるのだろうか。弁理士の奥田百子は、事件についてこう私見を述べる。

卒業制作は特に小学校の場合は授業の過程ともいえますが、プールの底に描いた絵は不特定多数の人々の目に触れるし、子供たちの卒業後も学校の施設の一部として残るものです。純粋にその時点で授業の過程で必要だったからコピーしたとはいえないでしょう。学校の校舎にミッキーマウスの絵を描くようなものです（注4）。

ディズニー社も、五月になってからクレームをつけてきたところを見ると、「卒業式が終わっても絵が残ったまま」であることを問題視して、アクションを起こしたのかもしれない。ああ、やはり著作権マフィア・ディズニーの言い分は正しいのだろうか……。

やっぱり合法だ！

　否である。もし、このミッキーマウスの絵が、本当にただのプール施設の装飾だったとしたら、奥田のいうとおり、著作権侵害の可能性を否定はできないだろう。しかし、この絵は単なる**装飾目的で描かれたものではなかった**のだ。事件からかなり時間が経過した後、ジャーナリストの安藤健二は、著書『封印されたミッキーマウス』で、卒業制作を指導した当時の担任教師に取材を敢行している。そこでこの教師は、ミッキーマウスの絵を描いた背景をこう証言したのだ。

卒業制作に何ができるかを考えたときに、学校に残る下級生の役に立つものにしようということになりました。〔…〕ただ、卒業制作でプールにペンキを塗るだけではあまりに寂しい。そこでミッキーとミニーの絵を描くことにしたんです。低学年用のプールは、子供達を水に慣れさせるのが主目的なんです。底にキャラクターの絵が描いてあれば、授業で『ミッキーの鼻に触っておいで』と言えば、いい目印になるんです。[注5]

　これが何を意味するかお分かりだろう。あのミッキーマウスの絵は、描くこと自体が卒業制作という「授業の過程における利用に供することを目的」としていたことはもちろん、その絵を在校生のために残したことも、低学年の体育科目（水泳）という「授業の過程における利用に供することを目的」としていたのである。

　無許可の複製が合法になる条件を十分に満たしていると説明できるではないか。晴嵐小の教師・生徒たちには何の罪もなかった。いたいけな小学生の合法行為に対し、さも違法であるかのようにイチャモンをつけて**心に傷を負わせた**のは、夢と魔法のディズニー王国だったのである。まったく、夢も希望もない話だ。

日本法を無視した教育指導

　この事件については、まだ著作権意識が低かった八〇年代の日本人の規範を引き上げるきっかけとなった出来事として、評価するむきもある。またディズニー社にとっては、日本人に強烈なトラウマを植えつけたことで、現在に至るまで我が国における著作権侵害の被害を抑制できている側面もあるだろう。実際、前掲安藤の著書でも、当時の担任教師は「こちらが著作権について勉強不足だった」「本当にいい教訓になりました」と、素直に振り返っている。著作権意識の進んだ米国の「ぼくらのクラブのリーダー」による、教育的指導だったというわけだ。

しかしながら、その教育実態はまやかしの「エセ著作権」だった。**われわれは、騙されていたのだ。**こうなったらもう、米国中の小学校を監視して、ポケモンやハローキティのイラストを全部塗り潰してやらないと気が収まらないぞ。

米国とディズニーに歪んだ忠誠心と逆恨みを抱いた漫画家の暴走！

『ライオン・キング』事件

里中満智子 vs ウォルト・ディズニー・カンパニー

根深いパクリ説の真相は

ディズニー映画『ライオン・キング』は、手塚治虫の『ジャングル大帝[注1]』の盗作である。そう信じる日本人は少なくない。一九九四年の映画公開時に話題となり、日米メディアを騒がせた。『ライオン・キング』は二〇一九年に実写でリメイクされているが、このときにも「疑惑再熱」を週刊誌が報じる[注2]など、根深い言説となっている。

もともと米国で火がついたものが日本に波及した騒動だが、当時日本で批判の急先鋒に立っていたのが、**『ジャングル大帝』とは何の関係もない**漫画家の里中満智子である。里中は、ディズニー社への抗議文（里中は「公式な抗議」ではなく「個人的感想」としている）をしたため、これに同業の漫画家や一般人の署名を集めて同社に送りつけた。署名は最終的に七〇〇筆以上も集まったという。しかしこの里中の批判は、歪んだ正義感に基づく、しかも的外れなイチャモンに過ぎなかったのである。

里中指摘の問題点

実際に両作品を見れば一目瞭然なのだが、物語や演出はまったく異なる。この時点でいきなりぐらつく「盗作疑惑」だが、これらについては里中も積極的に問題視していない。彼女の問題提起は、「いくつかの脇役のキャラクターデザインが、偶然の一致とは言いにくいほどよく似ている」というものだ。

まず、『ライオン・キング』の主人公名**「シンバ」**が問題だという。『ジャングル大帝』の主人公の名は「レオ」だが、一九六六年の米国放送版では**「キンバ」**と呼ばれており（タイトルも『キンバ・ザ・ホワイト・ライオン』と改題されている）、これに似過ぎているというのだ。米国でもよく指摘された点だ。また、敵役のライオン、その手下のハイエナ、集落の長老役のマンドリル、メッセンジャー役の鳥についての類似点を指摘している（**表1**を参照）。

直感的には疑わしい？

なるほど。五頭ものキャラクターの類似点を列挙されると、直感的には「疑わしい」と感じる気持ちは分からなくはない。しかし、よく読めばこれらはいずれも「キャラクターデザイン」（デザインの具体的表現）の話ではなく、「キャラクター設定」の重複である。設定の重複は著作権侵害に当たらないのはもちろんのこと、これを「道義的問題」などと称して封じてしまえば、創作活動に著しい支障がでる。一九六五年以降、ジャングルの動物を擬人化するうえで、長老役にマンドリルを使ったり、片目に傷のある悪役ライオンを描くことが許されないわけがない。

ディズニー社の反論

この里中の指摘に対するディズニー社の見解は、『ライオン・キング』はオリジナル作品で、『ジャングル大帝』を意識したものではなく、類似点は偶然の一致である、というものだった。まず「シンバ」と「キンバ」が類似しているのは、**ネーミングの元ネタが一緒**だからだ。どちらも、ライオンの主な生息地であるアフリカの東岸部の言語であるスワヒリ語で「ライオン」を意味する「Simba」から取られている。『ライオン・キング』は、多くのキャラクター名がスワヒリ語を由来としている。ハイエナが悪役の手下、マンドリルが賢者、鳥がメッセンジャーとい

表１：里中が指摘するキャラクターの類似点

ジャングル大帝	ライオン・キング	里中の指摘
		デザインとカラー設定が同じ。両方とも黒いたてがみ。ブブは左目が不自由。スカーは左目に傷がある。
		ライオンの手下がハイエナたち。デザインも同じ。
		長老役がマンドリルの雄。
		スピーカー役が鳥。ただし、これについては、里中自身、空を飛べるという能力ゆえの「よくある設定」なので偶然といえる、と分析。

う役割の重複は、元ネタの動物の生態やイメージを考えれば偶然にカブっても不思議ではない（なお両作品には他にもさまざまな動物がさまざまな役割で登場するが、役割がカブっているのはこの三頭だけである）。敵役のライオンはデザイン上も一定の類似性があるが、悪役をダークカラーで描くのも、片目に傷を持たせるのも**古典的なアイデア**であり、そのアイデアを具現化するうえでありふれた表現が似ているに過ぎない。

本当に映画を観たのか⁉

このように、少し調べたり、想像力をはたらかせれば、「偶然に一致してもおかしくない範囲だ」と気づくことができたはずであるのだが、里中の疑心暗鬼は止まらない。さらに彼女は両作品の「共通点」を探して、疑問を畳みかける。

> **ライオンはふつうサバンナで暮らしているが、〔両作品とも〕岩場が主な舞台になっている。これは偶然だろうか？**
> **〔普通の〕肉食獣は他の獣を食べて生きる。〔しかし、レオもシンバも〕その悩みの解決策として、虫を食べて動物性蛋白質をとる。これも偶然の一致の発想だろうか？**[注3]

これらの「共通点」についても、独占に不適なアイデアに過ぎないが、それどころか、**指摘自体が間違っている。**なぜならば、『ライオン・キング』の主要舞台は確かに岩場だが、『ジャングル大帝』の主な舞台は、ジャングルである。

ジャングルだから タイトルから分からんものかね⁉

レオもシンバも共通して「他の獣を食べて生きることに悩み、解決策として虫を食べている」との指摘も筋違いだ。確かに『ジャングル大帝』のレオは肉食を忌避し、森の仲間たちにも肉食をやめようと呼びかけ、それが一部の肉食獣からの反発を受けて悩んでいる。そんな折、バッタの大群の来襲をきっかけに、肉食獣が食べるバッタを貯蔵する「バッタ牧場」をつくる、というエピソードがある。[注4]ただし、レオは生き物を食べること自体に抵抗があり、バッタ食にも消極的である。
一方『ライオン・キング』でもシンバが虫を食べているが、その文脈はまったく異なる。そもそもシンバは普通に肉食なのだ。それを、助けてくれたミーアキャットとイボイノシシから「友達なら同じものを食べよう」と勧められて、嫌々ながら虫を食べたら意外とイケた……というワンシーンがあるに過ぎない。「他の獣を食べて生きることに悩み、解決策として」虫を食べたわけではまったくない。この人は、本当にちゃんと映画を観たのか!?

里中の米国コンプレックス

以上のように、里中の指摘はすべてにおいて法的根拠がなく、表層的で、的外れなのである。いったいなぜ、里中はこんなにも脆弱な思い込みでクレームをしようと考えたのだろうか？ 以下は里中が『産経新聞』に寄せた批判文からの引用だが、そこには彼女の、著作権とディズニー社に対する歪んだ感情が見え隠れする。

著作権を守ることの大切さを、日本人の私達に教えてくれたのはアメリカだった。知的所有権の意義について、アメリカは時として怒り、法的手段に訴え、またある時は「何も分かっていない日本人に教えてやらなければいけない」という教育的配慮をもって、日本人を導いてきた。そのトップリーダーが、ディズニープロだった。〔…〕とにかく、ディズニープロの著作権を守る姿勢には、いろいろ教えられた。著作権とはこんなにも厳しく守らなければいけないものなのだ、と勉強させていただいた。(注5)

敗戦直後か!? モノスゴイ属国意識ではないか。ディズニー社に対してこのような感情を抱いていたからこそ、「まさかあのディズニープロが」と「ショックをうけた」というのである。あんなに著作権に厳しいディズニー社が盗作をするなんて、との裏切られた思いがあったのだろう。

1994年（平成6年）

8月24日（水曜日）

歪んだ被害妄想を自覚せよ

実はこうした感情は、当時の日本人にある程度共有されており（今も？）、それが『ライオン・キング』へのバッシングを加速させた側面はある。ノンフィクション作家の桐山秀樹は、ディズニー社による日本企業への著作権行使の実例をいくつか紹介し、「**今回の日本人関係者の怒りのなかには、日ごろ著作権保護に厳しすぎるウォルト・ディズニー社へのこうした『不満』があったように思われる**(注6)」と分析している。要は意趣返し、俗にいう「ブーメラン」で過剰に非難されたのである。「いつも著作権、著作権とうるさい割には、お前もパクってるじゃないか！」というわけだ。

だが、残念ながら**歪んだ被害妄想**といわねばなるまい。ディズニー社は、確かに権利侵害に対して毅然とした対応を取る傾向がある。しかし、それは相手が確実に権利侵害をしていた場合の話である。小さな罪でも「黒」は見逃さない、という意味での厳しさだ。

桐山は、「Ｄｉｓｎｅｙ」の看板を掲げて営業していたパチンコ店や、ミッキーマウスの図柄を無断使用したTシャツの製造業者が訴えられ、敗訴した例を紹介しているが、規模はともかく、これらは明らかな法律違反、権利侵害だろう（だから敗訴している）。

ディズニーキャラは禁句か⁉

一方、作品の設定が少々似ているだけというような合法行為に対して、エセ著作権を振りかざすことはほとんどしていないのではないか（少なくとも表立っては聞かれない）。翻って、里中がしているのはまさに「白」事案への言いがかりである。ブーメランが返っていったのではない。一方的に石を投げているのだ。それも投げられる謂れもない相手に。そして、その根底には、里中の著作権に対する**浅薄な知識と過剰な自主規制**がある。彼女は、前掲紙で自身の創作活動に関して以下のように述べている。

私自身の作品の中で〔…〕「ミッキー好きな女の子」「バースデープレゼントに、ドナルドダックのぬいぐるみをもらう」「ディズニーランドでデートする」シーンは、描けない。それがディズニープロの考える「著作権」だ。

いくらディズニー社から著作権を守ることの大切さを教わったといっても、**この程度である。**そりゃ、漫画のコマに具体的にディズニーキャラクターを描き込めば著作権侵害の可能性はあるだろうが、それをせずにこれらのシーンを描くことは可能である。正確な知識を身に付けることなく、「著作権は大事」「特にディズニーは厳しい」という思い込みだけを強め、その結果、合法な表現行為まで**過剰に自粛**してしまっているのだ。

もちろん、自己判断で自粛するのは勝手だ。だが同じレベルの自制を『ライオン・キング』に求めるというなら逆恨みも甚だしい。「こちらはここまで自粛しているんだから、自粛をさせたお前も自重しろ」といっているのと同じである。ディズニー社からしたら、**お前が勝手にした自粛**に、なぜ付き合わなきゃならんのだ、といったところだろう。

手塚プロの正しい判断

最後に、この問題の一番の当事者の見解に触れておく。『ジャングル大帝』の著作権者である手塚プロダクションも、手塚治虫の直接の遺族も、この件については一貫して問題視していない。

手塚プロの社長・松谷孝征（まつたにたかゆき）は「**全体としては、『ライオン・キング』は『ジャングル大帝』とはまったく違うディズニーのオリジナル**[注7]」と米紙取材に応じ、また手塚治虫の長女・手塚るみ子の談話として「**手塚治虫が生きていたら喜んだだろう**」とコメントしている。[注8]これは、手塚治虫が、生前に自身の作品についてディズニー作品から影響を受けていた旨を公言していたことを踏まえたものだ。長男の手塚眞も「**誰かが『ジャングル大帝』を真似た作品を作っ**

たとしても、そこに新しい物語やテーマがあるならば、大きな問題ではない」「『ライオン・キング』は『ジャングル大帝』に似ていない、と最終的に想った[注9]」と述べている。彼らは、加熱する論争の中で、冷静に目を向け質的な違いに、両作品の本ていたのだ。

こうした対応について、当時は「訴えるべきだ」「『ジャングル大帝』の価値が下がる」「日本企業的な事なかれ主義」といった批判もあったという。だがもし周りにのせられるがままに訴えていたら、敗訴するしかなかっただろう。

創作活動とは、常に先行作品の影響を受けて発展していくものであり、それこそがあるべき姿である。当事者の立場にあって、それを不正視すべきではないと明言した、手塚プロと遺族の判断を評価したい。

タクシーマナーにキレて絶版要求!? 器の小さな教授に論語を語る資格なし

『寝床で読む「論語」』事件

加地伸行 vs 山田史生、筑摩書房

論語に著作権問題の不可解

『論語』とは、いわずと知れた儒教の開祖・孔子の言論をまとめた中国の古典である。この論語をモチーフにした新書が、エセ著作権クレームによって絶版にされるという事件があった。**著作権などとっくの昔に切れている論語**で盗作事件など起こり得るのか!? まったく不可解な事件なのである。

標的となったのは、山田史生(ふみお)の新書『寝床で読む「論語」――これが凡人の生きる道』（筑摩書房）。論語を引き合いにしたライトエッセイだ。この本で、山田が書いた論語の「翻訳」の一部について、儒教研究者の加地伸行(かじのぶゆき)が、自身の翻訳の盗作であるとして、公かつ痛烈に非難したのだ。

論語には、「君子」と「小人」という言葉がしばしば登場し、対比的に使われている。これらはいずれも日本語としても定着しているから、翻訳でもそのまま使われることが少なくないが、山田本ではそれぞれ「教養ある人間」「知識ある人間」と翻訳されている箇所が複数あった。

一方加地は、山田本に先駆けて、自著『論語 全訳注』（講談社学術文庫）において、「君子」「小人」をそれぞれ「教養人」「知識人」と翻訳していた。加地はこれらの訳語を、自身が一〇年かけて苦心の末に編み出した独創的なものであると主張し、山田が出典として加地本を挙げずにほぼ同じ訳語を使用したことを盗作と非難したのである。

まるでチンピラのやり口

このときの加地の怒りは常軌を逸していた。学術誌や新聞紙上で山田を批判したのだが、その筆致がスゴい。盗作、剽窃呼ばわりは序の口、**「人間として失格」「筆を折るのが筋」**などとまくし立て、挙げ句、自分には大学教授を名誉毀損で訴えて勝訴した経験があると付け加えた。[注1]大阪大学名誉教授という要職にありながら、**まるでチンピラ**である。訴訟をチラつかせてビビらす恫喝戦法だろうが、著作権事件でもなんでもない、まったく無関係の訴訟の話を引き合いに出されてもな。

だが、この迫力にすっかり呑まれてしまった山田と筑摩書房の編集者は、加地宅に訪問して謝罪。しかし円満解決にはほど遠かったようだ。加地はこのときの山田のタクシーの乗り方にまでケチをつけ、再び自身の論文で、「**待っていたタクシーに、なんと、私にはなんのことばもなく、真先に山田本人が乗った。**〔…〕**神経の鈍感さに、私は非常に不愉快であった。許さぬ、と心に定めた**[注2]」などと書く始末である。中国思想史に関する学術誌に、特定人物の**タクシーマナーにキレる**文章を寄せる学者が他にいるだろうか。編集者止めろよ。

この程度で絶版に!?

ともあれ最終的にタクシーの乗り方で「許さぬ」と心に定めてしまった加地は、その後筑摩書房に山田本の絶版を要求。そしてなんと筑摩書房はその通り、同書を**絶版にしてしまった**のである。[注3]

以上が事件の顛末だが、これが絶版相当の事案とはとても思えず、筑摩書房の対応は、出版社としてマトモとは思えない。また、加地が翻訳のカブリを不愉快に思ったとしても、あれほどのキツい言葉で公に糾弾すべき事案ではまったくない。こんな性格では誰も指摘してくれる人はいなそうだが、周りから嫌われていないか心配である。なお、加地はこの問題について

「最終的には裁判を想定(注4)」していたようだが、二語の翻訳カブリで訴えても負けるのは明らかに加地である。かえって、公に山田を盗作者呼ばわりしたことについては、加地の方が名誉毀損による法的責任を負うことになった可能性も十分にあった（146頁、『中国塩政史の研究』事件も参照）。

単語の独占に固執する愚かさ

前提として、同じ原文を底本とする以上、翻訳が似通うのは自然の摂理であり、それゆえ翻訳が似ていることで怒る人はあまりいない。もちろん翻訳表現に翻訳者の個性や独創性が表れることはあり、翻訳物の著作権侵害もあり得るが、ある類似表現が、原文との関係で似て当たり前の表現なのか、翻訳者独自の表現を複製（翻案）したものかは慎重に検討しなければならない。表面的に似ているから著作権侵害という単純な話ではないのである。

それ以前の問題

として、本件のように、まとまった文章表現ではなく、ひとつの単語をどう訳すかという話は、もはや著作権の保護を受けないアイデアの域でしかない。「君子」「小人」を「教養人」「知識人」としたのは、確かにウマい翻訳だ。特に「小人」は、辞書上の意味から連想すれば「小物」「俗物」「つまらない人物」「取るに足らない人物」といった翻訳になるのが普通だから、かなり思い切った意訳(注5)であり、独創的と評価できると思う。山田が加地訳を参考にした可能性も高いと思われる。

己の「小人」さを知れ

だが、いかに独創的な訳語であっても、その訳語の独占を欲したり、他者が同じ訳語を使う際に、最初の訳者への言及を強いることには抑制的であるべきだ。「オリンピック」を「五輪」と翻訳したのは読売新聞記者だった川本信正だが、他紙が「五輪」を使うときに、読売新聞や川本に言及する必要があるだろうか？「神経」や「動脈」は杉田玄白がオランダ語から訳出した語だといわれるが、医学書や診断書は出典として**『解体**

新書』を挙げるべきだろうか？

そういう話なのである。

この程度のことで怒り任せに同分野の研究者の人格を公に否定し、恫喝し、あまつさえ著書を絶版に追い込むとは、それこそ「小人」のすることである。ハッキリいって、加地は人間としての**器が小さ過ぎる**のだ。

なお、『論語』で、孔子はこう述べている。「**君子は坦（たん）たらんとして蕩蕩（とうとう）。小人は長（ちょう）たらんとして戚戚（せきせき）たり**」と。加地はこれを「**教養人は公平であり、ゆったりしている。知識人は他者よりも長（まさ）ろうとしてこせこせしている**」(注6)と訳している。自分の行動がどちらに当てはまるか、よ～く考えて反省してくれ。(注7)

コラム① 「オレ様の先行作品に敬意を払え！」はカッコ悪い

よく気がついたなぁ……

　ハリウッド映画監督のダーレン・アロノフスキーの初期作に『レクイエム・フォー・ドリーム』（二〇〇〇）という作品がある。この作品について、日本のアニメーション映画監督の今敏（こんさとし）が、自身の作品『パーフェクト・ブルー』（一九九七）に「随分影響されたシーンやまるごと真似たカットがある」（注1）と述べたことがある。さらに今はそのことをアロノフスキーとの対談で指摘しており、本人から「あれはオマージュだ」とのコメントを引き出している。彼の読みは正しかったというわけだ。こうした当事者同士のやり取りから、今日では、アロノフスキーの作品の随所に、今の作品の影響が見て取れることは、ファンには公然の事実とされている。

　しかし『パーフェクト・ブルー』と『レクイエム・フォー・ドリーム』を、映画全体として比較すると、テーマからストーリーからまったく別の作品なので、意識して観ないとなかなか気がつかないと思う。実をいうと、両作品とも、筆者の大好きな映画なのだが、記事を読むまで、類似シーンには気がつかなかった。

作家の不思議な能力

　何をいいたいかというと、作家やクリエイター本人には、後発作品に自分の作品が影響を与えたことを、敏感に察知する不思議な力があるということだ。それは、たとえ読者や観客からすれば見逃してしまうような箇所だったとしても、本人はそのひとつひとつに思い入れがあるし、同分野の作品に目を通す機会も多く、作り手の考え方や制作プロセスを想像することができるからだろう。なんと、大して売れてもいない筆者でさえ、「この深夜番組は、私の本を参考にしているな。取材してくれればいいのに」「この本のこの章は、ちょっと私の本とネタがカブり過ぎじゃないか?」などと気がつくことがあるくらいである。

そのとき怒るか、喜ぶか

そこで問題となるのは、「自分の作品が参考にされた」と気がついたとき、作者がどのような感情を抱き、どのような行動に出るのか、である。正直にいうと、筆者は自分の作品を参考にしたと思しき他人の作品に気がついたとき、不満とまではいわないけれど、多少、ひっかかる思いを抱いたことを、恥ずかしながら告白する。そして、そのことをいつまでも覚えているくらいだから、我ながらまったく人間ができていないのである。

本来であれば、他人が著作権などを侵害することなく、自分の作品を踏み台にして、新たな作品をつくったことを知ったならば、むしろ喜ばなければならないと思う。だって自分の作品が、誰かに影響を与えたことで、発展的な作品や、別の視点の作品がこの世に新たに生まれたのである。それはすなわち、自分の作品が誰かの心を打っただけでなく、その誰かの手足を動かし、世の中の文化を一歩前進させたということではないか。大げさにいえば「少し世界を変えた」ともいえる。作り手冥利に尽きる話なのである。

礼儀を強要するな

一方で、たとえ著作権侵害にならなくても、参考にしたのなら事前に許可を取るべきだ、クレジットを表記すべきだ、参考文献に記すべきだ、といった意見もある。この意見も大いに分かる。

後発の作り手が、「礼儀」として、こうした対応を自発的に採ることは結構なことだろう。元の作り手としても、事前に連絡をもらえたり、「原案」でも「協力」でも「参考文献」でもいいから、名前を明示してもらえれば、素直に嬉しいものだ。しかし、仮にそれがなかったとして、だからといって怒るのはいかがなものだろうか。

師弟関係があるなど、直接見

知った間柄ならまだしも、本を読んだり映画を観て影響を受けただけの見ず知らずの相手に対して、先行する作り手が、自分に対する礼儀を「強要」するのはカッコ悪くはないだろうか。だってその怒りは、素直に表明するならば、「そのネタを使うなら、オレ様にひと言挨拶せんかい！」「オレ様が先に考えたんや！」という、図々しく、かつ恥ずかしい、子どもっぽい感情の発露になってしまうからだ。この感情を正当化するために、人は「盗作」や「パクリ」「権利侵害のおそれ」などといった言葉を使って、相手の行為が殊更に不正であるかのように仕立て上げようとするのだろう。卑劣なカモフラージュであり、それも含めてカッコ悪い。こうして、エセ著作権者は誕生するのだ。

結局は人としての器

もっとも、誰もが聖人君子ではない。「この本の著者、絶対オレの本を参考にしてるけど挨拶ねぇな」という感情が湧いてきてしまうのは人間だから仕方ない部分があるかもしれない。だがそれは、作り手として、人として、修行が足りないからだと自覚しなければならないと思う。

アロノフスキーから、作品を〝オマージュ〟したと告白された今は、このときの感情を「おいおい益々いいやつじゃないか、ダーレン」「しかしパクリ過……いやオマージュのし過ぎじゃないのか（笑）、ダーレン」とつづっている。どうだろうこの作り手としての余裕。それどころか、彼は「パクリ」という言葉についてもまったく否定的な意味では使っていない。「作品や話し作りにおいて『パクリ』は全然悪いことではない。むしろあたり前のことだとさえ言える」と位置づけ、その背景について「物を作るというのは無から有を生じさせるようなことではなく、元にあったものをどのように捉え、どう活用し変容させるかといったことにあるからだ」と述べている。[注2] 非常に人間のできた作家である。

イラストレーターがパクられ妄想クレームを受けたらどうすべきか？

ＬＩＮＥクリエイターズスタンプ事件

コエミ vs mame&co（注1）

ＬＩＮＥスタンプにイチャモン

　誰が書いても似たようなものにしかならない単純な表現について、パクられたなどとキレる連中は、「パクられ妄想」に取りつかれて正常な判断ができなくなっている。信じられないことに、中には、妄想に取りつかれたまま裁判まで突っ走る者もいるのだが、裁判における主張は、妄想や思い込みをがなり立てるだけでは成立しない。そこで「パクられ妄想」をなんとか論理的に取り繕おうとするのだが、取り繕えるはずもなく、結局「妄言」としかいいようのない**トンデモな主張**を繰り広げる羽目になるのだ。

　日本在住者にはもはや説明不要だろうが、メッセンジャーアプリのＬＩＮＥでは、「ＬＩＮＥスタンプ」と呼ばれる画像を使用できる。実はこの「ＬＩＮＥスタンプ」は、所定のフォーマットでイラストを描いてＬＩＮＥ社に申請すれば、誰でも公開し、ＬＩＮＥユーザーに販売することができる。有名な企業マスコットなどの「公式スタンプ」と区別して、「クリエイターズスタンプ」と呼ばれている。クリエイターズスタンプから、アマチュアのイラストレーターが頭角を現すこともある。しかし、せっかく自分が生み出して人気が出てきたスタンプに対して、他人から「パクられ妄想」に基づくイチャモンが寄せられた日には、たまったものではない。

一〇年前の無名作品に似てる？

そんなたまったものではない思いをしたのが、人気スタンプ「うるせぇトリ」（**図1**）の作者mame&coである。うるせぇトリとは、口は悪いがどこか憎めない、サツマイモが大好きな鳥のキャラクター。スタンプから火がつき、企業コラボ、グッズ化、書籍化とマルチメディア展開が行われている。

このキャラクターに著作権侵害のイチャモンをつけ、裁判沙汰にしたのが、同じくイラストレーターのコエミ。彼女が、二〇〇五年ごろから二〇〇九年にかけて、リクルートの求人情報誌『From A』のイメージキャラクターとして描いていた「Mr.BEAK」（**図2**）のパクリだというのだ。なお、訴訟提起は二〇一九年である。**一〇年以上前の求人情報誌**に載っていた、特に有名ともいえないキャラクターの著作権侵害だといきなりいわれても困るよな。

図1

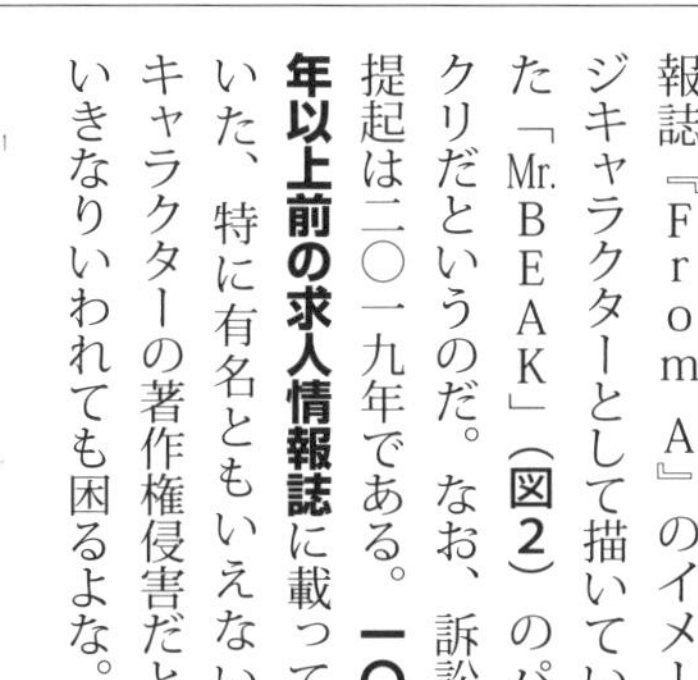

図2

誰が描いたってそうなる

さて、両キャラクターを比べると、一見似ているといえなくもない。しかし、いずれも、①一筆で書かれた、短い手足がちょこんと突き出た楕円形の体、②黒い点二つで描かれた目、③たらこ唇という、ほぼこの三つだけで説明できる、シンプル過ぎるデザインコンセプトのキャラクターであることには注意しなければならない。これらの要件のみを満たすキャラクターを描けといわれたら、**誰だってこんな感じの絵を描く**はずだ。これほど単純な絵柄がカブっていることを以って、パクられたと思い込む時点でオカシイ。コエミの主張は、極端にいえば**「オマエの描いた棒人間**

は、オレが描いた棒人間のパクリだ！」とわめいているようなものである。まさに**うるせぇ**としかいいようがない。うるせぇトリは、わざわざMr.BEAKを参考にしないと描けないような代物でもなく、偶然に似たものだろう。

サツマイモが盗作の証拠!?

ところで、LINEスタンプは、通常、数十個単位の画像のセットで販売されている。そこでコエミは、ご丁寧にも、うるせぇトリのスタンプ画像ひとつひとつについて、わざわざ五年分の『From A』から、それぞれ似たポーズや格好をしていたMr.BEAKの画像を探し出して、**ネチネチと**著作権侵害を主張している。例えば、うるせぇトリが好物のサツマイモを食べているスタンプ（**図３**）について、コエミは『From A』二〇〇七年一一月五日号「Mr.BEAKの突撃！ワキワキ現場」から、Mr.BEAKがサツマイモを食べている漫画のコマ（**図４**）を引っ張りだしてきて、こんなことをいうのだ。

無数にある食べ物の中からあえてサツマイモを選択してこれを食べている様子を描いたという表現上の本質的部分が一致している。

ものすごい言い分だ。コエミの主張によれば、mame&coは、約一〇年前の「Mr.BEA

図３

図４

Kの突撃！ワキワキ現場」を読み、その中でたまたまMr.BEAKがサツマイモを食べているだけのなんでもない一コマに注目して、「あえて」それを参考にして、**図3**のスタンプを描いたということになる。わざわざそんなことするか!? 邪推としかいいようがない。**そしてキャラクターにサツマイモを食わせるのに、いちいちアンタの許可がいるんかい!?**

もちろん、キャラクターがサツマイモを食おうがどら焼きを食おうが、そんなことは作者の自由である。

スーツを着てるから盗作だ!?

また、うるせぇトリがスーツを着て「社畜バンザイ」と言っているスタンプ（**図5**）については、コエミは『From A』二〇〇七年九月二四日号「Mr.BEAKのフロム・エー的ギャル語講座」のイラスト（**図6**）を引き合いにこう述べている。

> **サラリーマンの服装を表現する場合、ワイシャツ、スーツやネクタイの色には多様な選択肢があるが、原告作品〔Mr.BEAK、図6〕は、グレーのスーツを選択した上で、ワイシャツの色は白色とし、ネクタイの色にはサラリーマンのネクタイとしては主流とはいえない赤色を選択しているから、原告作品8〔Mr.BEAK、図6〕の服装に係る表現には創作性が認められるところ、被告作品8〔うるせぇトリ、**

図６

図５

図5」は、かかる表現も共通している。

要するに、グレーのスーツ、白のワイシャツ、赤いネクタイという服装がカブっている！という主張だが、いやはや、**おちおちスーツにワイシャツも着られませんな！**カブって当然の服装だろうが。赤色のネクタイが「サラリーマンのネクタイとしては主流とはいえない」との主張も正気とは思えない。いったいいつの時代の話をしているんだ。赤色のネクタイが共通していることを根拠に、著作権侵害という犯罪の動かぬ証拠であるかのように断じているのだこのコエミは。とんでもない**ポンコツ探偵**である。

サラリーマンじゃない

だいたい、「サラリーマンの服装を表現する場合」という主張の前提からしておかしい。**図5**のうるせぇトリは、「社畜バンザイ」というセリフから、サラリーマンをモチーフしていることがうかがえるが、一方、**図6**のMr.BEAKは、出典が「Mr.BEAKのフロム・エー的ギャル語講座」であることからもうかがえるように、制服を着崩したギャル男なのだ。**サラリーマンの服装を表現してないじゃないか！**うるせぇトリに**盗作の汚名**を着せるために、ウソをついてまで自分の作品をうるせぇトリに寄せているのはオマエの方だ。こんなトンデモ主張では、裁判に勝てるはずもない。

裁判所は盗作を全否定

もちろん裁判所は、コエミの主張をすべて否定している。サツマイモを食べているスタンプについては、「**キャラクターがサツマイモを食べる様子を描くというのはアイデアに過ぎない**」としたうえで、「**両作品の具体的な表現は**〔…〕**キャラクターがサツマイモを保持する部分、サツマイモの数、キャラクターが本を持っているかどうか、キャラクターの姿勢及び表情、食べ滓（かす）が付いている位置などにおいて大きく異なっている**」と認定した。著作物の比較というのは、このように、作者の個性が表れた具体的な表現を比較することである。決して、**「どっちもサツマイモを食べて**

いる」などという抽象的なアイデアを比較することではない。スーツを着たスタンプについても、グレーのスーツ、白いワイシャツ、赤いネクタイという「共通点」について、「これらの着衣等の色や組合せはありふれたもの」と一蹴しており、具体的な表現は「大きく異なっている」と認定したのである。

似て当然の単純なキャラクター

さらにベースのキャラクターデザインに関しても、前記した①〜③の特徴を備えたキャラクターは他にもたくさん存在している（オバケのＱ太郎、『銀魂（ぎんたま）』のエリザベスなど）ことから、これらの特徴は単純でありふれたものと認定され、ゆえに「**原告作品〔Mr.ＢＥＡＫ〕が著作物として保護される範囲も〔…〕狭い範囲にとどまる**」と判断された。つまり、両キャラクターの共通点は、擬人キャラクターを描く以上は採用されて当たり前の表現に過ぎず、そこが共通しているからといって責められる謂れはないということだ。

強引に共通点を探してるだけ

こうして、コエミの**全面敗訴**で裁判は終わった。うるせぇトリは、その後も続々と新しいＬＩＮＥスタンプが発表され、さまざまなメディアで活躍の場を広げている。

裁判の経過からコエミの「パクられ妄想」を分析すると、彼女には、両作品の共通点しか見えておらず、相違点については盲目といっていいほど目を向けていなかったことが分かる。具体的なキャラクターデザインをよく観察すれば、両キャラクターは、目や唇の描き方（目の離し具合や、唇の形状や厚さなど）がかなり異なる。これこそが、作者の個性が表れた具体的表現の違いなのだが、コエミはこれらの相違点について、いくらｍａｍｅ＆ｃｏから指摘されても、一貫して「本質的部分ではない」「大きな差異ではない」などと強弁している。

では「本質的部分」はどこなのかと問われると、「目を黒点のみで描いた点」だとか「鳥がサツマイモを食べるという描写

2020年（令和2年）

10月14日（水曜日）

そのもの」などと繰り返すのみなのだ。とにかく「共通点こそ本質」であり、「相違点は非本質」と頭から決めてかかっているとしか思えない。すべての事象が、自分の主張に**都合のいい証拠に見えてしまう**タイプの人とは、あまり関わり合いになりたくないものだ。

担当者の名前を教えろ！ 思い込みでサンリオを訴えた童話作家

けろけろけろっぴ事件

童話作家D vs サンリオ（注1）

それって本当に盗作？

もしもあなたが作家やイラストレーターで、出版社などに持ち込んでボツにされた自分の作品と、なんだかとってもよく似た作品がいつの間にか出版されていたらどう思うだろうか？

「作品を盗まれた！ ふざけるなよ！」

と思うはずである。だが、その怒りをぶつける前に、本当にその怒りが妥当なのかどうかを、冷静に、客観的に自問してみることも大事である。

童話作家のDは、カエルをモチーフにしたキャラクターのイラストや童話を一九七二年頃から描きはじめ、遅くとも一九八七年には作品として確立させていたという。なお、国会図書館などのデータベースでDの名を検索しても作品はなく、アマチュア作家である可能性がある（ペンネームを使っている可能性もあるが）。Dは一九八七年にこのキャラクターをいくつかの会社に持ち込んだが、いずれも採用されなかった。ところがその翌年、このカエルちゃんと「よく似たキャラクター」が、あのサンリオから発表されたのである。その名も「けろけろけろっぴ」。そう、八〇年代後半から九〇年代前半のサンリオを牽引し、二〇二〇年代もサンリオキャラクター大賞の上位にランクインするなど、安定した人気を誇るあのけろけろけろっぴである。

社員の氏名開示まで求め……

Dは、けろっぴを自身のカエルちゃんの盗作だと思い込んでしまった。サンリオに対し、けろっぴの著作権が自分に帰属することの確認と、一〇〇万円の損害賠償などを求めて提訴したのである。

しかしこの訴訟、不可解な点が多い。まず、Dが提訴した時期は、けろっぴのデビューからすでに一二年もの月日が経った二〇〇〇年になってからである。その間、この人はいったい何をしていたんだ。まさか二〇〇〇年になってから急にけろっぴの存在を認知したとは考えにくいし、一二年間、サンリオと水面下で交渉していたとはもっと考えにくい。

さらに、一〇〇万円という損害賠償金の額である。決して安い額ではないが、サンリオの事業規模を考えると控え目な要求といえる。カネよりも、自分の作品であることを認めさせたいという気持ちの表れだろうか？

最も不可解なのは、Dが金銭請求とともに、けろっぴを創作したサンリオの**社員の氏名開示も請求**したことだ(注2)。**そ、それを知ってどうするというのだろうか。**めちゃくちゃ怖いぞ。

サンリオに作品は送ってない

訴訟態様の不可解さからもうかがえるが、裁判におけるDの主張をよく読めば、Dが怒りのあまり、我を失っていたのであろうことが伝わってくる。何せ、そもそもDがイラストを持ち込んだ会社というのは、児童書や絵本系の出版社であって、**サンリオではないのだ。**そして持ち込まれた出版社もDのイラストを採用していないのだから、サンリオの社員がDの作品を知る機会はない。この時点で、サンリオに盗作されたという主張には無理がある。

サンリオも「〔Dのイラストが〕**公表されていない以上、被告〔サンリオ〕の制作担当者が本件著作物に接する可能性はないから、被告図柄〔けろっぴ〕が本件著作物〔Dのカエルちゃん〕に依拠して製作されることはあり得ない**」と反論している。そうとしかいいようがないだろう。

擬人化カエルは独占できない

また、Dが怒るほど両デザインが似ているのかという問題もある。Dのイラストは何パターンかあり、けろっぴにも色々な表情のものがあるが、最も似ていると思われるイラスト同士を比較してみよう（図1、2）。う〜ん。似ているという人もいるかもしれない。しかし、特に子ども向けにシンプルな構成で描かれた、生物の擬人化キャラクターを比べるときは、「そのコンセプトで擬人化すれば誰が描いてもだいたいそうなるよな」といえる表現ポイントは比較対象から省かなければならない。そのようなありふれた表現

図1

図2

を特定の著作権者に独占させてしまうと、**他に誰もカエルを子ども向けに擬人化できなくなってしまう**からだ。

よく見ろ！似ていない！

この考え方に基づき、裁判所は、まず、カエルの擬人化に際し「顔の輪郭を横長の楕円形にすること」「丸い目玉が輪郭から飛び出していること」「短い胴体に、短い手足をつけること」の三点を「ありふれた表現」と認定した。そして、これを省いて残った表現部分を比較すると、「目玉の配置（Dの両目は離れているが、けろっぴはくっついている）」「瞳の描き方（Dは白目・虹彩・黒目を描いているが、けろっぴは白目と黒

目のみ）」「手足の形状（特に足は、Dは脚部や靴を描いているが、けろっぴは裸足の足のみ）」などのさまざまな違いが認められることから、**著作権侵害は成り立たない**と結論したのである。妥当な判決だろう。

持ち込みがうまくいかなかったタイミングと、けろっぴのデビューのタイミングが合致していたことから、Dは疑心暗鬼に陥ったのだろう。しかし、冷静に、客観的に考えれば、「違う作品」だと気づけたはずだ。サンリオのデザイナーを妬んだりせずに、実直に創作と営業を続けるべきだったと思う。

嫉妬から訴訟へ！ ハローキティをパクリと断じたミッフィーの生みの親

ミッフィー事件

ディック・ブルーナ（メルシス）vs サンリオ（注1）

大御所同士の国際紛争勃発！

サンリオのように、シンプルな絵柄のキャラクターを多数抱えている会社であれば、定期的に、「おたくのキャラクターは、私が先に考えていたキャラクターの盗作だ」などという類のクレームにさらされているであろうことは想像に難くない。そんなイチャモンクレーマーが、誰とも分からないアマチュアではなく、大御所のイラストレーターだった日には、いったいどうしたものだろうか。

二〇一〇年、サンリオは、オランダの作家ディック・ブルーナが描いた有名なうさぎのキャラクター「ミッフィー」（図1）の著作権などを管理するメルシス社から、著作権侵害、商標権侵害のカドで、オランダで訴えられている。訴えの対象となったのはサンリオの「キャシー」といううさぎのキャラク

図2

図1

ター（図2）。あまり知られてはいないが、一九七六年に発表されたハローキティのお友達だ。これが「ミッフィー」に酷似しているというわけだ。訴訟のきっかけは、その前年に、メルシスの関係者が地元のH&Mでキャシーの描かれたパジャマなどを発見し、H&Mに撤去させたことだった。さらにメルシスの調査により、現地のおもちゃ屋などにもグッズが売られていたことで問題視され、メルシスはサンリオに警告書を送りつけるに至ったのだ。

サンリオへの積年の恨みが……

しかし、キャシーはサンリオキャラクターの中でもマイナーな存在であり、グッズがあるといっても少量だろう。**そんなに目くじらを立ててキレるようなことだろうか。**実はトラブルの背景には、ブルーナのサンリオに対する積年の恨みつらみがあった。彼は長年、サンリオの看板キャラクターであるハローキティに対して著作権侵害の疑いを抱いていたのである。

二〇〇八年の取材で、彼は「［**ハローキティは］ミッフィーのコピー品だ。まったく好きになれない。冗談じゃない。自分自身で考えて作品を作るべきだ**(注2)」と、痛烈な言葉で盗作と決めつけている。いやはや、ハローキティがミッフィーの盗作というのは**相当な暴論**だが、そのように思い込んでいたブルーナがキャシーの存在を知れば、怒り狂ったことは想像に難くない。

だが、これはそう簡単にサンリオを断罪できるような問題ではない。けろけろけろっぴ事件と同様、うさぎをシンプルに擬人化するうえで当たり前の表現は比較対象から外す必要があるからだ。そうすると、口と鼻の有無、目の位置など、異なる点が目立つ。「ミッフィーを知りませんでした」という言い訳はさすがに通用しないだろうが、それでも権利侵害を問うのは酷である。簡単には受け入れられないクレームだ。

サンリオの弱腰対応

ところが、メルシスからの警告書を受け取ったサンリオは、なんと、「今後、オランダ及び全世界で、キャシーの商品供給は中止します」と、**あっさり白旗**を挙げてしまったのである。人気のないキャラクターで、揉めるくらいなら中止でいいと思ったのかもしれないが、ちょっと腰抜け過ぎやしないかサンリオ！

弱腰の姿勢を示し過ぎると、やましい事情があったのではと勘繰られる可能性があるし、そうでなくとも付け込まれることがある。実際、メルシスはこの対応では納得せず、キャシーグッズのライセンシーや販売数、在庫数の開示、取引先に対する権利侵害事実の通知と在庫の回収などを求めて、アムステルダム地方裁判所に仮処分申請を行ったのである。

こうなるとサンリオも黙っていられない。裁判では、サンリオは権利侵害を積極的に否定する答弁を行った。中でも興味深かったのは、**「ミッフィーの方こそ、キャシーをパクったのではないか？」**とする反論だ。

サンリオ、皮肉の一撃！

ミッフィーのデザインは時代とともに変遷している。実は一九七〇年代半ばより前のミッフィーの耳は**角ばっていた**（図3）。当時の絵本は今も版を重ねているので、簡単に確認することができる。それがキャシーの発表以降、徐々にキャシーのように丸くなっているのである。サンリオはここを捉えて反撃したのだ。

だからといって「ミッフィーがキャシーをパクった」とはいい過ぎで、これもまた偶然の産物だろう。とはいえ、一九七六年生まれのキャシーがミッフィーの盗作であると主張するならば、その検証にあたっては一九七六年以前のミッフィーの姿と比較する必要がある。その時代のミッフィーは耳の形状が

図3

異なるという事実を裁判官に気づかせるうえでは、**インパクトのある皮肉**だ。

客観的に見ればサンリオ有利と思われた裁判だったが、しかし結果としては、なんとサンリオが負けてしまった。著作権、商標権両方の侵害が認定されたのだ。「ミッフィーの方がパクリ」というサンリオの主張については、「サンリオは具体的な証拠を示しておらず、妥当ではない」と、深く検討されないまま一蹴された。

疑問が残る粗雑な決定だが、考えてみれば、ミッフィーはオランダが生んだ世界的スターである。海外企業との訴訟で、**地元の裁判所がメルシスに肩入れ**することはいかにもありそうな話だ。これを受け、サンリオは仮処分決定に対し異議申立を行うとともに、ミッフィーの図柄の商標権に対する取消訴訟を提起した。一方、メルシスも仮処分決定を足掛かりに本訴を提起するなど、事態は泥沼の様相を呈したのである。

突然の和解でウヤムヤに

ところが、この訴訟合戦には思わぬ形で終止符が打たれた。数ヶ月後、日本で東日本大震災が発生したのだ。甚大な被害を目の当たりにした両社は、お互いに訴訟費用を浪費するより、そのお金を義援金として共同で寄付することで和解する道を選んだのである。

ある意味、美談で終わった事件だが、それでもサンリオが最初に約束した通り、キャシーの商品供給を中止することが前提の和解である。実際、事件以降、キャシーはサンリオキャラクターから消滅した。サンリオのウェブページ「ハローキティのかぞくやなかまたち」の一覧からも抹消され、一種の封印キャラクターになっている。まるでキティちゃんが、隣のクラスのリーダー格のミッフィーちゃんに**「今日からあの子とはおしゃべりしちゃダメだから」**などといわれて、あっさりキャシーちゃんと絶交したかのような顛末である。**これはイジメだ！**

つくづく、最初のサンリオの弱腰の姿勢が悔やまれる。やましいところがなければ、もう少し争ってもよさそうなものだが……。

リトルハニーという爆弾

サンリオの弱腰の姿勢の背景には、いったい何があったのだろうか。実は、同社にはもう一体、リトルハニーという一九七三年生まれのうさぎのキャラクターがいた（図4）。このリトルハニーの方が、**キャシーよりもよっぽどミッフィーに激似**なのである。もっとも耳の形状などが異なり、盗作と断ずるにはやはり慎重になるべきだが、なんといっても口の「×」が共通しているインパクトは大きい。もし裁判の俎上にのっていれば、大きな失点となったことだろう。日本人の著作権意識の低かった七〇年代の出来事であることを考えると、こちらはひょっとするとひょっとするかもしれんね。リトルハニーも、現在はサンリオキャラクターのラインナップから抹消されている。

メルシスは、裁判ではリトルハニーについては一切言及していなかった。おそらく気づいていなかったのだろう。サンリオとしては、もっとヤバいもう一羽のうさぎに気づかれる前に、早急な幕引きを図ろうと考えたのかもしれない……。

図4

盗作者の魂には悪霊が宿り住む……呪いをかけても完全敗訴！

タウンページ君事件

個人A vs 日本電信電話（NTT[注1]）

一九九四年から現在に至るまで使用され続けている。実は、日本人にはお馴染みといってよいこのタウンページ君が、理不尽なエセ著作権トラブルに巻き込まれたことがある。

誰が描いても一緒では⁉

個人Aは、「古本物語 卒論の巻」という一頁漫画の著作権者を名乗る人物だ。といっても、ほとんど誰も知らない漫画だろう。発明開発連合会という、個人発明家の営業代行や出版事業

NTTが遭遇した理不尽訴訟

近頃は積極的に活用している人は少ないかもしれないが、NTTが発行・配布する職業別電話帳「タウンページ」を知らない人はいないだろう。ポスティングによる全戸配布がなされており、二〇二〇年度の発行部数は四〇〇〇万部に迫る。[注2]

そのタウンページの表紙などに使われているキャラクター（**図1**）も、一度は目にしたことがあるはずだ。「タウンページ君」という、**何のひねりもない**名前のこのキャラクターは、米国のグラフィックデザイナーのJ・オットー・シーボルドがデザインしたもので、

図1

を営む団体から一九八四年に発行された『古本情報』という書籍に掲載された作品だ。A自身も発明開発連合会の経営者のようである。この「古本物語」には、本を擬人化したキャラクターのイラストが描かれている（**図2**）。見ての通り、本の表紙に、単純な一本線や点で目と口と手足を付加したデザインである。ハッキリいって、本を擬人化するうえでこのうえなくシンプルかつありふれた手法で描かれたものであり、本に顔を描きましょうといわれたら、子どもだって同じような絵を描くだろう。

図2

こんなデザインに独占欲を抱く気持ちそのものが理解できないのだが、タウンページ君の存在を知ったAは、自身のイラストが盗作されたと思い込んでしまった。一九九七年にNTTを刑事告訴し、これが不起訴に終わると、一九九九年に約四五〇万円の損害賠償金の支払いなどを求めて民事訴訟を提起したのである。

凄まじいこじつけで犯人視

だが、そもそもタウンページ君の誕生からさかのぼって一〇年も前の一九八四年の、発行部数が極めて限られていたであろう日本の書籍に掲載された漫画を、米国在住のグラフィックデザイナーが知っていたとは思えない。Aは何をもってパクられたとの疑いを持ったのだろうか。

この点について、Aは、シーボルドの日本における著作権管理を行う会社の**社長が東京の三軒茶屋に居住していた**ことに注目。『古本情報』が、一九八四年の春に三軒茶屋で開催された「三軒茶屋古本まつり」という催事で販売されていたことを理由に挙げ、「〔シーボルドが〕古本情報の原告漫画を見たことは十分に考えられる」と主張している。

んなワケあるかい。なんとも**凄まじいこじつけ**である。いくら三軒茶屋に住んでいるからといって、その人が古本の催事に赴き、Aの書籍を買い、なおかつ一〇年経って米国人デザイナーに「こんな漫画があるよ」と手渡す可能性がどれだけあるというのだろうか。

一万歩譲って、見た見てないの話はおいておくとしても、本に目や口や手足をつけて擬人化することはアイデアであり、独占できない。また、目や口を一本線や点で描くことは、**極めてありふれた表現**であり、こちらも独占は到底認められないだろう。

そのうえで両者の表現を比べれば、タウンページ君にはAのイラストにはない大きな鼻があり、右目と左目の位置が上下に大きくズレているなどの特徴がある。この違いをもって、十分に類似性は否定される。実際、裁判でもAの請求は全面的に退けられ、敗訴している。

アイデアは著作権で守れない

それにしても、なぜAは、言いがかりとしか思えない訴訟をNTTにふっかけたのだろうか。どうもAが経営する発明開発連合会は、著作権の力を過信した団体のようなのだ。少なくとも二〇〇〇年代半ばまでに同団体が発行していた書籍を読むと、その多くで「アイデアを著作権で保護する」ことを標榜していた。アイデアを文章や図、漫画などで説明すれば、それは著作権で保護されるというのだ。もともとこうした信条があるなら、アイデアが共通しているに過ぎないタウンページ君を訴えるのも、Aにとっては自然なことなのかもしれない。

裁判所はアイデア保護を全否定

だが、この論理は一見正しいようで**まったく正しくない。**例えば「自転車のタイヤに浮きと水かきをつけると水陸両用自転車ができる」というアイデアを、文章や図などで表現したとする。この場合、文章や図そのものは著作権で保護できるとしても、誰かがその文章や図を使わずに、タイヤに浮きと水かきをつけた水陸両用自転車を製造・販売することを差し止めるのは不可能である。著作物である文章や図が複製されていたりするわけではないからだ。果たしてそれで、アイデアを保護したといえるのだろうか？　自転車の説明書や広告などに、同じ文章や図を転載されることを防げるという点では、まったく無意味とまではいわないが、同じアイデアを思いついた他人が、独自に似た内容の文章や図を制作してもそれは**著作権侵害にはならない。**また、たとえ元の文章等を参考にしたとしても、そのアイデアを説明しようとすれば誰でも似た表現になるようなありふれた文章等についての著作権は認められず、やはり著作権侵害にはならないのである。

タウンページ君事件の判決で、裁判所は、Aの主張を「〔両**キャラクターは〕本を擬人化したという点は共通しているが、それ自体はアイデアであって、著作権法で保護されるものではない**」と喝破している。これはこの事件に対する説諭ではあるが、発明開発連合会の活動そのものに対するメッセージにもなっているようにも思えるのである。

ついには悪霊に頼り出す

ちなみに、発明開発連合会が発行した刊行物を参照すると、近刊案内として『**盗用・侵害行為の魂の自然制裁**』という書名が掲載されておりギョッとする（図３）。**「他人の権利を承知で侵害する魂の持ち主の身内には悪霊が宿り住む」**という内容の本らしい[注3]（実際に刊行されたのかどうかは不明）。ＮＴＴとの係争を控えた一九九六年に発行された書籍に掲載された案内である。そうか、そんなに恨んでいたのか。しかしそんな方法を知っているのなら、勝ち目のない裁判なんかするより、ＮＴＴに悪霊を宿り住まわせればよかったのではないでしょうか……。

これから出版される本

特許出願前の知識

他人の歩いた無駄な出願を避ける　定価2300円

特許実務のストレス解消

事故、病気、災難の誘因を避ける　定価2300円

発明透視

アイデアがモノに成るか成らないか、を予知する

定価2300円

盗用・侵害行為の魂の自然制裁

他人の生きている権利を承知で侵害したりする魂の持ち主は、

身内に於いて不運な悪霊が宿り住む自然の制裁

定価2300円

図3

オカルト作家がまったく似てない時代劇にイチャモンのご乱心！

『新撰組！』事件

千秋寺京介 vs NHK

また大河ドラマにイチャモンが

全体を比較すれば、まったく異なる作品なのに、**ごくごく一部の枝葉末節における類似点**を大げさにあげつらって盗作だと騒ぐ人がいる。頭に血が上って視野が極端に狭くなっているのだ。これほど独りよがりな言いがかりはない。小説家の千秋寺京介（せんしゅうじきょうすけ）が、NHKの大河ドラマ『新撰組！』に対し、自身の小説を盗用されたとクレームをつけた事件もそうだ。

『新撰組！』は、その名の通り、政変に揺れる幕末の京都で市中警護にあたった浪士部隊である新撰組の活躍を描いたドラマである。脚本は三谷幸喜。新撰組の中心メンバーである近藤勇を香取慎吾、土方歳三を山本耕史（こうじ）、沖田総司を藤原竜也、斎藤一をオダギリジョーが演じるなど、人気俳優が総出演して話題となった。

本作には、近藤勇の愛人として彼を支えながら、生き別れの妹を探す芸者のお幸（ゆき）（優香）が登場する。彼女は妹を見つけられぬまま病死するが、その次の回で、近藤の臣下がお幸と瓜二つの妹・お孝（こう）（優香・二役）を見つけてきて、近藤の前に連れてくるというシーンがある。あまりの生き写しに思わず「お幸……」と声をかける近藤だが、献身的でしとやかなお幸と違い、妹はチャキチャキの町娘風で「誰やアンタ!?」と不満顔。その様子に一同苦笑と困惑……という描写だ（**図1**）。もっと

11月4日（木曜日）

図1-1

図1-2

図1-3

も、このシーンは時間にして一分半程度で、激動の政変ドラマの中では箸休め的なエピソードである。

怒り心頭の警告書が届く

この、ほんのちょっとしたエピソードをつかまえて盗用だと騒ぎ立てたのが千秋寺だ。曰く、先行する自身の小説『怨霊記』に**「ほとんどそのまま」**のシーンがあるというのだ。まずは千秋寺がNHKに送りつけた警告書を引こう。

貴社の人気大河ドラマ『新撰組！』第41話のラストシーンに小生の小説の内容が殆どそのまま転用されています。（中略）有耶無耶にする気はなく、貴社に通告するに至った次第です[注1]

白黒ハッキリつけようぜ、ということだ。この件を報じた『週刊新潮』によれば、千秋寺は「NHKの対応次第では訴訟も辞さない」と息巻いていたという。

そんなに似ているのかと、早速千秋寺の小説『怨霊記』を読んでみたところ、**あまりにも『新撰組！』とかけ離れた内容**だったのでびっくりしてしまった。二〇〇〇年前後に流行した、いわゆる「陰陽師もの」の小説で、呪術師としての陰陽師が怨霊と戦うファンタジーノベルなのである。人や動物に憑りついた怨霊を見分ける「陰陽師」の男と、怨霊と闘って封じ込める「怨霊師」の巫女が、ペアとなって怨霊と戦うのだ。怨霊が人々を襲うシーンなどは、かなりスプラッター表現が使われており、そのおどろおどろしい作風から、「ダーク・ファンタジー」と銘打たれている。

作風からして全然違う！

歴史小説でもなければ、新撰組とも幕末とも何も関係がない。よりにもよって、コメディで鳴らした三谷幸喜が、新撰組の大河ドラマをつくるのに、**どうしてスプラッター小説を参考にしなきゃならんのか。**まかり間違って似せようと思ったとしても似るはずがない。それほどにまったく異なる作品なのである。

そんなことはちょっとでも冷

静に考えれば分かりそうなものなのに、作者の千秋寺は、『新撰組！』に盗用されたと信じて疑わないのである。その理由というのがこうだ。『怨霊記』には、隼人という陰陽師が出てくる。彼は怨霊との闘いで、パートナーである怨霊師の巫女・涼を亡くしたばかりである。失意の隼斗の前に、後任のパートナーとして、涼と生き写しの双子の妹である彩という女が現れて仰天する、というシーンがある。このシーンに『新撰組！』は似ているというのだ。

共通点は古典的ネタ

要は、**「死んだ女を惜しむ男が、その女と生き写しの妹と引き合わされ、驚く」**というワンシーンを捉えて、それが「ほとんどそのまま」同じで「盗用」だといっているのである。驚くべき被害妄想だ。かなり大まかなアイデアに過ぎず、しかも「姉妹の顔がよく似ていてビックリ」なんて、**相当使い古されたネタ**ではないか。千秋寺は、アイデアのみならず表現描写そのものが似ているといいたいようだが、表現を比べてみると、これまた全然違う。『怨霊記』から、該当するシーンの記述を引用しよう。


「中頭、それで涼の後は何とする？」

大頭が問いただした。

「はっ！　既に代わりの者を一人用意してございます」

隼斗は驚いた。まさかそんなに早く涼の代わりを見つけてくるとは思わなかったからだ。それに代わりといっても、涼ほどの腕を持つ巫女が、そうたやすく出てくるとも思えない。

〔…〕純白の布を被った巫女は他の巫女たちに手を引かれて立ち上がり、ゆっくりと大広間の中に入った。そしてそのまま進み、隼斗の左隣に座したのである。

〔…〕

「名は？」

大頭が聞いた。

「彩と申します」

右京は彩の面を隠している白布を外すよう巫女たちに促した。巫女たちは彩の顔を覆っている頭巾を外した。

「おおおおおおうぅぅぅぅぅぅぅぅ!!」

一同は一斉に驚嘆の声を上げた。この時、最も驚いたのは横にいる隼斗だった。そこには何と死んだはずの涼が生き返った姿で座していたからである！

「涼!?」

大広間は驚きの声とざわめきで溢れ返った。(注2)

この表現描写と、『新撰組！』の表現描写を比べると、**似ている点など皆無**といっていい。

1. 『新撰組！』では、近藤勇の上役ではなく臣下の者がお孝を連れてきている。
2. お孝は白布の頭巾など被っていない。
3. お孝は近藤の隣に座らず奥座敷にいる。
4. お孝は自分から名乗らず、近藤の臣下から「お幸さんの実の妹、お孝さんです」と紹介されている。
5. その場の一同は「おおおおおおうぅぅぅぅぅぅぅ!!」などと声を上げていない。近藤が控え目に驚き「お幸……」とつぶやくのみである。そして臣下の面々はその様子を見てニヤニヤしている。

もう、何もかも違うのである。そして何もかもが違うにもかかわらず、千秋寺は「これは偶然の一致ではない」などと言って憚らないのである。さらに、相違点についてはこう述べている。

一致してすらねぇんだよ。

『新撰組！』では近藤だけが驚き、一方、私の作品では広間の一同が驚嘆するという違いはありますが、それも意図的に一部だけ変えたのでしょう(注3)

妄想症例の典型例

こうした主張は、この手の人によくある妄想だ。「パクられた」と思い込んでいると、相違点を指摘されても「それは言い逃れができるようにあえて変えたんだ」などといってキレるのである。潔白を示す証拠すら、**不正の証拠に見えてしまう**のだから始末が悪い。人に万引きの言いがかりをつけておいて、「その時間は学校にいました」とアリバイを主張されたら**「言い逃れができるように学校にいただけだろ！」**とキレているようなものである。相手を頭から犯人だと決めつけていないと、こうした発想は出てこない。

このクレームに対し、ＮＨＫは前掲『週刊新潮』の取材に応えて「これを盗作と言われることは到底、理解できません」と反論している。そうとしかいいようがないよなぁ。結局「有耶無耶にする気はない」と訴訟も辞さない構えで息巻いていた千秋寺は、ＮＨＫからキッパリと盗作を否定されると、**自分の主張の方を有耶無耶にして**この騒動はなんとなく終わっていった。

まぁ、千秋寺自身がパクられ妄想という名の怨霊に憑りつかれてご乱心していたと言う他ない。一度、陰陽師にお祓いしてもらった方がいいんじゃないか!?

軽率過ぎる！ ツイッターでの盗作呼ばわりで慰謝料を支払った都知事

『ラストニュース』事件

副都知事の軽率過ぎるツイート

それを軽々しく使って、**しっかりとしっぺ返しを喰った**のが、元東京都知事で作家の猪瀬直樹である。彼は、都知事就任直前の二〇一二年一〇月（当時は副知事）に、自身のツイッターにこんな書き込みをしたのだ。

猪瀬直樹 vs 伴一彦

『ラストニュース』（弘兼憲史画、猪瀬直樹作）は報道のありかたを描いた作品だがアホ脚本家が日テレで換骨奪胎し安っぽ

で不正行為を行った」と言っているのだ。真摯な努力と鍛錬によって金メダルを獲ったアスリートに**「でもこの選手はドーピングをしているんだぜ」**などと吹聴したら間違いなく名誉毀損だが、それと同じことである。ただ表面的に似ているだけで、盗作、盗用、パクリといった言葉が作り手に対してカジュアルに向けられがちだが、それほど重みのある禁句なのだ。軽々しく使ってはならない。

軽々しい盗作批判はダメ絶対

クリエイターにとって、盗作の汚名を着せられることは最大の侮辱である。「絵が下手」「文章が分かりにくい」といった評価ならば甘んじて受け入れよう。耳を傾けることによって成長につながる批判もある。だが「盗作」とは、作品の評価ではない。作り手の、創作への向き合い方に対する誹謗中傷である。「コイツは創作のプロセス

い報道ドラマにした。原作にヒントを得たと言いつつ独自作品と自慢していた。佐野眞一ハシシタ問題が現れたので盗作に触れた。日本の知財意識は中国を笑えないレベルなのだ。(注1)

少々解説する。『ラストニュース』とは、猪瀬が原作を書き、『課長 島耕作』などで知られる漫画家・弘兼憲史（ひろかねけんし）が作画した九〇年代の漫画である。これを、「アホ脚本家」が「日テレの報道ドラマ」で「盗作」した、というのである。また、後段で言及されている「佐野眞一ハシシタ問題」とは、ジャーナリストの佐野眞一が、当時大阪市長だった橋下徹の出自を暴露した「ハシシタ・奴の本性」という週刊誌記事を書き、名誉毀損やプライバシー侵害などと非難を受けた問題だ。佐野に厳しい意見が寄せられる中、猪瀬は、この投稿の前後で「二、三〇年前の佐野の書籍には盗作がいくつもあった」旨を告発している。別に猪瀬の作品が盗作されたわけではなく、**彼にいったい何の恨みがあったのか分からない**のだが、この告発は佐野バッシングの風潮に加担することになった。

どうしてこんなツイートを？

佐野批判の投稿が拡散される中で、**調子に乗った（としか思えない）**猪瀬が投稿したのが先のツイートなのである。佐野の盗作問題を告発するという彼の意図からすれば傍論なのだが、佐野への怒りが脱線して「自分も盗作の被害にあったことがある」と筆を滑らせたのだ。

猪瀬は、このツイートにおいて脚本家の名前やドラマのタイトルは明かしていない。しかし、当時までに放送されていた日本テレビの報道ドラマは数少なかったこともあり、伴一彦脚本の『ストレートニュース』という作品を指しているといい当てる者が少なからずいた。伴への問い合わせもいくつか生じていたようだ。なお、後に猪瀬自身も『ストレートニュース』を指していたと認めている。

本人にバレた！

この投稿にブチ切れたのが、他でもない**「アホ脚本家」呼ば**

わりされた張本人、伴一彦である。彼もツイッターをやっており、猪瀬に対し、ツイッター上で「**これは『ストレートニュース』のことでしょうか？ そう受けている人も多く迷惑しています**」と猪瀬に呼びかけたのだ。これに対し猪瀬はどう対応したか。完全無視を決め込んだのである。弁明できるはずもない。『ストレートニュース』が『ラストニュース』の盗作だと主張できる根拠は何ひとつないからだ。

共通点は「型破りなテレビP」

大まかにいえば、両作品ともテレビ局の報道番組の制作現場を舞台とする作品で、主人公は型破りなプロデューサーという設定が共通し、扱われる事件の題材の一部（政治家の汚職事件など）が重複している。しかし、描かれるストーリーはまったく異なるものだ。

『ラスト〜』は、局内の閑職チームが担当する夜中の報道番組を描いている。夕方の報道番組で扱われたネタを、プロデューサー・日野湧介がチームを率いて異なる視点で追いかけ、不都合な真実を暴くというのが基本的な流れだ（**図1**）。対して『ストレート〜』は、海外に飛ばされていたプロデューサー・矢島俊介（三上博史）が、型破りな取材方法で従来の報道とは異なる視点の番組を作っていく話だが、その姿勢の背景となった一五年前の報道被害者の

図1-1

図1-2

遺族との交流や、矢島に降板させられた女性キャスターが報道記者として成長していく様も主要なプロットになっている（**図2**）。

　全然違うドラマであり、猪瀬は、エセ著作権者の定番の誤解である「基本設定が共通している」ことをもって「盗作」だと思い込んでしまったに違いない。だがこんなものは盗作でもなんでもないし、そんなことは作家である猪瀬にとっても、冷静になればすぐに分かるはずなのである。

苦情を無視して都知事就任！

　さて、伴からの問い合わせを無視した猪瀬だが、「所詮はツイッターの軽口、黙っていれば

図 2-1

図 2-2

そのうち忘れてくれるだろう」と期待したのかもしれない。だが、盗んでもいないものを盗んだと喧伝された伴の怒りは収まらなかった。最初に無視されて以降、なんと数日おきに、実に三ヶ月以上も、猪瀬に**ツイッター上で何度も何度もメンションを送り続けたのである**（**図3**）。なんという粘着……いや執念だろうか。だが猪瀬は、これらも聞こえぬ振りで無視し続けた。誠意がまったく見られない。そしてこの間、彼は都知事選挙を経て東京都知事に就任している**（すんなよ）**。

　相手が都知事になろうが伴は追及の手を緩めない。いや、都知事という要職に就いた人物だからこそ許せないという気持ち

伴一彦 @sacaban · 2012年11月29日
@inosenaoki猪瀬直樹様、私と思われる脚本家の作品を盗作呼ばわりしたことについて再三質問していますが答えていただけてません。都知事選告示でツイッター禁止される前に是非お答え下さい。～『ラストニュース』(略)アホ脚本家が日テレで換骨奪胎し安っぽい報道ドラマにした。（略）
2　4　2

伴一彦 @sacaban · 2012年11月21日
@inosenaoki猪瀬直樹様、都知事選立候補でお忙しいと思いますが、私と思われる脚本家の作品を盗作呼ばわりしたことについて再三質問していますが答えていただけてません。是非お答え下さい。～『ラストニュース』(略)アホ脚本家が日テレで換骨奪胎し安っぽい報道ドラマにした。（略）
1

伴一彦 @sacaban · 2012年11月13日
@inosenaoki 10月22日に、あなたの原作漫画「ラストニュース」を"アホ脚本家が日テレで換骨奪胎し安っぽい報道ドラマ"にしたとツイートされていますが、これは拙作「ストレートニュース」のことですか？　そう受け止めている人も多く迷惑しています。ドラマ名を教えて下さい。
2

伴一彦 @sacaban · 2012年11月7日
@inosenaoki 10月22日に、あなたの原作漫画「ラストニュース」を"アホ脚本家が日テレで換骨奪胎し安っぽい報道ドラマ"にしたとツイートされていますが、これは拙作「ストレートニュース」のことですか？　そう受け止めている人も多く迷惑しています。ドラマ名を教えて下さい。
1　1

図3

だったのかもしれない。彼は猪瀬の事務所のホームページ宛てに質問のメッセージを送り、これも無視されると、発言の謝罪と撤回を求める内容証明郵便も送り付けたのである。ここまで怒りを持続させる伴の胆力も相当なものだが、繰り返すが、謂れのない「盗作呼ばわり」は、クリエイターにとってそれほど**重大な名誉毀損**なのである。この件について、アニメ『名探偵コナン』などの脚本を務める脚本家の村川康敏は、「**これは延(ひ)いては脚本家全体にまつわる問題で、明確な理由も示さず『盗作』と言い放った事実を黙認すれば、明日は我が身で、いつ誰に因縁をつけられても、涙を飲むしかなくなってしまう。**

そんな事は、許してはいけない[注2]」とコメントしている。

どうみても悪手なガン無視対応

一方猪瀬だが、なんと内容証明郵便も無視して応答しなかったという。この人も相当な厚顔無恥だよな。ついに最初の猪瀬の投稿から約五ヶ月後、伴はツイッター上で訴訟準備に入ったことを報告。これを『週刊新潮』が記事にして猪瀬に取材すると、やっと口を開いたと思いきや**「コメントすることはありませんよ。そんなことは知りません」**[注3]と、事ここに至っても事実上のノーコメントで応じたのである。

伴でなくてもイライラする対応だ。どう考えても悪手である。別にこの件で伴を追及しようと思ったり、確固たる主義主張があってツイートしたわけじゃないんだから、早めに「筆が滑ってしまいました」と**謝れば済む話**だったのではなかろうか。それをせずにダラダラと知らぬ存ぜぬでやり過ごそうした結果、ついに猪瀬は、現役東京都知事の立場にありながら、伴から名誉毀損で提訴され、五五〇万円の損賠賠償とツイッター上での謝罪を請求されたのである。

裁判所から突き放される猪瀬

裁判所に引きずり出されれば、無視するわけにはいかない。法廷において、当初猪瀬は「(問題があったという認識は)全くない」「論評であり、名誉毀損にはあたらない」などと強弁していた。ところが、裁判長からは「**いきなり『盗作』と言われることの重大性**は作家でもある被告には分かるはず。削除した方が望ましい」と諭されてしまう[注4]。本当にその通りだよ。このことから、裁判所は猪瀬の行為を評価していなかった様子がうかがえる。「このままじゃヤバいかも」と、どこかのタイミングで猪瀬も観念したのだろう。最終的に、猪瀬が実質的に伴の要求を呑む形で和解に応じている。

和解条件は、猪瀬がツイッター上に伴に対する謝罪文を一年間掲載すること（一週間は他のツイートもせず、トップに表示させる）、さらに伴に和解金として一〇〇万円を支払うという内容である。その謝罪文は以下の内容であり、約束通り投稿された。

お詫び／一昨年10月、私は、伴一彦氏脚本のテレビドラマ「ストレートニュース」に関し、私原作の劇画「ラストニュース」を盗作したとツイートしました。確たる根拠がないのに、「アホ脚本家」「盗作」とツイートし、伴一彦氏及び同ドラマの名誉を毀損したことにつき、心よりお詫び致します。猪瀬直樹（注5）

何でこんな人が都知事に……

こうして猪瀬は、ツイッター上の軽口のせいで一〇〇万円と裁判費用を支出し、謝罪文の掲載が広く報道される羽目になったのである。この失態を、読売、朝日、毎日、日経、産経、各スポーツ紙と、主要紙は軒並み報じた。「根拠薄弱な盗作呼ばわり」がそれだけ**重い罪であることが周知された**ことは、意義があったといえるだろう。

なお、猪瀬はこの裁判中に、医療法人から選挙資金として五〇〇〇万円を借り入れたことが「収賄ではないか」と疑われ、こちらは無視できずに、札束になぞらえた発泡スチロールのカタマリを自分のカバンに押し込みながら、単なる借入金であることを一生懸命に説明したが、結局証明できずに都民の不興を買って都知事を辞任している。（注6）

そして和解から三年後には、またもツイッターで、自身のノートパソコンの画面を写真に撮って投稿したところ、ブックマークのトップに**違法アダルトサイトのXVideos**が表示されている状態が映っており笑い者になっていた。つくづく、**軽率な人**という印象しかない。

気の毒過ぎる！ 脚本家の盗作イチャモンのせいで子役が降板!?

『パパはニュースキャスター』事件

伴一彦 vs フジテレビ

伴も同じ過ちを……

猪瀬直樹に盗作の濡れ衣を着せられ、ツイッターでの抗議と名誉毀損訴訟によって見事にその名誉を回復させた脚本家・伴一彦。実は彼もまた、他人のドラマをツイッター上で盗作呼ばわりしたことがある。その事件を検証すると、結局**「どっちもどっちだなぁ」**と思わざるを得ない。

伴が猪瀬直樹を問い詰めたそのわずか半年前、彼はフジテレビのドラマ『家族のうた』について、自身が脚本を書いたTBSドラマ『パパはニュースキャスター』と類似していると指摘し、**「盗作レベルでは？」**（注1）との見解をツイッター上で表明したのである。これがきっかけとなり、当時この件はメディアを巻き込む騒動となった。

だが、伴の行動は完全に勇み足なのだ。なぜならば、ツイッターに投稿した時点では、『家族のうた』は、**放送はおろか、撮影すら**まだ本格的に開始されていなかったからだ。では、伴はいったい何を見て「盗作」などと騒いだかというと、フジテレビのウェブサイトに掲載された新作ドラマのあらすじを書いたプレスリリースなのである。以下がその文章だ。

主人公の早川正義（せいぎ）は超人気ロックグループ「ｏｕｔ ｏｆ ｊｕｓｔｉｃｅ」のメンバーとしてナンバーワンの人気を獲得〔…〕。が、13年前にメンバー

との喧嘩をキッカケにバンドを解散して以降、世間から忘れられた存在に転落。早朝5時からの30分のラジオ生放送とたまに行うファンイベントだけが彼のレギュラーの仕事の場となっていた。

そんな正義の最大の弱点は今も昔も変わらず酒。弱いのに酒を飲み、酔えば目の前の女性をみさかいなしに口説いてはベッドイン。そして目が覚めれば全く記憶がない…を繰り返す日々だった。過去に栄光は1度手に入れたものの、現在は自分の好きな音楽（ロック）を貫き正義自身はそれなりに満足した生活を送っていた。

そんな正義の前にある日、中学1年生の3人の娘が現れる。いきなり現れた3人の娘。世間にバレるのはもちろん、何とか口実を見つけ出して正義との契約を打ち切りにしたい所属音楽事務所にバレてはいけない!! 決して世間に知られてはならない3人娘との共同生活がスタートし、3者3様の事情をもった娘達に振り回される日々の中で人として父親として成長していく正義は、やがて大切な何かを見つけ出していく。そんな苦悩と笑いと愛に満ちた熱血ファミリードラマ『家族のうた』を4月からのフジテレビ日曜21時「ドラマチック・サンデー」でお届けする。(注2)

以上が、放送予定だった『家族のうた』の導入部分のあらすじだ。なお、主人公の正義はオダギリジョーが演じると発表されていた。伴が問題視したのは「酒に酔って女をみさかいなしに口説いていた男の前に、ある日突然、自分の娘だと名乗る三人の女子中学生が現れる」という設定である。これが『パパはニュースキャスター』の盗作だというのだ。『パパはニュースキャスター』も、酒癖と女癖の悪いニュースキャスター（田村正和）の前に、ある日突然、自分の娘だと名乗る三人の同学年の女子小学生が現れるところから始まるドラマで、父娘の交流を軸に話が展開する作品である（**図1**）。

設定しか似ていない

似ていることは似ているが、これは設定の類似でしかない。「同学年の女子児童が突然三人も現れて、プレイボーイが一夜にして三児の父親になってしまう」というのは、特徴的かもしれないが、単に設定である。プレイボーイと女子児童たちがどうやって出会うのか、出会いの心情をどう描くのか、出会った後どんな行動を取るのか、そうした肉付けのストーリーや演出表現こそが著作物であり、そうした表現が似ていなければ、十分に別作品として成立する。

図1-1

図1-2

猪瀬を責められる立場か⁉

伴自身も、その点には早々に気がついたようで、ほどなく「盗作」という言葉を使うのは控え、「盗作が認められるのはアイデアではなく表現ですが、これは、ねぇ[注3]」「法律以前に創り手のモラルとプライドの問題[注4]」と、主張を軌道修正しているが、時すでに遅し。ニュースサイトやゴシップ誌などで、「フジテレビに盗作疑惑、パクリ疑惑」などと騒がれることになってしまったのである。いやはや、猪瀬直樹の「盗作発言」を責めることのできる立場とは思えぬ**不用意発言**ではないか。フジテレビから「確たる根拠がないのに、『盗作』とツイートし、フジテレビ及び『家族のうた』の名誉を毀損したことにつき、心よりお詫び致します」との**謝罪ツイートと一〇〇万円を要求されてもおかしくない**（要求してやればよかったんだよ）。

この件で、特に伴が短絡的だったのは、プレスリリースのあらすじしか読んでいないのに、公に問題を告発してしまったことだ。泥棒が入った家の前をたまたま通りかかっただけの善良な市民について、「この人が犯人です！」とネットで吹聴しているようなもので、ひどい濡れ衣としかいいようがない。

似たドラマにはなりようがない

冷静に考えれば、「同学年の女子児童が突然三人も現れて、プレイボーイが一夜にして三児の父親になってしまう」という設定が共通しているだけで、不可避的にドラマのストーリーや演出が似るわけがない。しかも、『パパはニュースキャスター』（一九八七年）で父親になる主人公は、バブル経済絶頂期における高給取りのテレビマンで、片や『家族のうた』（二〇一二年）の主人公は、バブル崩壊後の「失われた二〇年」のどん底期における、しかも落ち目のロックミュージシャンだ。父親の「設定」を比べるだけでも、**同じような話にはなりようがない**ことくらい、想像がつかんかな!?

そして実際に両作品を見比べると、まさしく設定の一部が共通しているだけでまったく違うストーリーなのである。だがそれ以前に、この段階では、先の設定が『家族のうた』の具体的内容にどのように活かされるかは何ら明らかになっておらず、関係者でもない伴が知り得るはずがないのである。どう考えても、クレームをつけるのが早過ぎる！

未公表作への抗議はアンフェア

百歩譲って、伴は「特徴的な設定が似ている以上、実際のストーリーや演出も類似する可能性があるから、早めに指摘しておいた方がいい」と考えたのかもしれない。確かに、放送されるまで悠長に待っていて、いざ実際に内容が著作権侵害状態だったら、ある意味「手遅れ」だ。そこからクレームしたとしても、途中から脚本変更や放送を中止するのは困難だから、フジテレビも態度を硬化させるかもしれないし、そうなると下手すれば裁判沙汰で、訴える方にも負担が大きい。

　だが、もしそう考えたのであれば、ツイッターなんかで喧伝するのではく、**内々にフジテレビに指摘すればいいだけの話**ではないか。「設定が似ているようだけど、中身まで似ていたら許容できないから、似ないようにしてくださいね」「分かりました。脚本家と演出家によく気をつけるように伝えます」というやり取りで済んだはずだ。それを、どういう了見なのか伴が公に騒いだせいで、この時点では『家族のうた』の本編を観ることはできないメディアや一般の人々は、あらすじだけを手掛かりに「確かに似ている」という印象を持ってしまったのである。フジテレビからしたらとんだ災難だ。彼らだって、いくら盗作騒動になったからといって、放送前のドラマの脚本をネタバレして「いや、実際はこのように全然違う話なんです」などと対外的に説明できるはずがない。とてもフェアなやり方とは思えない。

伴vsフジテレビ直接対決

　そしてその後、伴は『パパはニュースキャスター』の放送局だったＴＢＳのプロデューサーを伴ってフジテレビに直接抗議に赴き、番組プロデューサーらとの面談を経て、なんと『家族のうた』の**設定を変更させてしまったのだからひどい話だ。**伴が振り返るところによれば、『家族のうた』のプロデューサーは、『パパはニュースキャスター』はおぼろげに知っている程度で参考にしたわけではなく、ロックミュージシャンというキャラクター設定からの発想で、酒好き、女好き……と考えていった結果、似たような設定になってしまったと釈明。しかしそれは「認識不足」だったし、またプレスリリースの仕方で誤解を与えたとして、フジテレビ側が「パクリと言われないように設定を変更する」と、譲歩し

たのである。(注5)

「認識不足」というのは、『パパはニュースキャスター』を知らなかったことを指していると思われるのだが、これは、酷ではないか。いくら名作ドラマでDVD化や配信もされているとはいえ、その時代の空気感を反映して作られる連続テレビドラマは、世代が違えば、普通はわざわざ観たりしない。『おしん』や『金八先生』だって、リアルタイム世代以外はよく知らなくて当然だと思う。

設定変更で泣いたのは……

こうしてドタバタなケチがついた『家族のうた』だが、なんとか予定通りの放送日程でスタートした。(注6)実際にドラマを観てみると、主人公・早川正義のもとに、女子小学生の娘が、弟の男子小学生（この子は正義の息子ではない）を引き連れて現れ、次いで別の母親との娘である女子中学生が現れるという、**複雑な内容**になっていた（図2、3）。つまり、当初の「中学一年生の三人の娘」という設定が、「違う学年の二人の娘と一人の男児」が現れるという設定に変更になったのだ。

図2

……ん？　ちょっと待てよ。

ということは、少なくとも一人（ないしは二人）は、**子役の女の子が降板したということになるのではないか!?** 伴が、設定を一瞥しただけで昔のドラマに似ていると騒いだせいで、地上波の連続ドラマに主演が決まった子役が、放送直前で降ろされてしまったのだ。騒動にならなければ、キャスティングまで変える必要はなかったかもしれないのに！

この事件では、盗作騒動のとばっちりを受けた主演のオダギリジョーに同情する声があがり、伴も「**今回の件、役者が可哀相との書き込みを見かけま**

図3-1

図3-2

す。日刊ゲンダイの記事でもオダギリさんの写真が大きく載っていて、申し訳なく思います。が、**そのきっかけを作ったのは私ではありません。**そこを忘れないで下さい m(_ _)m」など(注7)と述べている。だが、きっかけをつくったのは、不十分な根拠に基づいて公にイチャモンをつけた件であり、一番かわいそうなのはこの名前すら出ることのなかった子役の女の子である。それでも、「そのきっかけを作ったのは私ではありません」で済ませられるんですかねぇ。

イチャモンで新人漫画家をツブした女が食らい続けるブーメラン

『女くどき飯』事件

峰なゆか vs 田所コウ

突然ヒステリックなイチャモンが

エセ著作権を振り回す人たちが愚かなのは、「創作をするうえでは避けて通れない先行作品との類似」、例えば偶然の一致、ありふれた表現の重複、アイデアの共通などを声高に糾弾するところである。自分が「被害者」のうちは、その愚かさを自覚せずに騒げるのだが、誰でも創作するうえで、他人の先行作品に類似するときが必ず来る。するとその糾弾がブーメランとなって自分に向けられることになり、そのときに初めて、自分の愚かさに気づくのである。

漫画家・峰なゆかは、まさに**その愚行**を冒した。漫画家の田所コウが描いた『コトコトくどかれ飯』に対して、唐突にツイッターでヒステリックな糾弾を繰り返したのである。

コンセプトもタイトルも私の連載している『女くどき飯』をパクリすぎ（注1）

おかしいだろ！！！！！！！（注2）

漫画を描いているみんな〜！聞いてくれ！！！ 自分の描いた漫画をパクられるというのは、これは、思ってたよりすっごく辛いぞ！？ びっくりするほど傷つくぞ！！ 私はわりとさっきから涙目だぞ！！！！？（注3）

すでに**この態度に彼女の愚かしさがにじみ出ている**が、まったくイチャモンも甚だしい。峰の『女くどき飯』は、峰が、一般公募した読者の男と、その男

が薦める店でデートし、そのときの様子や男の立ち居振る舞いを描いた一話完結のルポ漫画である(**図1**)。グルメサイトの「ぐるなび」の企画で連載していた作品だ。

一方、田所の『コトコトくどかれ飯』は、典型的な少女漫画だ。互いになんとなく惹かれ合っている男女が、「破けたスカートを補修してもらって」「映画館で見かけた相手と、その映画で描かれていたサンドイッチのお店で偶然再会して」などのきっかけで距離を縮めるという一話完結のストーリーで、作中に実在の飲食店が登場することがお約束になっている(**図2**)。少女漫画誌『ハツキス』(講談社)で三回連載されたが、この騒動がきっかけで連載中止となった。

図1

何もかもが似ていない

ハッキリいって、**まったく違う作品なのである。**内容も画もまったく異なり、著作権侵害にあたる可能性はゼロである。だいたい、峰は「コンセプトもタイトルもパクリすぎ」と言うのだが、コンセプトもタイトルも違うだろう!

コンセプトとは、作品全体に通底するテーマや視点のことである。しかし両作品の中身の共通項は、「漫画である」「男女が主要人物である」「男女の出会いを扱っている」「実在の飲食店が出てくる」くらいしかない。こんなものはテーマや視点とはいえない。**この女はコンセプトの意味を分かっているのか？**　その共通項のうち、前三点は当たり前過ぎてアイデアともいえないし、実在の飲食店が出てくる漫画なんて、創作漫画に限っても『孤独のグルメ』（久住昌之、

（271）

図2

谷口ジロー）、『ラーメン大好き小泉さん』（鳴見なる）、『三十路飯』（伊藤静）、『おとりよせ王子 飯田好実』（高瀬志帆）など珍しくもない。『女くどき飯』が属するコミックエッセイも含めればそれこそ無数にあり、とてもじゃないがオリジナリティを誇れるアイデアではない。

タイトルも、『女くどき飯』と『コトコトくどかれ飯』では、間違えたり紛らわしく思う余地がまったくない。「女」「口説き」「飯」という、既成かつ互いに連想性の強い名詞を組み合わせただけのタイトルに独占欲を感じること自体がおこがましい。

なお、田所の版元である講談社は、『女くどき飯』の連載開始の二年前に『笠原将弘の口説き

図3

めし』（図3）というタイトルのレシピ本を出版していることも添えておく。

講談社の腰抜け対応

そしてほどなくして、法的に勝てる見込みがないことに薄々気が付いた峰は、この件を「矜持とか礼儀とか良心」の問題などとのたまうようになる。だが、矜持や礼儀や良心の問題にすり替えるのであれば、問題があるのはどう考えてもオマエの態度だよ！

だって、違法性がないことはもちろん、創作のプロセスに何の落ち度もない漫画家を、あたかも不正行為を行ったかのように公に糾弾したのだから、**礼儀は最低、**良心はカケラもないではないか。異常な独占欲をもたらした矜持は歪（いびつ）に膨張している。また、法的に勝てるかどうかの話に戻せば、名誉毀損で訴えられれば負けるのは峰の方だろう。

もしこのようなイチャモンが自社の作家に寄せられたなら、出版社や編集者は作家をしっかりと守って戦うべきである。それこそ、名誉毀損で訴えるくらいしてやればよかったはずだ。だが講談社は、両作品の内容の類似性は否定したものの、タイトルに関し、「『女くどき飯』との言葉の類似点について、編集部も作者の田所先生も気づきませんでした。**そのご指摘は真摯に受け止め、今後この作品のタイトルにつきましては田所先生と協議してまいります**（注4）」などと日和った見解を公表したのだから情けない。結局、田所は講談社に連載辞退を申し入れ、また峰に対してはツイッター上で謝罪し（なんで?）、これ以降『コトコトくどかれ飯』の続きが掲載されることはなかった。作家を守り切れなかった講談社の責任も重い。

峰にブーメラン

もっとも、この結末によって、**むしろ峰に対する風当たり**が強まったことはせめてもの救いといえるだろう。この事件からわずか三ケ月後、峰は自分が「パクリ疑惑」を投げかけられる側に回ったのである。峰が『週刊ＳＰＡ！』（扶桑社）で連載していた四コマ漫画『アラサーちゃん』の一編に対し、漫画家のＴＳＵＫＵＲＵが、自身の四コマ漫画『きょうのゲイバー』との類似性を指摘したのだ。

『アラサーちゃん』は、それぞれに特徴的な性格を持つアラサー男女を語り部として、彼らの赤裸々な価値観や恋愛観を描いた峰の代表作だ。『きょうのゲイバー』は、ゲイバーのママを主人公に、店を訪れる客とのやり取りを描いた作品だ。ＬＧＢＴ情報サイトの「２ＣＨＯＰＯ」で連載されていた。類似性が指摘されたのは**図4、図5**の一編である。『きょうのゲイバー』の「褒め合い」は、バーの客（女同士）が互いにピアスや髪型を褒め合い続け、その会話を聞いたママが「ハッ！恐ろしい事に本体は一切褒めてないわ」とツッコミを入れるというオチだ。見せかけの外見だけを褒め合って互いに気分を良くする女心の可笑しさを炙り出している。

権利侵害ではないが……

『アラサーちゃん』の「他人の幸せの色は青い」は、互いにピアスやメイクを褒め合うアラサー女を尻目に、男が「褒め合ってると見せかけて お互い相手の中身については一切言及しねーんだよな」とツッコミを入れる。それを聞いたもう一人の男が、彼女を「スッピンのほうがかわいいよね」と褒めるが、「ビタイチうれしくない」と怒られる、というオチだ。素顔よりも見せかけの部分を褒められた方が嬉しいという逆説的な女心を描いている。

図4（『きょうのゲイバー』）

図5（『アラサーちゃん』）

四コマを並べてみると分かりやすいが、「起起起結」の形式を採っている「褒め合い」の内容全体を、「他人の幸せの色は青い」は最初の二コマに凝縮して、そこから別の話に展開させて「起承転結」の分かりやすい形式に落とし込んでいる。この違いは大きい。結局、両作品は「見せかけを褒め合う女に『中身は褒めてない』とツッコミを入れる」というアイデアないしテーマが共通しており、それゆえに、表現の一部が類似したに留まると評価すべきだろう。類似部分は、同じアイデアを具現化しようと思えば誰でも類似せざるを得ないから「ありふれた表現」に過ぎず、すなわち著作権侵害や不正行為にはあたらない。

ＴＳＵＫＵＲＵの良心

　ＴＳＵＫＵＲＵもそのことは理解していたようであり、また**峰と違って礼儀と良心**が備わっているのだろう。盗作やパクリなどという言葉は使わず、「「**他人の幸せの色は青い」のネタは」かぶってるではなく、使われたように思います。ネタ自体はオリジナル性にかけ、かぶる事はあると思いますが、言葉の選びと並び方が３つ一緒で、作為を感じた**(注5)」「**数ある言葉の中から、それが重なっておなじくだりでネタになっている事は偶然とは考えづらい**(注6)」と、冷静かつ慎重に、穏当な言葉を選んで指摘を行っている。そして、後にＴＳＵＫＵＲＵの推測通り、峰は「他人の幸せの色は青い」を参考にして描いていたことが明らかになるのだが、だからといって、本来、既存のアイデアやテーマを土台にして新たな作品を創作することは責められるべきことではない。しかし、何ら責めるべき理由のない新人漫画家をパクリだと糾弾し、連載中止に追い込んだばかりの峰に、**同情の余地はない。**

　しかも、コンセプトやタイトルすら似ていない『コトコトくどかれ飯』と違い、『アラサーちゃん』は、ありふれた表現と評価できるとはいえ、類似性が表現部分に踏み込んでいるのだ。より「罪深く」思われても

2015年（平成27年）

8月13日（木曜日）

仕方がない。この件はウェブメディアなどで話題になり、ついには『SPA!』編集部が、以下の謝罪文を掲載するに至った。

当該作品〔『きょうのゲイバー』「褒め合い」〕を拝読した峰なゆか先生が、オマージュ的に当該作品を踏まえたうえで、さらに展開を加える形で4コマ化しており、編集部としては新たな作品として成立していると判断いたしましたが、TSUKURU先生に対して配慮を欠き、不快な思いをさせてしまったことを真摯に受け止め、改めてお詫び申し上げます。[注7]

この謝罪文によって、峰が故意に『きょうのゲイバー』のネタを取り入れたことも判明すると、峰への批判はさらに強まった。『コトコトくどかれ飯』の件で峰の主張に同調していたお仲間も一様に沈黙。「コンセプトやタイトルの類似」すら「パクリ」だなどと不正視する価値観の人々が、これを不正視できないわけがない。また峰本人がこの件に対して一切だんまりを決め込み、何ら直接釈明しなかったことも失望を招いた。

ものすごいダブスタ

時系列を追いかけると、『きょうのゲイバー』「褒め合い」の掲載は六月一七日、峰が『コトコトくどかれ飯』をパクリ呼ばわりしたのが八月一三日、『アラサーちゃん』「他人の幸せの色は青い」の掲載は『SPA!』の一〇月二五日発売号である。自然な制作スケジュールを考えれば、峰は『コトコト』を糾弾した前後で、TSUKURUの作品を「オマージュ」していたのである。本来、『コトコト』を寛容するか、『きょうのゲイバー』からアイデアを取り入れることを自制するかのどちらかでないと行動の整合性が取れない。いったいどういう神経をしているのだろうか。

刺さり続けるブーメラン

そしてその後も、峰は**ブーメランを喰らい続ける**ことになる。先の騒動から三年後、雑誌『ELLE』のオンラインメディア「ＥＬＬＥ ｇｉｒｌ」に掲載した**『平成ちゃんと昭和姉さん』**という漫画コラム（図６）について、漫画家・花森あめ子から、自身がインスタグラムで掲載していた漫画**『昭和ちゃんと平成ちゃん』**（図７）との類似性を指摘されたのだ。

峰の作品は、峰自身を投影した「昭和姉さん」が、平成生まれの女性の悩み相談に乗るという体裁のコラム。花森の作品は、昭和生まれと平成生まれの女性のジェネレーションギャップを描いたものだ。ハッキリいってタイトルと登場人物設定が似ているに過ぎないのだが、騒動から三年経っていたにもかかわらず、またもウェブメディ

図６

図７

アで『コトコトくどかれ飯』の一件を引き合いに批判を集めた。この他にも、ツイッターユーザーから、『アラサーちゃん』のネタは自分がツイッターに書き込んだネタの盗作だと指摘されたり（注８）、デビュー当時から指摘されていたことだが、女性が赤裸々な本音を告白する峰の作風が瀧波（たきなみ）ユカリの『臨死!!江古田ちゃん』のパクリだという指摘も、事あるごとに蒸し返されている。

だいたいこの人、あるあるネタや体験に基づくコミックエッセイを主領域にしている以上、**何かしら他人とネタがカブるのは当たり前である。**こうなることがどうして予想できんかな。

2015年（平成27年）

8月13日（木曜日）

すべての創作者は、創作のプロセスにおいて、既存の作品から影響を受けることも、アイデアや表現が偶然に一致することも避けることはできない。それは合法であるのみならず、新たな作品を生み出すにあたって当たり前に起こる事象として許容し合うべきことである。そこに思慮が及ばず、何の落ち度もない他人の作品の創作プロセスを身勝手に不正と決めつけ、愚かにもそれを公に糾弾したことで、峰は創作のたびに、何の落ち度もない類似性を他人から非難され続ける十字架を背負う羽目になったのである。**自縄自縛、自業自得、因果応報**である。

クドカンを殴りたい！ パクられ妄想漫画家がキメたスーパー土下座

『謝罪の王様』事件

ＲＩＮ vs 宮藤官九郎

突然の暴行予告!?

　他人の正当な表現活動をつかまえて、盗作の被害を受けたと思い込み、ろくに検討もしないで不正・不法行為があったと早合点していまう。これが、パクられ妄想に陥る多くの人々の特徴である。さらには早合点によって、他人をあたかも犯罪者であるかのように公に責め立てるのだからタチが悪い。

　漫画家・ＲＩＮ（笠原倫）が脚本家の宮藤官九郎に投げつけたクレームもそうだ。宮藤が脚本を務めた映画『謝罪の王様』の公開が発表されると、自身のツイッター上に以下のメッセージを連続投稿したのだ。

謝罪の王様のポスターにびっくり。宮藤官九郎ほどの才人に、、、パクられたぜ（注1）！
オレや板垣氏にだけは黙殺の王様を決め込むんだろうなクドカン。やったもん勝ちみたいな風潮には反吐が出るわ（注2）
取りあえず宮藤官九郎に道で会ったら殴りたいね（注3）
とりあえず、パクった事実を認めて、オレや板垣氏に謝罪しろよ王様（注4）
こいつらみんなパクリの王様、宮藤官九郎には失望したわ。舐めるなよ（注5）

　ものすごい暴言のオンパレードではないか。

「道で会ったら殴りたい」とは穏やかではない。いったい何があったのか。

　ＲＩＮは、『グラップラー刃牙（バキ）』などで知られる板垣恵介との共著で、漫画『どげせん』を描いていた（後に板垣とのコンビを解消し、単独作品として『どげせんＲ』と改題）。映画『謝罪の王様』は、この作品のパクリだというのだ。

本編も観ていないのに……

　だが、これが明らかに思い込みと早合点なのである。まず、このツイートの時点で映画は公開前で、ＲＩＮは本編を見ていない。ポスターと予告編しか見ていないのだ。もう早合点も早合点である。この段階で彼が何をいおうと説得力がない。だいたい、ポスターを見てびっくりして、なぜ「脚本家」である宮藤を殴ろうとするのか意味不明である。坊主憎けりゃ袈裟まで憎いというが、この人は袈裟のデザインをパクられたと思い、**それを着ている坊主に殴りかかっているようなものである。**これほどヒドイとばっちりもない。

　本編を見ていない以上いわずもがなであるが、「パクられた」という主張自体が思い込みだ。『どげせん』は、「土下座」を究めた高校教師・瀬戸発（はじめ）を主人公とする漫画で、彼がヤクザや不良との揉め事から、学校・ご近所トラブルまで、常軌を逸した土下座によって解決していく様を描いている。基本的に一話完結で、ヤクザと交差点の真ん中で対峙して、数分間土下座し大渋滞を発生させて相手を根負けさせたり、客に一切媚びないポリシーの頑固な定食屋の親父に、全裸土下座で頼み込んでメニューにないカレーラーメンを作らせたりしている。荒唐無稽なギャグ漫画で、文字で説明すれば各話いずれも極めてシンプルな内容だが、溜めを重視した構成力と絶妙な画力で、可笑しみと妙な説得力を生んでいる（**図1、2**）。

　一方の『謝罪の王様』は、東京謝罪センターで「謝罪師」を務める黒島譲（阿部サダヲ）が主人公。彼の仕事は、トラブルに巻き込まれたクライアントを

図1

図2

代理・指南し、謝罪によってトラブルを解決することだ。黒島が、アシスタントの倉持典子（井上真央）とともに、セクハラで訴えられた会社員、息子の不祥事について謝罪会見を準備する俳優夫婦、貿易国との国交回復を望む総理大臣のために、試行錯誤して謝罪方法を模索していくうちに、それぞれの事件のクライアントに意外な関係性が生まれ……という話である。

土下座はオレだけのもの⁉

もうお分かりと思うが、ストーリーや演出などはまったく異なり、「謝罪」という作品の大まかなテーマが共通しているだけなのである。これを「パクリ」などという言葉で不正視することは、すべてのクリエイターに対する宣戦布告である。これほど大まかなテーマをRIN一人に独占されてはたまらない。

RINは映画のポスターを取り上げて「**僕はなんとかあのポスターだけは差し替えて貰おうと思ってます。男が命を削って荒地を耕した挙句、収穫物だけ獲られるのはね。やったもん勝ちじゃ済ませたくないな**（注6）」と歯噛みしている。そのポスターというのは**図3**の通りであり、阿部サダヲが土下座をする様子が残像とともに描かれているものだ。要は『どげせん』が読まれているタイミングで、土下座をメインビジュアルに据えた作品を売り出すことが気に食わない

図3

というのだ。

しかし、いうまでもなく土下座のポーズは**誰が独占できるものでもない**し、「謝罪」をテーマにした作品で、そのことを象徴的にビジュアルで表すのであれば土下座のポーズを選択するのはごく自然な発想だ。「男が命を削って荒地を耕した」って、まるで自分が土下座という概念とポーズを自分が生み出したかのような言い草だが、厚かましいことこのうえない。

RINの作品の価値とは？

土下座をテーマに据えた漫画は珍しいだろうし、同じテーマの映画が大々的に公開されることをRINは疎ましく思ったのだろう。

だが、これほどまでにテーマの独占に固執するならば、もはや自分の作品の価値は「土下座」というテーマ設定にしかなく、画やストーリーには何の魅力もないと吐露しているも同然である。

いくらテーマが同じでも、画やストーリーが異なればそれは異なる作品で、それぞれに異なる価値と魅力があるはずだ。どっしりと構えていればいいじゃないか。

過去にもあった土下座作品

その後も、RINは『謝罪の王様』の公式ツイッターに「**どげせんの作者です。正式に抗議したいので連絡ください**」とメンションを送るなどの短絡的な行動を取り、**無視されていた**が、ほどなくして、宮藤や主演の阿部サダヲのファンから「殴りたい」などの発言が注目され、批判を集めるようになる。批判の中には、土下座をテーマにした作品が『どげせん』以前にも存在することを指摘するものもあった（九〇年代から二〇〇〇年代にかけて放送されていたフジテレビのコント番組『笑う犬の生活』のコントシリーズ「関東土下座組」など）。テーマが一致していることを理由に、他人にパクリなどと言いがかりをつける人には、自分の作品以前にも同じテーマの作品があったことを突きつけると、**しぶしぶ黙る**傾向がある。同じロジックを採るなら自分もパクリになってしまい、そこで初めて自分の言動がおかしいことに気がつくからだ。RINも批判を受ける中で、徐々に発言がトーンダウンしていき、なんと「殴りたい」とツイートしたその日のうちに「**オレが大人げないのかな**」「**ちょっとエキサイトし過ぎたかな**」「**皆さんのご指摘ごもっともです。脚本の宮藤さんの関与も定かでない段階の逆上には猛省しきり**(注7)」と、後悔と反省の弁を述べるに至ったのである。

真摯な謝罪で大団円！

実はこれ、エセ著作権者の中では非常に稀な行動である。パクられ妄想に取りつかれた多くの人は、自分こそが法的保護を保証された著作権者であり、侵害行為の被害者であり、「パクった」側は許されざる不正・不法行為者だと絶対的に信じて疑わない。裁判にまで突っ走り、あまつさえ敗訴したあとでも、まったく納得していないことも珍しくないのだ。自分の発言が**分別を失っていたことを素直に自覚**し、ましてそれを公にできる人はほとんどいない。

そして五日後には、RINは以下のツイートを投稿している。

今回、客観的には宮藤さん並びに謝罪の王様が、土下座を全面に出した映像を作るに当たり『どげせん』に配慮する必要性はなかったことを認めます。それは自分も過去に行った行為です。(注8)

さらに言えば私が先達者諸兄を意識的にはパクっていないと言っている以上、謝罪の王様もどげせんをパクっていない（知らない可能性も含め）と明言いたします。あらぬ中傷をしてしまい、本当に申し訳ございません。(注9)

いやはや、こんなにも美しい土下座があるだろうか。エセ著作権者が、自分の権利主張が妥当でなかったことを認め、自らの言葉でこんなにも真っすぐに詫びた例を、筆者は他に知らない。さすが「土下座道」を究めた漫画家である。**RINにこそ、「謝罪の王様」の称号を捧げたい。**

コラム②事前にググるのを止めないか？

そのリサーチは何のため？

デザイナーやクリエイターの中には、自分が作品をつくろうとするとき、事前に、過去に誰かが似たような設定やアイデアの作品を世に出していないかをわざわざリサーチする人が少なくない。既存作品と類似してしまうことを避けるためだ。

今までに誰も見たことがなかったような作品には、それだけで価値がある。これは確かだろう。この世に唯一無二の作品をつくることこそ、究極のオリジナリティだ。それを目指すべく、似た設定の企画が先にあれば、迷わずボツにする。こうしたストイックで前向きな動機ならば、尊重したい。

だが問題は、似た作品が先にあるとクレームが来るかもしれない、「パクリ」だといわれるかもしれない、といった後ろ向きな理由でリサーチしている人だ。こういう人は、例えば記事などのネタとして思いついたキーワードを検索して、似たような趣旨の記事が先にあれば、なんだか不安になって創作の手を止めてしまう。あるいは、ロゴマークやキャラクターのデザインであれば、あらかじめGoogle画像検索などで似たデザインがないかを探し、先行作品と差別化することに躍起になって、複雑な作品をつくりあげてしまう。

二〇二〇年東京オリンピック大会のエンブレムが、パクリ騒動で騒がれたことがあった（484頁）。その後に採択された二〇二五年大阪万博のロゴマークは、ロゴマークとしては何物にも似ておらず、オリジナリティこそ異様に高かったが、まさしく複雑怪奇としかいいよ

図1

うのないデザインだった（図1）（ちなみに、それでも「キャラメルコーン」のパッケージに似ているなどと指摘されていた）。

これを「リスクヘッジのためだ」といえば聞こえはよいかもしれない。しかし、類似する既存作品があったことを理由に、新たな創作のモチベーションを下げたり、表現に自ら制限を設けたり、作品の質を落とすというのは、本末転倒ではないか。そんなことを肯定するならば、良質な作品は過去にしか存在しなくなってしまう。斬新だが難解な作品に首をひねるくらいなら、恋愛小説はずっと『ロミオとジュリエット』を読んでいればいいし、推理小説はずっと『シャーロック・ホームズ』を読んでいればいい。オリンピックは、昔の大会のエンブレムを順番に使い回していればいい、ということになりかねない。

先行作品を恐れるな

ビクビクしなさんなという話である。受け手も作り手も、「似ている＝不正」という思い込みから解放されなければならない。過去に似た作品があったとしても、それを越える作品、視点を変えた作品、違う魅力を引き出す作品をつくればよいのだ。

どうしても過去の作品と類似することが不安ならば、逆に、事前に似た作品があるかどうか調べるのを止めてみてはどうだろうか。似た作品を見てしまうから、影響を受けてしまう可能性を排除できないのである。創作に打ち込むと決めたら、参考になりそうな資料をシャットアウトして、自分の内面と向き合うのだ。あるいは参考資料に目を通すときでも、頭には入れず、あまり記憶に留めないように意識することだ。

似てる話は調べない

漫画原作者の大場つぐみは、これを体現しているようだ。漫画家の立身伝を描いた作品『バクマン。』で、主人公をしてこう語らしめている。「似てる話あるかどうかは調べない／これ大事／実際パクってないし自信持って自分の味付け[注1]」（図

コラム

図2

2）。見ない、調べないからこそ、仮に似た作品があったとしても、自分の想像力と表現力によって差別化できるということだ。

もし似た作品を探すなら、むしろ作品を完成させた後ではないか。そこで自分の作品が先人の作品の焼き直しに過ぎないと思ったら、類似点や相違点を観察、分析し、手直しすればよいのだ。

自分の想像力だけに頼れ

以前、筆者は、ソニーのインダストリアルデザイナーの高木紀明から、面白い話を聞いたことがある。高木は、犬型エンタテインメントロボット・ａｉｂｏをデザインする際、本物の小犬を一切見ないようにしていたという。「見て参考にしたい」という欲求を抑えながら、自分の心の中の小犬を想像してスケッチを重ねていたというのだ。その理由を「引っ張られるのが嫌だった」と表現した彼は、続けてこう話してくれた。

今はインターネットで何でもお手本が検索できますが、これらに頼るとどうしても既存デザインのブレンダーのような仕上がりになってしまいますし、自分の想像力も枯渇します。初めは自分の想像力だけに頼って何かをつくりだして、その後で『答え合わせ』として『世の中に既にあるものとはどんな違いがあるだろうか』と比較することが大切です。そこで初めて既存の事物のデザインから気づきや学びを得られます。それは、最初からお手本を見て描いていては絶対に気づけないことなのです(注2)

　こうしたクリエイターの証言に耳を傾けると、「パクリ」を恐れて、事前に類似作品を探すことは、むしろ創作の足を引っ張る行為ではないかとすら思えてくる。わざわざ似た作品を探すのではなく、自分の内面に向き合い、想像力を振り絞って創作することこそが、一番のリスクヘッジであり、オリジナリティの追求になるのだ。

何様なのか？
無知と屁理屈のイチャモンワールド

大正詩人に敬意を払え！ 死んだ作家へのリスペクトを強要する大迷惑

『テルーの唄』事件

荒川洋治 vs 宮崎吾朗、スタジオジブリ

ジブリが公式に認めた疑惑

スタジオジブリ作品のように、世界中から注目されるヒット作には「パクリ疑惑」がつきものだ。公開された途端に、やれ「あの作品に似ている」だの、やれ「俺が先に考えた」だの、制作者にとってはいい**迷惑**である。大なり小なり騒がれたものも少なくないが、きっと表沙汰にならずに直接寄せられた疑惑の声やクレームは山のようにあるのだろうと思う。いずれも無根拠な放言や言いがかりに過ぎず、ジブリもこれらに対しコメントすることはほとんどない。その中で、おそらく唯一、ジブリが公式に謝罪した「パクリ疑惑」がある。それが『ゲド戦記』の挿入歌「テルーの唄」に関するものだ。もっとも結論からいえば、これもエセ著作権の範疇でしかない。

「テルーの唄」は、宮崎駿の長男で、『ゲド戦記』の監督である宮崎吾朗が作詞し、映画でヒロインの声優を務めた手嶌葵（てしまあおい）が歌い、ヒットした。歌詞の一節を引こう。二番の歌詞である。

雨のそぼ降る岩陰に いつも小さく咲いている
花はきっと切なかろう
色も霞んだ雨の中 薄桃色の花びらを
愛でてくれる手もなくて
心を何にたとえよう 花のようなこの心
心を何にたとえよう 雨に打たれる切なさを

この歌詞に疑義を呈したのが、現代詩作家の荒川洋治である。荒川は、この歌詞が著名な詩人である萩原朔太郎の詩『こころ』に「たいへんにている」と指摘し、「原詩・萩原朔太郎　編詞・宮崎吾朗」とすべきと問題提起したのだ。

　では、その『こころ』の詩と比べてみよう……といいたいところだが、これは比較して「似てる、似てない」を論ずるまでもない言いがかりだ。萩原は大正時代から昭和初期にかけて活躍した詩人で、一九四二年に亡くなっており、その著作権は一九九二年いっぱいで満了している。『ゲド戦記』は二〇〇六年の作品である。**とっくに著作権は切れているのだ。**したがって、『こころ』と似た詩を書くことはおろか、丸写しして勝手に曲をつけたところで文句をいわれる筋合いはない。荒川は「**先に書かれた詩と、あとに書かれた詞の、どちらが守られるのかといえば、通常ならば、先に書かれた『こころ』であるべきだろう**」(注1)などと**トンチンカン**なことをいっているが、この場合、守られないのが正しい。『こころ』は先に書かれ過ぎていたのだ。

十分に敬意を払っている！

「いや、これは著作権侵害になるという指摘ではなく、元ネタの萩原に敬意を払え、という趣旨の指摘なのではないか」という意見もあるだろう。仮にそうだとして、ではジブリが萩原に敬意を払っていなかったのかといえば、そんなことはまったくない。十分に敬意を払っていたのである。

　吾朗が『こころ』を参考にして「テルーの唄」を作詞したことは事実である。なぜ分かるかといえば、荒川が指摘する前から、『ゲド戦記』の劇場パンフレットに「『こころ』に着想を得た吾朗監督は『テルーの唄』の詞を完成させた」とはっきり書いてあるからだ。プロデューサーの鈴木敏夫が、手嶌のデモテープを聴いて『こころ』の詩を思い出し、それを吾朗に暗唱して聞かせたのだという。また、ジブリの公式サイトの「テルーの唄」を紹介するページにも同様の解説が書かれており、そこには「テルーの唄」の歌詞と並べて、「参考資料」として『こころ』の全文まで掲載されていた（**図1**）。この他、映画公開当時に吾朗や鈴木が応じたインタビュー記事などでも、頻繁にこのエピソードが語られている。

　これらは、参考作品に関する言及としては異例といっていいほどの量である。例えば宮崎駿が『風の谷のナウシカ』の描写について、フランスの漫画家・メビウスの『アルザック』を参考にしたことはつとに知られているが、このように、作家にとって、著作権の有無にかかわらず先行作品を参考にするのは普通のことである。だが、論文や学

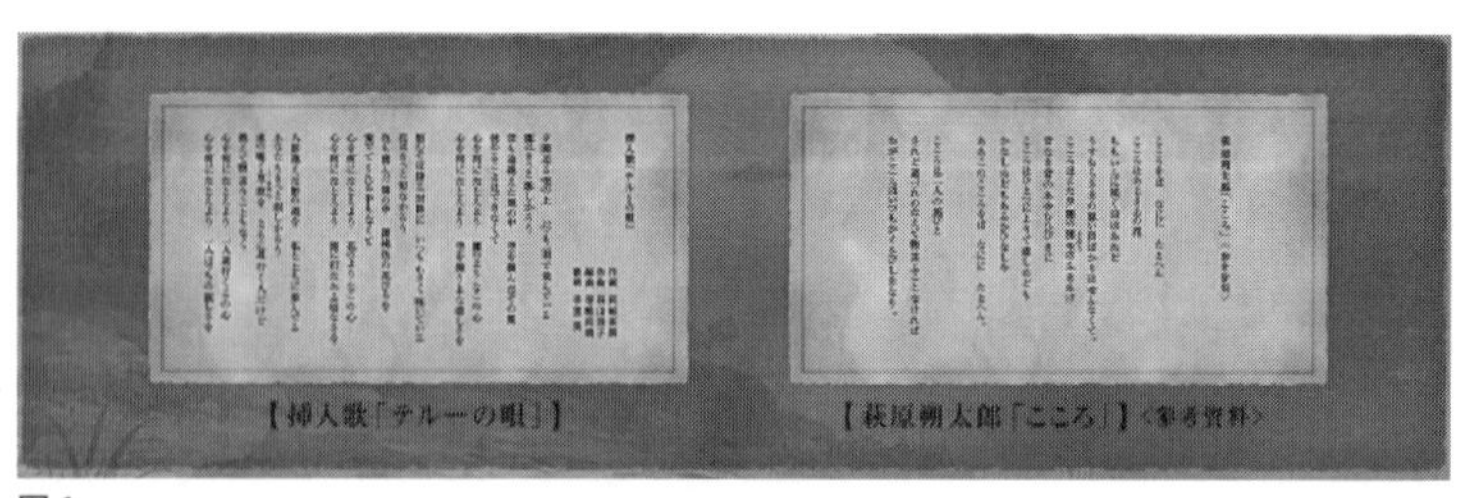

図1

術書ならまだしも、音楽や映画の分野で、著作権法上の許諾が不要なレベルの「参考作品」をわざわざ列挙するような慣習はない。にもかかわらず、著作権が切れた『こころ』に対してここまでの言及がなされていれば、配慮や敬意の表明としては**十分過ぎる**のではないか。

身勝手な敬意の押し付け

　実は、荒川も批判記事を書く段になって、こうしたジブリの対応を確認している。それでも「ともかく、ぼくは釈然としない」などと言い張って、「原詩・萩原朔太郎」とすべきだと吠えているのである。曲を聴いて「似ている！」と義憤に駆られ、**振り上げた拳を下ろせぬままに書**

き殴っただけではないか？

　では、果たして「テルーの唄」の歌詞は、果たして萩原を原詩者とクレジットすべき内容なのだろうか。ここでやっと『こころ』の詩を紹介しよう。以下は冒頭部分である。

こころをばなににたとへん
こころはあぢさゐの花
ももいろに咲く日はあれど
うすむらさきの思ひ出ばかりはせんなくて。

　「テルーの唄」のサビの歌詞にあたる「心を何にたとえよう」は、『こころ』の主題といえる「こころをばなににたとへん」を現代語訳したものだ。この一文は『こころ』からそのまま取り入れたのだろう。だがそれ以外は、「花」「桃色」といったキーワードが一致しているだけである（なおこれ以外の箇所にもいくつかキーワードの一致が見られる）。この内容であれば、まさに「『こころ』に着想を得て」新たにかつ独自に作詞した歌詞と評価してよい。

杏里やBUCK-TICKも

　実は音楽業界では、著作権の切れた詩をモチーフに取り入れて作詞をする手法はしばしば採用されている。例として、野口雨情（一九九五年末に著作権消滅）作詞の童謡「赤い靴」（赤い靴履いてた女の子 異人さんに連れられて行っちゃった）を取り入れた作品を挙げるが、著作権存続期間中の作品も含め、野口を原作詞者としてクレジットしているものは見当たらない**（表2）**。こうした業界慣習を踏まえても、萩原を「テルーの唄」の原詩者として扱うのは妥当ではないだろう。

鈴木Pの配慮に次ぐ配慮

　だがこの一件は、その後、小説家の三田誠広（まさひろ）が、荒川に同調する意見を『毎日新聞』で表明するなどしたため騒動化。これを受けたジブリの対応は、すでに述べた通り公式謝罪だったのである。同社は、吾朗に『こころ』を参考に作詞してはどうかと持ちかけた鈴木プロデューサー名義で、「**問題は、私の配**

表2：童謡「赤い靴」に着想を得た歌詞の音楽作品

曲名	歌詞の一節	作詞者	アーティスト	発表年
北京ダック	赤い靴 履いた君は 異人さんにでも 連れられて	細野晴臣	細野晴臣	1975年
エスプレッソで眠れない	赤い靴はいてた男のコ	糸井重里	杏里	1982年
チャイナ・ドレスでおいで	赤い靴をはいている令嬢 別れを急いで／異人がざわめく薄化粧	松井五郎	安全地帯	1986年
ヨコハマ港物語	いつも可愛い 赤い靴 履いてたあの娘は どこにいる	石川美由紀	角川博	1989年
赤い靴	「赤い靴」みたい、誰かが連れ去ってくよ。	長谷川正	Plastic Tree	2002年
異人の夜	異人に手を引かれていた 赤い靴を履き	櫻井敦司	BUCK-TICK	2005年
赤い靴	赤い靴 履いてた猫が 異人さんに 手を引かれてる	ガラ	MERRY	2009年
失踪日和	赤い靴はいてた女の子みたいで	デスおはぎ	デスおはぎ feat. 重音テト	2013年
クビナワ	赤い靴履いた女の子はもう…ある日突然目の前から連れ去られてった	ハシシ、ササノマリイ、ぼくのりりっくのぼうよみ	電波少女 feat. ぼくのりりっくのぼうよみ＆ササノマリイ	2017年

慮の足りなさから来たもので、関係者の皆さまに無用なご心配をかけ、気分を害させてしまったことに対して、心よりお詫び申し上げたく思います」と謝罪。そのうえで、「今後は、『テルーの唄』露出の際は、〝この曲の歌詞は、萩原朔太郎の詩『こころ』に着想を得て作詞されました〟という表記を必ず併記するように、ジブリが関与している場合だけでなく第三者に対しても可能な限り要請していきたい」（注2）との文書を公表した。

この件を、すでに鬼籍に入っている萩原への敬意の表し方という問題と捉える以上、どこまで配慮を尽くすべきかは当事者の気持ち次第であり、答えはないともいえる。鈴木は、もともと自身が『こころ』を愛読していたがゆえに、当初から通常の慣習に照らせば十分過ぎる配慮を尽くしていた。それを「足りない」といわれれば、なおも敬意を払わねばという気持ちになったのだろう。鈴木の対応に異を唱える気はない。

萩原の詩は公の所有物だ

一方、たとえ著作権が切れていようとも、先人の詩を参考にしたのなら、誰にでもそのことが分かるように表示し続けよ、という荒川の批判はやはり暴論でしかない。

元号の「令和」は、『万葉集』に収められた大伴旅人（おおとものたびと）の和歌を由来としている。ではカレンダーや、役所や銀行などに置いてある各種申請書の書式には、こう書いておくべきだろうか。

令和　年　月　日
（原案・大伴旅人）
※この元号は、『万葉集』所収の大伴旅人の和歌に着想を得て考案されました

そんなわけがあるかい。いちいちそんなことを書いていたら、世の中の表現物は、原案者表記だらけ、注釈まみれになってしまう。

著作権の切れた作品のことを、英語で「パブリック・ドメイン」（Ｐｕｂｌｉｃ Ｄｏｍａｉｎ）と呼ぶ（日本でも音楽や映画業界では使われることがある）。訳せば「公有財」である。

著作権の切れた作品は、もはや著者のものではなく、**公の所有物**なのだ。そうである以上、新たな創作に取り入れることも含め、自由利用に供されることこそ理に適っている。

先人に敬意を払い続けるのは結構なことだ。しかし、**無関係の第三者が、いつまでも先人への忖度（そんたく）を強要して新たな創作の足を引っ張る行為**もまた、現役の作家に対する敬意を欠いているといえるのではないだろうか。

狂気！パクられ妄想を天皇陛下に直訴した暴走老人に塩を撒け！

『中国塩政史の研究』事件

藤井宏 vs 佐伯富（注1）

栄誉ある授賞式で大騒動

老害の大暴走としかいいようがない事件である。

きっかけは、東洋史学者で京都大学名誉教授の佐伯富（さえきとみ）が、古代中国の塩の専売制度などについて論じた『中国塩政史の研究』（法律文化社。以下、「佐伯本」）の評価により、日本学士院の恩賜（おんし）賞・学士院賞の内定を受けたことだ。日本学士院の恩賜賞・学士院賞とは、学術的に優れた研究業績に与えられる賞で、一九一一年から一〇〇年以上の歴史がある。特に恩賜賞は日本で最も権威がある賞ともいわれており、受賞者には野口英世、金田一京助、湯川秀樹、山中伸弥（しんや）、本庶佑（ほんじょたくす）などのそうそうたる偉人が並んでいる。授賞式には天皇皇后両陛下も出席するという。

佐伯は、一九八八年の受賞者として内定していたのだが、突然、元北海道大学教授の藤井宏が、佐伯本を盗作だと告発。これが騒動化したことで、佐伯の受賞が見送りになってしまった。藤井も、佐伯と同じく東洋史学者で、やはり古代中国の塩の専売制度などについて研究をしていた。藤井曰く、佐伯本は、自身が書いた論文「漢代塩鉄専売の実態（一）―史記平準書の記載をめぐる諸問題」（以下、「藤井論文」）の盗作だというのだ。

常軌を逸した罵詈雑言！

このときの藤井のクレームの仕方は異常だった。佐伯の盗作を告発する文章を、実に一五七頁にものぼる手製本の形でしたため、これを約一〇〇部も製本して東洋史学の関係者に送りつけたのだ。そんなことをしているヒマがあるなら自分の研究をしろよ！　しかも、この手製本には**「定価二〇〇〇円」**の表示があり、自分の口座番号まで添えていた。この告発に賛同するならカンパしてくれということだろう。今日のクラウドファウンディングも顔負けだが、その主張の暴論さを踏まえると、単に図々しい。

告発文の筆致も極めて不穏当で、佐伯の行為を「大罪を冒した」「反良心的」「反学問的暴挙」**「最低の人格の持主」**など一方的に非難し、**「これを大盗作と言はずして一體何を盗作と呼ぶのですか」**と結んだ。

さらに佐伯の研究自体についても「全く根拠のない出鱈目」「根拠のない大法螺」「低劣な間違ひだらけ」「無知な歴史家」「学生のレポートでも落第」など、後に佐伯が裁判で述べた言葉を借りれば、まさに「悪罵の限りを尽くし」て攻撃している。

原因は「塩を煮る鍋」!?

当時、藤井はすでに御年七五歳。いやはやものすごいジイさんである。いったい、何をそんなに怒っているのか。ここまでするからには相当な「大盗作」の被害を受けたのだろうかと思って主張内容を読み解いてみると、これがまったくの**愚にもつかないイチャモン**なのである。彼が主に問題視したのは、漢語の「牢盆」という語をめぐる解釈だ。専門的な内容なので詳細は省くが、「牢盆」の語は、通説では「報酬」といった意味で解釈されていたところ、藤井はこれを二〇年にわたる研究の結果、自己の論文で「塩を煮るための鍋」と新たに解釈したそうなのだ。他方、佐伯本にも「牢盆」を「堅牢な製塩鍋」と訳している箇所があり、これを「盗作」と称して憤っているのである。

単語翻訳の独占を主張する藤井

なるほどこの藤井、東洋史には詳しいのかもしれないが、著作権法に関しては無知である。

これは明らかに盗作ではない。漢語の一単語をどう訳すかというのは、思想あるいはアイデアでしかないからだ。こんな見解を法学部の授業で主張したら、それこそ「学生のレポートでも落第」である。実際、両論文で「牢盆」に言及した箇所を比較してみれば、問題がないことは一目瞭然だ。両論文とも、『旧唐書（くとうじょ）』という中国の歴史書の「広牢盆以来商賈」という記述の解釈について論じている（傍線は引用者による）。

〈藤井論文〉

「牢盆を広くする」、つまり最も重要な製塩用具たる『牢盆』の幅員を拡げて大型化し、牢盆一個あたりの製塩量を増大し、そのようにして豊富に生産された官塩を以て塩商人を招く政策を打ち出したのだ。（注2）

〈佐伯本〉

同書には引き続き「牢盆を広くして価を来す。凡て制置する所、皆晏より始まる。」と見え、一方、海塩製造業者には堅牢な製塩鍋牢盆を支給して生産額の拡大を計り、商人を多数招来して塩利の増大を企図したのである。（注3）

まったく異なる文章であり、どちらも「牢盆」を「製塩用具」または「堅牢な製塩鍋」と解釈していることだけが共通しているに過ぎない。だが藤井は、『牢盆』について自分の説と同一の解釈をとりながら、自分の研究業績に触れることなく無視している以上は、著作権の侵害である」などと強弁しているのだ。

ムチャクチャである。

百度百科も藤井の盗作か!?

これに対する佐伯の反論が泰然としている。曰く「牢には堅固なという意味があるし、盆はナベだし、堅固な煮塩ナベと読むのは常識（注4）」。常識的な翻訳を自分だけが独占できる研究成果だと思うな！という、至極真っ当な正論である。ちなみに、中国のオンライン辞書「百度（バイドゥ）百科」で「牢盆」を引くと、**「塩調理器具」という意味がしっかりと載っている。**中国の辞書も藤井論文の盗作なのだろうか？

百歩譲って、これを著作権の問題ではなく、先行研究に対するマナー欠如の問題だと捉えたとしよう。だが実は佐伯本には、先に引用した記述とは別に「牢盆、すなわち製塩用の堅牢な鍋」と解説した箇所があり、ここには注釈をつけて藤井の論文をちゃんと紹介しているのだ。さらに、佐伯本の前書きでは「塩政の研究には、揚州塩商の研究が重要であることに初めて気付いた。同じ頃藤井氏も『明代塩商の一考察』なる名篇を発表され、同趣旨のことに触れられた。併し発表は私の方が少し早かった」と書いており、藤井の論文を「名篇」と称して敬意も表しているのだ。ここまで触れてもらっているのだから、マナーとしても十分ではないか（もっとも藤井は、「発表は私の方が少し早かった」という記述に対して**「口頭発表は自分が先だった」とキレている。**子どもみたいなダダをこねるなよ）。

トラブルメーカー藤井の過去

こんな難癖のようなクレームをよこされて、学士院は受賞見送りの措置をとったわけだから、学士院の対応も批判されてしかるべきだ。実は藤井は昔からトラブルメーカー扱いで、自身が教授として勤務していた北海道大学では、学生や職員に対するパワハラや教授会での不規則言動が長年問題視され、最終的には免職処分を受けたほどの人物だ。この騒動は**「藤井教授事件」**と称され、北大の歴史に汚点を残している。学士院に対しても「訴えが無視されるなら名誉棄損で訴え、裁判を通して学術論争に持ち込む(注5)」などと圧をかけたというから、学士院の面々も気圧されてしまったのかもしれない。

再受賞にも藤井の横やりが……

もっともその後、学士院は特別審査委員会を設け、佐伯、藤井両氏の言い分を検討したうえで、佐伯本は盗作にはあたらないと結論。騒動翌年の一九八九年に、一年遅れにはなったものの、佐伯に恩賜賞・学士院賞を授与している。

だがこの認定に対し、藤井が

再び激怒。前年に輪をかけて狂気的な行動に打って出た。審査委の認定が出ているにもかかわらず、学士院に対して、再度藤井への授賞撤回を要求し、各メディアには「佐伯本が盗作であることは間違いない」と喧伝し続け、ついには著作権侵害であるとして東京地裁に訴訟を提起したのである。さらに、訴状の写しを宮内庁長官に送付し、**「天皇陛下の御前で、盗作の有無が法廷で争われているような人物に対して本件二賞を授与してよいか」**などと迫ったのだから、もはや狂気の沙汰だ。田中正造もドン引きする**イチャモン直訴**である。

　ここまでで十分お腹いっぱいだが、藤井の暴走は止まらない。佐伯は、一年越しの受賞について『産経新聞』の取材に応じ、以下のように微妙な喜びを語っている。

昨年は私の研究内容が盗作だというおせっかいが入り、反論も加えたが妙なことになった。藤井教授はいつもそういうことをやっている。過去にも北大で多くの人を陥れ、文学部が全滅したことがあり、評議会で追放された。〔…〕受賞は光栄でありがたいことだが、今は喜びもなんだか半減したみたいだ（注6）

　藤井はなんと、佐伯のこのコメントを取り上げ、自分に対する名誉毀損であるとして刑事告訴（不起訴処分）し、著作権侵害とともに東京地裁にも訴えたのである。自分はあれだけ佐伯に対する名誉毀損的発言を繰り返し、右の記事中でも「佐伯氏の研究が盗作であることは間違いな〔い〕」と断言しておきながら、呆れるほかない。

佐伯教授の逆襲！

　これまで佐伯は、「学問上の**論争には応ずる用意はあっても、侮辱的、名誉毀損的な表現が取り消されない限り、応ずる意思はない**」との考えから、公での積極的な反論を控えていた。しかし、さすがに我慢の限界がきたようだ。藤井の一連の言動に対し、ついに**名誉毀損で反訴**を提起したのである。

　裁判の結果はどうなったか。

もちろん、藤井の全面敗訴である。

「牢盆」の解釈を巡る著作権侵害の主張については、「学説**ないし思想それ自体の保護は、著作権法の保護の範疇に属するものではない**」と一蹴された。

佐伯の発言に対する名誉毀損の訴えも認められなかった。佐伯の発言は、藤井の言動に対し、自己の名誉を擁護するためのものとして妥当性があるとされたのである。

高額の慰謝料請求認められる

逆に佐伯による、藤井の言動に対する名誉毀損の訴えは全面的に認められた。裁判所は、藤井の一連の言動について「**極めて一方的かつ自己中心的**であり、**自己の考えを主張することにのみ急であって**、その表現に**おいても強烈かつ激越**であるのみならず、その方法も、自ら報道機関に談話を発表し、あるいは雑誌に記事を掲載するなど多岐にわたり、被告佐伯の本件二賞受賞を阻止するため宮内庁長官にまで申入書を送付するなど、ほとんど**手段を選ばず、しかも執拗**に行われた」「自己の見解のみが正しいものとの前提に立脚し、一方的に、被告佐伯の解釈を批判し、原告の学説の『盗作』であると決めつけた」「表現においても〔…〕礼を著しく失した表現、あるいは研究者として**常軌を逸した表現**を用い〔…〕明らかに社会的相当性の範囲を超えたもの」などと厳しく認定している。

結果として、藤井に対し、佐伯が請求した慰謝料等の満額にあたる合計四〇〇万円の支払いと、主要各紙において、以下の内容の謝罪広告の掲載を命じたのである。

> **私は、貴殿の著書である『中国塩政史の研究』が、昭和六三年度の学士院賞恩賜賞を受賞されるにあたり、その著書の一部に自分の論文からの無断盗用がある旨を主張致しましたが、右のような事実はまったくなく、その結果、受賞が一年間延期されるなど、貴殿に大変なご迷惑をおかけしたことを、お詫び申し上げます。**

1989年（平成元年）

6月12日（月曜日）

これでようやく、佐伯の名誉は完全に回復されたといえる。しかし、受賞見送りから、この判決に至るまで、実に四年半もかかっているのである。長期間にわたり、佐伯が屈辱的な思いに苛まれ続けたことは想像に難くない。塩だけにまさに苦々しい話だ。学士院は、最初から藤井に塩を撒いて、とっとと追い返すべきだったのである。

カッテに使うな!?「原案」の立場で我慢できない困った原案者

『カメラを止めるな！』事件

和田亮一 vs 上田慎一郎、ENBUゼミナール

大ヒット映画にイチャモンが

クレーマーは、いつでも自分が全面的に正しいと思っているものだ。たとえ部分的には正しかったとしても、知識と節度を欠き、頭に血がのぼったまま突っ走れば「落としどころ」を見誤ってしまう。五〇点取れれば御の字のところを、一〇〇点に固執して周りを辟易させるのだ。

　映画『カメラを止めるな！』は、公開当時は無名の監督と、無名の俳優陣による低予算映画だったが、口コミで面白さが広まり、興行収入三〇億円を超える大ヒットとなった（**図1**）。映画の前半部分は、どこかたどたどしいゾンビ映画である。後半は雰囲気が一転して、そのゾンビ映画を撮ることになった撮影クルーをめぐるコメディになっており、後半を観ることによって、前半の「たどたどしさ」の伏線が次々に回収されていくとい

図1

う構成になっている。この構成の妙が見事で、評価の何割かはこの構成に捧げられるだろう。

だから筆者も映画館で観て、エンドロールの「原案：劇団ＰＥＡＣＥ『ＧＨＯＳＴ　ＩＮ　ＴＨＥ　ＢＯＸ！』（作：荒木駿　演出：和田亮一）」という表記には意識的に目を留めたのだ。「そうか、原案となった舞台劇があったんだ。ならばこの『劇団ＰＥＡＣＥ』にも拍手だな」と思ったのを覚えている。

週刊誌での不意打ち告発

しかしその後、思わぬところでこの劇団の名前を再び目にすることになった。劇団ＰＥＡＣＥを主宰していた和田亮一が、突然、週刊誌『ＦＬＡＳＨ』で「『カメラを止めるな！』は私の作品を無断でパクった！」「著作権侵害で闘う」（同誌見出し）などと、監督・脚本の上田慎一郎と製作会社のＥＮＢＵゼミナールを告発したのである。ちゃんとエンドロールにクレジットされていたのにもかかわらず、いったいどういうことだろうか。

当時週刊誌やブログで展開された和田の主張は、自分は『カメラを止めるな！』の「原案者」ではなく「原作者」であり、クレジットにも「原作」と表記してほしいというものだった。また、特に著作権分野を専門としているわけではない和田の弁護士は、**「著作権侵害の事実がある」と断言**していた。

「原案」か「原作」か

経緯としては、もともと上田が和田の『ＧＨＯＳＴ　ＩＮ　ＴＨＥ　ＢＯＸ！』を気に入り、当初は劇団関係者に了承を得て映画化を企画していたそうである。それが頓挫したため、改めて、劇の発想だけを取り入れたオリジナルのストーリーと演出で上田が新たに創作したのが『カメラを止めるな！』だったという。これを上田は「『ＧＨＯＳＴ　ＩＮ　ＴＨＥ　ＢＯＸ！』から着想を得た、オリジナル作品」と位置付けていた。したがって、上田も和田も、元ネタが『ＧＨＯＳＴ　ＩＮ　ＴＨＥ　ＢＯＸ！』であるという認識は共通して持っていたことになる。ただ、それが「原案」か「原作」かという点に**食い違い**があったのだ。

何の違いがあるのか？

なお、映画公開当初のクレジットには、和田の名前や『GHOST IN THE BOX!』の表記はなく、上田がやり取りをしていた劇団関係者二名の名前を「企画開発協力」の肩書きで載せていたが、和田のクレームを受けて、途中から先の「原案」表記に差し替えられたのだという。

原案、原作という言葉は著作権法になく、定義されていないが、原案は「作品の元となる設定やアイデア」、原作は「元となる著作物」という意味で使い分けられることが多い。つまり**原案と原作の違いは、前者には著作権がなく、後者には著作権がある**ということだ。原案に著作権がない以上、他人の作品を原案として利用するに過ぎなければ、法的には使用許諾もクレジットも必要ない。これは大きな違いだ。

映画業界での曖昧な使い分け

ただし、映画や出版業界では曖昧に使われることもあり、これが話をややこしくしている。「原案者」にも著作権料相当の使用料が支払われていたり、「原作者」としてクレジットされているものの、実態として原作の面影がほとんどないこともあるのだ。例えば、特撮テレビ番組の仮面ライダーシリーズには、「原作：石ノ森章太郎」と表記されている。だが、昭和時代の仮面ライダーはまだしも、最新の仮面ライダーは、ストーリーもキャラクターデザインも、もはや石ノ森の原作漫画『仮面ライダー』の原形をとどめていない[注1]。改造人間、ライダーキックといった設定すら希薄になっており、原案といっていいのかすら躊躇するくらいだ。こうした業界慣習を踏まえると、原案か原作かは、**当事者同士のお気持ちによる合意事項**という側面があるといえる。ならば本来は外野が白黒つけるようなことではない。

果たして原作にあたるのか？

だが、例えばテレビ朝日や東映が「来年の『仮面ライダー』からは『原作：石ノ森章太郎』のクレジットは外しますから」と石森プロに通告して、怒った石森プロが著作権侵害で訴えたとしたらおそらく石森が負けることが予想できるように、ある作品が「自称原作」の著作権を侵害するかどうかであれば、客観的に評価することができる。

ここでは、著作権侵害にあたらなければ「原作」ではなく「原案」である、としよう。和田の主張から、『カメラを止めるな！』が『ＧＨＯＳＴ ＩＮ ＴＨＥ ＢＯＸ！』の著作権を侵害するのかどうか、考えてみたい。和田は、前掲『ＦＬＡＳＨ』でこう述べている。

構成は完全に自分の作品だと感じました。この映画で特に称賛されているのは、構成の部分。前半で劇中劇を見せて、後半でその舞台裏を見せて回収する、という構成は僕の舞台とまったく一緒。前半で起こる数々のトラブルをその都度、役者がアドリブで回避していくのもそう。舞台が廃墟で、そこで、かつて人体実験がおこなわれていたという設定も一緒ですし、「カメラは止めない！」というセリフは、僕の舞台にもあるんです。(注2)

和田の主張の正当性は怪しい。

この発言を前提とするならば、「前半で劇中劇を見せて、後半でその舞台裏を見せて回収する、という構成」は、彼のいう通り作品の評価という点においては称賛に値するもので、それは先にも述べた通りだ。だが、構成それ自体は具体的な表現ではない。斬新ではあるが、アイデアである。

むしろ元ネタは三谷幸喜？

「前半で起こる数々のトラブルをその都度、役者がアドリブで回避していく」。これもアイデアである。これについては斬新ともいえず、上田も影響を公言しているが、三谷幸喜脚本・演出の舞台『ショウ・マスト・ゴー・オン 幕を降ろすな』（図

2）などでも見られるアイデアである。『カメラを止めるな！』というタイトルには、むしろこの作品からの影響が見て取れる。「舞台が廃墟で、そこで、かつて人体実験がおこなわれていた」というのも、**本人がいう通り「設定」に過ぎない。**「カメラは止めない！」というセリフひとつが一致しているからといって、著作権侵害になることはない。

図2

結局設定が似てるだけでは？

続けて彼は、「**上田監督は**〔…〕**『これは自分のオリジナルストーリー』と主張していますが、構成や大まかな設定部分は完全にそのまま**」とも発言している。**しかし、だったら著作権侵害じゃないのである。**「構成や大まかな設定部分」を著作権で独占することはできないし、独占させるべきでもない。

これらの発言からすると、どうも和田は、アイデアや設定が共通していることをもって「原作」（著作権侵害）であると主張していると疑わざるを得ない。多くのエセ著作権者同様、「アイデアや設定は独占できる」という誤りにハマっているに過ぎない可能性が高いのだ。「原作」（著作権侵害）だというならば、ストーリーや演出表現の類似点こそ主張しなければならないが、彼はこれを一向にしていない。できなかったのだろう。

設定が似てるという感想ばかり

ここでぜひ実際に両作品を見比べてみたいの

だが、後述する理由で現在『GHOST IN THE BOX!』を観ることは叶わない。しかも本作は小劇場での舞台公演だったので、映画と舞台の両方を見比べることのできた人はかなり少ない。作家の内藤みかは、騒動勃発前のブログで「**映画を観ていて、オヤ?と途中で思ったのです、数年前に観たあの舞台と設定すごく似てる!って。映画を観終わって調べたら、やはり!この映画の原案となったのは、その舞台だったのです!**[注3]」と無邪気に書いている(傍点は引用者)。

また、漫画原作なども手掛ける作家の堀田純司は、騒動後に週刊誌の企画で両作品を見比べて、「**結論ですが、率直に言って『確かに原案かもしれない。しかし、それぞれ独立した魅力を持つ作品だ』と感じました**[注4]」と述べた(傍点は引用者)。いずれも著作活動を生業とする者の証言であり、両者ともに「設定が似ている」「原案かもしれない」という指摘に留まっている点は重要だ。

以上からすると、『カメラを止めるな!』が『GHOST IN THE BOX!』の著作権を**侵害する可能性はかなり低い**といっていいだろう。すなわち、クレジットは「原作」ではなく、「原案」とするのが適切だ。和田は製作者サイドに過剰な要求を突きつけていたのだと考えられる。和田が執拗に「原作」表記にこだわったのは、アイデアとはいえ、映画の魅力に対する貢献度が高いとの自負があったからだろう。その点は確かにそうかもしれないが、客観的には著作権が生じる「原作」はいい過ぎで、大騒ぎせずに「原案」の立場で満足すべきだったのだ。

交渉術としても悪手過ぎる

さて、その後騒動はどのような経緯をたどったか。和田の告発に対し、製作会社のENBUゼミナールは「『著作権侵害』が生じていたり、**本舞台を『パクった』といった事実は一切ございません**」「**記事が掲載されたことに強く憤りを感じます**」と態度を硬化させた。無理もない。交渉中の段階であるにもかかわらず、**片方が一方的にトラ**

ブルを外部にリークしたら、相手方が怒るのは当然である。交渉術という観点でも、和田の行動は悪手だった。一方、上田はツイッターで、

『カメラを止めるな！』は劇団PEACEの舞台「GHOST IN THE BOX！」から着想を得たものです。ただ僕としてはその後自らが脚本・監督・編集して作ったオリジナル作品だと思っています。和田さんや劇団の方の主張にもしっかり耳を傾け、お互い円満な解決が出来ればと思っています。よろしくお願いします！（注5）

と、自身のオリジナル作品であることを表明しつつも、円満解決を望む意向も強調した。世間は、実際に『GHOST IN THE BOX！』と見比べることができなかったこともあり、和田に対して「映画がヒットしたから急に権利主張している」**「カネ目的」**といった声も寄せられたという。

不可解な発売中止トラブル

それからしばらく表向きには報道などもなかったが、騒動から半年後に、両者は和解を発表。結局、上田サイドは基本的には和田の要求を受け入れ、『カメラを止めるな！』は和田と上田の「共同原作」による作品とすることで決着がついた。現在配信されている版ではクレジットが差し替えられている。また、本作の海外でのリメイク企画が、和田との協力によって進められていることが公表されており（注6）、その後、彼が**プロジェクトに一丁噛み**している様子がうかがえる。ゴネ得したな〜、和田。という印象である。

もっとも、この件で和田が全面的に得をしたかというとそうでもない。実は騒動前に、『カメラを止めるな！』のヒットを受けて、和田の演出のもとで新たな役者が再演した『GHOST IN THE BOX！』のDVDの発売と、各種サブスクリプションサービスでの配信が予定されていた。しかし盗作騒動後、これが**発売日の一ヶ月前に急遽発売中止になった**のだ（図3）。和田が発

2018年（平成30年）
9月4日（火曜日）

売中止を申し入れたのだという。

詳しい事情は明らかになっておらず、これは憶測でしかないのだが、実際に両作品を見比べられると、ストーリーや演出が異なることが明らかになってしまう懸念を覚えたのではないだろうか。

「原案」で矛を収めて、「大ヒット映画の〝原案〟となった舞台劇」として売り出せば、注目を集めたに違いないのに……。それに、アイデアや設定が素晴らしいことには誰も異論は挟まないだろうから、舞台のリメイクを始め、彼のその後の仕事にもつながったはずである。それなのに、関係者に迷惑をかけて発売直前にお蔵入りにさせてしまえば、逆に「なんだか面倒くさいトラブルメーカー」という印象を抱かれてしまうのではないか？　そう考えると、つくづく「原案」で満足できなかったのが残念である。

図3

低予算映画らしい不手際も原因か

一方、『カメラを止めるな！』サイドにしても、制作の初期段階で、劇団関係者を通して、和田にきちんとクレジット表記について丁寧に確認を取っておけば、最初からトラブルを回避できた可能性が高い。述べたように、クレジットを「原作」とするか「原案」とするかは「当事者のお気持ちによる合意事項」という側面がある。後手に回った対応のせいで、和田が態度を硬化させた気持ちもまた、理解はできるのである。

象とキリンのキメラは誰のもの？ エセ著作権者の誤解を論破せよ！

『ぞりん』事件

川原里依子 vs 井口尊仁、石黒謙吾

架空の動物は独占できるか

これは小さな事件で、それほど大きな話題にもなっていない。しかし、パクられ妄想に陥りやすいタイプの人々が抱いてしまう誤解が、これでもか！これでもか！というくらいに凝縮された事件である。イラストレーターでもSNSユーザーでも、いつ何時、誰もが他人からこのようなイチャモンを受けてもおかしくないし、逆にカーッとなって他人にこうしたイチャモンをつけてしまうおそれもあるだろう。そんな有事に備えて、本件から学ぶべきものは多い。

『ぞりん』とは、アーティスト・経営者の井口尊仁と、作家・編集者の石黒謙吾の共著による動物図鑑だ（**図1**）。図鑑といっても、その内容は、さまざまな動物のフリー素材画像に、象の画像を合成して仕立て上げた架空の動物の画像を掲載し、それらを「ぞうぶつ」と称して、ウソの生態や分布図などの解説文を添えた架空の動物図鑑である。画像制作は井口が担当し、文章は石黒が担当している。「ぞ

図1

りん」というのは、「象」と「キリン」を組み合わせた造語だ。

この本に対し、「あきらかに、盗作としか思えません」と強い言葉で抗議したのが、画家の川原里依子（りいこ）である。「『ぞりん』は自分が先に考えたキャラクターだ！」というのだ。確かに、川原はかつて「りぃこ」名義で『ぞりん』（**図2**）という絵本を描いていた。内容は、象とキリンの夫婦から生まれた「ぞりん」が、その見た目の特異さから他の動物たちと距離を置かれながらも、理解者の

図2

ハゲタカとともに飄々と自分らしく暮らす……といったものだ。

ギリシャ神話にも同じアイデア

以上の通り、本の内容はまったくもって異なるのだが、「ぞりん」を高校生の頃から温めていたと語る川原は怒り心頭。特に表紙に描かれた互いの「ぞりん」のデザインや構図がそっくりだと述べ、提訴も辞さない意向を週刊誌上で吐露している。だが、**これは典型的なエセ著作権者の主張**である。

著作権の鉄則その一。アイデアは著作権で独占できない。象とキリンを組み合わせたキャラクターをつくることは、まさにアイデアである。二種類の動物を組み合わせるという発想は、ギリシャ神話のキメラやケンタウルスの昔からあり、それ自体独創的とも思えない。象とキリンの組み合わせに限っても、例えば『はらぺこあおむし』で知られる絵本作家のエリック・カールが、一九七五年の『ごちゃまぜカメレオン』で、頭が

象で首がキリンの動物をすでに描いている。しかし仮に、象とキリンを組み合わせたキャラクターを世界で初めて考えたのが川原だったとしても、そのアイデア自体を独占できないことに変わりはない。

著作権の鉄則その二。キャラクター名や書名は、たとえ造語でも著作権で独占できない。著作権で保護される著作物は「人間の思想・感情を創作的に表現したもの」であることが条件だからだ。一般に、キャラクター名や書名には、命名者の思い入れはあるとしても、名称そのものに、思想や感情が創作的に表現されているとはいえない。「ぞりん」という言葉から何らかの思想や感情を読み取ることは不可能である。

鼻と首を長く描くのは当然

著作権の鉄則その三。著作物の類否を判断するには、具体的な表現同士を比較するが、そのうち、あるアイデアを実現しようと思えば当然に採用されるような表現は判断材料から省いて比較しなければならない。例えば、人の顔を描こうと思えば、誰でも目二つ、鼻一つ、口一つを、人間の顔の配置通りに描く。そうした当たり前の表現には独占を認めてはいけないということだ。これを踏まえて両表紙の「ぞりん」キャラクター絵を比較してみる。象とキリンを組み合わせたキャラクターコンセプトである以上、**絵に象かキリンの特徴が表現されるのは当たり前である。**すなわち、大きい耳、長い鼻、長い首、四足歩行といったような特徴の表現は、比較対象から省かなければならない。すると残るのは、各身体パーツの比率、表情、陰影などの描き方である。これらの箇所に注目して比較すれば、両ぞりん絵は、もはや**まったくの別物**といってもよいだろう。

明らかに異なる元ネタがある！

著作権の鉄則その四。もし両ぞりん絵の、ありふれていない本質的な特徴部分の表現が類似していると仮定しても、「偶然の一致」は著作権侵害にならない。井口が川原の絵本を見て、これを参考にしてぞりん絵を描いたのかどうかは、肯定も否定も立証が難しいが、その可能性は低いのではないか。まず川原の『ぞりん』は、誰もが知っていて当たり前のベストセラーというわけでもないし、確認する限り、国会図書館を含めて公共図書館にも蔵書されていない。何か井口との接点をうかがわせるような事情がない限り、「井口が川原の『ぞりん』を知っていたはずだ」などと決めつけることはできない。

また、井口は『ぞりん』の制作の足跡を、自身のブログやSNSに残している。それによれば、もともとSNSのミクシィに、「ぞりん」という名前の、象と他の画像を合成した画像を投稿するコミュニティページがあり、これを気に入った井口が合成画像を多数投稿していたというのだ。そして井口の投稿に目をつけた編集者の石黒が出版を持ちかけたという経緯だったそうである。つまり「ぞりん」というネーミングとアイデア自体、井口のオリジナルではなく、**ミクシィのコミュニティから拝借したものだったのだ。**ネタ元が明らかに川原以外のものである以上、井口は川原の『ぞりん』を参照せずに、ぞりんのイラストの創作に辿り着いたと考えるのが自然ではないだろうか。

みんなも論破してみよう！

このように、著作権の基本に則って検証していくと、川原の主張はいとも簡単に論破できてしまうのである。だいたい、本の中身は誰が読んでも明らかに異なるし、井口らの『ぞりん』があったとしても、川原の『ぞりん』の価値にはなんの影響もないだろう。単に象とキリンを組み合わせた別のキャラクターが出てきただけ、そう鷹揚に構えるべきではなかったか。

なお、川原は『週刊新潮』で以下のようにも主張している。

「私の本〔の表紙〕には、ハゲタカが描いてありますが、扶桑社の本〔の表紙〕にも、白い鳥がいます」(注1)**「私の本には〔…〕私の写真を載せ、その横に〔…〕私になりすましたぞりんの絵を添えています。扶桑社の本に**

は、著者の顔写真にぞうの鼻をつけている。あきらかに、盗作としか思えません」(注2)(図3、4)。

一度「似ている」「パクられた」と思い込むと、**何もかもが盗作の証拠**に見えてきてしまう人には本当に困ってしまいますね。さて、あなたなら川原のこの主張にどのように反論するだろうか。一見するともっともらしいが、しかしまったく身に覚えのない「パクリ疑惑」が寄せられたときに、慌てることのないよう、前記の鉄則を参考にして、シミュレーションしてみるとよいだろう。

図3

図4

日米イチャモンクレームはどっちがマシか？　アナ雪トンデモ疑惑対決！

『アナと雪の女王』事件

ケリー・ウィルソン vs ウォルト・ディズニー・カンパニー（注1）

アナ雪は聖闘士星矢のパクリ!?

アイデアや設定が共通していることをもって、著作権侵害を主張したり、パクリだと不正視してはいけない。仮にそれを肯定するならば、誠にトンチンカンな盗作疑惑を肯定することになってしまう。「ディズニー映画『アナと雪の女王』は、日本のアニメ『聖闘士星矢（セイントセイヤ）』のパクリ」という**トンデモ言説**がそれだ。

『アナと雪の女王』は、『白雪姫』や『シンデレラ』の系譜に連なる、愛と魔法をコンセプトにしたディズニープリンセス映画（**図1**）。続編『アナと雪の女王2』と共に、世界のアニメーション

図1

図2

映画の中で歴代興行収入第一、二位に輝いている。対する『聖闘士星矢』は、聖衣（クロス）と呼ばれるプロテクターを装着した少年たちが、必殺技を駆使してボコボコに殴り合う男児向けアニメである（**図2**）。ストーリーから絵柄から、何もかもが、**何なら正反対**といってもいいほど異なる作品なのに、いったいどうしてそんな話になったというのだろうか。

好意的投稿を日本人が曲解

発端は、ブラジルに住む日本製アニメのファンが、SNSのTumblrで、『アナと雪の女王』の主人公のプリンセス姉妹であるエルサとアナについて触れ、「『聖闘士星矢』を思い出させてくれる」とつぶやき、いくつかの共通点を挙げたことのようだ。ただしこの投稿は**「このことは、私が『アナと雪の女王』を大好きな理由のひとつです」**と締めくくられており、好意的な内容だった（注2）。これが日本にも伝わりSNSなどで指摘されたが、一部のネット掲示板ではどういうわけか、「盗作」「パクリ」あまつさえ「反日」などと粘着質にディズニーを叩く投稿者が出たのである。反日だったら、日本のアニメを参考になんかしないのでは……。まぁネット掲示板では通常運転ともいえるが、「ディズニーランドでフラれたか出禁になった腹いせか!?」としか思えないこの愚行が、なぜか米国のニュースサイトでも取り上げられ、

ディズニー映画の中には、『ライオン・キング』のように」日本の有名アニメに似ているように思える作品がいくつかあることを考えると、日本人は、どうせ『アナと雪の女王』も同じだ

と早合点しまうのでしょう。ディズニー映画は日本でも大変人気があります。どこの国でもそうですが、中にはアンチもいるのです。(注3)

などとまとめられていた。お い、**なんか恥ずかしいなぁ。** さらにこの記事は日本の『週刊文春』で取り上げられ、「アナ雪は『聖闘士星矢』のパクリ？ブラジル発ネット論争の信憑性」という見出しで記事にもなっている。(注4) さすがに記事本文では「似ているといっても程度はかなり低いですね」と穏当にまとめられているが、まさにその通り。こんなものは盗作でもパクリでもなく、論争にも値しない。だが一応、両作品の全体のあらすじと類似部分を解説しよう。

疑惑のエピソードを観てみると

『アナと雪の女王』は、氷を操る魔法の力を持って生まれた王女エルサと、その妹のアナの物語だ。魔法の力をコントロールできないエルサは、アナと些細な言い争いをしたことで魔法の力を暴発させ、王国を雪と氷に閉ざしてしまう。国民から怪物呼ばわりされて王国を追われたエルサは、人里離れた山の頂で、自ら魔法でつくった氷の城に閉じこもってしまう。アナは、王国にかけられた魔法を解いて夏を取り戻し、またエルサを連れ戻すために氷の城に赴くが、エルサに拒絶され、またも暴発した姉の魔法で心臓が凍りつく呪いをかけられてしまう。魔法を解くには「真実の愛」が必要で、アナはその愛を頼って自分の城に戻るのだが……といったストーリーだ。最終的に呪いは解け、王国には温暖な気候が戻ってくる。

一方「パクリ元」とされた『聖闘士星矢』のエピソードは、アニメ版の第七四〜九九話にかけて描かれた「アスガルド編」と呼ばれる中編だ。原作漫画には登場しないアニメオリジナルのエピソードである。

極北の地・アスガルドを、神の代理として統治していたヒルダは、邪悪な力によって呪いの指環をはめられ、**悪の女帝**になってしまう。ヒルダは腹心の七人の部下を闘士に仕立てて、**地上全土の征服をたくらむ。**また、ヒルダがアスガルドの統治を止めたことで北極と南極の氷が溶け始め、**世界の主要都市に水没の危機が訪れる。**そんな中、ただ一人妹のフレアだけは姉の異変に気づき、宮殿を抜け出して、正義の主人公である星矢ら五人の闘士に「姉を救ってほしい」と助けを求める。星矢らは、ヒルダが派遣した七人の闘士との死闘に打ち勝ち、ついにヒルダにかけられた呪いの指環を破壊。再びアスガルドの氷は元通りになり、世界は水没の危機から救われる。

雑な指摘のオンパレード

いやはや、改めて比較しても、まったく違う話じゃないか。「舞台が雪と氷に閉ざされている」「その地を統べる姉妹が登場する」「姉の災難を妹がなんとかしようとする」といった、かなり大まかな設定が共通するだけだ。いったい、ネットで執拗に叩いていた投稿者は何をもって盗作だなどカン違いしていたのか。指摘された共通点を見てみよう。

まず「エルサもヒルダも氷の王国を統治しており、氷を操る力を持っている」。いきなり雑な指摘である。ヒルダは氷の王国を統治しているが、エルサが統治しているのは普通に温暖な気候の王国だ。それがエルサの魔法の暴発によって氷の世界になってしまったのだ。また、エルサは氷を操る力を持っているが、ヒルダが持っているのは北極・南極の氷を維持する力だ。ヒルダが呪われたことでこの力がなくなり、氷が溶けたのだ。

それを三角関係とは言わない

「アナもフレアも三角関係っぽい出来事に巻き込まれる」。おい、古今東西のドラマにつきものの三角関係が描かれただけで盗作か⁉ **この時点でバカバカしい。**アナは別の国の王子と、雪山で出会った山男との間で恋心を揺らがせている。『聖闘士星矢』では、ヒルダの部下の闘士の一人がフレアに想いを寄せているが、彼はヒルダへの忠誠心から、フレアが助けを求めた正義の闘士もろとも、断腸の思いでフレアに攻撃を仕掛ける、というシーンがある。三角関係とも言い難く、いずれにせよ、まったく異なる関係性が描かれているのである。

カラーテレビで見ろ！

「アナもフレアも、姉と王国を救いたいという意志を持っている」。これも初歩的な設定が共通しているに過ぎず、その設定に基づく描写はまったく異なる。アナはその意志を胸に、自ら姉が鎮座する城に赴き、対峙している。逆にフレアは城から逃げ出し、星矢たちに助けを求めるだけで、自分ではほとんど何も行動しない。大半のシーンで王国の端っこに佇み、星矢たちと姉の無事を祈り続けるだけだ。完全なるサブキャラなのである。

最後「髪の毛の色が共通」。

お前の家のテレビは白黒か!?

エルサは白銀、アナは栗色。ヒルダは灰色、フレアは黄色である（図3、4）。いい加減にしてくれよ。結局、この疑惑はネットや週刊誌の片隅をほのかに騒がせただけで終わった。当たり前である。

米国ではオラフが標的に

ところで一方、ディズニー社のお膝元である米国では、『アナと雪の女王』をめぐる「別のパクリ疑惑」が法廷闘争にまで持ち込まれている。ケリー・ウィルソンというアマチュアのアニメーターが、短編アニメ仕

図3-1（エルサ）

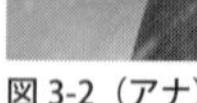

図3-2（アナ）

図4-1（ヒルダ）

図4-2（フレア）

立てになっている『アナと雪の女王』の予告編が、自分の作った短編アニメ『スノーマン』にそっくりで、著作権を侵害していると訴えたのだ。見比べてみよう。

まず『アナと雪の女王』の予告編のストーリーはこうだ。雪だるまのオラフが、くしゃみをした拍子に、自分の鼻（ニンジン）を凍った池の上に落としてしまい、対岸にいるトナカイのスヴェンとニンジンの取り合いになる。スヴェンにニンジンを取られてガッカリするオラフだったが、スヴェンはニンジンを返してくれた。しかしオラフはまたくしゃみをしてしまい、鼻をしっかり押さえていたら**今度は頭が吹っ飛んでしまった、**というオチだ（**図5**）。

対するケリーの『スノーマン』はこうである。鼻（ニンジン）を落として凍った池の上に転がしてしまった雪だるまが、対岸にいるウサギとニンジンの取り合いになる。なんとか雪だるまがニンジンを取り返す。しかしそのとき、氷が割れてウサギは池に落ちてしまう。雪だるまはニンジンを差し伸べて池からウサギを救いあげる。ウサギはニンジンを雪だるまに返して、仲直り。というお話だ（**図6**）。なおこの作品は、ソフト化などはされておらず、いくつかの映画祭に出品されたほか、制作者がＹｏｕＴｕｂｅなどで公開している。

図5-1

図5-2

図5-3

図 6-1

図 6-2

図 6-3

状況証拠を並び立てるが……

映画本編と異なり、数分の短編アニメということもあり、共通点が比較的目立つが、これもやはり**「雪だるまと動物が、凍った池の上でニンジンの取り合いをする」という設定**が共通しているだけと評価すべきだ。

また、『スノーマン』は知られた作品とは言い難く、偶然に設定がカブったに過ぎない思われる。

しかし、ケリー自身はそうは思わなかったようだ。彼女は『スノーマン』を出品した映画祭には「ディズニー社の子会社の」**ピクサーの従業員が一六人来ていた**」「自分はディズニー社の求人に応募したことがあり、『スノーマン』を応募書類に添付していた」「『スノーマン』の共同制作者の一人は、『アナと雪の女王』のアニメーターの一人と**フェイスブック上の友達**だったから、自分の投稿がシェアされていた可能性がある」などとの主張を展開した。

つまり、偶然の一致ではなく、確信的にパクられたというのだ。

日米どっちがマシ⁉

この裁判は一年以上にわたって争われたが、最終的に、ディズニー社とケリーは非公開の条件で和解し、裁判は終結した。

憶測だが、ディズニー社が問題の長期化を避けるために、ケリーにいくばくかの金銭を支払って解決したのではないだろうか。

米国では、このようにエセ著作権でもたやすく裁判に持ち込まれ、和解金を召し上げられることがしばしば起こる。一方、『聖闘士星矢』の原作者である車田正美は、前掲『週刊文春』によれば、盗作騒動について**「大ヒット映画と比較されて良かった」**程度に思っているとのことである。ネットの片隅で第三者にグチグチいわれるだけの日本の方がまだマシ……かなぁ。

似てないうえに、誰も知らない！ 自主制作映画のパクリといわれても

『走馬燈屋の退屈』事件

佐藤懐智 vs 菅原敬太、双葉社

君のことなど知らん

筆者は以前、キャラクター商品の会社で法務の仕事をしていたことがある。そこではしばしば「私のつくったキャラクターのパクリです」というクレーム対応にあたっていたのだが、「お前のことなど、知らん!!」と思わざるを得ない御仁を相手にすることが少なくなく、辟易していた。

「一三年前に新潟の同人誌即売会で発表した私のキャラクターの盗作です」

真顔でそんなことをいってくる人がいるのである。**「知るかバカそんなもん！」**と返しても怒らせるだけなので、実際には丁寧に対応していたが、どうして、何の根拠も示さずに「日本中の誰もが自分の作品を知っていて当然だ」と思えるのかが不思議である。

映画監督の佐藤懐智（かいち）が、漫画家・菅原敬太に寄せたクレームもそれである。菅原の漫画『走馬灯株式会社』（双葉社）に対し、自身が監督した一九九八年の自主制作映画『走馬燈屋の退屈』に「酷似している」として、二〇一一年に弁護士を通して双葉社に内容証明郵便で抗議をしたのだ。「一三年前の私の自主制作映画にソックリです！」というわけだ。

三年間ツタヤにあったと言うが

しかしこの『走馬燈屋の退

屈』、果たして菅原や双葉社の編集者が知っていて当然の作品だろうか？　本人によれば、本作は「『キネマ百景１９９８』で上映され、99年の『釜山アジア短編映画祭』にノミネート。98〜00年までは全国のレンタルビデオ店にありました(注1)」というが、その程度の露出では**知る人ぞ知る**（普通は知らない）作品といわねばならないだろう。ちなみに確認したところ、レンタルビデオ化されたといっても、『第2回インディーズムービー・フェスティバル　自主制作映画入選作品［短編集］』（**図1**）というＶＨＳの収録作品としてで、現在はＴＳＵＴＡＹＡの在庫検索でもヒットしない。

図1

　せめて菅原と佐藤が映画専門学校で同級生だったとか、韓国の釜山アジア短編映画祭に一緒に行ったとか、曲がりなりにもそれっぽい根拠があればまだしも、一切の脈絡もなく、いきなり知らない映画監督から、知らない作品の盗作だなどという警告書が届いたら、「誰だよ！　知らねぇよ！」としか言いようがないではないか。

いったいどんな話なのか？

　ところで幸いなことに(?)、『走馬燈屋の退屈』は、執筆時現在もＹｏｕＴｕｂｅに全編がアップされている。このトラブルが週刊誌で小さく取り上げられたころに、佐藤自身がアップしたのだ。そこで『走馬灯株式会社』と見比べてみると、**知らないばかりか、まったく似ていない**ということもよく分かるのである。

佐藤の映画『走馬燈屋の退屈』は、現世と来世の狭間で、死者の現世での記憶をデータ化し、その魂を初期化して来世に転生させる「走馬燈屋」の女の話である。死者の魂に、現世での一生分の記憶の映像を見せている彼女はデータ化の際、死者の魂に、現世での一生分の記憶の映像を見せているが、その仕事に退屈を覚えている。あるとき、子ども時代に女の子を冷蔵庫に閉じ込めて放置した体験を忘れられないまま、大人になって事故死した男がやってきた。当時の記憶映像を見せられた男は「あの後、女の子がどうなったのか知りたい」と走馬燈屋に頼み込む。退屈しのぎに、走馬燈屋はその頼みを引き受けて、彼と一緒に記憶の中に潜り込む……という話だ。いかにも九〇年代の自主制作映画という感じのキッチュな仕上がりだが、演出は上手で幻想性のある独特の雰囲気を放っている（図2）。

どこが似てるというのか？

一方、菅原の漫画『走馬灯株式会社』は、普通の人々がふとしたときに迷い込む謎の施設「走馬灯株式会社」を描いている。そこには神沼という女がいて、来訪者のこれまでの人生を記録した映像を見せてくれるという。来訪者が訝しみながらも渡されたディスクを再生すると、産まれたときからの自分の目線で見たすべての出来事が映し出されるのだ。また、名前と生年月日が分かれば、他人の人生の記録映像も見ることができ

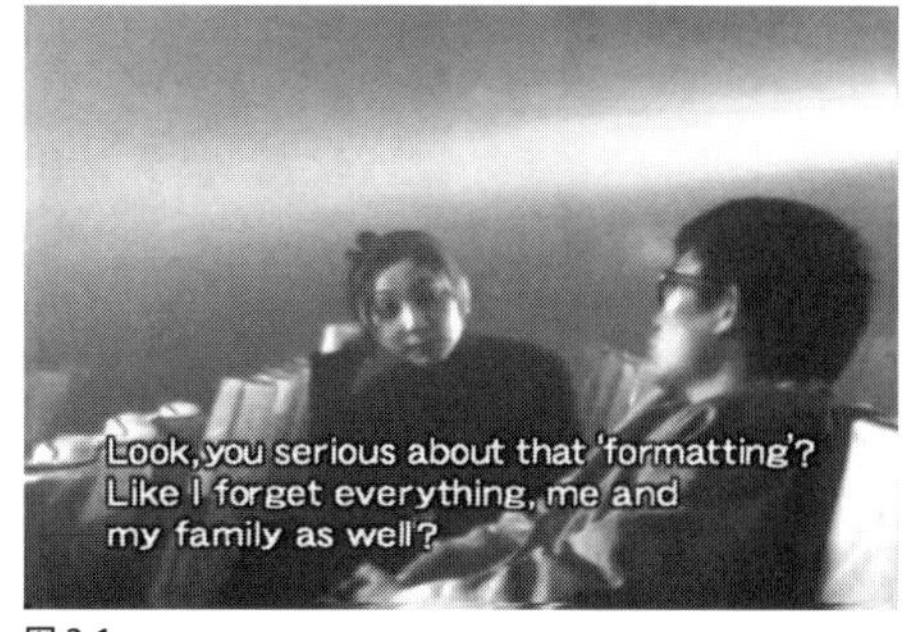

図 2-1

図 2-2

る。一エピソード完結の読み切り漫画で、自分や他人の人生を見たさまざまな来訪者が、自分の犯した罪に気づいたり、他人の憎しみに気づいたりする。彼らは真実を知ったことで幸せになることもあれば、不幸になることもある（図3）。

どうだろう。まったく似ていない。**「不思議な女が、一生分の記憶を映像で見せてくれる」**という、作中のかなり大雑把で初歩的なアイデア・設定が共通しているだけだ。佐藤もまた、パクられ妄想クレーマーの多くがハマる、ストーリーも演出も十分に異なるのに、**アイデアや設定が似ているだけの他人の作品を許せない**という、自分本位な独占欲に取りつかれてしまったクチだろう。実際、本人も「自分の作品名と女性の案内役が映像を見せるという大枠の設定のところで酷似している」などと怒っているのだ。また、この件を報じた『アサヒ芸能』も「まさに、タイトルから瓜二つ。さらには、設定まで酷似しているではないか」と煽っている（傍点は引用者）。

この人たちは何もわかっちゃいない。**設定しか似ていない**のである。そして設定を独占しようとすることの図々しさに無自覚過ぎるのだ。造語ですらない「走馬灯（走馬燈）」というタイトルの独占についてはいわずもがなで、ハッキリいって自意識過剰が過ぎるのである。

完全否定する双葉社

なお、この内容証明郵便を受け取った双葉社は「**作者（菅原）は映画作品を知らず、アイデアの同一性は認めるものの、表現上の本質的な特徴を直接感得するものではなく、著作権侵**

図 3

害には当たらない」と、佐藤の抗議を突っぱねている。また、佐藤は映画監督として『走馬灯株式会社』が映像化される可能性については特に気になったようで、「映像化する際には必ず事前協議をしてほしい」と双葉社に申し入れたが、同社は**思いっきり無視してTBSにドラマ化させている。**これでいいのだ。

佐藤は、ドラマ化に際して『アサヒ芸能』に恨み節をこぼしているものの、その後の抗議は行っていないようで、「争うつもりもない」ともコメントしている。その後はアニメーション映画に軸足を移し、北米やヨーロッパで評価を受けているようだ。

黙祷もできない！一分間の沈黙を訴えたジョン・ケージの暴走

『四分三三秒』事件

ジョン・ケージ財団、ペータースvsマイク・バット

JASRACの者ですが

昔からあるインターネット掲示板のネタに「JASRACの者ですが」と呼ばれるものがある。誕生日パーティで「ハッピー・バースデー・トゥー・ユー」を歌おうとしたら……、渋滞中の車内で娘のためにアニメソングを歌おうとしたら……、放課後の教室で女子の縦笛をコッソリ吹いてみたら……、そのとき「コン、コン」とドアを叩く音がして、JASRACの職員が著作権料を徴収しにやって来る。もはや鼻歌すらも歌えなくなった人々が押し黙っていると、四分三三秒後、どこからともなく「JASRACの者ですが」と声が聞こえる――。

米国の音楽家ジョン・ケージ（故人）の、「四分三三秒間の演奏中、演奏者は意図的に音を出さない」という内容の前衛音楽「四分三三秒」の存在を受けた、JASRACの厳しい著作権料の取り立てを皮肉るジョークである。

もちろん、これはジョークでしかない。だが世界は広い。他ならぬ、ジョン・ケージの著作権を管理しているペータース社とジョン・ケージ財団が、あるミュージシャンのCDに収録された無音トラックに対し、本当に「四分三三秒」の著作権侵害を主張したことがあるのだ。

一分間の無音トラックが……

訴えられたのは、イギリスの作曲家マイク・バット。彼がプロデュースした、ザ・プラネッツというバンドのアルバム『クラシカル・グラフィティ』（**図1**）には、「ア・ワン・ミニット・サイレンス」と題された無音トラックが収録されていた。この楽曲（？）に対し、ペータース社が著作権侵害であるとして著作権料を要求し、イギリスで訴訟を提起したのである。

図1

だがこのトラック、タイトルから想像がつくように、**「一分間」**の無音トラックなのである。これで著作権侵害になるのなら、**ミュージシャンはおちおち隠しトラックもつくれない。**災害復興支援のチャリティコンサートで黙祷でも捧げようものなら、たちまち訴えられてしまう。まさに「ＪＡＳＲＡＣの者ですが」状態だ。

あまりにもヒドい訴えだが、バットにも若干の落ち度はあった。彼はこの曲の作曲者クレジットに、本人曰く「冗談」のつもりで、「ケージ」と書いてしまっていたのだ。にもかかわらず、イギリスの音楽著作権管理団体には自作曲として届け出ており、ペータース社には著作権料を支払わなかったのである。冗談とはいえ、安易にケージの名前を載せてしまったのはいささか不用意だったかもしれない。そのせいで「これってケージの『四分三三秒』のカバーのつもりなんでしょう？ なら使用料を払ってもらいましょうかい」というクレームの誘い水になってしまったのである。だが、実際に著作権侵害にあたるかどうかは別問題だ。ペータース社は、**「無音の作品は、著作権による保護に値する芸術的コンセプトである」**[注1]などと述べたが、後述するようにそう簡単には認められない主張だ。

2002年（平成14年）

9月23日（月曜日）

お前は一休さんか⁉

実際、バットは彼らの主張に対し、真っ向から反発している。曰く**「私の〝無音〟はオリジナルで、ケージの曲は引用していない**[注2]**」「ケージが四分三三秒かけて表現したことを、私は一分で表現できた。私の方がケージより優れている**[注3]**」「確かに作曲家表示として『ケージ』と書いたが、ジョン・ケージのことではない。私のペンネーム『クリント・ケージ』のことだ**[注4]**」**などと、なんだか詭弁のような、**とんちのような反論**をマスコミに訴えた。さらにバットは「**私は四分三三秒を除く、一秒から一〇分までの無音の曲を著作権登録した**」と吹聴し（実際の登録は確認できなかった）、**「もしケージ側が『四分三三秒』を一秒でも長く（短く）演奏したら、私の著作権を侵害する**[注5]**」**などと息巻いたのである。言いがかりのような内容でも、クレームを受けたり訴訟沙汰になれば、普通は多少なりとも堪えるものだが、萎縮せずにここまで大口を叩けたら大したものである。

対立する両者の主張。「四分三三秒」が初演された一九五二年以来、この作品が著作権で保護されるかどうかが裁判所で争われた事例は、世界でもおそらくこれだけである。果たしてどのような判決になるかと期待されたが、結果としては和解で終結した。あれだけ鼻息荒く反論していたバットが、ケージ側に和解金を支払うことで合意したのだ。和解金は、当時数万ポンド（数千万円）だと報じられた。この金額からすれば、事実上、バットの敗訴である。

やらせ訴訟疑惑が……

ところが、事件から八年後、突如としてバットは、ツイッター上で和解の裏側を暴露したのである。それによれば、ペータース社は訴訟では勝てる見込みがないと知っていたが、「大衆に著作権の重要性を教育する」ために、表向きは簡単には合意しないポーズを取ることを合意した、というのだ[注6]。また、実際には数万ポンドもの和解金は支払っておらず、一〇〇〇ポンド（約一九万円。当時のレートで換算）の「寄付金」をジョン・ケージ財団に支払って解決したというのだ。彼はこの騒動自体が**「売名行為」**だったと振り返っている。

ケージ側がこの件についてコメントしていないこともあり、バットの告白の信憑性は不明である。さすがに騒動や裁判のすべてが八百長だったというわけではなさそうだが、バットがこの騒動を、楽曲やザ・プラネッツのプロモーションに大いに利用したのは確かだ。述べたように、彼はマスコミに登場して派手な反論を繰り広げたし、騒動の最中には、アルバムのおまけのような存在だった「ア・ワン・ミニット・サイレンス」をシングルカットしている。無音トラックのシングルカット……**なんだか詐欺のような商品である**（別の表題曲とのダブルAサイドシングルとしてだが。**図2**）。

図2

無音ジョイントコンサート!?

また、騒動にかこつけて、ザ・プラネッツは、ペータース社と共同で、互いの「無音作品」を演奏する競演コンサートをロンドンで開催している。そこではバットとペータース社の担当者が、著作権問題をディベートするコーナーまで設けられていたという。(注7) 事件当時は、訴訟外での解決を模索する試みと評価されたが、バットの告白を踏まえて考えると、両者による単なる話題作りのための演出のように思えなくもない。

「無」の著作権保護は可能？

そんなわけで、結局うやむやになった「四分三三秒」の著作権問題だが、果たしてこの作品は著作権で保護されるのか。保護されるとしたら、どこまで「類似」していれば権利侵害になるのか。この問題については、専門家でも明確に答えを出せる者はいないだろう。

実はジョン・ケージ以外にも、「無」をもって芸術としたアーティストは少なくない。ケージと同時代に活動した画家のロバート・ラウシェンバーグの「ホワイト・ペインティング」（一九五一年）は、ただの真っ白なパネルである。二〇〇三年には、イギリスのエジンバラ国際芸術祭において、演者も舞台装置も何もない空っぽの舞台をただ眺めさせる演劇が上演されたことがあるという。揃いも揃って**「何やってんだこいつら」**という気がしなくもないが、こうした前衛芸術は、表現そのものよりも、作品の意味づけ（コンテクスト）に価値を見出させるものが少なくない。

しかし、たとえその点で芸術的価値が認められていたとしても、著作権法は表現を保護するための法律である以上、いかに高尚な思想が背景にあろうとも、具体的に創作表現されているものがなければ、保護は受けられないのが原則である。一方で、芸術的価値がある作品を、法律がまったく保護しなくてよいのだろうか、という意見もあるだろう。

一分間の無音は明らかに別物

もし「四分三三秒」を著作権で保護するとしたら、どこまでを保護範囲とするのが適切だろうか。あの作品は、音楽作品というよりは、「演奏者がステージに立つが、四分三三秒間音を立てず、聴衆はその場の自然音やざわめきを聴くしかない」という**一種のライブパフォーマンス**と捉えた方がしっくりくる。そう考えると、そのパフォーマンスまで忠実に再現した場合に、初めて「四分三三秒」という著作物を上演したというべきではないだろうか。そこまで無断でやられて、やっと初めて著作権侵害を問える可能性が多少は出てくる。少なくとも、CDに四分三三秒の無音のトラックを入れただけでは、著作権侵害を肯定すべきではないと本書は考える。ましてや「一分間」の無音など、**まったくの別物**だろう。

余談だが、二〇一九年には、「四分三三秒」の収録曲全作がカバーだという企画盤『ＳＴＵＭＭ４３３』がイギリスで発売されている（図3）。ＣＤ五枚組で、**全五八曲がすべて「四分三三秒」という狂った企画**だ。実に四時間以上「四分三三秒」を聴き続けることになるわけで、本当に気が狂いそうである。日本でもスポティファイやアップルミュージックなどのサブスクリプションサービスで配信されている。恐る恐る聴いてみたところ、「ア・ワン・ミニット・サイレンス」のように完全な無音ではなく、曲ごとに異なる自然音や雑音が収録されていた。環境音楽のようだ。

図3

　このアルバムは「ジョン・ケージのカバー」と銘打たれており、ジョン・ケージ財団のウェブサイトでも紹介されていることから、おそらく、ケージ側の許諾を得た企画であろう。歴史にもしもはないが、もしもあのときバットが裁判でケージ側に忖度せずに完勝していたら、このアルバムも無断で発売されていたかもしれない。

ポーズと髪型がそんなに似ていて大丈夫か？　大丈夫だ、似ていない

『エルシャダイ』事件

クリム vs サイゲームス

「エルシャダイ」は、ゲーム自体よりも、どちらかといえばそのプロモーション映像に使われた主人公のやり取り「そんな装備で大丈夫か？」「大丈夫だ、問題ない」がネットミームとして有名に

ゲームデザイナーのご乱心

カエルやうさぎの擬人化キャラクターを描こうとすれば、誰が描いてもデザインに共通点は生まれるものだ。人間を描いたイラストだって同じである。誰だって、目を二つ描いて、鼻をひとつ描いて、その下に口を描くのである。「そんなこと当たり前じゃないか」と思うかもしれないが、パクられ妄想に取りつかれてしまうと、そんな当たり前のことが見えなくなってしまう。ゲームコンテンツ「エルシャダイ」（**図1**）の権利を所有するｃｒｉｍ（以下「クリム」）もそのクチで、他社のゲームに難癖をぶつけている。

図1

なったことで知られている。「大丈夫だ、問題ない」と言い放った主人公が、そのすぐ後に映像内で敵キャラにボコボコにされた描写が笑いを誘ったのである。二〇一〇年にネット流行語大賞金賞を受賞し、二〇二〇年代に至ってもこの場面が企業広告に起用されるなどしている（**図2**）。

図2

ネタにマジギレ

そんな「エルシャダイ」の主役級キャラクター・ルシフェルのデザインが、Ｃｙｇａｍｅｓ（以下「サイゲームス」）が開発した大ヒットスマホゲーム「グランブルーファンタジー」（**図3**）（以下、「グラブル」）に盗用され著作権を侵害されたというのが、クリムの主張である。「グラブル」に登場するベリアルというキャラクターがそっくりだというのだ。もともとはネットの一部で『グラブル』のベリアルが『エルシャダイ』のルシフェルにしか見えない」などと話題になっていたことがきっかけのようだが、世間では特に不正視する

図3

ような騒動になっていたわけでもなく、ネタとして消費されていたものだ。

みんなが笑っているのに、これに一人だけ怒ったのが、クリムの代表者でゲームデザイナーの竹安佐和記（たけやすさわき）である。彼は**「グラブルのベリアル（はルシフェルを）知っててやってんだろ～な。それにしても酷いキャラだな。完全に馬鹿にしてるな…」**（注1）などとツイッターで不満を表明し、ついにはサイゲームスへ、著作権侵害が疑われるとして、ベリアルのデザインを採用することになった経緯説明を求める通告を行ったのである。

着こなしとポーズが似てる!?

しかし、こんなものは著作権侵害でもなんでもない。クリムは、自社のウェブサイトで**図4**と**図5**を並べて提示している。これを見たあるツイッターユーザーは、「髪型と服の着こなしとポージングが微妙に似ている」と指摘した。だが、まず髪型は明らかに全然違う。服装が似ているといったって、黒い靴、黒いパンツ、黒いシャツの組み

図4（『エルシャダイ』ルシフェル）

図5（『グランブルーファンタジー』ベリアル）

合わせなんか、このうえなくありふれたコーディネートである。名前から想像できる通り、ベリアルもルシフェルも堕天使をモチーフにしたキャラクターだ。**衣装がダークカラーになるのは必然**だろう。

服の着こなしについては、「黒シャツの襟を立てて、真ん中のボタン一つだけを留めて、それ以外をはだけさせた着こなし」が似ているということだろうが、着こなしとはアイデアである。そして、この着こなしのアイデアを絵に描こうとしたら、誰がどう描いたって同じ表現になるしかない。学ランを渡されて、「襟カラーをつけて、ボタンを全部留めろ」といわれてその通りに着たら、**全校生徒が同じ着こなしになる**のと同じことだ。

ものすごい我田引水

笑ってしまうのは「ポージングが似ている」という指摘だ。ポージングもアイデアに他ならず、あるポーズを取った人間のイラスト、例えば、腕を組んで仁王立ちをしている人間を描こうと思ったら、誰が描いても腕を組んで仁王立ちをしている描写になるのは当たり前の話である。だいたい、**ゲームのキャラクターって、いつも同じポーズをしとるんかい!?**

「グラブル」は、基本的に静止画の連続で話が展開するスマホRPGなので、ポーズのバリエーションは少なく、確かに**図5**がベリアルの基本ポーズともいえる。ただし、実際のゲーム内で描かれるのは主に上半身のみである。また、これとは異なるポーズのイラストも使われている[注2]（**図6、7**）。一方「エルシャダイ」はもともとPS3とXbox360で発売された家庭用ゲームで、映像で話が展開する。つまりゲーム内のルシフェルに固定のポーズは存在せず、場面ごとにさまざまなポーズをとっているのだ。原画などをまとめた『エルシャダイ公式アートワークス』（PHP研究所）にも、さまざまなポーズのルシフェルが描かれている（**図8**）。そうすると「ポージングが似ている」などという指摘は**まやかし**

図7

図6

以外の何物でもない。要は、たくさんあるルシフェルのイラストから、**あえてベリアルの基本ポーズと似たポーズのイラストを選んで並べただけ**に過ぎないのである。

要するに、両キャラクターに共通点があるとしても、それは堕天使をモチーフにした八頭身のシャツをはだけたイケメンキャラというコンセプトと、それを表現するうえで似て当たり前のポイントが共通しているだけのことなのである。よくもまぁ、この程度のことで著作権侵害などと公式な抗議をしようと思ったものだ。ちなみに、竹安はルシフェルのデザインコンセプトについて、「『普通の人』にしたかったんですよ。見た目、ルックスや服装などですね[注3]」と語っている。「普通の人」のイラストじゃあ、カブるのも当然だよねぇ。

サイゲームスの見事な反論

さて抗議を受けたサイゲームスはどのような対応をしたのだろうか。同社もおそらく呆れたのだろう、以下の通り、**全否定の回答書**を送っ

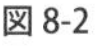
図 8-2

図 8-1

ている。

当社ゲーム（グランブルーファンタジー）に登場する当社イラスト（ベリアル）についてご質問頂いておりますが、前提として当社イラストと貴社のイラストは類似しておりません。また当社イラストは、制作過程において、貴社の作品を含め、何らかの第三者の作品に依拠したものではありません。

そのため、当社イラストは貴社の著作権を侵害するものではなく、当該イラストを含む当社ゲームの制作・配信は貴社の著作権を侵害しておりません。(注4)

この回答を受け、クリムは「色々と思うところはありますが、弊社としては現在開発中の新たなコンテンツ作りに力を注ぐことを最良とします」とコメントを発表し、その後は発言を控えている。事実上のクレーム撤回だ。まぁ、こうまでキッパリと言い切られては、根拠もなしにクレームを

3月16日（金曜日）

押し通すことは不可能である。

それにしても、サイゲームスの回答は、言いがかりのクレームに対する作法としてはなかなか模範的である。だらだらとした釈明もせず、必要最低限の言葉で疑惑を否定し、毅然とした態度で突っぱねている。**「類似しておりません」「侵害しておりません」「依拠したものではありません」**の三連発が小気味よい。追及の余地を与えないスタンスだ。エセ著作権者から、謂れのないパクリ疑惑を寄せられたら、このように堂々と否定するだけでよいのだ。「大丈夫だ、問題ない」と。

レベルの低い三国志！ スマホゲーム業界の不毛な殴り合いを見よ

『神獄のヴァルハラゲート』事件

グラニ vs グミ
グループス vs グラニ

業界特有のパクリ体質!?

スマホゲームには、意外と盗作騒動が多い。通信システムの進化により、どんどん大容量のグラフィックが表現できるようになっているとはいえ、スマホの小さな画面で、タップやスワイプしか操作方法がないという制約の中でゲームを構成しようとすれば、表現の幅の自由度は限定される。パズルゲームでもRPGでも、同じアイデアを実現しようとすれば、基本的な構成がどれも似たり寄ったりになることは珍しくないのだ。加えて、デザイナーやプログラマーの移籍も多いので、似たようなタッチのイラストやシステムになることもあるだろう。

だが、**表現の幅の制約**から、同じアイデアを具現化しようとすると不可避的に似ざるを得ない表現や、デザインのタッチやアイデアといった抽象的な要素が似ているに過ぎなければ、エセ著作権である。訴訟になれば負けるし、責めるべきことでもない。ユーザーが「似てる」の「似てない」のと話題にするならまだしも、メーカーとしてはそうした声に安易には乗っからず、どっしり構えておくのが賢明だ。ところが、スマホゲームメーカーは新興企業が多く、血気盛んな役員が多いのか、あるいはゲーム開発コストが多額であるがゆえの必死さからか、メーカーや開発者が「パクられた」と喧伝して大騒ぎすることがある。

禁じ手のフェイスブック投稿

「神獄のヴァルハラゲート」**（図1）**（以下、「ヴァルハラ」）で知られるスマホゲームメーカーのグラニ（注1）が、競合のｇｕｍｉ（以下「グミ」）の「ドラゴンジェネシス‐聖戦の絆‐」**（図2）**（以下、「ドラジェネ」）について、「ヴァルハラ」の知的財産権を侵害しているとして警告し、その旨を公式フェイスブック上で告発したことがある。

　しかしこの告発、かなり不穏当で軽率だ。グラニは**「ゲーム**

図1

図2

システム、バランス設計、ユーザーインターフェース、画像・演出に関するグラニの知的財産権を侵害するものと捉えております」**「gumi社の対応次第では、本侵害に対する責任を追及するとともに、将来の侵害の停止を目的として、配信停止等を訴える為の法的手段も視野に入れております**(注2)」と息巻いたが、一般論として、競合他社の商品について「知的財産権を侵害する」などと公に告発するのは禁じ手である。よほど調査を尽くし、法的な観点から慎重に検討し、権利侵害であると確証がなければ、競合他社への虚偽の信用毀損行為にあたり、**逆に違法性を問われる可能性すらある**（不正競争防止法二条一項二一号）。

お前はまとめサイトか!?

さらにグラニは、「ヴァルハラ」と「ドラジェネ」のゲーム画面のスクリーンショットを多数並べた「比較検証画像」まで掲載し、それに「すべて酷似」「ほぼ同じ」「文言は一言一句同じ箇所も多い」などと勝手なコメントまでつけているのだから、**まとめサイト顔負け**の無神経さある。だいたい、**「一言一句同じ箇所も多い」って何？** 違う箇所もあるなら一言一句同じじゃないぞ。

そしてこの比較画像を見る限り、グラニが取り沙汰しているのは、キャラクター画像やシナリオ、バトルシーンの演出などではなく、キャラクターのスキルやアイテムなどを表示したリストのレイアウトや数値、設定に過ぎない。そして、それらも別に似てすらいないのである。例えばグラニは、ゲーム内アイテムショップの画面における、

「クエPチャージ［30％］必要ギル 6000ギル」（ヴァルハラ）

「ハーフキュアポーション 価格5000ゼニー」（ドラジェネ）

といった表示を並べて、「品目、価格設定、並び順 ほぼ同じ」などと評しているのである（図3）。**どこがほぼ同じなんだ。** 困惑するほかない。これでは、権利侵害性について慎重な検討を経た結果の指摘と

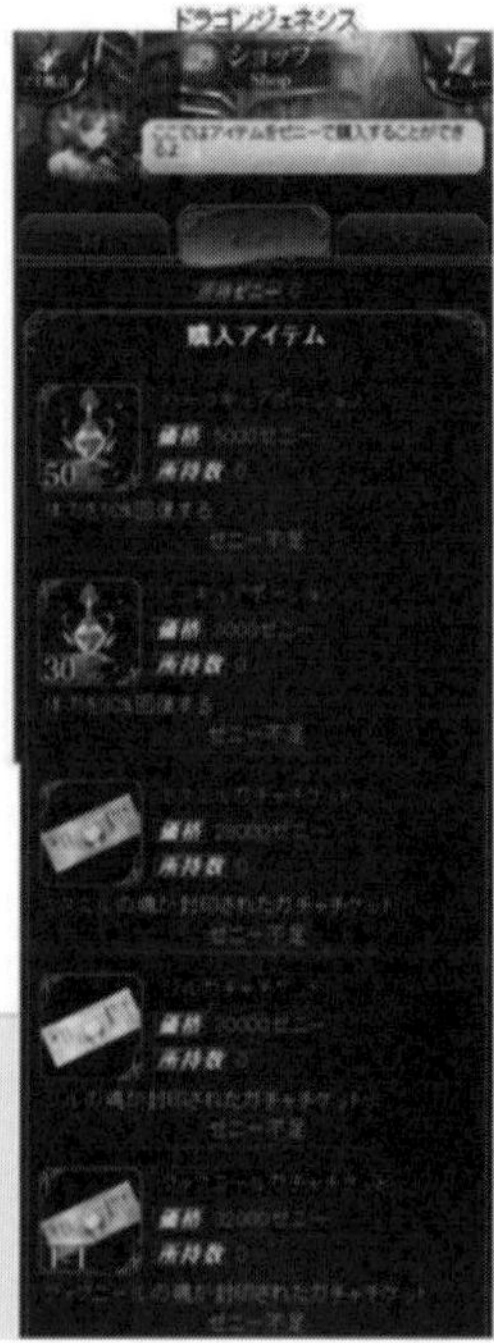

図3

は言い難い。

グミの冷静な反論

このクレームに対して、グミは、数日後に以下の声明を自社のウェブサイトにアップしている。

弊社が平成25年4月26日に配信を開始したソーシャルゲーム「ドラゴンジェネシス」（以下「本件ゲーム」といいます。）に対し、弊社競業先が同社の知的財産権を侵害するものである旨の主張をインターネット上で展開している件につきまして、弊社といたしましては、当該主張は事実無根であり、本件ゲームについて弊社が他社の知的財産権を侵害しているという事実

はないと考えております。(注3)

冷静な反論だ。「ドラジェネ」は本書執筆時すでに配信を終了しており、残念ながらきちんとした分析が叶わないが、まぁ比較画像と見る限りは、「事実無根」との言い分が正しいように思える。ともあれ、グミが権利侵害を否定した以上、「法的手段も視野に入れております」とまで挑発したグラニの提訴は待ったなしの情勢と思われた。ところが不思議なことに、両社間のバトルはここでピタリと止んでいる。

第三の刺客グループス登場

いったい、何があったのか。

なんと、両社が揉めている間に、グラニの「ヴァルハラ」が、別のスマホゲームメーカーのgloops（以下「グループス」）から著作権侵害で訴えられてしまったのだ。グループスは、「ヴァルハラ」の画像や演出プログラムが、同社のゲーム「大戦乱!!三国志バトル」（**図4**）などの著作権を侵害していると主張。さらに、グラニはもともとグループスから独立した社員が設立した会社だったのだが、グループスは「ヴァルハラ」が、同社の営業機密情報を無断で持ち出して制作されたものであるとも訴えた。(注4)

グラニがグミを著作権で殴っている隙に、グラニは同じ棒でグループスに後ろから殴られたのである。ゲーム顔負けの三つ

図4

巴の大戦乱で、それで最初の「ネタ元」が「大戦乱!!三国志バトル」だというのだから**もはやギャグ**である。

グミの気持ちが身に染みる

グループスがこの訴訟提起についてプレスリリースを行うと、グラニは**「グループスの訴訟提起は事実無根」**と、すっかり防戦に回り、さらに以下のように続けている。

> 事実無根であっても、訴訟そのものは専門家の力を借りれば、提起することは容易です。ただし、それに対する反論は十分な時間をかけ、事実無根であることを主張しなければなりません。事実として、当社「神獄のヴァルハラゲート」は仕様書やソースコードを含め、間違いなく全て一から当社が独自に制作しております。
>
> グループスの目的は、当社のコンテンツ制作業務を妨害することであると当社は考えておりますので、当社はグループスに対して、営業妨害や名誉毀損を理由とする、法的手続きも検討しております。〔…〕当社はグループス社の良識ある対応を期待しております(注5)。

いやはや、**これって、グミがグラニに言いたかったセリフそのものだと思うぞ。**盗作の汚名を着せられた側のツラい気持ちが、こんなにも早く分かるとはなぁ。

その後、約二年にわたる裁判を経て、お互いに**無益な争い**だと悟ったのか、グループスとグラニは平和的に和解。共同でプレスリリースを行い「今後は、相互プロモーションをはじめとする両社間での連携を通じ、業界の活性化に努める所存です」と結んだ(注6)。要するにこちらの権利侵害疑惑もウヤムヤになって終わったのである。

全員「グ」で始まる

グラニ、グミ、グループスの三つ巴の泥沼パクリ大戦乱バトルを評して、スマホゲーム業界には著作権侵害が横行しているのではないかと見るむきもある。だが筆者には、逆にどこの会社も、あまりにも短絡的にエセ著作権を振り回して、する必要のない殴り合いを繰り返しているだけのように思えるのである。

コラム③音楽業界のエセ著作権事件簿

許可が出るのに時間がかかる

ポピュラー音楽に関するパクリ疑惑は、SNSやニュースサイト、週刊誌などでしょっちゅう目にする。ある意味、音楽業界はパクられ妄想の宝庫である。もっとも、メロディを紙上で比較して論じるには限界があるので、本書では、コラムでまとめて簡単に述べよう。

邦楽史上、筆者が最もヒドい言いがかりだと思うのは、宇多田ヒカルの初期作品「Never Let Go」に対する疑惑だ。複数の週刊誌が、英歌手・スティングの「シェイプ・オブ・マイ・ハート」と「ウリニつ」「盗作疑惑」などと報じたのだ。映画『レオン』の主題歌になった曲で、アルペジオによるギターリフが印象的な曲だ。確かに「Never Let Go」のギターリフはこれにそっくりなのだが、そっくりなのも当たり前。最初からスティングの許可を得て収録しているのだ。それを盗作とはヒドい言いがかりだが、CDの初出時には原曲クレジットが掲載されていなかったため、誤解を受けた(その後の版では、宇多田とスティングらの名前が併記されている)。

なぜこんなことが起きるのか。洋楽のアーティストは、曲の使用許可を出すのにめちゃくちゃ時間がかかることがあるからだ。筆者も洋楽の権利者と交渉した経験が多少あるが、「返事がいつになるか分からない」と言われることがあり、途方に暮れた。担当者と仲良くなってくると、「あのバンドはメンバー全員がバラバラだから意思決定に時間がかかる」「あの作家は、許可は出すけどカネにうるさい」「あの作家はなんでもOKするから気長に待ってて」など内情を教えてくれたりするので楽しい。

あまりに時間がかかる場合、内々で使用料などの条件を合意しておいて、クレジット表記は正式許可の際に通知されることがある。それが発売日を過ぎてしまうことも珍しくはないのだ。結果として、発売後にクレジットの差し替えが生じることがあり、傍から見れば盗作やトラブルがあったかのように見えてしまうというわけだ。

音楽配信の時代には、そもそもリスナーが作曲者や許諾クレジットを目にする機会もない。もしそっくりな曲に気がついても、不正視して騒ぐ前に、当事者同士ですでに話がついている可能性も想像した方がいいだろう。

ホメてるだけでは!?

単純に「それ似てない」というべき疑惑も多い。これもかつて複数の週刊誌等で指摘されたことだが、浜崎あゆみのヒット曲「ＳＥＡＳＯＮＳ」は、中島みゆきとＧＬＡＹと松山千春のフレーズをパクっているという。だがそれだけバラバラな歌手を寄せ集めたら、もはや別物であろうと素朴に思う。

似た指摘に、平井大の「ＴＨＥ ＧＩＦＴ」は、エリック・クラプトンの「ティアーズ・イン・ヘヴン」、マイケル・ジャクソンの「マン・イン・ザ・ミラー」、ビージーズの「ハウ・ディープ・イズ・ユア・ラブ」のパクリだとするものがある。おい、逆にホメてないか!? これほどのビッグネームの名曲の数々を、同時に思い起こさせる楽曲ってスゴいことだぞ。

プロの音楽家の冷静な判断

このように、外野が勝手に騒ぐ例は多いが、実際にミュージシャン同士で争いになったり、裁判沙汰に至った例は意外と少ない。中島みゆきもエリック・クラプトンも、そんなにヒマではないということか。どうも一般人の耳にはパクリのように聞こえる曲でも、プロの音楽家にいわせれば、「ありふれた表現で似て当然」「オリジナリティを主張できる箇所を比較すると似ていない」と分析できるケースが多いようだ。

小林亜星作曲の「どこまでも行こう」とよく似た、服部克久作曲の「記念樹」という楽曲がある。これは、数少ない裁判沙汰になった事例のひとつで、最終的に著作権侵害が認定されている。だが作曲家の玉木宏樹は、判決には賛同しつつこう警鐘する。「亜星さんのメロディ自体、以前に誰かが書いたようなPD〔パブリック・ドメイン。ここでは著作権を認め難いありふれたメロディのニュアンスであろう〕っぽい曲であり、あまりガンジガラメにすると自縄自縛、自家撞着になりかねない危うさがある」(注1)。また作曲家のすぎやまこういちは、判決自体に不服を表明していたという。

演歌歌手・平浩二の「ぬくもり」の歌詞が、Mr.Childrenの「抱きしめたい」とほとんど同じであることが分かって騒動となったことがあった。ミスチルが訴えたりしたわけではなかったが、CDが回収となった。

素人目には本当にほとんど同じで、言い逃れ不可能という情勢の中、ミュージシャンの近田春夫は「どちらも要するに歌謡曲としては相当に常套句的な表現そしてありがちな物語に終始しているので俺はこのぐらいのことは〔偶然に〕起こってもおかしくないのでは……と考えてしまった」(注2)と評している。

プロのミュージシャン同士で盗作論争や訴訟が起きにくいのは、こうしたプロならではの知見に基づく、冷静で慎重な姿勢が背景にあるのだろう。

狙われやすいセレブリティ

対極的なのが米国だ。訴訟社会というお国柄に加え、日本とは音楽ビジネススキームが異なり、人気アーティストの収入がケタ違いに多いせいか、彼らはしょっちゅうエセ著作権訴訟の標的になっている。アーティスト側も面倒だからか、幾ばくかの（といっても一般人にはあまりに高額な）金銭を払って和解するケースが目立つ。やましいことがないなら本来は突っぱねるべきだが、訴訟で争うとなると、最終的な判決が確定するまで何年もかかることもある。報道によるイメージダウンも心配だ。例えばレッド・ツェッペリンは、七〇年代の名曲「天国への階段」について、二〇一六年になって著作権侵害の疑いをかけられている。最終的には勝訴しているが、濡れ衣を払拭するまでに四年もかかっている。そう考えると、「なるべく早くカネで黙らせる」は、セレブにとっては合理的な解決策なのかもしれない。だが、そうした態度がエセ著作権者をつけあがらせ、金銭目的の訴訟を増やしているのである。

ブリトニーはエラい

そんな中で評価したいのがブリトニー・スピアーズだ。ヒット曲「Hold It Against Me」に対して、カントリー歌手のデヴィッド・ベラミーが、自身の楽曲「If I Said You Had A Beautiful Body, Would You Hold It Against Me」の盗作だと主張したのだ。当初ベラミーは、"Hold It Against Me"程度の文節の一致で、「タイトルが盗作」と言いがかりをつけていた。だが後に彼が正式に弁護士に相談したところ、それはあまりにもムチャクチャだと諭されたようだ。弁護士もそのままベラミーを止めりゃいいものを、結局、軌道修正して「ベラミーの曲を二倍速にするとブリトニーの曲に似ている」などと主張している。そこまで加工しなきゃ似てないのかよ！ ムチャクチャであることには変わりはないのであった。

だがこの事件では、ブリトニー側は簡単には屈さなかった。プロデューサーのドクター・ルークがやり手で、先にベラミーを名誉毀損で訴えたのだ。この結果、ベラミーはすぐさま自身の主張を撤回して謝罪。わずか半年で騒動は解決している。他のセレブにも見習ってほしいバイタリティだ。

幼稚では？　タイトルのカブリを許せない大御所作家に品格ナシ！

『華氏911』事件

レイ・ブラッドベリ vs マイケル・ムーア

タイトル重複はよくあること

既存の小説や映画のタイトルを意識的に取り入れて（あるいはもじって）、別の作品のタイトルにすることがある。例えば『美女と野獣』から『美女か野獣』（注1）、『時計じかけのオレンジ』から『時計仕掛けのオレたち』（注2）、『ブラック・ジャック』から『ブラックジャックによろしく』（注3）というようなことである。武田鉄矢は、自身のヒット曲「贈る言葉」のタイトルは、柴田翔の小説『贈る言葉』から拝借したと公言している。氷室京介のソロデビューアルバム『ＦＬＯＷＥＲＳ ｆｏｒ ＡＬＧＥＲＮＯＮ』は、ダニエル・キイスの小説『アルジャーノンに花束を』の原題から取られている。また、特に着想を得たわけでもなく、たまたま同名の無関係な作品ともなれば無数にある。『舞姫』というタイトルの小説は森鷗外と川端康成がそれぞれ書いているし、『君の名は』といえば、ある世代にとってはＮＨＫのドラマ、ある世代にとっては新海誠のアニメ映画『君の名は。』だろう。

怒るヤツなんているのか？

コンテンツの中身まで類似しているならともかく、普通はこうしたタイトルのもじりやカブリだけで怒る人はいない。作品のつくり手であれば、誰でも自身の作品に自由なタイトルをつけたいという気持ちがある。それに、もじりやパロディも含めて、タイトルだけが似ている、カブっているくらいでは間違って買われるような実害もない。わざわざ目くじらを立てる者などいないのだ、普通は。

法律上も、タイトルに著作権は発生せず、書籍や映画のタイトルには商標権は及ばないというのが通説だ。タイトル自体を詩のように独立した著作物として読むことができたり、よほど意図的に間違って買わせようとしているような状況があれば権利侵害となる可能性はなきしにもあらずだが、まぁかなり特殊なケースである。

しかし、中にはタイトルのカブリに怒る人もおり、これがまったく度量が狭く的外れな言いがかりにしか思えないことも多い。特にそれが大御所作家の所業だったとしたら、**とんだご乱心**と評価されてもおかしくない。それをやらかしたのが、米国の小説家、レイ・ブラッドベリだ。『火星年代記』や『華氏451度』などで知られる高名なSF作家である。

大御所作家のダブスタが発覚！

彼が怒りの矛先を向けたのは、マイケル・ムーア監督がジョージ・ブッシュ政権を批判したドキュメンタリー映画『華氏911』（Fahrenheit 9/11／**図1**）。自身の作品『華氏451度』（Fahrenheit 451／**図2**）のタイトルを勝手にもじられたというわけだ。激怒したブラッドベリは、雑誌社から**ムーアの電話番号を聞き出し直接抗議**するとともに、メディアで無断使用を糾弾。これに対しムーアは、子どもの頃からの愛読書をオマージュの気持ちでもじったもので悪気はなかったと釈明したが、タイトルの変更要求に対しては、映画公開直前で修正不可能と拒絶している（なお、後にムーアはトランプ政権を批判する映画に『華氏119』のタイトルをつけているから、**本当に悪いと思ったのかは怪しい**）。

しかし『華氏451度』が世界的名作であることを考慮しても、「華氏○○○」のタイトルを使うのにブラッドベリに断らなければならないという道理はない。**温度だぞ**。ロックバンドのボ

図1

図2

ン・ジョヴィには『華氏7800度』（7800° Fahrenheit／邦題は『7800。ファーレンハイト』）というアルバムがあるし、米ドラマ『CSI：科学捜査班』には「華氏932度」（Fahrenheit 932／邦題は「逆転無罪 逆転有罪」）というタイトルのエピソードがある。ボン・ジョヴィにも電話したのかなぁ、ブラッドベリ。

ちなみに、ブラッドベリ自身、自著『歌おう、感電するほどの喜びを！』（I Sing the Body Electric）のタイトルを、詩人ウォルト・ホイットマンの**同名の詩から拝借している。**自分の事を棚に上げて他人に理不尽な言いがかりをつけるのは、やっぱりカッコ悪い。

福田先生ご乱心

ネット掲示板レベルでは、タイトルのカブリを「パクリじゃないのか!?」と指摘する無知な書き込みはしばしば見られるが、同レベルの指摘をマスメディアでしでかした大御所が、文芸評論家の福田和也である。昭和女子大学理事長の坂東眞理子によるベストセラー新書『女性の品格』を週刊誌で取り上げ、「**題名として、どうなのか？　これ、云うまでもなく藤原正彦先生の『国家の品格』のパクリでしょ。パクリをやって平気なお方が、品格をドウコウ云ってはいけない**(注4)」と評し、「パクリ作家」と断ずるという**低レベルな批判**をしたのだ。

品格がないのはどっち？

福田のいう藤原正彦の『国家の品格』とは、『女性の品格』刊行前年の二〇〇五年に発行され、二七〇万部以上のベストセラーとなった新書である。藤原は「品格」という言葉で二〇〇六年の新語・流行語大賞の年間大賞を受賞するまでに至り、同書は二〇〇〇年代の新書ブームを象徴する一冊となった。『女性の品格』が、この「品格ブーム」に乗っかってヒットしたことは間違いない。だが、それを捉えて坂東を「パクリ作家」呼ばわりするとは、それこそ福田の品格の欠如を指摘せねばならぬ。

「〇〇の品格」は独占できるようなタイトルでもなければ、一人の作家に独占させてもいい表現でもない。「何かの品格」を語るうえでこのうえなく分かりやすいシンプルな表現を、なぜ禁じ手のようにいわれなければならないのだ。

なお、『国家の品格』以前にも、『老いの品格』（松永伍一、一九九一年）、『日本の品格』（大河原良雄、一九九八年）、『人間の品格』（下村澄、一九九〇年）など、同じ表現形式のタイトルの書籍が、当然のように多数刊行されている。

もっとも品格ブーム以降、「〇〇の品格」のタイトルは濫用気味で、近年では『殺人の品格』（イ・ジュソン、金光英実〔訳〕）、『マスクの品格』（大西一成）、『セフレの品格』（湊よりこ）といったタイトルの書籍が並んでいる。**品格って何だっけ？**という状況になっている側面はあるのだが……。

早川書房の度量の広さ！

一方、怒るバカあれば、まともな感覚で寛容を公言する人もいる。国内小説として歴代最多の発行部数を誇る、片山恭一の『世界の中心で、愛をさけぶ』（図3）のタイトルは、米国の作家ハーラン・エリスンのSF小説『世界の中心で愛を叫んだけもの』から取られている。一時、「パクリ疑惑」を囃し立てたいマスコミが、エリスンの作品を日本で刊行する早川書房に見解を質したことがあるのだが、担当編集者は「**本のタイトルについては著者が好きにつけられますので、承諾〔の申し入れ〕はなかったですが、別にいいです（笑）**[注5]」と、**真っ当かつサワヤカ**なコメントで返していた。これには胸のすく思いだ。素晴らしいぞ、早川書房！　ちなみに、同社は『華氏451度』の日本における版元でもある。この態度を少しは見習えよブラッドベリ。

それどころか、早川書房はこのときエリスンの『世界の中心で愛を叫んだけもの』に**「元祖！数々の作品に影響を与えた現代版パンドラの箱の物語」**などと書いた帯をつけて再出荷し、大々的に売り出していたのである（図4）。元ネタでありながら、『世界の中心で、愛をさけぶ』のヒットにしっかりと便乗していたのだ。内容は全然違うんだから「元祖」でもなんでもないのだが……。しかしまぁ、このくらいの余裕を見せつけるのが、「元ネタの品格」といえるだろう。

世界の中心で、愛をさけぶ
片山恭一

図3

図4

困惑！ タイトルがカブってキレたジャーナリストのカツアゲ訴訟！

『父よ母よ』事件

斎藤茂男 vs 吉村英夫、学陽書房

同じ書名で精神的苦痛!?

イチャモンをつける人というのは、常人には思いつかない発想で他人を責め立てるから、いわれた側としては虚を突かれて面食らってしまう。

一九九四年、高校教師で作家の吉村英夫が、『父よ母よ』（学陽書房。以下「吉村本」）というタイトルで、教え子の高校生の詩を集めた詩集を出版。一ヶ月で五四万部を発行するベストセラーになっていた。これに対して、ジャーナリストの斎藤茂男が、一一〇〇万円の損害賠償金の支払いを求めて、吉村と、版元の学陽書房を提訴した。その理由というのが凄まじい。

斎藤は一九七九年に『父よ母よ！』（太郎次郎社。以下「斎藤本」）というタイトルの書籍を出版したことがあり、吉村の詩集が、その自著と**「同じ書名で出版され、精神的苦痛を受けた」**というのだ。

桑田佳祐も危ないか!?

まったく理解しがたい主張である。一五年も前に使った、「父よ母よ」程度の普遍的な言葉の書名を独占しようという試みは厚かましいとしかいえないし、それで精神的苦痛を受けるとは、**どこかおかしいんじゃないかと**心配するほどだ。サザンオールスターズや桑田佳祐のヒット曲、『仮面ライダーV3』の主題歌など、(注1)

「父よ母よ」という一節を含むポップス、歌謡曲はたくさんある。この人、街やテレビからこれらの曲が流れてくるたびに「ギャッ！」と苦しんでいるのだろうか。気の毒な人である。

中身はまったく違う本！

本の内容に類似するところがあるのかと思えば、これが全然違う。三重県の高校で国語教師をしていた吉村は、生徒たちに「父よ母よ」というタイトルで、家族へのメッセージを一行詩で書かせるという授業を一〇年以上展開していた。これら**生徒の詩を一冊にまとめたのが吉村本である。**詩は「父よ！」「母よ！」で書き始めることが基本フォーマットになっており、ユーモラスなものから、感謝や反抗期の心情が表れた詩まで幅広く所収されている。

一方、斎藤本は、当時社会問題になっていた**「非行少年」をテーマにした上下巻からなるルポルタージュである。**非行に走る少年少女や、その周りの家族、教師、施設関係者などへの取材により構成されている。今読むとさすがに時代がかっているが、この本も当時三八万部のベストセラーになったという。

このように、**形式からテーマから内容から、何もかもがまったく異なるのである。**述べたように、発行時期も一五年もの開きがあるが、仮に同時期に発売されていたとしても、書店ではまったく別の棚に並べられていたはずだ。斎藤にも読者にも何らの実害が発生するとは考えられず、まさしく斎藤が勝手に「精神的苦痛」などとわめいているだけの話なのである。

なぜか斎藤に同調する毎日新聞

ところが、この身勝手なクレームに同調するむきがあったのだからたまらない。この件を報じた『毎日新聞』は、「書名は著作権法上、保護の対象とはならない」としつつ、「装丁もうり二つ」と断じ、「出版のモラルを問うケース」などと報じている。(注2)

しかし、この報じ方はおかしい。**図1**と**図2**に示す実際の装丁を比較すると分かるが、装丁

図1

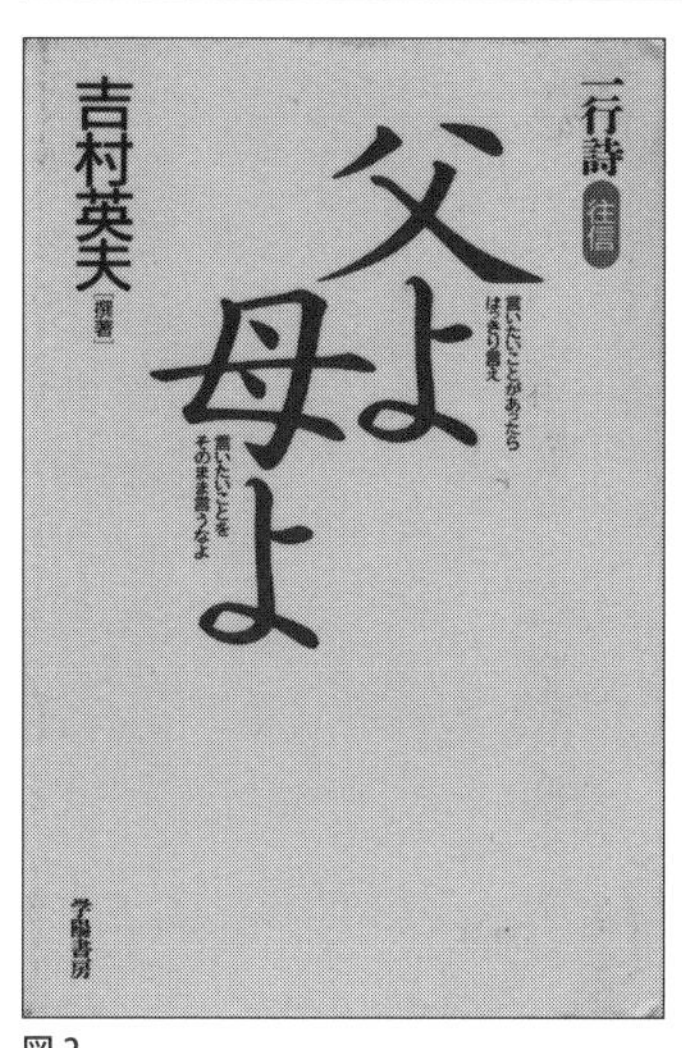

図2

もまた全然違うからである。斎藤本は全面オレンジ色の装丁で、この色彩はかなり目立つ。「父よ」「母よ！」の文字はそれぞれ右上と左下に分断されており、さらに少年の写真がレイアウトされている。副題や本文からの抜粋が表紙に表示されており、文字が多い。対する吉村本は、白色背景の中央に「父よ母よ」の文字が添えられている。写真やイラストのないシンプルな装丁だ。著者名も分かりやすく表示されていて、斎藤本と間違える余地はない。いったいこれのどこが「うり二つ」だというのだろうか。誤報といっていいほどの偏向報道である。

モラル上もまったく問題なし

もし本当に装丁も含めてうり二つにしていたり、あるいは極めて独創性の高い書名を同一にするなどして、読者に対し、同一の書籍の判型違いだとか、同一シリーズの書籍などといった誤解を招くおそれを生じさせるような状況をつくっていたとしたら、「モラルを問うケース」との評価が

1995年（平成7年）

6月8日（木曜日）

妥当する場合があるかもしれない。法的にも、不正競争防止法に抵触する可能性は考えられる。だが、吉村本がそのような誤解を招くような書籍でないことは明らかだ。タイトル以外の何もかもが違う本だぞ。

吉村の温情で和解に

　こんな裁判は斎藤が完敗して当然なのだが、結果的には和解で終わっている。ただし、金銭の支払いもなく、吉村本の発行もそのまま続けられたのだから、**実質的には斎藤敗訴**の和解と評価すべきだろう。後の報道によれば、裁判所では「**『父よ』『母よ』というシンプルで使用頻度の高い言葉を、特定の人に独占させるのは表現の自由から見て相当でない**」[注3]との考えが示されたとのことである。まったくもってその通りだ。

　この裁判が斎藤敗訴の判決に至らなかったのは、ひとえに吉村の温情の賜物でしかない。というのも、吉村が自らの授業に「父よ母よ」の作詩を取り入れたことについて、斎藤本は間接的なきっかけにはなっていた事実があったからだ。斎藤本は、一九八〇年に映画監督の木下惠介（けいすけ）によって『父よ母よ！』の題名で映画化されており、吉村はその映画に感化されて、この詩の授業を始めたのである。そのことについて、吉村は以下のように語っている。

> **木下恵介（ママ）を勉強して直接的に教師生活に跳ね返ったのは、木下の映画の題名になっている「息子よ」と「父よ母よ」のことであった。人間にとって「息子よ」と「父よ母よ」が重要であるならば、それは、教育のなかでも大切なテーマでもあるはずだ。当然ながら、木下が悲憤慷慨（ひふんこうがい）している親子の問題を、私は私の守備範囲でなんらかの形でとりあげることが大事なのではないか。「息子よ」「父よ母よ」とはなかなかよい響きだ。そうだ、高校生に国語の授業で「父よ母よ！」という形で親たちへの気持ちをぶっつけさせてみよう。できれば一行の短詩形式が面白いだろう。**[注4]

こうした経緯があったことから、吉村は映画『父よ母よ！』の原作者である斎藤の訴えを、無下にすることを潔しとしなかったのだろう。事件を通して吉村本の版元の学陽書房が一貫して強く反論していたのに対して、吉村は「ウカツだった。弁明の余地がない」とコメントする一幕もあった。もちろん、この経緯を考慮しても**「父よ母よ」を独占しようとする斎藤のクレームこそが異常**であり、道義にもとることには何ら変わりはない。むしろ、それでも影響を受けた事実を重んじて、斎藤に敗訴の烙印が押されることを回避させてやった吉村の寛大さを評価すべきだろう。

ほとんどカツアゲだ！

それにしても、改めて考えても、斎藤がいったい吉村の何が気に食わなくてこんなイチャモンをつけたのか、見当もつかない。再度、斎藤本を読んでみる。そこには、他人に「ガンたれたな」(にらんだな）などとイチャモンをつけてカツアゲをする七〇年代の非行少年少女たちが描かれている。ふと、ひょっとすると、斎藤自身、熱心に取材する余り、彼らに感化されてしまったのでは？という疑いを抱いてしまう。だって、「俺が書いた一五年前のルポとタイトルが同じだ、一一〇〇万円払え」と「ガンたれたな、財布見せろ」は、**道理がまったくないのに金銭を要求している**という点で、ほとんど同質のイチャモンだからである。まったくこの事件は、非行少年が善良な高校国語教師をカツアゲしようとしたが、その教師の温情で少年院送りを免れたような出来事なのである。

2017年（平成29年）
4月7日（金曜日）

ただの案内か、それとも狡猾な手口か？ＪＡＳＲＡＣの「ご案内」

『風に吹かれて』事件

JASRAC vs 京都大学

あの名曲を入学式で

入学式の式辞の文章って、いったいどれほど練られているものなのだろう。毎年毎年、さほど伝えるべき内容が変わるとも思えないし、聞く相手も毎年変わるわけだから、**使い回しでいいような気もする**が、入学生へ示す誠意を考えると、そうもいかないのだろう。かくして、毎年、伝えたいメッセージの本質を変えずに、文章表現を変えることによって新味を出す工夫が必要になる。これは、毎年まったく新しいコンセプトの文章を一から考えるよりも数段しんどい作業だ。

その点をうまく工夫したのが京都大学の山極壽一（やまぎわじゅいち）総長（当時）だ。毎年の式辞で、自分が愛好するさまざまな本や詩の一節を引用して紹介することで、祝辞に新味を加えている。二〇一七年の式辞では、**ボブ・ディランの名曲「風に吹かれて」の歌詞を引用した。**ディランはその前年にノーベル文学賞を受賞しており、時事的な話題性もあってのことだろう。だが、そのために、音楽著作権を管理するＪＡＳＲＡＣとの間で、なんだかよく分からない騒動に巻き込まれてしまったのである。

入学式での熱唱は合法

最初にいっておくが、山極による歌詞の利用には、責めるべき問題は何ひとつない。山極は京都大学での学びを語るにあたり、「自由な学風の中で、常識にとらわれない思考を磨くことの大切さ」を説いている。これを、「風に吹かれて」の歌詞になぞらえて入学生に伝えたのである。具体的にはこうだ。「風に吹かれて」は、作詞したディランが人間や世の中の在り方についてさまざまに自問し、「その答えは、友よ、風に吹かれているのだ」と締める歌だ。この歌詞の何フレーズかを導入として紹介し、「これまで当たり前と思われてきた考えに疑いを抱いたとき、それに目をそらさず〔…〕**風に舞う答えを、勇気を出してつかみとらねばならない**[注1]」というメッセージにつなげたのである。

まず、この歌詞の利用について法律上の位置づけを簡単に整理すると、このような入学式の式辞で歌詞の一節を紹介することは適法である。それどころか、山極総長が式辞に代えて「風に吹かれて」を**フルコーラスで熱唱して「センキューー！」と言って帰っても問題ない。**実は法律上、非営利目的かつ対価を伴わない口述や演奏などは、著作権の制約を受けずに行うことができるからだ（著作権法第三八条一項）。

ウェブでの引用も合法

一方、京都大学は毎年の式辞を大学のウェブサイトに転載している。ウェブサイトへの著作物の掲載は、原則として非営利や無料のサイトでも許諾を得ることが必要だ。ただし「引用」の態様であれば、これも無許可で利用することができる。引用が法的に成立するには、「公正な慣行」「正当な目的の範囲内」などといった要件があるが、偉人などの言葉や文章を導入に使って式辞を述べるのは慣行的といえるし、山極は自分のメッセージを分かりやすく伝えるためにディランの歌詞を引き合いに出したのであって、無意味にカラオケを始めたわけではない。正当な引用と判断されるべきだ。実は、後にＪＡＳＲＡＣの理事長を含め、著作権の専門家も一様に引用であり問題ないとコメントしている。[注2]

JASRACに批判集まる

というわけで、別に何の事件にもなりようがない出来事なのである。ところが、この件に関して、京都新聞が**「JASRAC 京大に著作使用料請求」**と報じた[注3]（**図1**）ことで騒動になってしまった。すぐに全国紙やニュースサイトなどが後追いで取り上げ、読者から「式辞での歌詞の引用にまで著作権料を徴収するのか！」と、JASRACに批判的な声が集まったのである。

京大に著作使用料請求

JASRAC

HPにボブ・ディラン歌詞「引用」の総長式辞

昨年ノーベル文学賞を受賞した米歌手ボブ・ディランさんの歌の一節を、京都大の山極寿一総長が取りあげた4月の入学式の式辞について、日本音楽著作権協会（JASRAC）がウェブ上に掲載した分の使用料を京大に請求していることが18日、関係者への取材で分かった。ディランさんの楽曲を管理するJASRACは「個別の事案のコメントは差し控える」、京大広報課は請求された事実を認め「根拠の詳細を知らされていないため、特に対応していない」としている。

"How many ears must one man have
Before he can hear people cry?
人々の悲しみを聞くために、人はいったいどれだけの耳をもたねば
How many deaths will it take till he knows
That too many people have died?
あまりにも多くの人が死んだと気づくまで、どれだけの死が必要と続きます。それは、
"The answer, my friend, is blowin' in the wind
The answer is blowin' in the wind
友よ、答えは風に吹かれている"
という言葉で終わるのです。
これはボブ・ディランが21歳のときに作った歌で、「答えは風に
も載っていないし、テレビの知識人の討論でも得られない。風

京都大のホームページに掲載された山極総長の入学式での式辞のうち、ボブ・ディランさんの「風に吹かれて」を引いた部分

文化庁「基準なく 個別対応を」

式辞は京大のホームページで閲覧できる。山極総長は、京大の学風につながる「自由な発想」に関する説明の一環でディランさんの歌「風に吹かれて」を紹介。「答えは風に吹かれている」などと歌詞の一節を引きながら、常識にとらわれないことの大切さを説いている。ディランさんの歌詞は日本語訳を含め、式辞全体の1割弱を占める。式辞の最後には、ディランさんの歌の出典が記載されている。

京大によると、約1週間前にJASRAC関係者から、許諾の手続きを求める電話があった。回答期限は示されなかったという。

京都新聞の取材に対しJASRACは「一般論として、ウェブ上にある音楽著作物には利用手続きが必要となる」と説明。商用目的でなくても、歌詞を印刷できる仕様でウェブ上に掲載すると、1回の閲覧につき数十円が必要になる場合があるという。

文化庁によると、大学の入学式式辞をウェブ上に掲載することは、著作物を複製する条件が緩い教育目的とは見なされない。しかし文章全体の内容の上で、引用する必然性があることなどの条件を満たせば「引用」と認められ、許諾なしで使用できる。ただ「引用の明確な基準はなく、個別の事例ごとに判断するしかない」とする。

（広瀬一隆）

「引用」の扱い 議論の可能性

著作権問題に詳しい岡本健太郎弁護士（東京弁護士会）の話 JASRACが踏み込んだ対応をしたという印象を受ける。ウェブにある式辞を見ると、引用部分とそれ以外が明確に区別され、ボブ・ディランさんの歌詞よりも山極総長の発言の方が多い。出典の記載もある。掲載されたのが大学の入学式の式辞という点を考慮すれば、引用と認められるのではないか。ただ、ほかの大学でのウェブ掲載の事例なども参考に「公正な慣行」と見なされることも必要となり、こうした点が議論になる可能性はある。

時に節を付けて歌いながら、入学式の式辞でボブ・ディランさんの歌詞を取り上げた山極総長（4月7日、京都市左京区・みやこめっせ）

図1

京都新聞の誤報か？

述べたように、この歌詞の利用について、著作権料を支払う必要はなく、批判の声は正しい。だが、後追い取材に応じたJASRACは、京都新聞の報道そのものを否定した。曰く、京大に連絡をしたことは認めたものの、その目的は「まず利用状況を問い合わせる趣旨で電話をした[注4]」「利用状況の確認という形で、手続きをするように案内はした[注5]」とし、具体的に著作権料を請求したわけではないと説明したのだ。京大も実際に著

作権料を支払ったわけではないため、**なんとなくウヤムヤ**になって騒動が終わったという顛末だ。後にＪＡＳＲＡＣの理事長・浅石道夫は、「**京都の某新聞社が、ＪＡＳＲＡＣが請求もしていないのに、京都大学に著作権使用料を請求したと誤った記事を掲載した**(注6)」と京都新聞に対する怒りを露わにしている。

本当に誤報といえるのか？

なんだ、マスコミの誤報か。けしからんのはＪＡＳＲＡＣよりもマスコミだ！ と片付けることもできそうだ。しかし筆者は、この事件からＪＡＳＲＡＣとの付き合い方を考えるうえで学べるものがあると思う。

確かに浅石のいう通り、ＪＡＳＲＡＣは京大に対していつまでにいくら払えと請求したわけではないだろう。一方、彼らは以前から業務の一環として、ブログで歌詞を掲載している個人ブロガーや、店内ＢＧＭを流している喫茶店、アマチュアコンサートの主催者などを見つけて連絡し、「ＪＡＳＲＡＣの管理楽曲を利用する場合は許諾申請の手続きが必要です」などと個別に案内をしている。おそらく本件もその案内の類だったのだろう。このとき、確かに彼らは請求書を突きつけているわけではないのだが、言われた方は、著作権料を**請求されたも同然**の気持ちになるのではないだろうか。京都新聞の報道は不正確ではあるものの、京大の担当者がそのようなニュアンスで話を受け取り、記者に伝えたとしても不思議はない。

無差別的な「ご案内」

そして注視すべきは、この一件で明らかになった通り、**こうした個別案内は、引用などの許諾不要な態様で音楽を使っている利用者にもなされているという事実である。**実は以前から、「著作権の切れた童謡の歌詞しか載せていないサイトなのにＪＡＳＲＡＣから指摘を受けた」といった声はときどき聞かれていた。彼らは、厳密に許諾手続きが必要であることを見極めたうえで利用者に連絡しているのではないのである。そして、たとえ許諾不要な態様で歌詞などを利用する場合であっても、案内されるがままに利用許諾申請の手続きを行えばそれは受理され、**今度は本当に請求書が届いてしまう。**原則として、ＪＡＳＲＡＣは著作物の利用態様が引用にあたるかどうかの判断はしてくれないのだ。申請の要否は、自己責任で判断しなければならないことなのである（ただし、ＪＡＳＲＡＣに照会したところ、申請者が許諾申請と同時に原稿等を添付して、引用にあたるかどうかを自ら問い合わせた場合には、相談や申請のキャンセルにも応じる運用をしているという）。

ムダな著作権料を払ってない？

その結果、例えば書籍の奥付にＪＡＳＲＡＣの許諾番号が印字されているのを見つけて、歌詞が掲載されている箇所を読むと**「おい、これは引用じゃないか？」**なんて思うことはしばしばなのである。「歌詞を使うならＪＡＳＲＡＣに申請」というのは原則論としては正しいが、**申請が不要な場合も少なくない**ことを知っておかないと、余計な著作権料を払わされることになるかもしれませんぞ。

一連の出来事を踏まえて、再度、山極の式辞に目を通す。もし、京大がＪＡＳＲＡＣからの「ご案内」に何の疑問も持たず、「引用」なのに著作権料を支払っていたらどうなっていただろうか。京大にとっては不必要な出費になるし、山極は翌年以降、式辞での引用を控える羽目になるかもしれない。ＪＡＳＲＡＣにしても、引用なのに著作権料をかすめ取ったことが明るみになれば、さらなる批判は免れなかったはずだ。

そう考えると、「ご案内」された常識に流されることなく、それに疑いを持ち、風に舞う答えを自分でつかんだ京都大学の対応は、実に正しかった。式辞で話した内容を、まさに体現して入学生に示した山極先生にリスペクト！

図書館所蔵で精神的苦痛！ 俺の著書を勝手に寄贈する読者は犯罪者！

『アウターガンダム資料集』事件

松浦まさふみ vs 読者A

図書館は作家の営業妨害!?

　作家や出版社の社員の中には、書籍が図書館に所蔵されると売れ行きが落ちるのではないかとの不安から、図書館に自著を置いてほしくないと考える人がいるそうである。個人的にこの思考自体にあまり賛成はできないのだが、考え方は人それぞれだ。だが、読者が自分の著書を図書館に寄贈したことに我慢ならず、あまつさえ、その読者に対し「訴訟も辞さない」と公にスゴむ作家がいたとしたらどうだろうか。さすがに「何言ってんの？」といってあげねば、何の悪気も落ち度もない読者や図書館が気の毒である。

自分の読者に罵詈雑言！

　その作家とは、アニメ『機動戦士ガンダム』シリーズの公式コミカライズ作品などを描いていた漫画家の松浦まさふみ。自身の同人誌『アウターガンダム資料集１９８８―２０１７』が国会図書館に所蔵されていることに気づくと、ツイッター上で「在庫のあるものを一般的に公開することは**営業妨害**です」[注1]との見解を唱えたのだ。そこに、図書館へ寄贈した読者Aが名乗り出ると、**「精神的苦痛を受けた」「公表権の侵害」「著作者人格権の侵害」「創作のプライバシーの侵害行為」**などと公にまくしたて、ついには訴訟沙汰にするとまで息巻いたのである。

　しかし、ここまでことごとく

法的に間違った主張も珍しい。また法律論を抜きにしても**支離滅裂**である。国会図書館とは、国立国会図書館法に基づき日本国内で発行されたすべての出版物等の納入を受け、それらを広く利用者に提供する機関である。そこに松浦の本が所蔵されることをもって「営業妨害」だというならば、日本中のすべての出版社、著者にとっての営業妨害になってしまう。みんなが払わなければならない消費税をコンビニで徴収されて、「店員に金を盗まれた」などと言っているようなものだ。

詭弁のオンパレード

また、松浦が主観的に「精神的苦痛」を感じるのは自由なのだが、**本が図書館に所蔵されるという当たり前過ぎる事象によって受けた苦痛など、法律は絶対に救済してくれない。**そして「公表権の侵害」「著作者人格権の侵害」という主張からは、松浦がこれらの権利を根本的に理解していないことがうかがえる。公表権とは著作者人格権のひとつとして確かに存在する権利だが、その内容は「未公表の著作物を無断で公表されない著作者の権利」である。同人誌とはいえ、すでに自ら発行している松浦の著書には及ばない。なお、Aからそのように指摘された松浦は、自著は「公表を予定しているが未完成の著作物」だと反論した。**意味が分からない**が、完結していない作品の一部だということをいいたいのかもしれない。だがどちらにせよ、その「一部」が公表済みであることに変わりはないから、詭弁としかいいようがない。

どんな内容の同人誌？

さらに、「創作のプライバシーの侵害行為」という主張はもはや意味不明だ。**「創作のプライバシー」って何？**もしかしたらよっぽど秘匿しておきたいプライベートな事柄でも書いているのだろうか。そう思って、**わざわざ**実際に国会図書館にまで足を運んで本を読んでみたところ、松浦のプライバシーにかかわることなど別に何も書かれていないのである。ドキドキして損した気分だ。別に松浦のプライベートにドキドキする必要などないのだが。なお、仮にプライベートな事柄が書いてあったとしても、自分で書いて自分で発行してるんだから、秘匿すべきプライバシーとは認められないだろう。

　とにかく、松浦の言っていることは一から十までメチャクチャなのである。メチャクチャながらも非難を受けた読者Aは、当初こそ「今後は松浦先生の同人誌は寄贈しません」と大人の対応をしたが、同人誌を買うほど好きな作家にここまでいわれてはショックだっただろうし、**だんだんムカついてきたのだろう。**Aは無料相談のサービスを利用して弁護士に相談し、自身の行為が何ら権利侵害にあたらないことを確認したうえで、前記のような理屈で松浦に反論したのである。理不尽な言いがかりに対し、しっかりと反論して突っぱねたAの姿勢は正しい。その後、松浦はこの件についての発言はしなくなり、Aを訴えてもいないようである。松浦もまた弁護士に相談することを示唆していたが、まぁ、マトモな弁護士なら「カネをドブに捨てて大恥をかくだけだから、やめときなさい」と助言するはずである。

松浦の真意は何か？

　それにしても、松浦はなぜこんなにも自著が図書館に所蔵されることを執拗に嫌がっているのだろうか。彼の主張は、述べたように「営業妨害」だったり「プライバシーの侵害」だったりと一貫性がなく、真意がつかみにくい。だが、議論の中で度々繰り返されていた以下の発言は見逃せない。

納本寄贈制度を使った無断公開が今後も見逃されるなら、今後同人誌を作成することに大きなブレーキになります。特に二次創作やパロディの自由が失われる（注2）

同人誌頒布の対面販売だから許されているグレーゾーン運用も崩れかねない（注3）

〔図書館に所蔵されれば、データベースで〕誰でも簡単に検索可能です。通報とかも増えるか

2020年（令和2年）

8月25日（火曜日）

もしれません[注4]

勝手に寄贈する行為が〔…〕二次創作に萎縮（ママ）**に繋がるという話をしています**[注5]

松浦の懸念は、要するにコアな読者だけが集まる即売会などでの販売について著作権者から黙認されている二次創作同人誌が、図書館に所蔵されることによって、長期にわたり多くの人の目に触れることになり、その分、著作権者から目をつけられやすくなるということだろう。それを思えば、怖くて二次創作同人誌なんか描けなくなってしまうということだ。

松浦は許可を取ったのか？

というよりも、うがった見方をすれば、ガンダムシリーズの二次創作同人誌である松浦の**『アウターガンダム資料集』自体が、原著作権者のサンライズや創通から目をつけられるのを心配したのではないだろうか？** 松浦は『アウターガンダム資料集』の権利関係について、「アウターガンダム自体は許諾されてますし同人誌もすべて個人の創作物で権利元からの流用はありません[注6]」と発言している。『アウターガンダム』とは、松浦が八〇年代に描いたガンダムの公式コミカライズ作品で、これは確かに原著作権者の許諾のもとで描かれ、商業出版もされたものだ。原案者として矢立肇（やたてはじめ）、富野由悠季（よしゆき）の名前と、コピーライト表記として創通エージェンシー（現・創通）とサンライズがクレジットされている（**図1**）。

一方『アウターガンダム資料集』は、『アウター

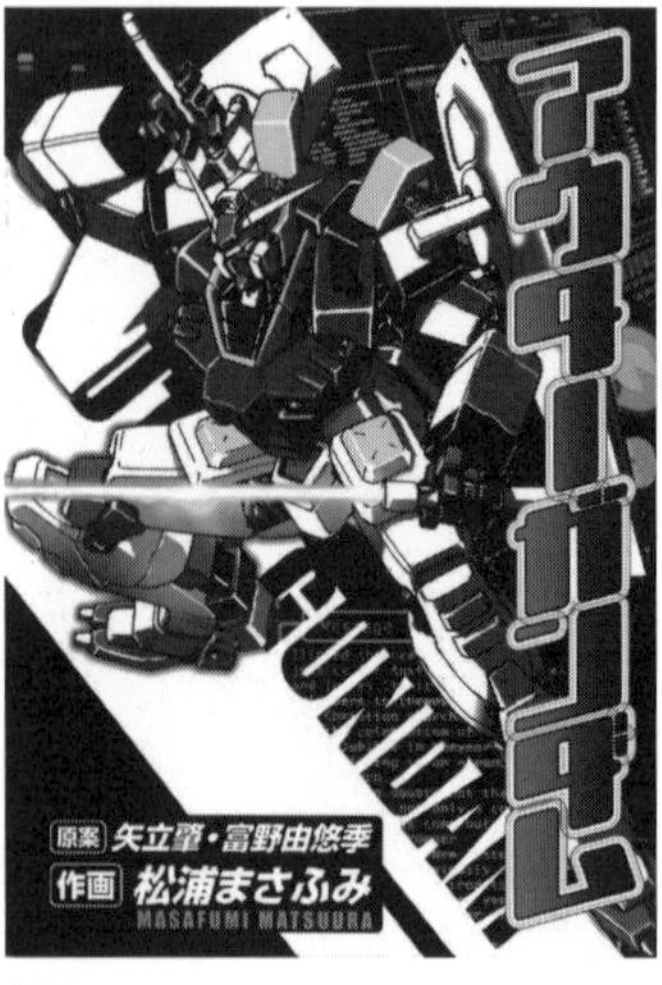

図1-1

DENGEKI COMICS

アウターガンダム

2002年8月15日　初版発行
2002年9月20日　再版発行

原案	矢立肇／富野由悠季
作画	松浦まさふみ
発行者	佐藤辰男
発行所	株式会社メディアワークス　〒101-8305 東京都千代田区神田駿河台1-8 東京YWCA会館 電話03-5281-5215(編集)
発売元	株式会社角川書店　〒102-8177 東京都千代田区富士見2-13-3 電話03-3238-8605(営業)
カバー・本文デザイン	亀口和明
装丁	朝倉哲也 (design CREST)
印刷・製本	共同印刷株式会社

©創通エージェンシー・サンライズ
©MASAFUMI MATSUURA

Ⓡ本書の全部または一部を無断で複写(コピー)することは、著作権法上での例外を除き、禁じられています。
本書からの複写を希望される場合は、日本複写権センター(03-3401-2382)にご連絡ください。

Printed in Japan

落丁・乱丁本はお取り替えいたします。

初出／サイバーコミックス(バンダイ刊)

ISBN4-8402-2167-7 C9979

図 1-2

ガンダム』に登場するメカニックやキャラクターの設定画やラフスケッチなどをまとめて、松浦が自費出版した作品だ。前記の発言によれば、松浦はこれを自身の創作物であると自任しているようだが、実際には、表紙から中身に至るまで、明らかにガンダムの機体を元にしたイラストが多数掲載されており（**図2**）、同書が『機動戦士ガンダム』シリーズの二次創作物であることは疑いようがない。本来であれば、新たに発行するなら原著作権者の許諾が必要な代物だ。どこにも原著作者の表示や許諾表示はなかったのだが、果たして刊

図 2

行にあたり、許可を得たのだろうか？

いや、別に『アウターガンダム資料集』が権利者に無許可で発売されている可能性がありけしからん、などと告発するつもりはない。よく知られているように、同人誌における二次創作は、日本では著作権者から黙認されることが多い。これは、特に漫画やアニメなどのコンテンツ業界において、二次創作活動が新たな作家を育成している実情などが考慮されているからであり、本書もそうした実情には配慮すべきと考える。だが、**「図書館に所蔵されれば『グレーゾーン』が見逃されにくくなるから、勝手に寄贈するな」**が松浦の真意だとすれば、読者Aへのエセ著作権の行使は、単なる言いがかり以上にグロテスクではないだろうか。

あまりにも自己中な思考

自分は二次創作同人誌の制作を著作権者に寛容されておきながら、その状態を維持するために、**何の罪も落ち度もない自分の読者を著作者人格権侵害などと責め立て、あたかも犯罪者であるかのように喧伝したのである。**店員の温情で万引きを見逃してもらっておきながら、現場の目撃者に「何を見とんのじゃ！プライバシーの侵害やぞ！このことは誰にもいうなよ！人権侵害で訴えるぞ！」などと脅迫するようなものだ。**どんな神経**をしているんだ。

もし松浦が二次創作同人誌に対する寛容性を守りたいのなら、読者を悪者に仕立て上げるのではなく、素直にそう言えばよかったのではないか。「二次創作同人誌を図書館に所蔵されると、原著作権者が気分を害すかもしれないので、寄贈は遠慮してください」と伝えれば済む話だったはずである。そうすれば、同人誌ファンの理解も得やすいだろうし、Aも気持ちよく配慮したかもしれない。

それを、後ろめたさを隠したかったのか知らないが、支離滅裂な論理で自分の読者が違法行為をしているかのように言いがかりをつけるから、ファンと敵対する羽目になるのである。

パクリ・オマージュ論争に最終決着。プレアデス星団の声を聞け！

『昴』事件

石川啄木 vs 谷村新司

あの名曲に意外な元ネタ

歌手・谷村新司の代表曲「昴（すばる）」の歌詞は、石川啄木の歌集『悲しき玩具』の一節によく似ている。以下は啄木『悲しき玩具』の冒頭部分だ。

呼吸（いき）すれば
胸の中（うち）にて鳴る音あり
凩（こがらし）よりもさびしきその音！
眼閉づれど、
心にうかぶ何もなし。
さびしくも、また、眼をあけるかな。

対して「昴」には、二番の歌い出しに「**呼吸（いき）をすれば胸の中 凩（こがらし）は吠（な）き続ける**」、一番の歌い出しに「**目を閉じて何も見えず 哀しくて目を開ければ 荒野に向かう道より 他に見えるものはなし**」という歌詞がある。作詞は谷村本人だ。うーむ。似ている。よく似ているのである。なお、啄木が平野万里や吉井勇らとともに創刊し、初期の編集発行人を務めた文芸雑誌のタイトルも『スバル』という（図1）。

誰もが認める類似性

この類似性は、以前から多くの歌人や研究者によって指摘されてきた。歌人の小木曽友（おぎそゆう）は、ズバリ『啄木と「昴」とアジア』という著書で「〈『昴』

図1

が」啄木の歌を下敷きにしていることはほぼ間違のないところであろう。用語と意味内容の共通性ばかりでなく、一番と二番がこのように鮮やかな対応を見せるということが、偶然に起こるなどということは、まずあり得ないこと[注1]」と評している。国文学者の岡崎和夫は「〈『悲しき玩具』の〉冒頭二首こそ、のちの『昴』の祖型であることがたしかなのである[注2]」と断言。天文学者で、ハワイの大型天体観測機・すばる望遠鏡の建設責任者だった海部（かいふ）宣男は、「谷村さんの『昴』は啄木の歌にヒントを得たものに違いない[注3]」と述べている。もはやこれは**「啄木あるある」（もしくは「谷村新司あるあるある」）**とでもいうべきエピソードなのである。

これこそオマージュだ！

だが、これらの言説はいずれも、谷村の作詞を盗作やパクリなどと不正視するものではない。広く歌い継がれる歌謡曲の名曲に、啄木の影響がはっきりと表れていることをポジティブに捉えている。海部に至っては、「昴」を「わずか二十七歳の生涯を終えて散った巨星・啄木に捧げる歌でもあろう」（前掲書）と、谷村の意向そっちのけで啄木に捧げる始末である。よく、先行作品を参考にした作品について**「パクリ（悪）か、オマージュ（善）か」**という議論がなされるが、「昴」についてはオマージュであるというのが大勢の見方のようだ。

　実際、法的にも何ら問題がないことは明らかだ。一九一二年に亡くなった啄木の著作権は、当時の著作権法により、死後三八年を経過した一九五〇年末で消滅している。「昴」は一九八〇年の作品である。もっと露骨に取り入れても問題はなかった。

不当なパクリバッシングも……

しかし、中には谷村を悪くいう者もいる。歌人の増野浩一は、「昴」を「意図的な本歌取り」と基本的には好意的に捉えつつ、「歌詞カードに石川くんの名前をクレジットしても、バチは当たらなかったんじゃないか」[注4]とチクリ。これはまだいいが、「谷村新司『昴』は石川啄木のパクリだった！」[注5]と断言する記事を載せた『週刊新潮』はヒドい。著作権の切れた作品を利用して創作することは真っ当な創作行為である。それを、あたかも不正行為を犯したかのように言い切るのは、むしろ記事の方が不正なバッシングであり、名誉毀損のおそれもあるだろう。

アッパレ啄木記念館！

だが、このバッシングに対する啄木サイド（？）の応じ方は粋だった。啄木の故郷・岩手県盛岡市にある石川啄木記念館は、『週刊新潮』発売からほどなくして、企画展を開催した。その内容は、啄木が、先に紹介した文芸誌『スバル』の編集から、距離を取るようになり、やがて編集発行人を辞するに至る過程をたどるというもの。その企画展のタイトルがこうだ。

「啄木とスバル〜さらばスバルよ」

「昴」のサビの一節「さらば昴よ」を副題に取り入れ、谷村にオマージュを返した格好である。[注6]どうだろうこのシャレた余裕のかまし方。これによって、記念館が「昴」の歌詞を問題視していないことも暗に世間に伝えたのだ。記念館の対応を見るにつけ、**パクリかオマージュかは、作品の内容で決まるというよりは、指摘する側の度量次第なのではないだろうか**と気づかされる。同じ作品でも、指摘する側に害意があればパクリであり、寛容性があればオマージュになるのだ。

意外過ぎる谷村の説明

ちなみに、当の谷村は、「昴」の作詞のきっかけについて、著書**『谷村新司の不思議すぎる話』**で以下のように語っている。

『昴』の場合、メロディと歌詞が同時に、そして極めて鮮明にやってきました。〔…〕「ん？『さらば昴よ』って何？」と歌詞の意味もわからないまま、手が自然に動いて歌詞を書き留めたのです。(注7)

ミュージシャンがよく言う「曲のアイデアが降ってきた」というやつだ。「自分で書き留めておきながら、歌詞の意味がよくわからなかった」とまで述べているから、啄木の歌がかなり無意識下に浸透していたのではないだろうか。そして同書によれば、後に谷村はかなり神がかった体験をしている。あるときから、彼は**「プレアデス星団からのメッセージ」を受け取れるようになった**というのだ。和名を「昴」とする星団である。

「昴」の曲が書けたのもプレアデス星団の導きのおかげだと考えるようになった谷村は、あるとき、星団にその真意を問いかけたところ、星団からは「あの曲は、あなたが書いた曲でしょ」と答えがあったという。

不思議すぎる話にもほどがある。でもプレアデス星団がそうおっしゃるのであれば、**もうそれが正解でいいかな**……。

「この店はエロゲーのモデルだぞ！」と触れ回るマスコミの大罪

『喫茶ステラと死神の蝶』事件

神戸新聞 vs ユノス、パティシエ・エス・コヤマ

ほのぼの「聖地巡礼」のはずが

エセ著作権を、正しい著作権だと勘違いして報道するメディアほど質の悪いものはない。**正義報道のつもり**が、報道によって「エセ著作権者」に仕立てられた側はもちろん、濡れ衣を着せられた側をも不幸にする場合がある。

美少女ゲームを制作するユノスは、二〇一九年一二月発売のアダルトゲーム「喫茶(カフェ)ステラと死神の蝶」（**図1**）の舞台となる架空のカフェ「喫茶ステラ」の店舗外観について、兵庫県の有名スイーツ店「パティシエ・エス・コヤマ」（以下、「コヤマ」）の店舗外観を参考にしてデザインし、開発を進めていた。このデザイン画が、アダルトゲーム雑誌に掲載されたことで、発売前からゲームのファンが「聖地巡礼」と称してコヤマを訪ねるなどしていたようである。

図1

2019年（令和元年）
11月22日（金曜日）

ファンを巻き込む騒動に

これについて、当地の有力地方紙である神戸新聞が「アダルトゲームが人気洋菓子店『エス・コヤマ』外観を無断使用」「『イメージ損なう』抗議検討(注1)」との見出しで批判的に報じたことで、騒動になった（**図2**）。ゲーム発売日の約一ヶ月前のことだ。報道を受けて、ユノスはその日のうちにコヤマを参考にした背景画像はすべて差し替えると発表。発売日を一ヶ月後に控えたタイミングでの差し替え作業は相当無理があったのではないかと思うが、画像を差し替えて予定通りの発売日に発売された。これが事件の顛末である。

一方、一連の経過をニュースサイトなどが後追い報道すると、ネット上ではユノスの無断使用を非難する意見と、逆にコヤマをクレーマー扱いしたり**「アダルトゲームユーザーを差別している」**などとする意見がぶつかり、炎上状態となったのである。しかしこの件、ユノスもコヤマも悪くない。悪いのは、エセ著作権騒動をたきつけた神戸新聞であり、両者は等しく報

三田の洋菓子店「エス・コヤマ」外観

アダルトゲーム無断で使用

「イメージ損なう」抗議検討

12月20日に発売予定のアダルトゲームの舞台に、全国的な人気洋菓子店「パティシエ・エス・コヤマ」（三田市）の外観が無断で使われていることが分かった。制作側は著作権に抵触しないよう細部を変えたとするが、店側はイメージが損なわれかねないとして発売後の抗議を検討している。

ゲームは大阪市のソフトウエア会社が制作した「喫茶（カフェ）ステラと死神の蝶」。主人公やヒロインが働く店の外観にエス・コヤマを使っている。発売を前に会員制交流サイト（SNS）で絵が拡散され、既にファンが舞台を巡る「聖地巡礼」が始まっている。

神戸新聞社の取材に、制作側は店の許可を取らずにモデルにしたと認めたが、店のロゴを消して石垣の色も変えるなどしているため「著作権の問題はない」と説明。ゲームやアニメ、漫画で建物を描く際は、所有者や権利者に許可を得ないケースが多いとしている。

情報・メディア法に詳しい関西学院大学大学院司法研究科の丸山敦裕教授（憲法学）は「性的な場面で使えば営業妨害になる可能性もあるが、背景に使うだけなら削除などを求めるのは難しい」と話す。

店側は「年齢制限があるゲームの性質上、客に不快感を与えかねない」とし、発売後に使用を確認して対応を検討する。同店広報室は「（制作側に）許可していないということは皆に知ってほしい」とした。

店はフランス・パリのチョコレート祭典「サロン・デュ・ショコラパリ」で8年連続で最高位を受賞したパティシエ小山進氏が2003年に現在の場所にオープンさせた。

（門田晋一）

アダルトゲームの舞台に使われたエス・コヤマ＝三田市ゆりのき台5

図2

道被害者である。

コヤマのコメントは？

本件で議論となった主な論点は、「アダルトゲーム内のステラ外観表現は、コヤマに不利益をもたらすのか？」である。これについて、神戸新聞は、コヤマのコメントとして「年齢制限があるゲームの性質上、客に不快感を与えかねない」「許可していないということは皆に知ってほしい」と報じている。コヤマとしては、とにもかくにも、客に不快感を与えないかということと、アダルトゲームに使用許可を与えたと誤解されたくないという懸念を感じていることがうかがえる。「アダルトゲームにおたくの店舗の外観が使われるようですよ」などと取材を受けたら、こうした**漠然とした不安**を抱くのも無理はない。

大して似てないじゃん！

しかし、実際のコヤマの写真（図3）と、差し替えられる前の「喫茶ステラ」のイラスト（図4）を見比べてほしい。まず、大して似ていないのである。形状自体は近く、モデルに

図3（現存するエス・コヤマ）

図4（「喫茶ステラ」デザイン案）

したことはうかがえる。だが屋根の色や模様が全然違うし、窓の大きさも異なるではないか。実は、コヤマは二〇一九年九月に改装しており、「喫茶ステラ」が参考にしたのは、改装前の旧店舗デザイン（**図5**）なのだ。比較すると、こちらの方は確かによく似ている。しかし、それでも看板のロゴは消されているうえに、ゲームが発売される一二月はおろか、神戸新聞が報じた一一月の時点でさえ、**この外観の店舗はもはや現存しないのである。**果たして、それほど悪質な話だろうか。

図5（改装前のエス・コヤマ）

　加えて、ゲーム内にはコヤマの「コ」の字も出てこないし、ゲーム雑誌や宣伝媒体などでも「コヤマをモデルにしました」などとは一切言及されておらず、あくまでゲーム内の風景のひとつとして、旧店舗をモデルとした画像が使用されているに過ぎないのである。ついでにいえば、確認する限り、「喫茶ステラ」で風景画像が使用されるのは会話や展開の説明シーンの背景としてのみで、Hなシーンでは使用されていない。おそらく差し替え前のバージョンでも、店舗外観とH画像が同時に表示されるシーンはなかっただろう。(注2)

神戸新聞にこそ悪意がある

　この使用態様のもとでは、『喫茶ステラ』が、コヤマの顧客に不快感を与えるおそれも、ましてやコヤマが「喫茶ステラ」に店舗外観の使用許可を与えているなどといった誤解を招くおそれも皆無である。コヤマに具体的な不利益をもたらすものではなく、コヤマの懸念は**まったくの杞憂**といってよいだろう。

　むしろ、コヤマとアダルトゲームのイメージを積極的に結びつけているのは、神戸新聞の記事の方である。何せ記事は「アダルトゲームの舞台に〔…〕『パティシエ・エス・コヤマ』（三田市）の外観が無断で使われていることが分かった」などと断言しているのだ。しかも、記事中のコヤマの店舗写真には、ご丁寧にも**「アダルトゲームの舞台に使われたエス・コヤマ」**というキャプションまで付している。「喫茶ステラ」本編の表現よりも、よっぽど悪辣（あくらつ）な書きぶりじゃないか。コヤマにアダルトゲームの印象を植え付けようとしているのは、どう考えてもオマエの方だ！

オマエはゴシップ誌か⁉

繰り返すが、ユノスの方は「コヤマを舞台にした」などと一言もいっていないし、実際にコヤマを舞台にしたゲームでもなんでもない。だいたい、ゲームやアニメの風景に、実在の建造物を模したイラストが登場するのは日常茶飯事だ。登場人物が京都に修学旅行に行ったら、金閣寺や東寺五重塔が描かれるのが当たり前じゃないか。「喫茶ステラ」での店舗外観の使用はその程度のものであって、神戸新聞がそんな悪質な報じ方をしなければ、誰もがスルーする話だったのである。まるで「人気女子アナに風俗店バイトの過去！」などと、当事者の誰もがまったく望まぬ下世話なゴシップ記事と大して変わらない。しかも実際には、ファミレスで働いていただけだったというデマ記事レベルである。

結局、エセ著作権に基づく**正義ヅラしたはた迷惑な記事**のせいで、ユノスは発売直前でソフトウェア修正の憂き目に遭い、**コヤマには「アダルトゲームの舞台に使われた」という謂れのないイメージがついてしまったのである。**そのうえ両者それぞれに非難を受けたのだから、もう諸悪の根源は神戸新聞だとしかいいようがない。コヤマにとっても、ユノスにとっても営業妨害で、典型的な報道被害だ。

著作権の問題もない

なお、ユノスは「著作権の問題はない」とも釈明しているので、この点についても簡単に述べよう。もちろん、同社のいう通り問題はない。まずゲームで使われるはずだったコヤマの入り口部分の外観は、建築物のデザインとして比較的ありふれているため、著作権自体が生じない可能性が高い。さらに、仮に著作権が生じるとしても、建築物の著作権の効力は、その建築物を描いたイラストや、撮影した写真などには及ばないからだ（著作権法第四六条一項二号）。建築物をイラストに描くことなどは自由なのである。(注3)

生真面目ユノスに比べて……

以上を踏まえると、ユノスってなかなかスゴい会社なのではないかと思う。問題の画像の使用に関しては、しっかりと法令を遵守しているうえに、コヤマに配慮して看板のロゴも消し、穏当な使用態様に留めているのだ。そのうえ、神戸新聞がイチャモンのような記事を掲載したら、その日のうちに画像の差し替えを決断、発表し、そしてそんなゴタゴタがあったにもかかわらず、当初予定の発売日を遵守しているのである。ビビり過ぎともいえるのだが、この人たち、ひょっとすると、ものすごーく真面目な会社なのでは!?

一方コヤマはどうか。本店敷地内の施設のひとつに、**「Rozilla」（ロジラ）**というショコラ専門店があり、店の扉には怪獣のような鋭い目があしらわれている（図6）。店名の由来は、「路地裏」と「ゴジラ」（Godzilla）を合わせたものと公表されている。(注4)自分のお店にアダルトゲームのイメージがつくのを気にする一方で、日本を代表する怪獣映画にスイーツのイメージがつくことは、きっと**あまり気にしない**タイプなのだろう。

図6

支離滅裂！クックパッドに投稿したレシピをつくられてキレる格闘家

北岡悟丼事件

北岡悟 vs 竹脇まりな

エセ著作権ユーチューバー

ユーチューバーが花盛りだ。芸能人から一般人に至るまで、さまざまなチャンネルを開設している。とりわけ人気なのは、料理、筋トレ、ダイエット、編み物など、実用的なハウツーチャンネルだという。一方、あまりにチャンネルが乱立し過ぎたせいか、「私が考案したオリジナルレシピや筋トレメソッドが他のユーチューバーにパクられた！」などというトラブルもしばしば聞かれる。

しかし、動画そのものをコピーしていたり、動画表現を似せているならともかく、題材・アイデア・方法といったものが共通しているだけなら著作権侵害にならない。たとえオリジナルのアイデアや手法であってもそうである。こうした、法的保護の対象にならないアイデアや方法は、**社会の公有財**として皆が活用できるようにしておくことが、文化の発展に寄与するからだ。主観的な感情としては納得できない場合があるとしても、単なるアイデアやコンセプトの独占排他に固執することは、他者の表現の自由を不当に制限し、社会の利益に反する行為なのである。

全然似てないのに……

フィットネス系ユーチューバーの竹脇まりなが、オリジナルのダイエットメニュー「まりな丼」を考案し、自身のＹｏｕＴｕｂｅチャンネルで紹介した。これに対し、総合格闘家の北岡悟（さとる）が、自分が考案した「北岡悟丼」の**「100%パクり」**などと喧伝した[注1]行為は、まさにそれである。

「まりな丼」のレシピは、ご飯にキムチ、納豆、ササミ、アボカド、オクラ、ブロッコリー、もずく酢、生卵をのせたどんぶりだ。一方の「北岡悟丼」は、白米と玄米を混ぜたご飯にキムチ、納豆、ムネ肉、ほうれん草、ゆで卵、海苔をのせ、醤油と黒酢をかけたどんぶりである。

ちょっと待ってくれ。

「100%パクり」というが、材料からして半分以上違うではないか。**完全に一致している材料はキムチと納豆だけ**なのだから、どれだけ北岡の肩を持って好意的にいってもせいぜい「20%パクり」だろう。これはもう、知的財産権で保護できるか云々以前に、**単純に別のメニュー**である。まりな丼の方が明るい緑色の野菜が多く、彩りが良い。これで不正視するのはどうかしてるレベルだ。

なぜか謝罪した竹脇

もともとは北岡のファンの一部が騒いだ（そいつが一番どうかしてる）ものに北岡自身が乗っかった形のようだ。いわれた竹脇もチャンネル登録者数三二〇万人を越える人気ユーチューバーで、これをきっかけに双方のファンによる非難合戦の状態になった。そして最終的には、竹脇が「**不勉強で、北岡様が発案されたレシピと内容が類似していることを知らず［…］発信者として、確認不足だったと深く反省をしております**[注2]」などと謝罪し、動画を削除している。

誰も知らんレシピ

しかし、繰り返すがレシピは知的財産権で保護できないうえに、そもそもこれらは別のメニューである。竹脇は「確認不足」というが、こんなものは**確認のしようがない。**

なお北岡は、北岡悟丼のレシピを、自らレシピ共有サイトのクックパッドに投稿している[注3]**（図1）**。それによれば、閲覧者が自分もつくったことを報告

元祖・北岡悟丼

北岡悟　つくれぽ 17

鍋一つ、丼一つ、スプーン一つ、あとハサミと卵を切る調理具だけで作って食べれます。

図1

する「つくれぽ」の数は十七件だ（執筆時現在）。「つくれぽ」が一〇〇〇件を超えると、クックパッドユーザーの中では「人気」や「殿堂入り」などと称されるようになることを踏まえれば、北岡悟丼など、まぁ普通は知らなくて当然のレシピである。だいたい、北岡の言動は支離滅裂だ。**似たレシピをつくられて困るなら、わざわざクックパッドにつくり方を投稿するなよ！**

それに、味がよく、栄養価のあるダイエットメニューになるどんぶりを考案しようすれば、自ずと具材は限られてくるものだ。肉は牛や豚ではなく、低カロリーで高たんぱくな鶏肉にするだろうし、納豆とキムチの組み合わせが腸内環境を整え、ダイエット効果があることもよく知られている。竹脇がキムチ、納豆、鶏肉を採用したのは当然の選択で、わざわざ北岡悟丼なんか参照しなくても思いつくことだ。竹脇には何の落ち度もないのである。

竹脇の判断力にも疑問

これを、あたかも不正行為であるかのように責め立てた北岡や北岡のファンの言動が非常識なのはもちろんなのだが、安易に謝罪する竹脇の判断力の無さもなんだかなぁ。堂々としていればよかったのにと思う。竹脇は謝罪文で「今後は、このようなことを起こさないよう確認の徹底に努めて参る所存でございます」とまでいっているが、どうやって確認をするつもりだろうか。**クックパッドの隅から隅までチェックするというのだろうか。**そして材料が半分でもカブっているレシピが見つかったら投稿をあきらめるつもりだろうか。そんな理不尽な枷を自らに課して、楽しくユーチューバーができるのか。他人事ながら心配である。

私に無断で糸巻き機の話をするな！ トンデモユーチューバーの通報騒動

編み物ユーチューバー事件

スザンナズホビーズ vs yukigoya（注1）

通報者はエセ著作権者

YouTubeや各種SNSといった、ウェブサイト上の投稿型プラットフォームでは、コピーとアップロードの手軽さから、著作権侵害が起こりやすい。その一方で、著作権侵害を理由とした通報（プラットフォーマーに対する投稿の削除要請）も容易である。かつては通報してもなかなか対処されないという問題があったが、今日では、特に主要なプラットフォームにおいては**「通報を受けたら、簡易的な検討を経てまず削除し、削除された側から異議があれば、審議のうえで復元する」**という自治制度が主流になっている。

この制度は、正当な権利者の正当な権利行使を前提としたものといえる。だが問題は、もし通報者がエセ著作権者だったらどうなるかである。これは、通報制度を利用してエセ著作権を振り回したユーチューバーにまつわる話である。

まずダイソーに言いがかり

手芸品の編み方の解説動画をいわゆる「YouTubeに投稿する、いわゆる「編み物ユーチューバー」のスザンナズホビーズ（以下、「スザンナ」）が、同業の編み物ユーチューバー数名に対して、エセ著作権に基づくクレームや、YouTubeへの通報を繰り返した挙げ句、逆に訴えられて法的責任を問われるという事件が起こった。

　事の発端は、スザンナが、自身がYouTubeに投稿した編み物のデザインを、百円ショップ大手のダイソーに「パクられた」と告発したことである。「私何もひと言も聞いてないけど」「どんなにパクリじゃないと言い逃れされても、これが法的に立証されることはなくても、分かる人にはわかる」(注2)などと述べるのだが、比べてみると、両者の共通点は、手芸用語でアフリカンフラワーと呼ばれる一般的なモチーフをつなげたものということでしかない。そのうえで色使いも全体形状も異なるのだ（**図1**）。「どっちも二足歩行の熊だから」という理由で、**ディズニーが「熊本県のくまモンは『くまのプーさん』のパクリ」などと言うようなもの**である。挙げ句の果てに「〔ダイソーに〕採用されて嬉しい」「大変名誉なこと」とまで言ってのけたのだ。褒め殺しのつもりなのか、それとも本気で自分のデザインがダイソーに（無断で）採用されたと思っているのか……どちらにしても、**怖過ぎる発想**だ。

図1

聖書片手にイチャモン！

　この時点で、スザンナの「パクられ妄想」傾向が相当なレベルにあることがうかがえるが、さらに常軌を逸していたのが同業の編み物ユーチューバーに対するクレームだ。自身のYouTubeチャンネルにおいて、動画の盗作被害に遭っていることを訴え、法的措置を取ると息巻いたのだ。では果たしてどんな被害に遭っているのかと

2021年（令和3年）

12月21日（火曜日）

いうと、こうだ。

例えば〔自分が〕動画で一瞬だけ〔…〕糸巻き機と、かせくり機の話をしたら、三日後ぐらいには「糸巻き機買いました」っていう動画が〔第三者に〕アップされる。(注3)

なんと、他人が自分の後で糸巻き機の話をするのが許せないというのだ。よしんば、アンタの動画を見て糸巻き機を買ったとしても、その話をするのにいちいちアンタの許可がいるんかい！　著作権の知識云々以前に正気を疑うレベルだが、彼女は「一日一秒でも早い方が権利が発生しているわけです」などと言って憚らず、動画において、**なぜか聖書に手を置いて**「主婦がやっているチャンネルであれ、一個人がやっているチャンネルであれ、法的措置を取る」などと公言するのだから、**キリストもたまったものではない**だろう。

罵倒と通報をくり返す！

こんな非常識な告発動画など、無視すればいいだけの話なのだが、その後、彼女は実際に、自分と同じ編み方で編み方解説動画を配信した複数のユーチューバーに対するクレームを開始する。それも極めて不穏当な態様で**「事前に許可を取れ」「単なる盗人」「人間としての尊厳を失っている」**などと、動画のコメント欄などにおいて公に名指しで罵倒し、さらにはＹｏｕＴｕｂｅに対して著作権侵害に基づく通報を繰り返したのだ。こうなると、他のユーチューバーに対する立派な信用毀損、営業妨害になり得る。

驚愕のスザンナロジック

例えばスザンナは、編み物ユーチューバーｙｕｋｉｇｏｙａ（以下、「ユキゴヤ」）の動画について、著作権侵害だとＹｏｕＴｕｂｅに通報し、半年間にわたり削除させていた。だが侵害されたとするスザンナの動画と比べてみると、どこが侵害なんだと困惑するほかない。動画の共通点は「『細(こま)編み』という手法による手芸品の編み方解説」ということのみであり、動画の具体的な構成やセリフはもちろん、編んでいる手芸品すら異なるのである（**図2、3**）。ユキゴヤには何の落ち度もない。

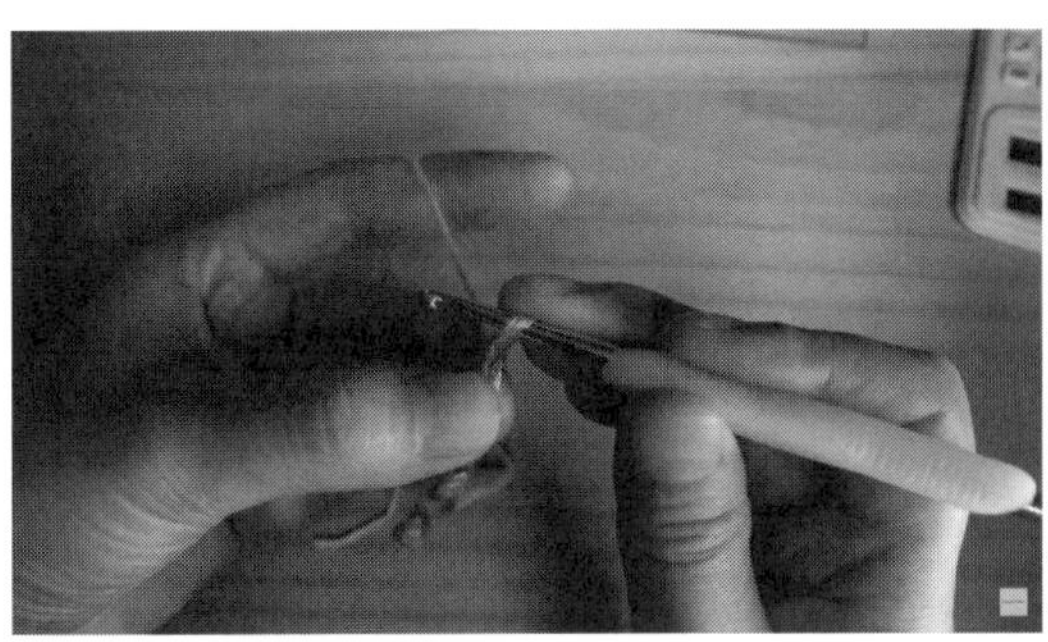

図2（Susanna's Hobbies R.）

それでもスザンナが著作権侵害だと言い張る根拠は、後の裁判で明かされている。彼女によれば、ユキゴヤの動画における、編み方を解説する「前段1目飛ばして次の目に細編みを2目いれます」「1目飛ばして次の目に細編みを2目入れる、を繰り返して一周編みます」等のテロップ表示が、スザンナの動画における「そしたら立ち上がりを1目編みます。もう1目ですね。23。で、1目スキップして、2目め。この2目めに、2目いれます」[注4]という音声解説の著作権を侵害しているというのだ。

図3（yukigoya）

誰でもそう編むんだよ！

まず、数十分の動画の中のほんのひと言を切り出して比較すること自体がおかしい。百歩譲ってこの部分のみを比較しても、そもそも文章表現として十分に異なっている。しかもこれは、まさしく細編みの手法の通常の解説である。**誰が解説しても似た表現になって当然だ。**しかしスザンナによれば、それでも『1目飛ばし、細編みを2目入れる』という点などで同じ」だというのだ。

要するに、彼女は「ある特定の編み方（細編みによる二目一度の編み方）を解説する行為」そのものについて著作権を主張しているのだ。**ムチャクチャな言いがかりとしかいいようがない。**ホットケーキのつくり方を解説すれば、誰でもどこかで「卵を割ってかき混ぜる」という工程の説明をするが、それを「先に卵を割ってかき混ぜたのは私じゃ！　真似するな！」とキレているようなものである。**誰でも割るんだよ卵を！**

暴論にもほどがある。

こんな理由で動画が削除されてしまうなら、ユーチューバーにとっては死活問題だ。一度でも誰かがつくったことのある料理のレシピ動画は投稿できなくなり、メントスコーラ動画もモーニングルーティーン動画も投稿不可能になる。しかも、動画が残った状態ならば、第三者が冷静に検証して擁護に回ることも可能だが、削除されてしまってはそれすらもできない。著作権侵害の汚名を着せられたままの状態が続いてしまうのである。

ユキゴヤの逆襲

だが、このような横暴が長く続くはずはなかった。こうしたスザンナの数々の振る舞いを看過できなくなったユーチューバー事務所がユキゴヤの支援を表明。彼女は、その事務所の支援のもとで、スザンナの不正な侵害通報による動画削除によって精神的苦痛と広告収入逸失の損害を受けたとして、損害賠償を求めて提訴するに至ったのである。

裁判になれば、スザンナは自分の著作権侵害の主張が正当であったことを公に説明しなければならない。そこで彼女は、前述の通り両者の動画の比較によりその説明を試みたのだが、あんな説明では、裁判では一蹴されるに決まっている。

京都地裁は、「**原告〔ユキゴ**

ヤ〕動画は、被告〔スザンナ〕動画についての著作権を侵害するものではない」とあっさり認定。そのうえで、スザンナの言い分についいては「編み方が同じ又は類似するものであれば、その説明方法の如何にかかわらず著作権侵害が発生するというに等しく、そのような主張ないし認識は被告〔スザンナ〕ら独自のものと言わざるを得ない」と切り捨てている。ちなみに「独自のもの」「独自の見解」という表現は、ときどき裁判官が使う常套句で、当事者の主張があまりにも**荒唐無稽な超理論**だった場合に使われるものだ。

専門家見解を取ったというが

また、スザンナは「（結果的に間違っていたとしても）弁護士や弁理士に相談しており、著作権侵害を確信していた」旨の主張をしたが、京都地裁はこれも認めなかった。仮に専門家に相談をしたのだとしたら、「相談を受けた弁理士等は、専門家の職責として〔…〕著作権侵害とはならないとの点を説明していたはずであると考えられたところ、〔…〕被告〔スザンナ〕の一連の言動は、かかる説明を受けていたとは到底考え難いものであるか、あえてこれを逸脱したものと見ざるを得ない」「仮に、弁理士等から〔…〕抽象的な説明を受けたのみで〔…〕著作権を侵害すると判断したというのであれば、これは明らかな飛躍というべき」などと、まったく信用されなかったのだ。「弁護士や弁理士がこんなものを侵害だなんていうはずないだろ！」「仮に助言を受けていたとしたら、オマエの理解が常軌を逸して都合よすぎるんじゃ！」ということだ。

泣き寝入りした投稿者も

実際、すでに述べた通り、ダイソーへの告発から他のユーチューバーに対するクレームに至るまで、彼女の見解は専門家が聞いたら赤面か失笑するしかない内容だ。それでも、主張の迫力に呑まれて自主的に動画を削除してしまったユーチューバーも少なくなかったというのだからひどい話だ。**削除する必要などまったくなかったのである。**その証拠に、ＹｏｕＴｕｂｅは後にユキゴヤの動画を復活させている。また、京都地裁は、スザンナの侵害通報は、自己の主張を貫徹するための独自の見解に基づく通報であり、注意義務違反の程度が著しく、少なくとも重過失があると判断した。これにより、ユキゴヤに対する損害賠償も命じられている。スザンナの敗訴である。(注5)

地裁判決後もなお……

一連のスザンナの言動から、彼女は著作権についてまったく誤った認識を持っているにもかかわらず、極めて堂々と、かつ強硬に、エセ著作権に基づく誤った主張を展開し、その正当性を疑うことなく、ＹｏｕＴｕｂｅへの侵害通報まで一足飛びに行った様子がうかがえる。そこには一切の迷いが感じられない。**〇点の答案を錦の御旗にして振り回しているようなもの**である。ほんのちょっとでも「おかしいかもしれない」とは思わなかったのだろうか。自分が正しいと思い込んだら、それ以外の可能性を一切考えられなくなってしまうタイプなのだろう。地裁判決後、彼女は自身のＹｏｕＴｕｂｅチャンネルにおいて、判決への批判や、ユキゴヤや彼女の所属するユーチューバー事務所への**恨みつらみのコメント**を日々書き込んでいるのであった（後に削除）。

コラム④ エセ著作権者を逆に名誉毀損で訴えたらどうなる？

盗作呼ばわりの代償は？

十分な根拠もなく、公に他人を盗作・パクリ呼ばわりするエセ著作権者は少なくないが、こうした発言は名誉毀損・信用毀損にあたることが多い。何の落ち度もない他人に対して、あたかも不正行為や不法行為を働いたかのように喧伝しているのだから当然だ。特に職業クリエイターに対する発言は問題である。誰も、盗作をするような者に仕事を積極的に発注したくない。そのような評判を立てられては、活動に悪影響が出るのは必至であり、悪質な営業妨害といえる。

では、このような盗作・パクリ呼ばわりを逆に名誉毀損で訴えた場合、どの程度の損害賠償金を得られるのだろうか。名誉毀損行為に対する法的責任は、発言の内容だけでなく、発言がなされた経緯・背景、当事者の関係性、当事者の属性、発言がなされた場面や媒体の性質、実質的な被害の程度といったさまざまな要素により左右されるため、一概にこのくらいと目安を示すのはあまり適切ではないし、平均を算定することにもさほど意味がない。それを承知のうえで、代表的ないくつかの事件の賠償額を紹介しよう。

ウンコの話で五〇〇万円

高額の賠償額を認めた事件として記憶されるのが、新潮社が『週刊新潮』で『朝日新聞』のコラム「天声人語」の二つの記事について、「インターネットから『盗用』していた朝日の看板コラム『天声人語』」と題する記事（図1）を掲載し、怒った朝日新聞社が新潮社を訴えた事件だ。(注1) 言いがかりをつけられた「天声人語」の内容は、「本屋に行くとなぜかウンコがしたくなる」というもの（どんな天声人語だ）で、『週刊新潮』は、これがネット上のコラムからの盗用だと断じている。

図1

しかし「本屋でウンコがしたくなる」というのはよく知られた生理現象であり、誰かとカブって当然のネタである。『週刊新潮』は、文芸評論家や朝日新聞社のOBなどに裏取り取材を敢行し「限りなくクロに近い」といったコメントも取得していたが、敗訴。五〇〇万円もの損害賠償金の支払いが命じられている。盗作騒動を煽るメディアは今も多いが、その対価が五〇〇万円だと思うと、安易に飛びついてはいけないことが分かるだろう。

個人にも四〇〇万円の賠償が

個人間の係争での高額賠償といえば、146頁の『中国塩政史の研究』事件における、佐伯富による藤井宏への名誉毀損訴訟(注2)だろう。本文で書いた通り、藤井による「盗作批判」は熾烈を極め、宮内庁にまで直訴する始末で、その実害も、佐伯が栄誉ある賞の受賞を一年逃すという筆舌に尽くしがたいものであった。結果、四〇〇万円という高額の損害賠償と新聞での謝罪広告まで命じられている。もっといえば、この裁判ではそもそも佐伯の請求額が四〇〇万円だったため、それ以上の賠償命令はなされない。もし佐伯が五〇〇万円と言っていたら、五〇〇万円になった可能性もあった。

ネット上の軽口に対しても高額賠償が命じられている。近時、ネット上の誹謗中傷等に対する損害賠償請求訴訟が増加しているが、差別的発言や侮辱的発言に対する損害賠償よりも、盗作呼ばわりに対する損害賠償金の方が高額となる傾向があるようだ。どちらも許されざる行為ではあるが、侮辱発言を受けたせいで信用や仕事までをも失うことはあまり考えにくい。一方、冒頭で書いた通り、盗作の濡れ衣は、クリエイターにとって業務上の信用毀損に直結する問題であり、その点でより重大な加害行為といえるのだ。

本書では、猪瀬直樹が、ツイッター上で当事者名をぼかしながらも推測可能な書きぶりでエセ盗作被害を投稿し、一〇〇万円の和解金を支払う羽目になった『ストレートニュース』事件を紹介したが、これはあながち高額な和解金ではない。

殺傷予告と同レベルの罪

あるブロガーが、自分のブログや掲示板における記事を、小説家の川上未映子に盗作されたと思い込んだ。そのブロガーが、本人曰く「（自分のブログ等を）モチーフに原告（川上）が小説を執筆し、うまく波に乗って成功したことが悔しくて」という理由（めちゃくちゃ身勝手な嫉妬だ）で、川上を指して「盗作」「剽窃・ゴースト三昧の作家」「格下の盗作疑惑女性作家」などとネット上で非難し、あまつさえ「やるっきゃない、さすしか」「11月18日やろうと思えばやれる」などと殺傷予告と受け取れる書き込みまでしでかした事件がある。これについて川上がブロガーを特定し、提訴した裁判[注3]では、盗作関連の書き込みに対して一〇〇万円の損害賠償が認められている。注目すべきは、殺傷予告関連の書き込みに対しても、これとは別に一〇〇万円の損害賠償が認容されていることだ。つまり、作家がエセ盗作指摘によって受けた精神的苦痛は、殺傷予告によって受けた苦痛と同レベルであることを示した判決ともいえるのだ。非常に重い罪であることがお分かりだろうか。

ネットで騒ぎ立てて大損

示唆に富むケースとして、ある風俗ライターが、風俗雑誌『実話大報』に、自分が書いた風俗店体験記を盗作されたと主張し、ブログで「毎月複数誌で著作権侵害を続ける悪質極まりない出版社」「驚くほど著作権侵害をくり返す出版社」などと告発した事件がある。裁判では、風俗ライターが版元のジーオーティーらを著作権侵害で訴え、一方のジーオーティーも、風俗ライターを名誉毀損で反訴している。(注4)

この裁判では、『実話大報』の著作権侵害が認められ、ジーオーティーらに五五万円の損害賠償金の支払いが命じられている。だが一方で、著作権侵害がなされたのは二回だけだったため、裁判所は、「毎月複数誌で著作権侵害を続ける」「驚くほど著作権侵害をくり返す」とのブログ記事には真実相当性がなく、記事はジーオーティーに対する名誉毀損・信用毀損にあたることも認め、風俗ライターにも四〇万円の支払いを命じたのである。

つまり、この風俗ライターが、おとなしく粛々と著作権侵害訴訟だけをやっていれば、五五万円の賠償金を得られたはずが、頭に血が上って大げさにネットで騒ぎ立てたせいで、差し引き一五万円の実入りに留まったというわけだ。本人にしてみれば、まったく憤懣遣る方なしでしょうな。

教訓。もし本当の著作権侵害の被害に遭ったとしても、必要以上にネット上で怒りをぶちまけてしまえば、自分も法的責任を問われることになりかねない。いわんや、それがエセ著作権だったならば、なおさらだということだ。(注5)

パロディ、偶然、コピペ、引用
クレーマーの常識を覆す！

無差別パロディストがあっさり謝罪!? 意外と弱腰だった人気漫画家

左手にサイコガンを持つポプ子事件

寺沢武一 vs 大川ぶくぶ

人気漫画にお叱りが

　ギャグ漫画家・大川ぶくぶ原作の不条理系四コマ漫画『ポプテピピック』のキャラクターグッズのスウェットが、漫画家・寺沢武一からお叱りを受けた。問題視されたスウェットは、商品名を「左手にサイコガンを持つポプ子」としており、左腕が銃器のようになった『ポプテピピック』の主人公・ポプ子が仁王立ちしたイラストが正面に描かれているものだ（図1）。「サイコガン」とは、寺沢の代表作であるSF漫画『COBRA』の主人公・コブラ（図2）が左腕に装着している武器の名称である。両作品を見比べると、ポプ子の装着する銃器やコスチュームは、まさしくコブラをモチーフにしていることがうかがえる。商品名も相まって、一種のパロディ商品であることが分かる。

　このスウェットの存在を知った寺沢が、突然ツイッター上で

図1

図2

大川に「**礼儀知らずな人ですね。コブラのサイコガンを勝手に使うのはやめなさい！**〔…〕**許可をとりなさい！**(注1)」と叱責したことによりネット上で騒動化。その日のうちに大川が「**ご迷惑をおかけして大変申し訳ありません。**〔…〕**版権管理窓口を通して早急に対処させていただければと思います**(注2)」と謝罪した、という顛末だ。

恐れ知らずのパロディ！

この騒動の是非はひとまずおいて、『ポプテピピック』という作品は、**もともと尋常でなくパロディネタが多い作品**であることに触れておきたい。漫画、アニメ、各種グッズとメディアミックスが展開されているが、どのメディアにも既存作品のパロディが散りばめられている。パロディ対象の元ネタは、『ジョジョの奇妙な冒険』『ドラゴンボール』『機動武闘伝Gガンダム』『スーパーマリオ』『寄生獣』『名探偵コナン』『君の名は。』『となりのトトロ』『るろうに剣心』『ポケットモンスター』『ミッキーマウス』など多岐にわたる。とにかく聖域なくやりたい放題なのである。これら以外にもマイナーな元ネタは無数にあるといわれ、元ネタを見つけるのもこの作品の楽しみ方のひとつになっている。

こんなに遠慮なくパロディにして、法的には大丈夫なのか!?と思われるかもしれないが、**いずれのパロディも見事なまでに法的に問題がない。**パロディ表現は、何も考えずにやってしまうと、悪気がなくとも元ネタの著作権や商標権に抵触してしまうことはある。かといって、権利侵害リスクを過剰に忌避して迂遠な表現を採用したり、真面目に許可を取りにいって権利者の監修下に置かれてしまうと、パロディのスリリングな面白さは損なわれてしまう。**合法かつしっかりと面白いパロディを成立させるには、法律的なセンスも必要なのだ。**この点、大川あるいは周囲の編集者やスタッフのセンスは、確かなものである。

ジブリもディズニーも……

例えば、図3の漫画のコマ

は、『ジョジョの奇妙な冒険』の**図4**のコマのセリフのパロディである。ロードローラーを敵にぶつけざまに放った「ロードローラーだッ！」というセリフは、他の漫画には見られないインパクトのあるセリフとシー

図3

ンで多くの読者の記憶に残っているが、この一文節自体を誰かが独占することはできない。**図5**のアニメの一シーンは、『となりのトトロ』の一シーン（**図6**）を確実に想起させるが、バス停との位置関係などの構図、キャラクターの容姿が異なり、著作権の発生する具体的表現と

図4

して類似しているかというと、類似していないだろう（なお**図5**のモザイクは元から）。**図7**のTシャツは、ミッキーマウスを連想させることに加え、「ポプ子のけものTシャツ」「のけものですもの 大目に見ててね」(注3)というキャッチフレーズが付されており、アニメ『けもの

図５

フレンズ』のパロディにもなっている。しかしイラストの具体的表現としてはミッキーマウスとも『けものフレンズ』のキャラクターとも類似しない。ユーザーには恐れ知らずにタブーを犯しまくっているように見せているが、実際のところ、制作者はかなり慎重かつ綿密に計算してパロディに挑戦していると思われる。[注4]

図６

図７

礼儀を強要していいのか？

法的に問題がないのは、「左手にサイコガンを持つポプ子」のスウェットも同様だ。ポプ子の左手の銃器のデザインはかなり簡略化されたもので、サイコガンといわれればそう見えるが、**こういう形の給油ノズルですといわれればそのようにも見える。**つまり、サイコガンのイラストの著作物としての特徴を再現できていないのだ。まして衣装に関しては、ありふれたボディスーツにベルトとリストバンドの組み合わせでしかなく、著作権を主張できる余地はまったくないだろう。また、商品名に「サイコガン」を使ったことにも問題はない。「サイコガン」が衣服の分野で商標登録されているわけではないし、そもそも「左手にサイコガンを持つポプ子」と「サイコガン」では類似もしない。

したがって、寺沢の怒りは法的には筋の通らない言いがかりだといわざるを得ない。もっとも、寺沢もこのパロディ商品を違法だと指摘したわけではなく「礼儀知らず」だから「許可をとりなさい」と怒ったのだ。しかし、合法なパロディをするのに、事前に許可を取ることを「礼儀」という名目で強要することが妥当だとは思えない。それに、寺沢にいわせれば大川が礼儀知らずかもしれないが、逆に、これしきのことで怒りをぶちまける寺沢の方こそ礼儀知らずで、度量が小さくはないだろうか。あまつさえ、衆人環境下で後輩漫画家を叱責したのだから、パワハラ的ですらある。

そして、ひとつ確かなことがある。パロディ商品を出すのに、元ネタへの「礼儀」を尽くし、その「お気持ち」に忖度することを是とすると、どうしても表現の勢いがトーンダウンしてしまうのだ。事件後、寺沢と大川は和解したようで、お互いのキャラクターをコラージュした、『COBRA』×『ポプテピピック』の正式なコラボTシャツが発売されている。ところが、これがまぁ実に穏当なイラストで、**まったく面白くもなんともない**のである（**図8**）。あのまま「礼儀知らず」でスリリングなパロディ精神を貫き通す方が、正解だったのではないかなぁ。

図8

まやかしのカウンターカルチャー！ ダブスタ主張で赤っ恥敗訴

『完全自殺マニア』事件

太田出版 vs 社会評論社（注1）

シャレたパロディ本が……

よりによってお前が訴えるんかい！ というべき事件である。鶴見済（わたる）が著した一九九三年のベストセラー『完全自殺マニュアル』（太田出版）という本がある。服薬や飛び込みといった自殺の手法を克明に解説した書籍で、内容が「実用的」であることから、当時賛否両論を巻き起こした。一部自治体では有害図書に指定されるも、近年も安定して増刷を重ねており、累計で一二〇万部を売り上げているという。

この本の版元である太田出版が頒布差止を求めたのが、相田くひをの著書『完全自殺マニア』（社会評論社）の表紙カバーである。カバーデザインが『完全自殺マニュアル』のカバーの著作権を侵害しているというのだ。両書籍を見比べてみると、なるほど確かに似ている（図1、2）。というか、書名を含め、『完全自殺マニア』は明らかに『完全自殺マニュアル』のパロディを意図してデザインされていることが分かる。

『完全自殺マニア』は、紀元一世紀から二〇一一年までに日本で自殺した記録が残っている人物の氏名、肩書、自殺場所、動機などの簡単な記述を列挙した自殺事件の記録集である。その掲載事件数は実に二四〇〇件以上にのぼり、有名人はもちろん、一般人（報道されたレベル）に至るまで網羅されている。赤の他人の自殺事件をこ

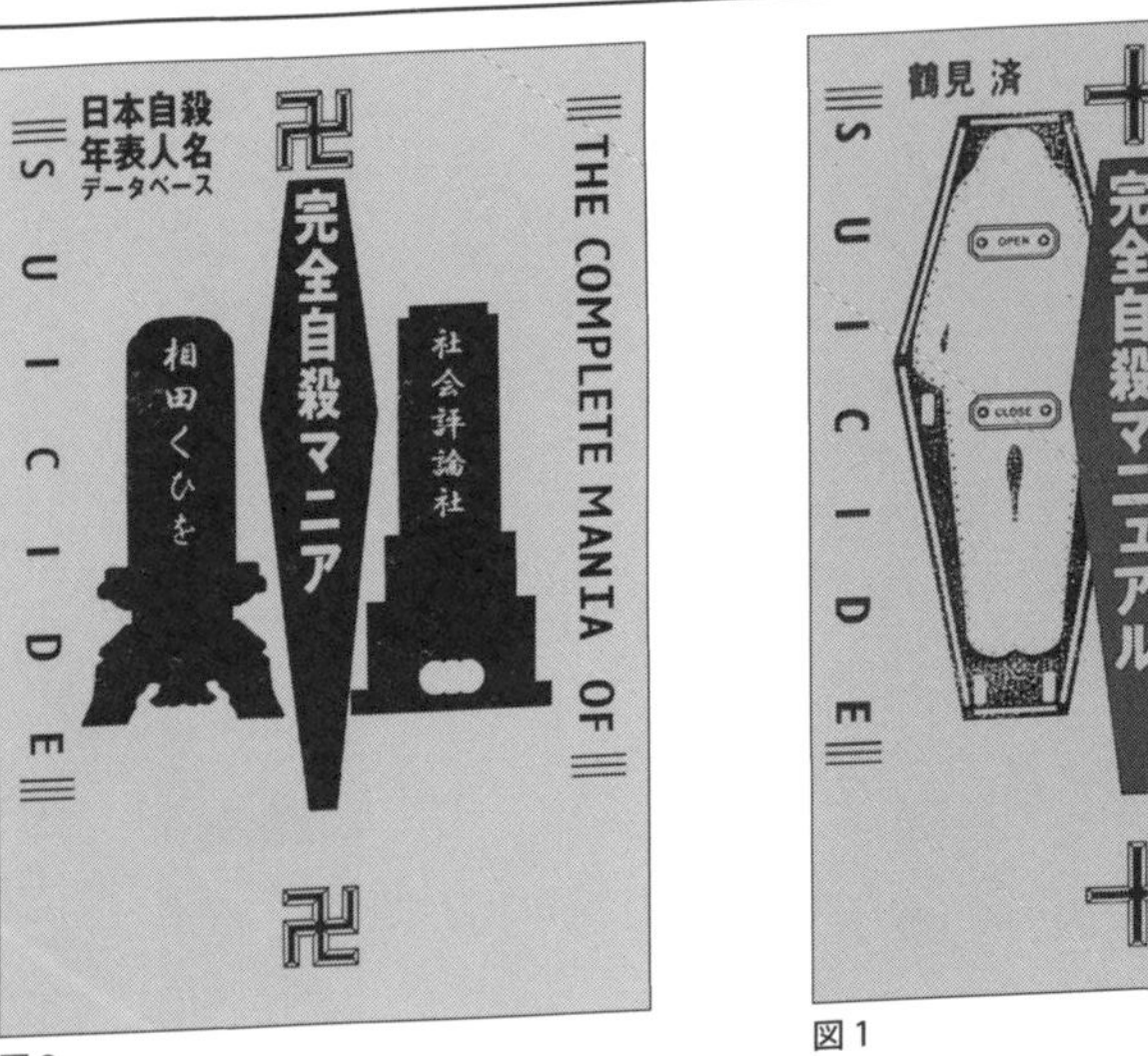

図1

図2

んなにも収集・記録している人は他にいないだろう。**なるほど鶴見の本が「自殺マニュアル」ならば、相田は「自殺マニア」だ。**そんな言葉遊びの発想から、カバーデザインを『完全自殺マニュアル』のパロディにすることになったのだという。

礼状代わりに抗議文⁉

このシャレが太田出版に通じなかったのだが、率直にいって、どうして通じないのか疑問である。太田出版といえば、『クイック・ジャパン』や『超クソゲー』などで知られる、サブカルチャーに強い出版社だ。サブカル出版社が、自身の商品をパロディにされて怒って訴えるかね？ なんだか霊媒師が幽霊を見て卒倒するかのような、歯医者の歯が全部ボロボロの虫歯であるかのような違和感を覚える。

裁判沙汰に至るまでの経緯も異常である。以前太田出版からも著書を出版していた著者の相田が、同社社長の岡聡に『完全自殺マニア』を献本したことがきっかけだった。本来、お礼のひとつでもあって然るべきところ、太田出版は、**礼状どころか献本翌日に抗議文を返送**し、その翌日には『マニア』の版元の社会評論社に、弁護士経由で絶版を求める警告書を送り付けてきたというから驚きだ。

どう考えてもキレ過ぎだ

百歩譲って、カバーデザインが岡の気に障ったのだとしても、表現の自由を体現する出版人として、絶版を要求していいほどの問題なのか、差し止める法的根拠があるのかといったことは、時間をかけて慎重に検討すべきだ。とてもじゃないが、献本から一日、二日で**拙速に行動**するようなことではない。この異様ともいうべき素早い対応から、会社上層部のトップダウンの意向が強力に働いたであろうことがうかがえる。そして、警告からたったの一〇日後、太田出版は、実にスピーディに東京地裁へ『完全自殺マニア』のカバーの頒布差止を求めて仮処分申請を行うに至ったのである。**おいおい、誰か社内で止めてやれよ、この大暴走を。**

ダジャレはパロディに非ず⁉

しかし、怒りに任せて冷静さを欠いた訴えは、いきおい裁判では通用しない。太田出版の主張を読むと、著作権を侵害されたという法的な問題意識というよりは、「安直にパロディされて気に食わない」という感情的な怒りが前面に出ていることが分かる。

社長の岡の陳述によれば、岡は「パロディには批評性が必要である」という考えの持ち主であるようだ。『完全自殺マニア』が『完全自殺マニュアル』に対する批評や対抗を意図したものではなく、単なる言葉遊び、ダジャレに過ぎない以上、そんなものは「パロディなどにはなっていない」「批評性などかけらもなく編集者の思いつきというレベル」「パロディというならば、もっと根性を据えて切り込むべき」などとまくし立てている。

なるほど。岡はサブカルチャーというよりはカウンター（反抗）カルチャー的な思想を持っているのかもしれない。だが、原典に対する批評性がなければパロディとはいえない、とは到底いえないのだ。パロディ文化の地位が高く、明文的にパロディを著作権侵害の対象外としているフランスの法理は、パロディの要件のひとつに「ユーモア精神」を挙げている。批評性は、ユーモアに内在する精神要素のひとつとして位置付けられているに過ぎない。**これに従えば、むしろ言葉遊びやダジャレこそがパロディの本質である。**岡のパロディ観は、狭量に過ぎるのだ。

太田出版の書籍を検証しろ！

岡が個人的にパロディについてどのような思想を持っていようと構わない。しかしながら、太田出版の書籍をよくよく検証すると、彼の思想が「根性を据えた」ものかどうかは疑わしい。審理においても相田と社会評論社が指摘しているが、太田出版の書籍にもパロディネタは数多く、それらを手に取れば、とてもじゃないが岡がいうような批評性を伴っているとは思えないからだ。

例えば、お笑い芸人の大森うたえもんが書いた『**ノルウェイの大森**』（図3）。明らかに村上春樹の『**ノルウェイの森**』（図4）のダジャレであり、パロディだが、村上への批評や対抗言論ではなく、村上とは何の関係もない内容の大森のギャグを集めた本である。同じく大森の『**例ダース 失われたギャーグ**』（図5）は、スティーブン・スピルバーグ監督の映画『**レイダース 失われたアーク《聖櫃》**』（図6）のダジャレであり、パロディだが、スピルバーグやインディ・ジョーズシリーズへの批評や対抗言論ではなく、大森のギャグや替え歌を集めた本である。

また、黒田としひろ（ロックバンド・ウルフルズのベーシストであるジョンB）の『**風に吹かれている場合じゃない**』の書名は、ボブ・ディランの「**風に吹かれて**」のパロディと思われるが、ディランに対する批評や対抗言論ではなく、黒田のエッセイである。ブルボン小林の『**ジュ・ゲーム・モア・ノン・プリュ**』（図7）の装丁は、**岩波文庫の装丁**（図8）を模しているが、内容は岩

ノルウェイの森
下
村上春樹

図4

ノルウェイの
森

図3

映画の中の映画！4DXで奇跡の復活！
The Return of the Great Adventure.
RAIDERS
of the LOST ARK
AMSEL
レイダース 4DX
失われたアーク
3.5
Return!!

図6

図5

図7

図8

波文庫とはまったく関係ない、テレビゲームについてのエッセイである。

ものすごい言動不一致！

　極めつけは、相田自身が共著者として太田出版から刊行した**『薬ミシュラン』**（図9）だ。書名は明らかにレストランなどの格付け本として著名なミシュラン社の**『ミシュランガイド』**のパロディだが、内容は育毛やダイエット用の国内未承認薬の効能や入手方法などを記したガイドブックで、ミシュランとは何の関係もない。ミシュランへの批評や対抗言論でないのはもちろん、書名に「ミシュラン」をそのまま転用しており、何のダジャレや語呂合わせにもなっていない。**頼むから、ミシュランから訴えられてくれ。**また相田の指摘によれば、装丁も、米国の医薬品ガイドブック**『The Pill Book』**（ハロルド・M・シルバーマン）（図10）を模しているようだ。

　いずれのパロディ書籍も批評性を伴っていないばかりか、いくつかは言葉遊びやダジャレにすら

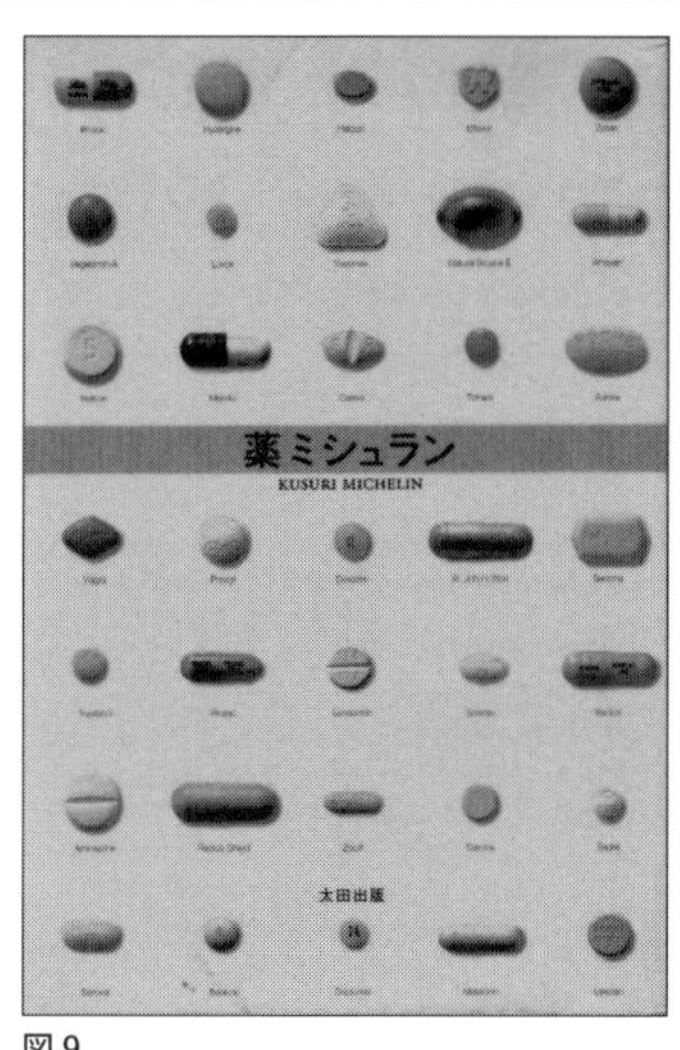

図9

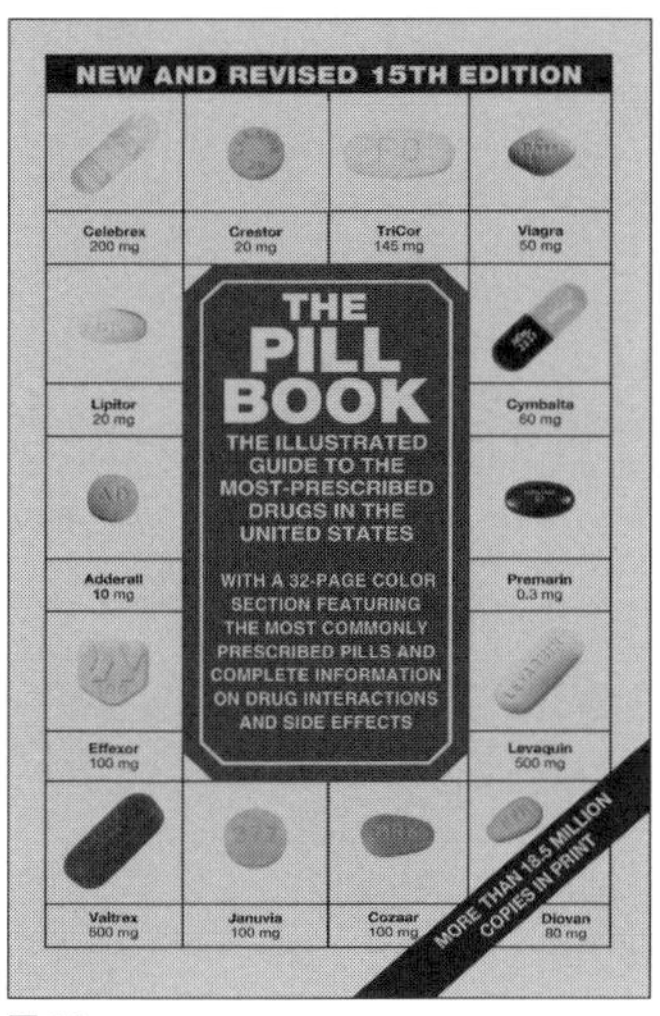

図10

なっておらず、書名やデザインを模す必然性は何ら感じられない。これでは、岡のカウンターカルチャー精神などまやかしに過ぎず、その主張の**説得力は皆無**という他ない。実はパロディに対する確固たるポリシーなど何も持ち合わせておらず、自分はやりたい放題パロディしておきながら、一方で自分の気に食わないパロディ表現は、エセ著作権の力で封殺しようとしただけなのではないか。

似て非なるパロディは合法

こんな根性の据わっていない主張では、太田出版が勝てるはずもなかった。日本の著作権法では、パロディを目的とした表現であること自体は著作権侵害の免責にはならないが、総じていえば、パロディ表現が原典とは「似て非なるもの」――つまり**「似ているが、明らかに別物だと分かるもの」になっていれば、侵害にならない**場合が多い。専門的には、原典の「表現上の本質的な特徴」がパロディ表現から感得されなければ合法である、という。例えば抽象的なイメージや雰囲気などが似ており、そのことで原典を想起させるとしても、表現として別物ならばそれは合法なパロディなのである。

社会評論社の確かなセンス

そこで改めて『完全自殺マニュアル』と『完全自殺マニア』のカバーデザインを比較してみると、まさに「似て非なるもの」というべきだろう。どちらも白地に、中央には赤い箔押しで縦長の六角形の図形があり、そこに書名が書かれてあるという共通点はある。黒を基調とした文字や図形の配置の仕方も共通している。だが、共通点はいずれも一般的な幾何模様、一般的な配置である。装丁表現において特徴的ということはできない。その一方で、中央の六角形をはさみ込むようにレイアウトされたイラストは、一目瞭然でまったく異なる。『完全自殺マニュアル』は首のないマネキン人形のようなものが収められた棺桶で、『完全自殺マニア』は墓石と位牌のようなイラストだ。

この違いは極めて大きい。

社会評論社が見事だったのは、このように著作権で独占できない抽象的なデザイン要素を注意深く抽出して採用し、一方で表現上の特徴部分にはまったく異なるデザインをあてたことだ。そのことによって、『完全自殺マニュアル』のイメージや雰囲気のみを継承した、「似て非なる」合法なパロディ表現を見事につくり上げたのだ。

バーコードの位置が盗作⁉

一方で太田出版は、気に食わない表現をムリヤリ著作権侵害にこじつけようとしたためか、主張にいちいち説得力がない。何せ「こんなにたくさんの共通点がある」と主張する際には、「どちらの本の表紙も下地が白い」「裏表紙の左上部に**バーコードがある**」とまでいってのけているのだ(ちなみに、書籍のバーコードの位置は、日本図書コード管理センターの規格により規定されている)。そんなもん、共通点としてカウントするかフツー⁉ そんな本は世の中にごまんと存在する。独占できるわけがない。

結局、裁判所は太田出版の申し立てを全面的に退けた。太田出版の主張する「共通点」については、いずれも「特段珍しいものでない」「ありふれたものに過ぎない」「標準的なもの」「ごく一般的なもの」「特徴的なものとまではいえない」「さしたる個性を有するものではない」と、ことごとく創作性を認めなかった。

そのうえで、相違点を踏まえて全体的に見れば、両者の印象は**「相当に異なるというべき」**として、著作権侵害を否定したのである。日本では、パロディ表現の法的妥当性を争った裁判例はまだまだ少ない。本件は示唆に富む貴重な事例として記憶したいところだ。

著作権の本も出してるのに……

なお、『完全自殺マニア』の編集者で、装丁も手掛けた濱崎誉史朗（よしろう）は、後にこの事件を振り返って、**「準備書面を作成するにあたって、最も参考にしたのが太田出版の『事件で学ぶ著作権』や『フェア・ユースの考え方』だった」「是非とも次の改訂版ではこの裁判についても触れて欲しい」「個人的には太田出版は今後、パロディをやる資格がないと思っている」「決定が出た後、『新文化』で太田出版の訴えが退けられたとする記事の真下に、太田出版の著作権関係の本の広告が掲載されたのは、まさにブラックユーモアであった**(注2)」などと、太田出版を痛快に皮肉りまくっている。ちなみにその濱崎が、本書『エセ著作権事件簿』も編集している。

実録・エセ著作権への反撃！ 警告書が届いたらこう切り返せ

『どえらいモン大図鑑』事件

小学館 vs パブリブ

まさか当事者になるとは……

いきなり半分当事者のような書きぶりになって恐縮だが、本書執筆中に、本書版元のパブリブが著作権トラブルに巻き込まれるという**珍事が発生**した。ある日、筆者に担当編集者の濱崎からメッセージが届き、**「実は先ほど、小学館から警告書がきました」**と言うのである。濱崎が編集した『どえらいモン大図鑑』（著／いんちき番長、加藤アングラ）について、小学館から、出版差止と在庫の回収・廃棄を要求する警告書が届いたのだ。不正競争防止法違反と著作権侵害を主張されているという。

濱崎は、『完全自殺マニア』事件（255頁）からも分かる通り、確信的にパロディ表現に挑み、訴訟沙汰も乗り越えている肝の据わった編集者だ。警告書をもらったくらいでそう簡単には臆さない。とはいえ、決して嬉しいものではないし、当事者ともなれば、どうしても不安や怒りを覚えてしまい、冷静な判断が難しくなる。こういうときは、第三者的な視点で、法的に的確な助言をくれる優秀な弁護士を選任して、対応を任せるのがセオリーだ。だが、警告書を一読したところ、筆者は気がついてしまった。**「どうもこれ、エセ著作権っぽいですね」**と。

本書を書いてよかったと思うことは、権利侵害のクレームに対して、反論のロジックがポンポン思い浮かぶようになったことだ。そんなスキルが身についたのは、本書の企画者である彼のおかげでもある。そこで筆者は、友人として（もちろん無償で）反論の手伝いをすることに決めたのだ。

何が気に入らなかったのか……

『どえらいモン大図鑑』は、著者のいんちき番長がアジア各国で収集した、ドラえもんに似ているようで似ていない「いんちきおもちゃ」を特集して論じるという内容の書籍だ。小学館からクレームを受けたのはカバーデザインである。**図1**の通り『ドラえもん』の単行本（**図2**）のパロディを意図したデザインが、同社の癪に障ったようなのだ。小学館の主張は、主に二点である。

1.『どえらいモン大図鑑』のカバー上部にある、題号部分のヘッダーと、「どえらいモン」の表示が、『ドラえもん』の単行本カバーに表示されている、小学館の著名ブランドである「てんとう虫コミックス」のヘッダーおよび「ドラえもんロゴ」

図1

図2

2021年（令和3年）
9月24日（金曜日）

に類似するため、不正競争防止法第二条一項二号に該当する不正競争行為である。

2．カバーおよび表紙（図3）の、ドラえもんを模したおもちゃやイラストは、藤子・F・不二雄プロの著作権を侵害する。

不自然な回収騒動

周辺情報を調べてみると、過去『ドラえもん』をパロディにした書籍の中には、不自然な回収やロゴデザイン変更という憂き目に遭った作品がいくつかあることが分かった。主人公が意中の幼馴染の運命を変えるために、未来から来た幼女型ロボットと奮闘するSFギャグ漫画で、タイトルロゴが「ドラえもん」風になっている藤崎ひかりの『のぞえもん』（日本文芸社）は、**発売後間もなく書店から回収され、告知されていた第二巻は出なかった**（図4、5）。未来から来た海兵型ロボットが騒動を巻き起こす、田丸浩史の『レイモンド』（富士見書房）は、雑誌連載時にはやはり「ドラえもん」風だったタイトルロゴが、単行本では使われていない（**図6、7**）。いずれも、法的な問題はない内容だ。これらが、小学館のクレームによる措置かどうかは判然としないが、仮にそうだとしたら、『ドラえもん』のパロディをこの世からなくすことに、かなりご執心な様子がうかがえる。

図3

だが、出版物におけるパロディだからといって直ちに不正競争防止法違反や著作権侵害に該当するとはいえない。このような指摘に、すぐさま「はいそうですか」と納得することはできないし、正しくない。

のぞみ…!?
おいウソだろ…
待てよ…
待てって…!
さようなら のぞえもん――
のぞみ…!
君と過ごした日々は、絶対に忘れない。
のぞえもん
NOZOEMON
第2巻、2016年春、発売予定!!

図5

のぞみ…
ムニャ…
ん?
のぞみ?
のぞえもん
NOZOEMON
もシモBOX

図4

★★★★★RAYMOND★★★★★
第1話
★未来の世界の海兵型ロボット★
ガタタッ
ガタッ

図7

レイモンド
アンビリーバボーな物語が始まる!
ガタタッ

図6

人のこと言えるのか⁉

筆者はまず、濱崎に「藤子・F・不二雄や小学館の書籍を中心に、他者の作品名や著名な商品をパロディにした作品を探しましょう。『どえらいモン大図鑑』が適法だと分からせるには、我が身を振り返ってもらうことが一番です」と伝えた。筆者、濱崎、著者のいんちき番長や関係者が総出で探したところ、たった数日で、たくさんの証拠が集まったので驚いてしまった。

本当にたくさんあったのだが、中でも好材料だったのが、まさに「著／藤子・F・不二雄、発行／小学館」の**『大長編ドラえもん のび太の宇宙小戦争―リトルスターウォーズ―』**（図8）と**『中年スーパーマン左江内氏（さえない）』**（図9）だ。元ネタは、いうまでもなく、『スター・ウォーズ』と『スーパーマン』である。初単行本化はそれぞれ一九八五年、一九七九年だが、近年も小学館から増刷され、また新装版が刊行されている。とりわけ『のび太の宇宙小戦争―リトルスターウォーズ―』は、事件翌年の二〇二二年には同名の映画版の公開も控え

図9

図8

ていた。藤子も小学館も、『ドラえもん』以上に世界的に著名な作品名を、**もじりすらせず、そのまま書名に転用し、反復継続的に、堂々と販売しているのである。**

パロディしまくり藤子先生

それに引き換え、『どえらいモン大図鑑』は、「ドラえもん」をしっかりともじり、十分に別物として区別できるようにしている。これを不正競争防止法違反だから出版中止せよというのなら、先に『のび太の宇宙小戦争―リトルスターウォーズ―』と『中年スーパーマン左江内氏』の方こそ絶版回収にしなければ**筋が通らない**。もちろん映画も公開中止だ。ちなみに藤子は、『スーパーマン』と『スター・ウォーズ』が大のお気に入りだったようで、この他、自身のさまざまな短編作品でもパロディやモチーフにしている（「わが子・スーパーマン」「スーパーさん」「ウルトラ・スーパー・デラックスマン」「裏町裏通り名画館」「ある日……」など）。『パーマン』も、もともとは『スーパーマン』のパロディである。

「スターウォーズそっくりだ」

さらに『ドラえもん』の短編作品「天井うらの宇宙戦争」には、『スター・ウォーズ』のレイア姫にそっくりな**アーレ姫**、R2‐D2にそっくりな**R3・D3**なるロボット、ダース・ベイダーにそっくりな**アカンベーダー**なる悪役が登場する（図10）。これにはのび太も思わず、作中で「『スターウォーズ』そっくりだ！」と口を滑らせる始末だ（ウカツだな～）。もはや、やってることは『どえらいモン大図鑑』と一緒である。こんなダブルスタンダードがあっていいものだろうか。かえって『どえらいモン大図鑑』なんて、本文中では「ドラえもん」という言葉は一切使わず、常に「青いネコ型ロボット」などとぼかしてるのに……。こっちの方が気を遣ってるじゃないか。『ドラえもん』も絶版にすべきか!?

元ネタとパロディは区別可能

否。もちろん、筆者が真に言

図 10-1

わんとしていることはその逆である。『のび太の宇宙小戦争―リトルスターウォーズ―』も『中年スーパーマン左江内氏』も「天井うらの宇宙戦争」も**すべて適法であり、公正な表現として許容されるべきである。**そして当然、『どえらいモン大図鑑』に

図 10-2

図 10-3

ついても同様のことがいえる。

出版をはじめとするコンテンツ業界では、他者作品のパロディや、作品批評や言及作品のタイトルにおいて、元となる作品名をもじって、あるいはそのまま取り入れて利用することが、公然ないし慣例的に行われ

ている。そうした慣例から、**読者も取引関係者も、原作品名とパロディ作品名が別の商品表示であることは、十分に区別しているのである。**

元ネタの価値は毀損しない

不正競争防止法第二条一項二号とは、簡単にいえば、著名ブランドの乱用を防止するための法律だ。著名ブランドが、第三者によって無関係の商品に使用されることで、著名ブランドとそのブランドオーナーの一対一の関係性が崩れ、その価値が毀損されることを規制している。

だが、書籍タイトルにおける他者作品のパロディ表示が、原作品とは別の商品表示であると十分に区別できる場合は、原作品名の価値を毀損することにはならず、ブランドオーナーに何らの不利益も発生させない。『のび太の宇宙小戦争―リトルスターウォーズ―』が存在しても、ジョージ・ルーカスの『スター・ウォーズ』の価値が揺らぐことのない以上に、もじりまで加えた『どえらいモン大図鑑』は、『ドラえもん』の価値に何らの影響も与えない。

加えて、そもそも作品名である「ドラえもん」が「小学館のブランド」といえるかどうかも疑問であり、さらに「ドラえもん」と「どえらいモン」とでは類似もしない。てんとう虫コミックスのヘッダーは小学館のブランドだが、法的な基準に照らして著名とはいい難いうえに、『どえらいモン大図鑑』のヘッダーとは類似もしない（マーク部分のデザインやヘッダー内の文字がまったく異なる）。あらゆる点から見ても、不正競争防止法違反などという指摘は**的を外している。**

明らかに別物では？

著作権に関する指摘にも簡単には頷けない。あるキャラクターイラストのパロディを描く場合、その過程で、**元のキャラクターイラストの表現上の本質的な特徴が打ち消されていれば、著作権侵害にはならないからである。**『どえらいモン大図鑑』のカバーや表紙には、確かに「ドラえもんを模したおもちゃの写真やイラスト」が掲載されている。同様に「天井うらの宇宙戦争」には「R2-D2やダース・ベイダーを模した登場人物」のイラストが掲載されている。だが、いずれも元のキャラクターイラストを忠実に再現しているわけではない。どちらも、元ネタの具体的表現からは遠ざかった、ひと目でパチモノないしパロディと分かる代物である。これらを著作権侵害と断ずることには慎重にならなければならない。

確かに、ドラえもんやダース・ベイダーが著名キャラであるがゆえに、「どう見てもドラえもん」「どう見てもダース・ベイダー」という感想を抱いてしまうのが人情というものだ。しかし、**予断を排し、虚心坦懐に各デザインを見比べたときに、果たして類似表現といえるだろうか。**ちなみに日本の知財高裁において、著作物が著名であるかどうかによって、保護の程度に差は生じないと明言した判決がある（378頁参照）。また、一見してパチモノやパロディと理解できる表現から、原典の著作権者が損害を受ける場合があったとしても、その損害の程度と、パチモノを批評し、パロディを表現する自由とのバランスも考慮すべきであろう。

そもそも、小学館は著作権侵害を主張するものの、カバーや表紙のどの人形・イラストのどの部分が著作権侵害なのか、対象を特定してこなかった。具体的に指摘するには、実は法的には躊躇や困難を感じたのではないだろうか。だが、抽象的になんとなく著作権侵害であるといわれても、パブリブとしては受け入れようがない。しかも大前提として、小学館は『ドラえもん』の著作権者ではないのである。

藤子先生の遺志は……？

著作者である藤子・F・不二雄（故人）は、述べたように、自身もパロディ表現に意欲的だった。それに、『ドラえもん』のひみつ道具や作中表現には、例えば**「味のもとのもと」「チョコQ」「おそだ飴」「コケコーラ」**など、明らかに他人の著名ブランドをパロディにしたひみつ道具や表現がかなり散見される。おそらく藤子自身は、パロディ表現が作品の面白さを引き上げる効果を熟知していたのと同時に、それが原作品（原商品）の価値を決して損なうことがないことも、十分に自覚していたのではないだろうか。

藤子作品を読めば読むほど、どうもこの警告は、**藤子の遺志にそぐわない、小学館の勇み足のようにも思えてくるのである。**藤子の著作権を承継した、藤子・F・不二雄プロが警告に参加していなかったことも示唆的だ。

その警告は御法度だ！

さらに小学館は、この警告において**大チョンボ**を犯している。彼らは、パブリブに宛てた警告書を、なんとパブリブの取引先で、取次会社のトランスビュー宛てにもFAXで送りつけたのである。権利侵害かどうか明らかでないにもかかわらず、相手の行為を権利侵害だと断定する内容の文書を、無関係の取引先に送りつけたということだ。**これは、法的警告の作法として完全なタブーである。**

「あいつは放火犯だ、結婚詐欺師だ」といった怪文書を、相手の親戚や勤務先に送りつけるのと同じことだ。

そんな文書を取次会社に送られたら、事実がどうあれ、直ちに取引停止にもなりかねない。これこそ、不正競争防止法（第二条一項二一号）が規制する信用毀損行為、独占禁止法が規制する競争者取引妨害行為、刑法が規制する信用毀損・業務妨害行為にも該当しかねない話なのである。

これについて濱崎は、「パブリブのウェブサイトに、書店向けにトランスビューのFAX番号を掲載しているため、当社の番号と間違えて送ったのではないか」と分析しているが、どうだろう。ウッカリ者のフリをして、相手にダメージを与えんとするこすっからい人間も世の中にはいるものだ。そうでないとしても、重過失の誹りは免れないだろう。弁護士まで起用した大企業から、ウッカリで名誉を毀損されてはたまったものではない。個人的には、一番反感を覚えたポイントだ。

そこで筆者は濱崎に、小学館へは権利侵害を否定する回答書を返送したうえで、トランスビューに警告書を送りつけたことについては、違法性を指摘して**厳重に逆抗議**すべきだと進言した。これについては、関係者一同の間で、「逆ギレし過ぎか、それとも相手の失点につけ込む高等戦術か……」と議論を呼んだ……。

でも、結果としては送ってよかったですよね？　回答書と抗議文を送付して以降、小学館からのクレームは、ピタリと止んでいる。パロディだからといって、必ずしも元ネタに対して負い目を感じる必要はないのである。そして、たとえ叱られても、後ろめたいことがないのなら、堂々と反論することを考えるべきなのだ。『のぞえもん』や『レイモンド』の著者、編集者にも教えてあげたいよ。

作者は作品よりも奇なり!?　漫画顔負けのネガティブ思考で自主規制！

『さよなら絶望先生』事件

藤子・F・不二雄プロ vs 久米田康治

ドラえもんをパクった？

ある日自分の作品に、ネットなどで謂れのない「パクリ疑惑」が寄せられたら、どのように対応するのがベストなのだろうか？　そんな問いを考えさせてくれる騒動である。

漫画家・久米田康治の『さよなら絶望先生』（講談社）は、社会のすべてに絶望している超ネガティブ思考の高校教師・糸色望（通称・絶望先生）と、彼の受け持つ個性的なクラスメイト達が織りなす一話完結のギャグ漫画である。その第二六八話は、『週刊少年マガジン』に連載された後に欠番となり、単行本に収録されていない。『ドラえもん』の短編のひとつに、久米田本人の言を借りれば**「パクったと言われても仕方ないくらい丸被り」**していたことが理由である。といっても、また小学館がクレームをつけたわけではない。ネットで騒がれた挙げ句、久米田本人が勝手に自主規制したのである。

欠番エピソードはどんな話？

該当話「ペイの拡充(注1)」を読んでみる。学校の塀のペンキ塗りをさせられている絶望先生。嫌々やっているのに、生徒の前では「あー楽しいなぁ」「こんな楽しいことやらせてあげる訳にはいきません」と嘯いてみせる。気になった生徒達は「アイスやジュースをあげるから代わってくれ」と、率先して次々と先生に貢ぎ物をして、ペンキ塗りを手伝う……。**こりゃ、ドラえもんじゃなくてトム・ソーヤだろ**と思うがこれは導入部で、話は「チームに資金を貢いでＦ１レースに参加するペイドライバーのように、対価を払って仕事をすることは珍しくない」から「すべての仕事はお金を払ってやらせてもらえばいい」「商品やサービスを受けるときにはお金をもらうことになる」とエスカレートしていき、対価の概念が逆転した妄想世界が描かれていく。

　これがネット上で「ドラえもんからの盗作では」と指摘され、少年マガジン編集部には「酷似」を指摘した抗議も寄せられたというのだ。パクリ元とされた『ドラえもん』の該当話は「お金のいらない世界」(注2)。小遣いが足りずに欲しいラジコンが買えないのび太。欲しいものがタダで手に入る世界を望んで、「もしも」の願望を叶えるドラえもんのひみつ道具「もしもボックス」で「お金のいらない世界」をつくり出す。大喜びでラジコンを貰いに行くと、店員に「ただで品物をもってく気？」と咎められ、お金を渡されてしまう。彼はタダでなんでも貰える世界ではなく、対価の概念が逆転した世界をつくってしまったのだった。

アイデアが重複してるだけ

　どうだろう。これが「酷似」といえるだろうか？ **全然違うストーリー**なのである。「対価の概念が逆転した世界」というアイデアこそカブっているが、アイデアの重複をもって盗作、酷似というならば、タイムマシンが出てくる話も、地球に宇宙人が攻めてくる話も書けなくなってしまう。一方「アイデアだけでなく、個々のコマの描写にもそっくりなシーンがある」という指摘もあった。例えば、『絶望先生』には、お金を捨てようとしたら、ゴミ捨て場に「お金を捨てるのは重罪です 死刑もしくは捨てた額×10倍のひきとりとなります」と貼り紙があり、驚愕するシーンがある（**図1**）。これは、『ドラえもん』

図1

で、お金を捨てようとしたのび太が、警官に「お金をすてたものはすてた金の10倍のばっ金をうけることになっている」と咎められるシーン（図2）と似ている。また、絶望先生の家に泥棒が入って五億円置かれていたというシーン（図3）と、のび太のパパが「スリにやられた」といって一〇万円貰ってくるシーン（図4）もよく似ている。

しかしながら、これらにしても、シーンに至る展開の仕方や、漫画としての具体的描写はまったく異なっている。つまり**結局は、「お金を捨てたら一〇倍の罰金を貰う」「窃盗犯がお金を押しつけてくる」というアイデアがカブっているだけ**なのである。加えていえば、「対価

図2

図3

の概念が逆転した世界」を描こうと思ったら、こうしたアイデアが偶然に重複することは決して不自然なことではないだろう。

ものすごい自己嫌悪！

要するに、こうした共通点を違法視、不正視するような指摘や抗議は完全に的外れなのである。気にする必要はない。一笑に付して構わないレベルのもの

図4

だ。しかし、久米田はそうはできなかった。後にこの騒動を振り返った単行本のあとがきによれば、指摘を受けて「情けないやら申し訳ないやらで、久しぶりに本気で死にたくなりました」と記しており、相当、**自己嫌悪に陥った**様子がうかがえる。

その結果、彼はどんな行動に出たか。なんと、両作品の類似点に印を付けた掲載誌と経緯説明書などの資料を用意し、『ドラえもん』を刊行する小学館を通して著作権者である藤子・F・不二雄プロに送付し、判断を仰いだというのである。**「そこまでやるか!? あまりにも気が小さ過ぎる！」**と思うが、これに対する小学館と藤子プロの

返答が粋である。

著作権者（藤子プロ）とも協議しましたが、故意ではないのは明白なので、全く問題ありません。この業界、偶然似ちゃったということはよくあります。ドラえもんが久米田先生の血となり肉となって、記憶の奥底にあったのかもしれませんが、それは光栄なことです。わざわざご連絡ありがとうございます。[注3]

なんとも清々しい返答だ。ま、内容を考えれば当然の対応なのだが、相手によっては、謝罪につけこんで、回収しろ、謝罪文を掲載しろといわれる可能性もなきにしもあらずだった。

それにしても、**疑惑の「元ネタ」側が、こうも擁護に回ってくれたとあれば、外野は黙るしかないだろう。**考えてみれば、マトモな著作権意識と創作行為への理解がある著作権者であれば、この程度のネタかぶりを問題視するはずがないのである。

「パクリ疑惑」には、「元ネタ」の権利者が騒ぐケースと、ネットや週刊誌などの外野が騒ぐケースの二種類がある。後者のケースで騒動を収束させるには、速やかに「元ネタ」の権利者に連絡し、問題ないとのお墨付きを得ることは、騒動を早期に収束させるための有効な手立てのひとつといえそうである（もっとも、権利者がマトモじゃなかった場合にはヤブヘビになるのだが……）。

自罰意識かストイックか

それにしても、藤子プロが問題なしといってくれたのだから、久米田は本作を堂々と単行本に収録してもよさそうなものである。そうしなかったのはなぜなのか。それはひとえに、著作権法上の問題がないとはいえ、自信を持って描き上げた作品が、無意識に『ドラえもん』から引っ張ってきたネタだったという事実が、やはり本人にとって、相当「情けなく、申し訳ない」という思いが強かったからのようである。この対応について、著作権侵害の成否という次元ではなく、自身のオリジナリティを発揮して描いた作品といえるのかどうかという判断基準をもって欠番を決定した久米田の姿勢を評価する声がある。[注4]確かに、作家としてストイックな姿勢に思えなくもない。

心の弱さが漫画に出ている

一方、久米田は『絶望先生』の第四八話でこんな話も描いている。「リスクを気にし出すと止まらないが、いくら予防線を張っても裏目に出る」と嘆く絶望先生と、「備えあれば患いなし」だと押し問答する生徒達。そこで急に絶望先生がハッと目を見開き、「今回のネタ かぶってませんよね」と、**漫画自体が別の作品のパクリやトレースだと糾弾されないかとビクビクし始めるのだ。**絶対に他人の作品と被らないように、漫画ではあり得ないポーズで奇声を発していると、生徒から「この展開自体、この先本当にネタが被ったときの予防線なんじゃないか」とツッコまれる、という内容だ。[注5]メタ構造のギャグなのだが、ドラえもんの騒動によって**壮大な伏線回収**となってしまった（図5）。

このエピソードを踏まえたうえで、改めて久米田の対応を見ると、ストイックな判断基準の賜物というより、**単に久米田自身が絶望先生顔負けのネガティブ思考**で、自身のオリジナリティを正当に評価できていない（過小評価している）のではないかという疑問を拭えない。実際、漫画ではなく、久米田本人がこの騒動を振り返るエッセイで「**このままじゃ被るの怖くて**漫画なんて描けません。〔…〕昔読んだものが潜在意識に残り自分の創造物として引き出してしまう事があるのか、脳科学の

図5-1

図5-2

面からも専門家に聞いてきたいと思います（注6）」などと、**ほとんどノイローゼ**のようなことを言い出しているのだ。

もし、先人の影響を一切受けずにゼロから生み出したものこそオリジナルと評価すべきであって、そうでなければ世に出せないというのであれば、当の藤子だって漫画なんか出せやしない。前項で指摘した通り、藤子にも、『スター・ウォーズ』や『スーパーマン』など、他者の作品からあからさまに影響を受けた作品が多数存在するのである。だからといって、作品として劣っているわけではまったくない。小学館からの返答にまさにあった通り、先人の作品を血肉として、独自かつ新たに生み出した作品であれば、自分の才能に絶望せず、オリジナリティを誇ってよいのである。

類書にマジギレして敗訴！グーで胸を叩くゴリラのポーズは俺のもの！

『手あそびうたブック』事件

永岡書店 vs 宝島社（注1）

類書で訴訟沙汰!?

出版業界には「類書」という概念がある。読んで字の如く「類似する書籍」の意味だが、「類似しており著作権侵害だ、けしからん！」というニュアンスでは使われない。「同じテーマ、同じジャンルの書籍」程度の意味であり、先行類書の売り上げデータからトレンドをつかんで、同じテーマで別の著者や切り口の書籍企画を立てたりするのである。マーケティング用語のひとつといってよいだろう。類書同士が市場で競合することはしばしばあるが、ジャンル全体の底上げとなり、ブームを生むこともある。いずれにせよ、類書というだけで著作権侵害だと考える者は、出版業界にはあまりいないだろう。だが、それを堂々と主張して、**見事に敗訴した**出版社がある。

歌本を独占できるか？

「手あそび歌」という子ども向け音楽のジャンルがある。代表的なのは「むすんでひらいて」だろうか。「♪むーすーんでひーらーいーて」という歌に合わせて、手をグーにして、パーにして……といった簡単な振り付けをするお遊戯に使われる音楽である。「いとまき」「アルプス一万尺」「おべんとうばこのうた」「グーチョキパーでなにつくろう」など、みなさんも一度は聴いたり、遊んでみた経験があるのではないだろうか。

児童書大手の永岡書店が、そんな手あそび歌の楽譜と振り付けイラストを六三曲分収録したＤＶＤ付きの歌本『手あそびうたブック』（**図1**。以下、「永岡本」）を発売したところ、これが結構売れたそうなのである。そのヒットを知って、総合出版社の宝島社が『たのしい手あそびうたＤＶＤブック』（**図2**。以下、「宝島本」）という、やはり手あそび歌を六三曲収録した書籍を出版。こちらも半年で二万部発行のヒット作となった。これに対し、永岡書店が著作権侵害であるとして、出版差止と約二〇〇〇万円の損害賠償金の支払いを求めて訴えたのである。

収録曲が半分も違うのに……

どちらも既存の手あそび歌を多数収録したＤＶＤ付きの歌本で、類書の関係にあることは間違いない。また、そのコンセプトからして、著者や編集者が異なっても内容に差が出にくく、市場で競合することも確かだろう。永岡書店が宝島本を疎ましく思う気持ちは分からんでもない。しかし、

図1

図2

だからといって著作権侵害で訴えるというのは暴走もいいところだ。何せ、永岡書店の主張といったらこうなのだ。

「宝島本に掲載された六三曲中、三五曲が永岡本の掲載曲と同じである」

いや、半分近く違う曲じゃねーか！ むしろ、手あそび歌なんて何百曲もあるものじゃないんだから、子どもが知っている定番曲を集めようとしたら、ある程度の選曲がカブるのは当たり前だ。むしろ半分近く違う曲を選んだのがスゴくないか？

そして実際に、永岡本と宝島本を見比べて重複している三五曲を書き出してみると**表3**の通りなのだが、大半が誰もが知っ

表3 永岡本と宝島本の重複掲載楽曲（タイトルは永岡本の表記に依る）

いっぽんといっぽんで	むすんでひらいて	キャベツはキャキャキャ
グーチョキパーでなにつくろう	5つのメロンパン	アブラハムのこ
げんこつやまのたぬきさん	のねずみ	しあわせならてをたたこう
とんとんとんとんひげじいさん	おはなしゆびさん	キラキラぼし
やきいもグーチーパー	コロコロたまご	チェッチェッコリ
おおきなはたけ	おちゃらかほい	おにのパンツ
やまごやいっけん	ごんべさんのあかちゃん	パンダうさぎコアラ
おべんとうばこのうた	アルプスいちまんじゃく	こぶたぬきつねこ
いとまき	あたまかたひざポン	なべなべそこぬけ
まつぼっくり	アイアイ	おちたおちた
さかながはねて	おおきなくりのきのしたで	

ている定番曲なのである。これが掲載されていなかったら手あそび歌の歌本として話にならないレベルだ。カブって当然ではないだろうか（なお、永岡書店は同一曲のバージョン違いをそれぞれカウントしているが、表中は一曲として扱った。その場合の重複曲は三二曲である）。

永岡書店にブーメランが

永岡書店の主張に対し、宝島社は「人気があり、楽しめる曲を選ぶという普通の判断をするならば、類書間で曲名の重なり合いが生じるのは当然」と、至極真っ当な反論を行った。加えて、永岡本の掲載曲は、永岡本以前に発行されたポプラ社の『うたって楽しい手あそび指あ

そび120』という先行類書の掲載曲と**四四曲もカブっている**とも指摘している。なんたるブーメラン。**カッコ悪いぞ永岡！** そして裁判所も「**手あそび歌の書籍に掲載する曲として定番の曲や人気の高い曲を選択することは普通に思い着く着想であり、そのような着想に基づいて曲を選択すれば、手あそび歌の類書間の掲載曲に定番の曲や人気の高い曲の重複が生じることは避けられない事態である**」として、永岡書店の主張を一蹴している。(注2)

グーチョキパーが争点に

だが、永岡書店には秘策があった。実は永岡書店の編集者は、一部の手あそび歌について、先行類書との差別化のために、独自に歌詞と振り付けを付け加えて掲載していたのだ。例えば、「グーチョキパーでなにつくろう」という曲は、グーとチョキとパーの手の形を両手で組み合わせて、動物などの形をつくるという内容で、その定番の歌詞は「右手がパーで左手もパーで ちょうちょ ちょうちょ」（開いた両手の親指を合わせてヒラヒラさせる）、「右手がチョキで 左手がグーで かたつむり かたつむり」（チョキの手の甲にグーの拳をのせる）といったものだ。これに、永岡書店の編集者は、

みぎてがグーで ひだりてが
パーで めだまやき めだまやき
みぎてがパーで ひだりても
パーで おすもうさん おすもうさん
みぎてがグーで ひだりても
グーで ゴリラ ゴリラ

という新たな歌詞を追加して永岡本に掲載していたのだ。そして宝島社の編集者は、これが永岡書店の編集者の作詞だと気づかず、宝島本にそのまま転載してしまったのである。宝島社も、これにはちょっと「マズった」と思ったのではないだろうか。

永岡がしかけたワナか⁉

もっとも、実はかなりの情状酌量の余地がある。永岡書店は、自ら作詞したならちゃんと

そう書いておけばよいものを、永岡本の「グーチョキパーでなにつくろう」の作詞作曲者の欄には、原曲通り「作詞／不詳 フランス民謡」としか書いていなかったのである。**なら、そのまま写してしまうのも無理はないではないか！** これは一種の罠である。もっとも、罠とはいえ、他人が作詞した歌詞を無断で転載したとなれば、形式的には著作権侵害になりそうだ。しかしながら、裁判所は、永岡書店による新たな歌詞と振り付け部分の転載にも、著作権侵害を認めなかった。

それはありふれた作詞だ！

まず裁判所は、手あそび歌とは、既存の歌詞の内容に沿って、親や先生、子どもたちが好きなアイデアで歌詞をアレンジすることが想定されているものだと認定し、そうした想定に沿ってアレンジされた歌詞を著作物として保護するのは「相当ではない」と判示したのである。この前提のうえで、「グーとパーで目玉焼き」「パーが二つで相撲取り」「グーが二つでゴリラ」という内容そのものは著作権で保護されないアイデアであり、それを、既存の歌詞の法則に当てはめて「みぎてがグーで ひだりてがパーで めだまやき めだまやき」などと作詞することはありふれた表現であり、創作性がなく、独占できないとしたのである。

実際、「グーチョキパーでなにつくろう」は、幼稚園や学童保育などでさまざまなバリエーションの歌詞が生み出されており、歌本やCDによって歌詞が異なることも多い。「めだまやき」「おすもうさん」「ゴリラ」のアイデアだって、永岡本以前にすでにどこかの幼稚園で採用されていたかもしれないし、**採用されていたとすれば、まず間違いなく同じ歌詞になるはずだ。** そうである以上、これらは確かにありふれた表現である。

ゴリラのポーズは俺のもの！

振り付けについても創作性がないと判断された。これは実際の振り付けのイラスト（図**3**、**4**）を見れば一目瞭然なのだが、永岡書店が「創作した」と

図 3-3

図 3-2

図 3-1（永岡本）

図 4-3

図 4-2

図 4-1（宝島本）

主張する「めだまやき」の振り付けは「左手の甲にグーにした右手をのせる」、「おすもうさん」は「手のひらを前に向けて、両手を交互に押し出す」、「ゴリラ」は「拳を握って交互に胸を叩く」という内容なのである。

本稿では、永岡書店の裁判での主張に合わせて、便宜上「振り付け」という言葉を使っているが、**これらは「ポーズ」である。**それも相当にありふれた。

特に「おすもうさん」と「ゴリラ」に関しては、よくもまぁこの程度のポーズについて、**永岡書店は「独自に創作した」などと恥ずかしげもなく言えたものだ。**ジェスチャーゲームをやったら、一〇〇人中一〇〇人が同じポーズをするぞ！

8月28日（金曜日）

斬新な企画とも認められず……

この他にも、永岡書店は、宝島社が「手あそび歌を集めた書籍にDVDを付けるという新しいコンセプト」を真似して、さらに選曲や判型、価格なども共通させて宝島本を発行したことは、「社会的に許容される限度を超えた不法行為」などと主張している。単なる類書にここまでいうとは、**怒りの沸点が低過ぎやしないか？**

裁判所は、もちろんこの主張についても一蹴。「**手あそび歌を集めた書籍にDVDを付けるというコンセプトは、それ自体がアイデアにすぎないのみならず、格別目新しい着想であったものとはいえない**」などと判示している。

全面敗訴したうえに、「目新しい着想でもない」と、裁判所から企画の寸評までされてしまった永岡書店。右手がパーで左手もパーで、合掌だ。

信じられない偶然の一致は起こり得る！俳句界の寛容性に学べ

『プレバト!!』事件

森保 vs 東国原英夫

一字を除いて完全一致！

それにしても、ものすごい偶然もあったものである。TBS系列で放送されている『プレバト!!』（MBS製作）というバラエティ番組に、芸能人が詠んだ俳句をプロが査定し、芸能界の俳句名人を決めるというコーナーがある。そこでタレントの東国原英夫が詠んだ俳句に、放送後に盗作疑惑が持ち上がったのだ。東国原の詠んだ俳句（注1）は以下の内容である。

梅雨明や 指名手配の 顔に×

これとよく似た句が、前年の宮崎県の地方紙『宮崎日日新聞』の「宮日文芸」という投稿俳句のページに投稿されていると、ツイッター上で指摘がなされた。それが以下の作品だ。詠み手は森保である。（注2）

梅雨寒や 指名手配の 顔に×

結論からいえば、この問題は「偶然の一致」ということで決着がついている。しかし、それにしたって、「明（あけ）」と「寒（ざむ）」の一文字以外、全部カブっている。五・七・五の一七音の内一五音が同一なので、**一致率は驚異の八八%**である。これはすごい。**しかも、よりにもよって宮崎県の地方紙だ。**東国原といえば、宮崎県出身で、宮崎県知事も務めたほどの人物である。「宮崎をどげんかせんといかん」というフレーズは流行語にもなった。イメージとして宮崎との結びつきは強く、これはちょっと、疑われるのも無理はない。

俳句界ではよくあること

　本人も指摘を受けて相当焦ったのか、ツイッター上で、森の句が新聞に載った日の自分のスケジュールまで開陳し、その日は宮崎にはおらず、新聞も読んでいないことを説明するなど、かなり詳細な釈明をしている。また、後日放送された『プレバト!!』内でもネタにされ、周りの芸人に突っ込まれながらも「**やってません。そんなつもりは全くなかったんですけど、結果的にそうなってしまった**」と説明した[注3]。

　実は、先行作品と偶然に似てしまうことは、俳句界ではよくあることだ。業界では「類句」または「類想」と呼ばれており[注4]、盗作とは明確に異なるものとして扱われている。ちょっと考えれば想像がつくと思うが、五・七・五の語感の区切りによる一七音という短い表現形式では、表現の余地は自ずと限られてくる。結果として、題材や着眼点、句を詠むときの心情がカブれば、ある程度表現もカブってしまうのは避けられない。一言一句同じ句が偶然に生まれることだって、決して珍しくはないだろう。

俳句の世界は性善説

　したがって、俳句界では、類句・類想について、著作権法上の問題があるなんていう糾弾はもちろんのこと、不正視するような慣行もない。『プレバト!!』に出演している俳人の夏井いつきは「**俳句の世界は性善説で考えます。わざと悪いことをした、と考えない**」[注5]と東国原を擁護している。なお、元の句を詠んだ森も、宮崎日日新聞の取材に応じて「**似ていると思い驚いた**」「**東国原さんが句を取り下げてくれるならそれで構わない**」と、殊更に問題視しない姿勢を公に示している[注6]。

　俳句雑誌『俳句』（二〇二〇年五月号）は、「類句・類想とのつき合い方」という特集を組み、多くの俳人や俳句選者による、類句・類想についての考え方を紹介している。それによれば、大多数が、類句・類想を恐れずに、**どんどん詠むべき**だと説いている。もっとも、法的や道義的な問題がないとしても、作品の評価としては、先行類句・類想句が発見された場合はマイナスになるというのも概ね統一的な見解だ。

似ていることと不正は異なる

　これは、俳句においては、「新しさ」や「独自性（オリジナリティ）」が重要な評価指標になっているからだという。名村早智子は、津田清子の言を引いて「**どんないい発想をして、どんないい句を作っても、同じ視点、同じ発想の人が少なくともここにもう一人はいるということです。それだけでこの句はもう古いんです**[注7]」という考え方を紹介している。どの程度の類似性であれば許容範囲とするかの基準は、選者によってまちまちなようだが、これを作品の評価基準として捉えれば、人それぞれになることは仕方がないだろう。

　大事なのは、俳句界は**「作品が偶然に似ることはあり得る」という考え方を当然の共通認識としており、**そのことを目新しさやオリジナリティの欠如と評価するむきはあっても、**決して、違法視や不正視はしていないということだ。**俳句ほどには可能性は高くないとしても、音楽の何小節分かのメロディや、シンプルなデザインのロゴマーク、四コマ漫画などは、ほぼ同一の表現が偶然に生まれることだって十分に考えられる。そうした類似作品に対し、われわれはどのような眼差しを向けるべきか。俳句界から学ぶことは多い。

逆ギレ！ 盗作イチャモンに反論されて、慰謝料一〇〇〇万円請求！

『業柱抱き』事件

恩賀とみ子 vs 車谷長吉

俳句界の寛容性をガン無視！

俳句界では、先行句に偶然似てしまった俳句を類句・類想句と呼び、これは作品の評価を下げることはあるものの、不法・不正視されることはない、と書いた。だが、どこの世界にも変わり者はいる。類句・類想句を盗作呼ばわりし、訴訟沙汰に至らしめた俳人がいたのだ。

直木賞作家の車谷長吉が、エッセイ集『業柱抱き』（新潮社）で詠んだ俳句について、和歌山県の俳人・恩賀とみ子が盗作だと糾弾したことがある。同人俳句雑誌『方円』で「和歌山発・盗作疑惑」と題し、強く非難したのだ。この同人誌そのものは残念ながら入手できなかったが、車谷の引用によれば、指摘を受けた車谷の俳句は次の二句である。

青芒女の一生 透き通る

ふところに 乳房ある憂さ 秋暑し

これが、恩賀によって、以下の二つの先行句の盗作だと指摘されたのだ。

青蘆原おんなの一生透きとほる（橋本多佳子）

ふところに 乳房ある憂さ 梅雨ながき（桂信子）

確かに、見過ごせない類似性である。前者は「青芒」か「青蘆原」の違いだけ、後者は「秋暑し」と「梅雨ながき」の違いだけだ。類句・類想句であることは間違いない。しかし、だからといって盗作と決めつけるのは、**俳句界の常識を覆す不寛容発言**だ。さらにこの際、恩賀は車谷を**「器の小さい人」「泡沫作家の類」「俳句をナメてはいけない」**などとこき下ろしたという。人格や作家性に攻撃を加えるとは問題発言である。

巨匠はかく語りき

かつて高浜虚子は、類句・類想句を疑問視する読者に対し、こう諭している。「**少々類句はあろうがあるまいが、そんなことには心を費やさないで、どしどしいい句をお作りになるがよかろうと思います」「思わず類想の句を作ることはあることと思います。〔読者や他の作者は〕その点も寛容な目をもって見られんことを希望します。そんなことに憤慨せず、静かに作句にお勉強になることを希望します**」(注1)。これに比べると、恩賀の発言にはいささかの余裕も寛容性も感じられない。

不正行為にはあたらない

一般的に、他人から類句・類想が指摘された場合は、当人は作品を取り下げたり、改作したり、賞を取った作品であれば受賞を辞退するなど、先行句に敬意を払い、態度を慎むことが俳句界のマナーであるとされている。ただし、選者・評者の判断で、類句・類想であっても先行句よりも優れていたり、別の魅力をもたらしていると評された場合はこの限りではないという。

これらはいずれも、類句・類想は不正行為ではないという前提があるからこそ成立する慣行だろう。もし、類句・類想に対し、直ちに不正の疑いをかけられるような環境であれば、安易に句を引っ込めれば不正を認めたものと受け取られかねず、躊躇するのが普通だろう。ましてや、先行句よりも優れているなどという評価を受けられるはずもない。

5月6日（木曜日）

車谷は大人の対応

　恩賀の車谷に対する非難は、性善説を採る俳句界の美しい慣行すら破壊しかねない愚行である。こうまで責め立てられては、車谷も、類句・類想を認めようにも認められなくなってしまうのではないか。

　ところがこの指摘に対し、車谷は大人の対応を見せた。文芸誌『新潮』に手記を寄せ、「**たしかに盗作と言われれば、その通りである。橋本多佳子さまの著作権継承者・橋本美代子さま、及び桂信子さまに深くおわび申しあげます。私がぼんくらであるがゆえに、こういうことになりました**」と謝罪したのである。そのうえで、指摘を受けた二句を改作し、句集の二刷目からは訂正して差し替えると表明している。

一見すると謝罪文だが……

　う〜む。類句・類想を指摘されたら、それを「盗作」と認めて謝罪しなければならないという前例をつくってしまったことは感心できない。このような作法が俳句界に持ち込まれては、**業界は大混乱**に陥るだろう。安易な謝罪は考えものだ。

と、一瞬眉をひそめてしまったが、車谷も文章を生業とするプロである。そんなことは当然分かっていた。彼は続けて、以下のように書いている。

人間はおぎゃあと生れて来た瞬間に、言葉を記憶している人は一人もいない。誰でも生れて来たあとで、他人の言葉を聞き、読み、書きして、言葉を習得するのである。従ってはじめから自分の言葉を所有している人は一人もいない。元（ママ）を糺（ただ）せば、私たちが所有している言葉は、他人の言葉である。それをいつしか自分の言葉のように錯覚して、人は生きているのである。私が物を書いている言葉も、こんど恩賀とみ子さんが書き連ねられた罵詈雑言も、みな元（ママ）を糺せば、他人の言葉である。（注2）

華麗なる意趣返し

　要するに「言葉はそもそも誰の所有物でもない」という意見表明だが、これを通して、言葉の類似を「盗作」呼ばわりすることの不毛さを暗に訴え、恩賀に皮肉を返しているのだ。これ、なかなか洒落た反論ではなかろうか。さらに終盤では、「恩賀とみ子さんから、私の不明をご指摘いただいて、ありがたかった。ただ感謝」などと述べているが、続けて「**それにしても、恩賀とみ子さんの文章は下品な文章だった。ここに書き写すのも穢らわしい**」「**これほど下品な文章は読んだことがない**」「**文は人なりと言う。さぞ人品骨柄の卑しい人なのだろう**」などとつづり、自分に対する「泡沫作家」などの罵詈雑言発言に痛烈なアンサーを返して手記を締めくくったのだ。これはもう、盗作の自白も謝罪も、すべてこのパートを書くための前振りに過ぎなかったのだろう。恩賀への感謝の言葉など、**完全に褒め殺し**として機能している。

恩賀まさかのブチギレ訴訟

いやぁ、これは車谷の方が一枚上手である。俳句界でも、車谷に支持が集まる。俳人の秋山巳之流は、『盗作』などという安易な解釈に対して、へり下る必要などなかった」(注3)と車谷に発破をかけ、筑紫磐井は「十分この類句問題は透明になったと思う」(注4)と擁護している。

これで話が終わればよかった。ところが、恩賀は車谷のこの切り返しに対し、思わぬ形で再反撃の狼煙を上げている。車谷の手記が『新潮』に掲載された後、恩賀はなんとこの手記の「恩賀とみ子さんの文章は下品な文章だった」「さぞや人品骨柄の卑しい人なのだろう」といった記述が、自分に対する名誉毀損であると主張して、一〇〇〇万円もの損害賠償金を求めて車谷と新潮社を提訴したのである。

理解に苦しむ逆ギレ

だ。先に、車谷の作品に対し盗作などと言いがかりをつけたうえに、『業柱抱き』著者は器の小さい人らしい」「泡沫作家の類か」「古新聞のように本を投げ出した」などと攻撃していたのは彼女の方なのである。それに言い返された途端、我が身を顧みることなく一足飛びに訴訟に踏み切ったのだ。しかも驚くべきことに、このとき恩賀はすでに御年八五歳なのである。人生を達観して然るべき年齢にありながら、この**直情径行な振る舞い**はどうだろう。かなりヤバい行動力のバァさんであることがうかがえる。

ちなみに提訴に際し、恩賀は「公の雑誌で個人的な恨みを書かれ、精神的苦痛を受けた（注5）」とのコメントを新聞に寄せている。それ、車谷がアンタに言いたいセリフだろうよ！　これに対し、車谷は「侮辱してきたのは向こうが先。私はそれに言い返しただけです。提訴はおかしいと思う（注6）」とコメントを残している。まったくその通りとしかいいようがない。

この裁判の結末は、記録に残っていない。おそらく判決には至っておらず、取り下げかせいぜい和解で終わったのではないだろうか。しかしこの異常な訴訟エピソードを踏まえれば、車谷と恩賀、どちらの言葉に信頼をおくべきかの決着は、最初からついていたといえるだろう。

謎の金銭感覚！五・七・五の標語で電通に一九億円を要求した男

チャイルドシート交通標語事件

竹内優 vs 日本損害保険協会、電通[注1]

カブって当然では？

このスローガンは著作権侵害だと主張したのが会社員の竹内優だ。一九九五年に、自分が「全国交通安全スローガン」に応募した標語の盗作だというのだ。竹内の標語は**「ボク安心　ママの膝より　チャイルドシート」**という五・七・五調のものだった（以下、「竹内標語」）。一見すると似ているが、盗作というには**無理があり過ぎる**。類句・類想が後を絶たないのに、テーマ自由の俳句ですら、類句・類想が、裁判所に持ち込まれたらどのように判断されるのだろうか？俳句の著作権侵害を正面から扱った例は管見の範囲では見当たらないが、交通標語に対する盗作クレームが裁判沙汰になった事件がある。

類句が裁判沙汰に発展！

一九九八年に、損害保険の業界団体である日本損害保険協会による、「母と子」という交通事故防止キャンペーンのテレビCMがあった。今では当たり前になったチャイルドシートの普及を目的としたもので、「本当に子どもを愛しているなら、クルマの中では子どもを抱かないのが愛情です」というナレーションに続き、**「ママの胸より、チャイルドシート。」**という七・五調のスローガンが流れるという内容だ（**図1**）。電通が製作し、スローガンも電通の社員が考案した。

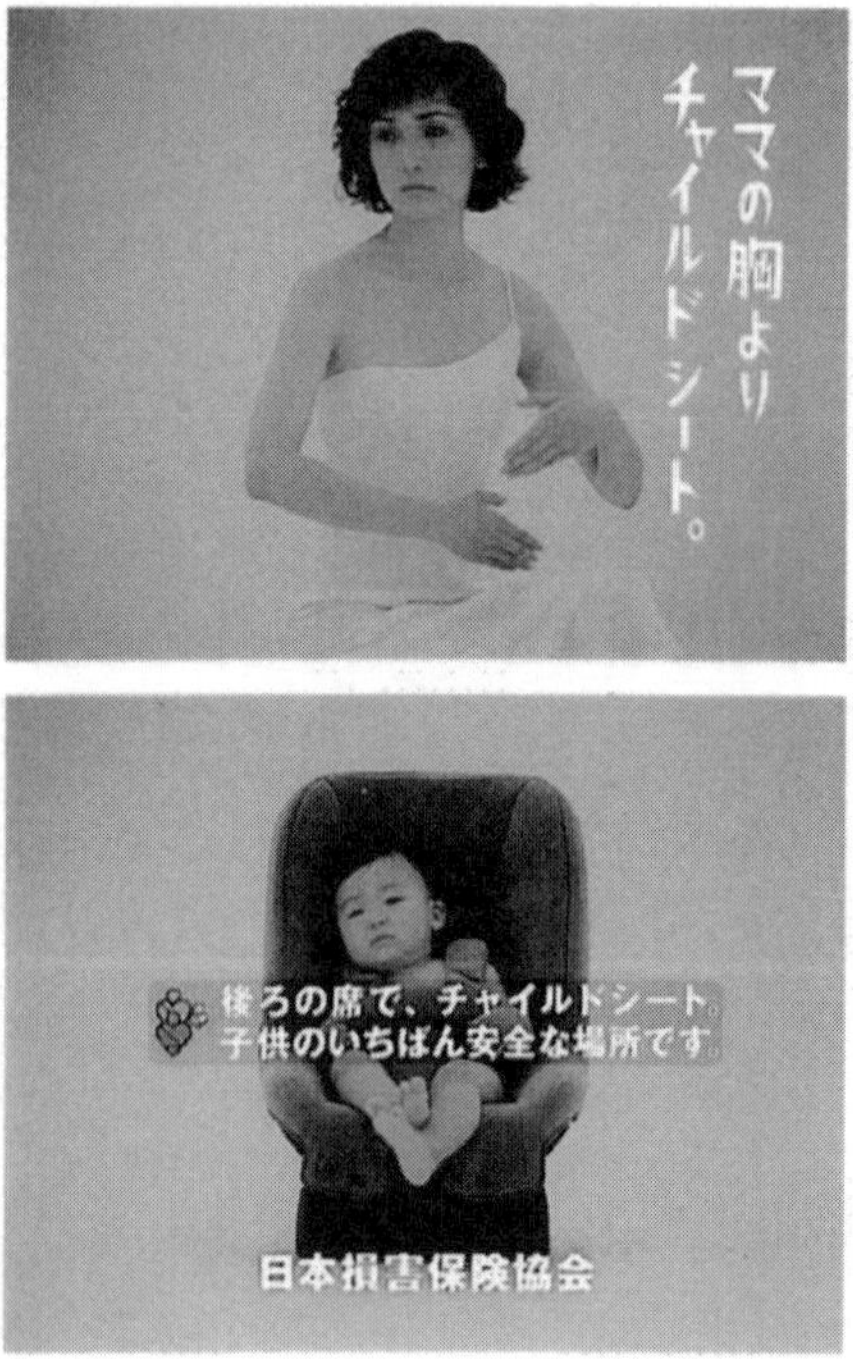

テーマが交通安全に限定されている標語では、表現が偶然にカブることは当然あり得る。その可能性に思い至らない段階で、まったく冷静さを欠いている。

　実は竹内標語は、「全国交通安全スローガン」で総務省長官賞を受賞しており、またこの公募を毎日新聞社が主催していた関係で、『毎日新聞』の一面に掲載されたことがあった。竹内からしてみれば、天下の毎日新聞の一面を飾った自分の標語に、相当な誇りがあったに違いない。この誇りが、「パクられたに違いない」という思い込みにつながってしまったんでしょうなぁ。

図1

クレームに弱い電通

　そして、竹内のクレームを受けた電通の対応もまずかった。彼らは、ＣＭからスローガン部分を削除するという弱腰の対応を取ってしまったのである。**日和った態度を見せると、クレーマーが自信をつけ、かえって勢いづいてしまうことがある。**どうやら、竹内もそのクチだったようだ。彼はこともあろうに、これまでのＣＭ放映によって受けた損害が、なんと**一八億九〇〇〇万円**にのぼると主張し、その一部である五〇〇〇万円の損害賠償金を請求する訴訟を提起したのである。

勢いづくにもほどがある。あんた、クリストファー・ノーランにでもなったつもりか!? 十数文字のキャッチコピーで、ハリウッド映画監督並みの金額を要求すんな！

裁判所に収める手数料や弁護士に支払う着手金は、請求額に応じて高くなる。竹内はこれを考慮して、一八億九〇〇〇万円満額の請求を避けたのだろうが、五〇〇〇万円でも**十分にバカ高い**。竹内が提訴に際し費やした費用は、数百万円にものぼったはずだ。よほど自信がなければつぎ込めない額である。

調子に乗ったとしか思えない

実際、竹内は裁判で、自分の標語は**「日本三大紙の一つである毎日新聞の第一面に記載され〔…〕ているから、〔…〕非常に大きな組織力と情報量を有する被告電通が原告スローガン〔竹内標語〕を知らなかったということはあり得」**ないと強気の主張している。

普通に生活をしていれば、自分の名前が新聞の一面を飾ることなんてまずない。また、このとき竹内は社会面でも写真入りでインタビューが掲載され、**「初めて作った標語が入賞するなんて驚きました」「ロサンゼルスでもハワイでもチャイルドシートをしている光景は当たり前**(注2)**」**などと喜びと標語の意義を饒舌に語っている。**よっぽど他に報じるべき事件がない平和な日だったに違いない**が、本人からしてみれば、末代まで語り継ぎたい自慢話だろう。

普通は読み飛ばすのでは……

だが、冷静によく考えて欲しい。いくら『毎日新聞』の一面といっても、**図2**のポジションなのである。しかも事件や事故の報道でも社説ですらない交通安全スローガンが、果たして一般読者の印象にどれほど残るだろうか。毎朝新聞を読むことが日課のカタブツ者でも読み飛ばしてもおかしくない。

いくら「非常に大きな組織力と情報量を有する」（これも買いかぶりだが）電通でも、三年

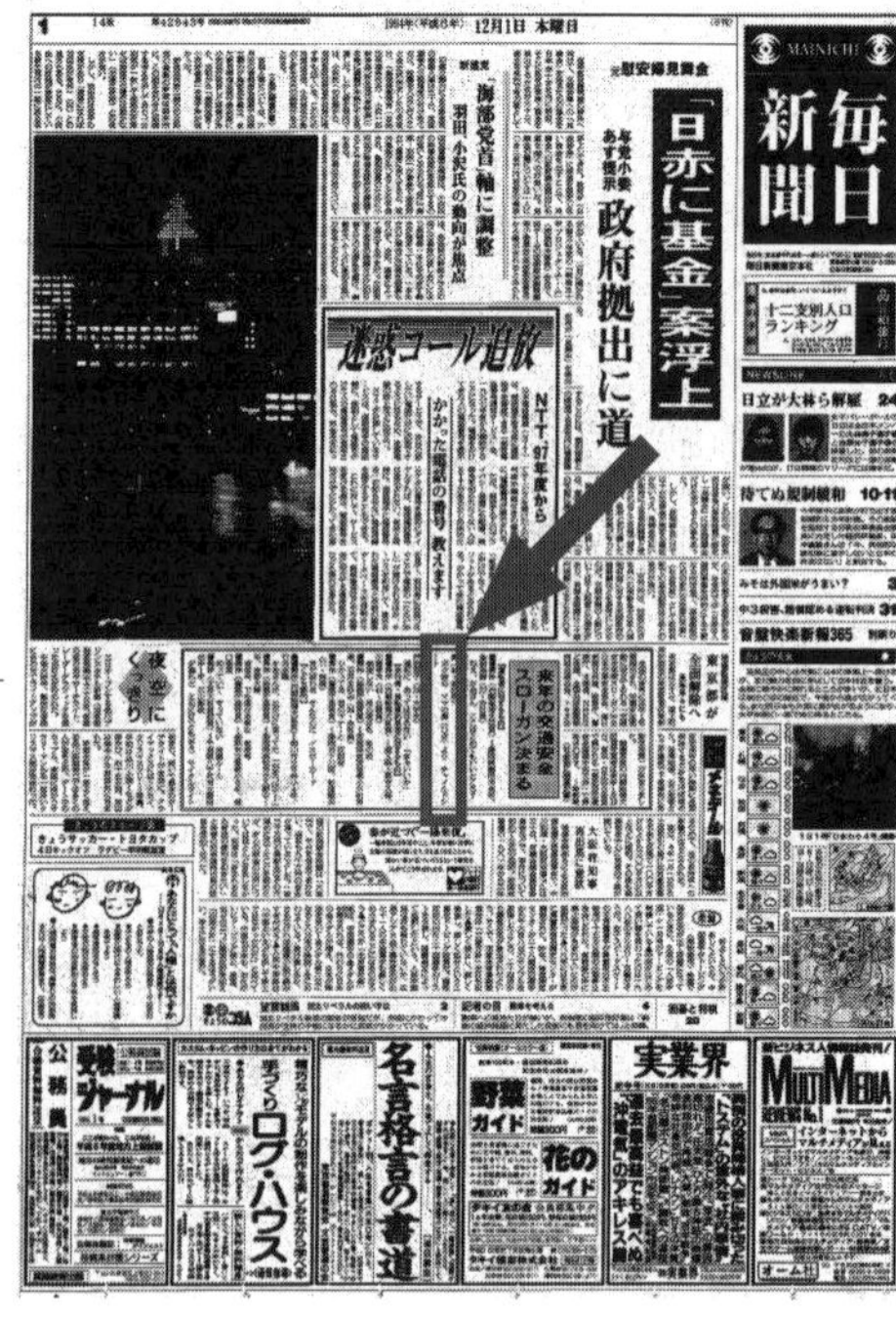

図2

前の竹内標語を「知っていて当然」なわけがない。間違いなく、偶然似てしまったに過ぎない話だ。

果たして裁判所の判断は

ちなみに、偶然の一致であればその時点で著作権侵害は成立しない（「依拠性がない」という）のだが、裁判所は、偶然かどうかはあまり積極的には認定しない傾向がある。どちらの当事者にとっても立証が難しいからだ。本件では、表現の特性や周辺状況から「似て当たり前」という理屈（誰が書いても似て当たり前の部分に独占は認めない）で権利侵害を否定した。東京地裁は以下のように判示している。

両スローガンとも、チャイルドシート着用普及というテーマで制作されたものであるから、「チャイルドシート」という語が用いられることはごく普通であること、また車内で母親が幼児を抱くことに比べてチャイルドシートを着用することが安全であることを伝える趣旨から、「ママの　より」という語

が用いられることも**ごく普通**ということができ、原告スローガンの創作性のある点が共通すると解することはできない。

つまり、**いずれの類似点も「ごく普通」であるから創作性を認められず、**類似点に対して著作権を行使することはできないとしたのだ。納得できない竹内は、さらに金をかけて控訴したが、同様の理由で敗訴している。

結局竹内が一連の裁判に費やした金額は、合計で一〇〇〇万円近くになったのではないだろうか。ちなみに、「全国交通安全スローガン」の総務省長官賞の賞金は三万円である。この人の**金銭感覚**は、いったいどうなっているんだろうか。もう少し、費用対効果ってヤツを冷静に考えた方がいい。

無慈悲！謝罪した正直者に六〇〇〇万円を要求して敗訴した女

『マンション読本』事件

川上ユキ vs 大和ハウス工業、伸和エージェンシー、グラフィックデザイナーA（注1）

似ているが、違法か？

まずは、**図1**、**図2**のふたつのイラストを見比べてほしい。似ていると思うだろうか？ どちらかが真似してこれを描いていたとしたら著作権侵害になると思うだろうか？ この事件は、訴えた方も、訴えられた方も、そして**裁判官でさえも、両方のイラストが「似ている」と思っていながら、それでも著作権侵害にはあたらない**と判断された珍しい事件である。

図1

図2

図1は、インテリアコーディネーターの川上ユキが書いた、一人暮らしを始める女性向けの部屋探しやインテリアコーディネートの指南書『独り暮らしをつくる100』（文化出版局）の挿し絵イラストである。イラストも川上自身が描いている。

図2は、大手住宅メーカーの大和ハウス工業が頒布していた、同社が販売する分譲マンションの販売促進のための小冊子「マンション読本」に使用されたイラストである。制作は、大和ハウスの関連企業で広告業を営む伸和エージェンシーが請け負い、イラストは、伸和エージェンシーからさらに委託を受けたグラフィックデザイナーのAが、別の作画者の手を借りて描いたものだ。このイラスト、なかなか評判がよかったようで、モデルルームの案内パネルにも使われたほか、大和ハウスのホームページや各住宅情報サイト、女性誌などに掲出した同社の広告にも使用された（図3）。ついには**「マンション読本」を書籍として一般販売する計画まで持ちあがった**のである。

ひとり、気が気でない人が……

喜ばしい話だが、話が大きくなるにつれて、**気が気でなくなった者**がひとりいた。「マンション読本」のイラストを描いたAである。実はAは、クライアントには黙っていたのだが、川上の『独り暮らしをつくる100』のイラストを参考にして作画をしていた。そして自分のイラストの露出が増えるにしたがい、著作権トラブルに巻き込まれることを恐れるようになっていたのだ。やがて居ても立ってもいられなくなったAは、**ついに川上に何もかもを正直に打ち明けることを決意。**以下の内容のEメールを送ったのである。

実は、約一年ほど前にハウスメーカーのダイワハウス様の依頼を受けまして分譲マンションのノウハウ本『マンション読本』というものを制作したのですが、その際、川上様の著書『独り暮し（ママ）をつくる100』のデザイン及びイラストを私一人の判

断で無断で参考にさせて頂き作成してしまいました。川上様の著作権を侵害し何とお詫びをすればよいのか、誠に申し訳ございません。(注2)

「マンション読本」差し上げます

分譲マンションを見極める確かな目を養う「マンション読本」をプレゼントします。ダイワハウスでは資産として残るマンションづくりを目指し、法律で定められた基準のほかに、独自の性能基準を設けた「D'シリーズマンション」を提供しています。本冊子ではマンション選びのポイントのほか、「D'シリーズマンション」の特徴もご紹介しています。以下のいずれかの方法でお申し込みください。
ホームページ http://dhms.jp
フリーダイヤル 0120·107·726（平日9時～18時）
FAX 06·6342·1580（郵便番号、住所、氏名、年齢、性別、ご職業、電話番号をご明記ください）

図3

うわぁ。**これ、送るのに相当勇気が要っただろうなぁ……。**書いては消し、書いては消し、送信ボタンを押そうか押すまいか何度も迷うAの姿が目に浮かぶようである。Aは謝罪に続き、川上に慰謝料を支払いたいと持ちかけ、そのうえで、計画が進んでいた「マンション読本」の一般販売について許可を求めたのである。

完全に裏目に出た！

Aは、正直に頭を下げ、誠心誠意謝れば許してもらえることを期待したのかもしれない。だが、残念ながら世の中はそんなに美しくはなかった。**川上は、まったくもってAを許さなかったのである。**彼女は、Aや大和ハウスに対し、これまで頒布されてきた「マンション読本」の頒布中止を求めたのである。いやー、血も涙もない。まぁ、川上からしてみれば、イラストの作者から「著作権を侵害してしまいました」と告白された以上、「いや、これは侵害にはあたらない」と考える余地はなかっただろうし、大企業の販促物や広告に自分のイラストが大々的に無断使用されたも同然だと思ったのだろう。

最悪の事態に……

クレームを受けた大和ハウスも、「これはマズい」と反応した。同社の対応は素早く、直ちに「マンション読本」の頒布を中止し、ネット上の広告も停止。さらに冊子の在庫数を調査・回収し、そのすべてを廃棄処分にしたのである。もはや一般販売など望むべくもなかった。Aにしてみれば**最悪の事態**である。だが、最悪の事態はこれだけで終わらなかった。川上は、「マンション読本」に著作権侵害があったことを理由として、金銭補償を要求。その損害額は実に**六三〇〇万円**であると主張し、大和ハウスと伸和エージェンシーを相手取り、その内三〇〇〇万円の支払いと、謝罪広告の掲載などを求めて提訴したのである。（注3）

そんな大金は払えない！

三〇〇〇万円もの大金を払えといわれたら、大企業といえどもさすがに「はい、そうですか」とは支払えない。裁判では、一転して、著作権侵害を全面的に否定する姿勢を見せた。とはいえ、Aは著作権侵害を自認しているし、大和ハウスも「マンション読本」を回収・廃棄までしている以上、内心では分が悪いと思っていたに違いない。そのうえ裁判官も「**似たような印象を受ける**」「**よく似ているところがあることは否定できない**」「**〔川上が〕模倣されたと感じたことは無理もない**」などと、似ていることを何度も認めているのだ。これは厳しい情勢だ。

だが冷静になって考えてみると、これはそう簡単に著作権侵害だとは結論付けられない話なのである。両イラストはともに、髪の毛を頭頂部で束ねて、いわゆる「おだんご」に結った女性が、仁王立ちしている姿を描いたイラストである。赤い服を着て、短いスカートを穿き、その下にズボンかレギンスを穿いている。これらの点については、裁判官も認めるように、よく似ているところがあることは否定できないだろう。

しかしながら、髪をおだんごに結った、赤い服と短いスカートとその下に細身のズボンかレギンスを穿いた、仁王立ちの女性というのは、それ自体はただの設定である。そういう格好の女性を描く権利を**川上一人に独占させることはできない**から、服装や髪型、ポーズがカブっていることをもって著作権侵害とすることはできない。

比較すべきは、具体的にイラストに表れた表現そのものなのだが、これも一見して似ていることは確かだ。しかし、こういった服装、髪型、ポーズの女性を抽象的でシンプルな作画で描こうと思えば、誰が描いてもだいたい似たような内容になるのではないだろうか？　すなわち、川上のイラストの基本構成は、イラストレーターなら誰もが採用するありふれた表現方法に過ぎず、やはり川上のみに独占させることは不適切なのではなかろうか？

「独自の表現」はどこだ？

このように、ある著作物に、著作権で独占させるべきではない「設定（アイデア）」や「ありふれた表現」と、独占できる「独自の表現」が混然一体となっている場合、その著作物の**「独自の表現」**（これを「本質的な表現上の特徴」という）**はどこなのかを特定する作業が必要だ。**そしてその特徴が、侵害を疑われている作品に再現されているか（「直接感得することができるか」などといわれる）が、著作権侵害になるか否かのポイントになるのである。川上のイラストについても、似ている似ていないを云々する前に、まずは、どこが川上独自の「本質的な表現上の特徴」なのかを探らなければならない。

川上の主張が崩れていく

この点について、川上は、「極端ななで肩」「○や△に近い単純なシルエット」「顔と体の幅をほぼ揃えた点」「手足の先端が細い点」「足がハの字に開いている点」「概ね六等身である点」などを自身のイラストの「本質的な表現上の特徴」と主張し、これらの特徴は「マンション読本」のイラストに再現されていると訴えた。

ところが、裁判所は、これら川上の主張する「特徴」は、「**人物をイラストで単純化して表現する場合にごく一般的に見られるもの**」と認定し、「本質的な表現上の特徴」とは認めなかったのである。**よくよく考えてみれば、抽象的な人物イラストが単純なシルエットで描かれることは当たり前**だし、手足の先端が洋服の裾と比べて細くなっているイラストもよくある。足がハの字、六等身というのは設定でしかない。「極端ななで肩」はやや特徴的にも思えるが、しかし単純な漫画絵では、肩を省略して描くこともよくあるだろう。

裁判所は、これらの一般的な作画表現を除くと、川上のイラストの「本質的な表現上の特徴」とは、「顔面を含む頭部に顕れた特徴」にしか残らないと結論付けたのである。**つまり、首から上を比較しろということだ。**

顔部分を比較しよう！

この認定に従い、改めて、両イラストの首から上を比較するとどうだろう（図4、図5）。皆さんにも、かなり異なるイラストに見えてくるはずである。

まず、顔の輪郭が違う。川上のイラストはひし形に近いが、「マンション読本」はやや下ぶくれの卵型だ。髪型は同じでも、髪の毛の描き方は、縦に直線的な川上と、グレーに塗って斜めに流すように描いた「マンション読本」とは**明らかに違う**。

瞳の描き方も異なる。川上のイラストは黒目を塗っておらず、白目である。さらに眉と口角が直線的であることも相まって、無表情でクールな印象になっている。これに対して「マンション読本」のイラストは眉と口角が曲線になっていて、柔和な印象を与える。

こうした比較から、裁判所は、両イラストは「**一見すると似たような印象を受ける。**しか

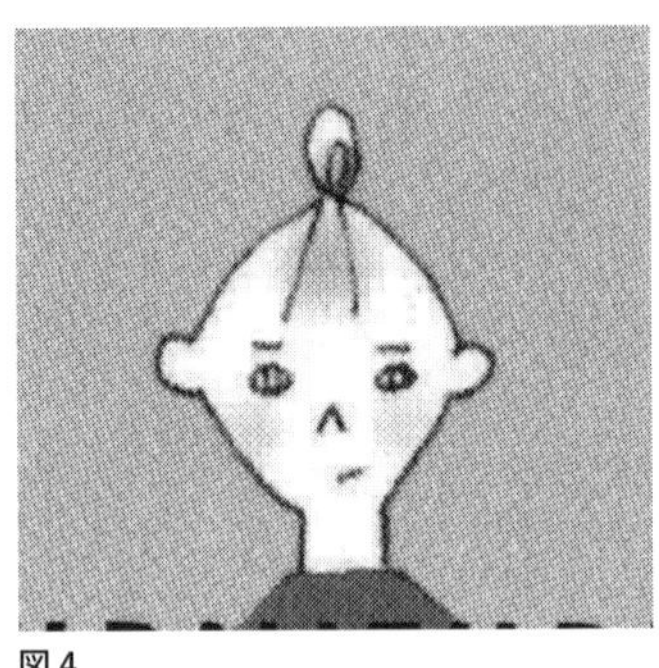
図4

図5

し、〔…〕**その特徴的な部分において相当顕著に異なる**」と判断し、著作権侵害を否定したのである。川上は、**図2**の他にも、「マンション読本」のイラスト全三九点について著作権侵害を主張したが、すべて同じような理由で退けられている。こうして、裁判は川上の全面敗訴となったのである。

謝る必要もなかった!?

こうなってくると、結果論だが、大和ハウスは「マンション読本」を廃棄処分にする必要はなかったし、**そもそもAが悩みに悩んで川上に謝罪メールを送る必要すらなかったということになる。**あの悩んだ日々、苦しんだ日々はいったいなんだったのだろうか。

川上のイラストを参考にしたという事実、一見して似ているという事実がある以上、当事者が負い目を感じてしまうことは無理もない。だがAや大和ハウスに、最初からイラストの「本質的な表現上の特徴」はどこなのかを突き詰めて検討する冷静さがあれば、もしかすると、こんなに**苦しむ必要はなかった**のかもしれない。

しかし、もっと悔やんでいるのは川上の方かもしれないなぁ。裁判になる前だったら、Aも大和ハウスも完全に非を認めていたのだから、六〇〇〇万円などという法外な金額さえ主張しなければ、話し合いの中で、あのまま「著作権侵害でした」ということで妥当な補償が受けられていたのではないだろうか。

どう考えても欲張り過ぎ

いくら大企業の広告とはいえ、イラストレーターのギャラが数千万円になることなんかあり得ない。人気漫画家を起用した場合でも、せいぜい百数十万円といったところだ。川上が相手の負い目に付け込んだとしても、一〇〇万、二〇〇万円くらいが関の山で、このくらいだったら大和ハウスも任意で支払ったのではないだろうか。それを、怒りに身を任せすぎたのか、それとも欲をかいたのか、**あまりにも巨額の損害賠償金を請求して裁判沙汰にしたせいで、**川上は裁判費用をドブに捨てて敗訴したのである。落としどころを見誤ると、損をしますね。

桜を折ったのはぼくです

コラム⑤ ネット上でパクリ疑惑が寄せられたらどう対応すべきか

気になるのは分かるが……

筆者は、以前キャラクター商品などを扱う大手企業で法務の仕事をしていたことがある。そのとき、自社商品に対して、SNSやネットニュースなどでパクリ疑惑が寄せられたことが何度かあった。もちろん濡れ衣であり、誰も商品開発にあたって不正や不法な行為はしていない。どんな作品に対してもパクリ・盗作の言いがかりをつけようと思えばつけられることは、本書で見てきた通りである。このように、謂れのないパクリ疑惑が公に喧伝されてしまったとき、どのように対処すればよいのだろうか。

疑惑を寄せられたデザイナーや担当者は、エゴサーチもするだろうし、小さな書き込みやマイナーメディアの記事、お客様相談室などに寄せられたたった一人の意見でも、気にしてしまうものである。小さくても声高な非難の声に追い込まれて、「早くコメントを出した方がいいのではないか」「似ていることは似ているんだから、謝罪した方がいいのではないか」などと、釈明を焦る人は少なくない。だが大抵の場合、最も効果的な対応は、無視・無反応である。

大規模な炎上騒動をネットニュースやワイドショーなどで見聞きした記憶から、過剰反応をしてしまうむきがあるが、実はその何倍、何十倍も、大して盛り上がらずに、すぐに忘れ去られる「疑惑」の方が多い。いざ当事者になると穏やかではいられない気持ちは分かるが、まずは「スルー」がおすすめだ。むしろ、謝罪でも反論でも公に反応すれば、そのことが騒動のニュースバリューを高める可能性があり、そうなると、かえって、報道などで取り上げられやすくなってしまう。自分から問題を大きくするような行為は、避けるのが賢明である。

安易な謝罪は付け込まれる

一方、無反応を堅持しつつ、万が一、騒動がエスカレートしたときに備えて、釈明や想定問答を用意しておく周到さも必要だ。このとき、謙虚な姿勢を見せておくのがいいだろうと考え、やましいことは何もないのに、とりあえず謝罪の姿勢を示そうとするのが一番よくない。理不尽な非難に正当性を与えることになるからである。

また、法的なロジックで世間に正当性をアピールすることは大事だが、それだけに頼ろうとするのは早計だ。法律上の侵害要件を満たさないとの説明は、もちろん裁判などになれば役に立つが、人々の不信感を拭うのには役立たないことがある。いくら法務部や弁護士からお墨付きをもらって、「著作権法上の保護対象ではない」「依拠性がないため著作権侵害にはあたらない」「意匠権や商標権の侵害に該当しない」などと法的な正当性を主張しても、「でも、結局似てるよね?」という身も蓋もない素朴な疑惑を解消することは、必ずしもできないのだ。これらは、例えば問題行動を指摘された政治家が「批判を招く行動を取ってしまい申し訳ないが、法的には問題はない」などと釈明しても、なおも反感を買い続ける様子を思い出せば、理解できるだろう。

誠実な経緯説明は悪くないが

草稿や下描き、検討過程のやり取りといった創作プロセスを丁寧に開示することで、他人の作品とは無関係に、正当に創作したことを証明しようとする人もいる。誠実な印象も与えるし、悪くない手だが、「後からではどうとでも言える」という、うがった見方もされ得る。悪印象を覆すには、もうひとつ物足りない。

謝罪はダメ、法的正当性の表明や誠実な経緯説明でも不十分。ではどうすればよいか。あらぬ疑惑を寄せられたとき、身の潔白を証明するための防戦に回ると、どうしても釈明に追われているような印象になってしまう。そこで、発想の転換をしなければならない。防戦ではなく、攻戦に出よう。「正当行為に対しあらぬ疑惑をかけるお前の方こそ、間違っている」と応酬するのだ。つまり、自分の正当性を主張するのではなく、疑惑や非難を投げかける側の不当性を主張するということである。

攻撃は最大の防御なり

　例えば、ありふれた表現が重複していることを以ってパクリだと言われたら「ありふれた表現を独占しようとしており図々しい」、合法な引用を盗作だと言われたら「引用が合法であることも知らない浅はかさを露呈している」、そして何より、確たる根拠もないのに公に他人の行為を不正呼ばわりすることは「作り手に対する信用毀損である」といった主張などが考えられる。

　何の根拠もなく、突然「昨日この人がスーパーで万引きしたのを見ました！」と公衆の面前で指を差されたら、「私、昨日はずっと家にいたんです」などと、その場で証明できない釈明をするよりも、「突然人を指さして窃盗犯呼ばわりするお前は異常だ！」と反撃した方が、周囲の理解を得られる（実際異常だそんなヤツ）。それと同じことである。

　攻撃こそ最大の防御とはよくいったものだ。その攻撃が説得的であれば、世間もあなたになびくだろう。降りかかる火の粉を払うだけでは足りないのだ。社会に対して、パクリ疑惑が実はエセ著作権だと分からせるためには、戦う姿勢を示すことが最も効果的であり、必要でもあるのだ。

元首相がウィキペディアをパクった？ 学説を独占しようとする強欲

『音楽遍歴』事件

佐々木修 vs 小泉純一郎

あの大物に寄せられた疑惑

元首相・小泉純一郎に盗作疑惑！ と書けば、なんだかセンセーショナルである。これは、小泉が首相退任後に著した『音楽遍歴』（日本経済新聞出版社）という書籍に寄せられた疑惑だ。同書は、エルヴィス・プレスリーやＸ ＪＡＰＡＮ、オペラやクラシック音楽などを愛好する小泉が、自身の音楽遍歴を語り尽くすという内容である。ただし、最初に小泉の名誉のためにいっておくと、疑惑が寄せられたのは小泉に対してではない。同書で小泉のインタビュアーを務めた編集者、池田卓夫が書いた「注釈」の文章である。

小泉の初演曲が問題に

小泉が中学時代を述懐するくだりだ。当時彼はオーケストラ部に所属しており、そこで初めて演奏したのが「おもちゃの交響曲」だったそうである。クラシックにはありがちだが、一八世紀後半に作曲されたとされるこの曲の作曲者は、はっきりとは分かっていない。小泉は「ハイドンの『おもちゃの交響曲』と述べているが、ここに以下の注釈がついていた。

長くフランツ・ヨーゼフ・ハイドンの作とされたが、最初から疑いをもたれ、弟のミヒャエル・ハイドン、同時代のヴァルフガング・アマデウス・モーツァルトの名も取り沙汰された。

二十世紀半ばの一九五一年、旧西独のバイエルン州立図書館で発見されたモーツァルトの父、レオポルドの楽譜の一部が「おもちゃの交響曲」と一致したため、以後はレオポルド・モーツァルト作曲が定説とされてきた。ところが九二年、オーストリア・チロル地方のシュタムス修道院の蔵書から、一七八五年ころ、神父が写譜した「おもちゃの交響曲」の楽譜が見つかった。そこにはチロルの作曲家でベネディクト会の神父、エドムント・アンゲラーが「一七七〇年ころに作曲した」と明記されていた。現在までのところ、これを覆す新しい材料は出現せず、アンゲラー作曲説が最有力とされている。(注1)

作曲者の定説が、ヨーゼフ・ハイドン→レオポルド・モーツァルト→エドムント・アンゲラーと変遷していることを解説する注釈だ。これに対し、「これって、僕が書いた文章」「明らかにウィキペディアの丸写し」とネットで告発(注2)したのが、指揮者の佐々木修である。ウィキペディアの丸写しとはなんとも穏やかではない。下手をすると、日本国の元首相がネット上で**「小泉純ウィキ郎」**などとバカにされてもおかしくない話だ。

原文にはなんとある?

佐々木は、『音楽遍歴』の刊行以前に、自身のウェブサイト上で「おもちゃの交響曲」についてのエッセイを著していた。さらに、**これとほぼ同じ文章を、自らウィキペディアの「おもちゃの交響曲」のページに投稿していたのである。**池田の注釈と佐々木の解説文を比較して、本当に「丸写し」といえるのかどうかを確認しよう。以下は、少々長くなるが佐々木のウェブサイトに掲載されていた解説文の引用である。

『おもちゃの交響曲』の真の作曲者探しは迷走に迷走を重ねた。自筆譜が存在しないこと、またこの交響曲の成立に関する手紙等の二次資料がないため、確証は得られなかった。18世紀からもっぱらヨーゼフ・ハイドンの作品ということになっていたが、これは当初から嫌疑がかけられていた。つまりヨーゼフ・ハイドンの他の作品と比較して、あまりにも単純、よくいえば田園的だからである。次なる候補はヨーゼフ・ハイドンの5歳年下の弟ミヒャエル・ハイドンであった。ミヒャエル・ハイドンはザルツブルク在住でモーツァルト親子とも親交があり、モーツァルトの最後の交響曲、39番、40番、41番のモデルとなる交響曲を作曲した程の才能の持ち主であった。しかし、これも確証が得られなかった。さらに同時代の大天才モーツァルトの作品に違いないという、半ば夢想的なことも言われてきた。

事態が大きく動き出したのは20世紀も半ばにさしかかった1951年、レオポルト・モーツァルトの作曲とされるカッサシオン（全7曲）が、エルンスト・フリッツ・シュミットによりバイエルンの国立図書館から発見され、その一部が『おもちゃの交響曲』と同一であることが判明した。

モーツァルトの父として、音楽史に燦然と輝くレオポルト・モーツァルトであったが、作曲家としては、ほとんどその作品を後世に残していない。その父モーツァルトが『おもちゃの交響曲』を作曲したというニュースを、世界中の音楽ファンは納得をもって受け入れた。またこの事実から、今日の音楽解説書では、レオポルト・モーツァルトの作品ということが定着している。

1992年オーストリアのチロル地方から驚くべきニュースが入ってきた。それはチロル地方シュタムス修道院（Stift Stams）の音楽蔵書の中から、1785年ごろ、当院の神父シュテファン・パルセッリ（Stefan Paluselli, 1748年‐1805年）が写譜した『おもちゃの交響曲』の楽譜が発見されたのだ。そこには同じくチロル出身で、今日全く忘れ去られた作曲家エドムント・アンゲラーが1770年ころに作曲したと記されていた。

エドムント・アンゲラーの活動とこの交響曲の作風、あるいは木製玩具の製造地であるバイエルン州の著名な保養地ベルヒテスガーデンがほど近いことなどから総合的に判断して、今日これを覆すだけの説はでていない。(注3)

全然丸写しじゃない！ 佐々木の解説文には、ところどころ情緒的な表現も交えられ、定説が塗り替えられていく様がドラマティックに描かれている。それでいて、素人にも変遷が分かりやすい名文だ。だがそうした特色は、池田の注釈からはきれいさっぱり省かれている。端的にいえば、佐々木の解説文から創作的表現をきれいに取り払って、事実表記だけを抽出すると、池田の注釈になる。後に、池田は佐々木の解説文を参考にし、これを要約したことは認めている。だが、事実表記そのものには著作権は発生しないから、著作権の観点からすれば、**池田の要約方法は合法かつ模範的だ。**つまり、法的には何ら問題はない。

それは俺の説だっ！

一方、佐々木が引っかかったのは、アングラーを「おもちゃの交響曲」の真の作曲家とする「自説」が、『音楽遍歴』であたかも「一般的な定説」であるかのように書かれたことだったようだ。つまり、**「もともと俺の唱えた説だぞ！」**という不満である。

だが、たとえ発見者や最初の提唱者といえども（ちなみに、後述するが佐々木は初の提唱者ですらない）、学説自体やそれを裏付ける事実を独占することはできないし、独占しようとしているとしたら図々しい話である。

自分で広めておいて……

だいたい、佐々木の言動はおかしいのである。「自分が唱えた独自説」として、いつまでも自身の成果と結びつけておきたいのであれば、**どうして、自ら匿名百科事典のウィキペディアに投稿するなんて暴挙に出たのだろうか。**そこには、「アングラー作曲者説」を「定説」として世の中に広めたいという目論見があったとしか考えられないのである。にもかかわらず、いざ実際に他人の著作、それも小泉純一郎というビッグネームの著作で、自身の「発見」と無関係に、「定説」であるかのように取り上げられた途端に、**急にやっぱり手柄を横取りされたような気分になっちゃったんじゃないの!?**

ちゃっかりしてるぞ佐々木！

ともあれ結局、日本経済新聞出版社は、佐々木のクレームを受け入れ、『音楽遍歴』の第三刷から、注釈部分に、「出典:『モバイル音楽辞典 http://www.music-tel.com』(ザルツブルク・モーツァルテウム音楽大学講師をつとめた佐々木修氏の研究による)」という一文を追記している。佐々木も、この対応には満足したようで、告発記事を削除して矛を収めている。そのうえ、ウェブサイトに「〔**自分の文章は〕日経出版より出版された小泉純一郎元総理の著書『音楽遍歴』の中にも引用されるなど、大きな反響を呼びました**[注4]」などと**鼻高々**につづっているのだ。まぁ、損害賠償や謝罪を要求するよりはよっぽど健全で、双方が満足するＷＩＮ-ＷＩＮな解決方法ともいえるが、それにしてもちゃっかりしてるよな。

本当に「定説」といえるか？

ところで日本経済新聞出版社の対応だが、前述の通り、著作権の観点からは、何ら責めるべき点は見当たらない。しかし、別の観点では、やはり佐々木の出典表示はあった方が望ましかったと思う。というのも、「『おもちゃの交響曲』の真の作曲者の最有力候補はアンゲラーだ」という見解は、未だ少数説であり、定説や常識とまではいえないからだ。今日でも、「おもちゃの交響曲」を収録したＣＤや楽譜集などは、作曲者をレオポルド・モーツァルトとするものが大半である。

佐々木の文章が上手く、しかも本人がウィキペディアにあたかも定説であるかのように投稿した[注5]ことで、思わず定説と信じた池田の気持ちは分かるが、実はウィキペディアにはもちろん、佐々木のウェブサイト[注6]の解説文にも、もともとは裏付けとなるような記述はなかった。にもかかわらず、池田が出典検証を怠ったまま、アングラー作曲者説をあたかも定説であるかのように本に書いたのは、情報の正確性を欠くという意味において不適切だっただろう。もし書くのなら、やはりあくまで佐々木の見解であることを添えるか、**「アングラー説も存在する」程度の記述に留めるべきだったと思う。**ま、著作権問題とは別論として、記事を書くにあたって**安易にウィキペディアを信じてはいけない**という、当たり前のことを再確認させてくれる事件であった。

佐々木の手柄ではない！

ちなみに、その後、編集された最新版[注7]のウィキペディアによれば、作曲者アングラー説は、日本ではすでに一九六〇年代に音楽評論家の志鳥（しどり）栄八郎によって紹介されていたと書かれている。佐々木が日本に初めて紹介したわけでもなく、なんとその五〇年以上前から存在していたのだ。ならば、佐々木が自分の手柄であるかのように自慢するようなことではまったくないだろう。いやぁ、まったく便利ですねぇ、ウィキペディアって（なお本稿は、志鳥が著した一九六七年の著書にこれを裏付ける記述[注8]があることを確認して書いている）。

サボり学生に朗報か？　ウィキペディアからのコピペに無罪判決！

『ｅｃｏ検定最短合格講座』事件

ブルーベア、ＩＡＣ vs エフジス都市研究所（注１）

のだろうか。実は、そのような形でのコピペであれば、**著作権侵害にもあたらなければ、不正行為にもあたらないと認定した裁判例が存在する。**「レポートにウィキペディアからのコピペが見つかったら即、落第！」と、日々学生を指導している学校の先生などからしたら、**卒倒モノの判決**だろうか。

高額の教材にトラブルが

ｅｃｏ検定という資格検定試験がある。正式名称を「環境社

コピペは絶対にＮＧなのか？

書籍執筆でも学生のレポートでも、書き物をするうえで「ウィキペディアからのコピペはＮＧ」というのは、今や常識といえる。**しかし、「なぜＮＧなのか」をきちんと考えたことがあるだろうか？**　ひとつには、誰でも匿名で編集できる百科事典のウィキペディアといえども、内容によっては執筆者に著作権が生じる場合があり、その場合コピペは著作権を侵害するからだ。もうひとつは、誰でも匿名で編集できる以上、その内容の信頼性は低く、間違いや誇張、偏りのある主張、ウソなどが書かれている可能性が常にあるからである。

それでは、著作権を侵害せずに、内容も正しいことを確認したうえでコピペをするならばどうだろう。それでも「ウィキペディアからのコピペはＮＧ」な

会検定」といい、東京商工会議所が主催する、環境問題に関するさまざまな基礎的な知識を問う内容の試験だ。そして資格検定試験にはつきものだが、受験を志す人向けのテキストが、出版社やセミナー会社などから発売されている。資格検定向けテキストを多く発行する出版社の同友館が販売していたオンライン教材「ｅｃｏ検定最短合格講座」はそのひとつだ。ＩＡＣという会社が企画し、ブルーベアという会社がデータ制作を担当し、エフジス都市研究所という会社が教材の原稿制作を担っていた。エフジス社は、さらに大学教授や環境カウンセラーなどの専門家に、原稿執筆を委託していた。このようにして制作された「ｅｃｏ検定最短合格講座」は、同友館のウェブサイトにて一セット定価三万円で配信販売された（図1）。

……三万円である。**ちょ、ちょっと高くないか？** 環境問題について学ぶことの重要性が年々高まっていることにまったく異論はないが、すでにＣＳＲなどの仕事に就いている人が知見を深めるために受ける類の試験で、そんなに高額の教材まで買う人がどれだけいるのかなぁ……と思っていたら、案の定、半年弱で二セットしか売れなかったそうである。

おすすめ
eco検定最短合格講座(eラーニング)
※キャンペーン中
特価期間：2009年02月06日～2009年06月30日まで
写真を拡大する

著者名	環境カウンセラー全国連合会 監修 株式会社IAC 企画 株式会社ブルーベア 制作
定価	~~30,000円~~ ~~（本体28,571円＋税）~~
特価	24,999円 （本体23,809円＋税）
ISBN	9784496100000

数量：1　カートに入れる

この本の内容
環境社会検定試験(eco検定)対策の学習をパソコン上で行うeラーニング講座です。公式テキスト(東京商工会議所編)の目次に沿って、一流の講師陣が丁寧

図1

踏んだり蹴ったり！

売れ行きが悪いと、仲間内の関係も**ギスギスしてくるものだ**。ほどなくして、制作会社らの間では次第に契約期間の短縮や解除といった世知辛い話が出るようになる。そのさなかで、エフジス社が納品した教材の原稿に「ウィキペディアなどからの転用」があることまで発覚してしまったのである。例えば、ウィキペディアの「環境の日」の項目と、テキス

トの「環境の日」の用語の解説文を比べてみよう。

〈ウィキペディア「環境の日」[注2]〉

由来は、1972年6月5日からスウェーデンのストックホルムで開催された「国連人間環境会議」を記念している。1972年12月15日に日本とセネガルの共同提案により国連総会で世界環境デーとして制定された。日本においては、平成5年の環境基本法の制定時に記念日として設けられている。6月の一カ月間は、環境月間として、毎年、環境省や地方自治体、企業などによって環境セミナーや展示会などが各地で開かれている。

〈eco検定最短合格講座「環境の日」解説〉

1972年6月5日からスウェーデンのストックホルムで開催された「国連人間環境会議」を記念している。1972年12月15日に日本とセネガルの共同提案により国連総会で世界環境デーとして制定された。日本においては、平成5年の環境基本法の制定時に記章日として設けられている。6月の一カ月間は、環境月間として、毎年、環境省や地方自治体、企業などによって環境セミナーや展示会などが各地で開かれている。

改行位置が違うだけで、ほぼ同じである。他にも、同じようにウィキペディアや環境省のサイト、ネット辞書などからの転用が、合計三ヶ所もあったという。どうもエフジス社が原稿作成を委託した専門家の一人であるAの執筆部分にこうした転用があったようだ。著作権侵害や不正行為を云々する以前の問題として、仮にも専門家として執筆を依頼されておきながら、**あまりにもラクをし過ぎじゃないか？ ちょっとは変えろよ、A！** という気持ちにさせられるのは確かだ。

コピペに気づいたのは誰だ⁉

注目すべきは、この問題の発覚から裁判に至る経緯である。ウィキペディアの執筆者が気づいてクレームしたとか、第三者が気づいてネットで告発して炎上した……という経緯ならばありがちな話なのだが、そうではない。**何せ、この教材はニセットしか売れていないのだ。外部の人間が気づく余地はない。**気づいたのは身内のブルーベア社だった。同社はエフジス社に対し、転用部分の原稿差し替え等の検討と、他にもネットからの転用箇所がないかの確認を指示している。

当初、エフジス社はこれに素直に応じて、Ａを含む執筆者に注意喚起し、原稿の確認や修正を指示するなど必要な対応をしていたようだ。しかし、教材の売り上げ低迷から、販売方法や契約の継続をめぐって仲間内で揉めるようになり、それをきっかけに、エフジス社は修正原稿の提供を拒むようになったのである。

身内で責任の押し付け合い!

同友館、ブルーベア社、ＩＡＣ社からすれば、ただでさえ売れてないのに、さらに「著作権侵害の疑い」がある教材の配信をこのまま続けられないと思ったのだろう。彼らはエフジス社との契約を解除し、さらにブルーベア社とＩＡＣ社は、事業に費やした費用を回収するために、エフジス社を訴えたのである(同友館は訴訟に参加しなかった)。要するに、仲間内でコピペに気づいて、その調査や修正の責任めぐって**内輪揉め**が生じ、そのうえ売り上げ低迷から損失補填の問題が生じてさらに揉めたという話だ。著作権侵害の被害者(ウィキペディアの執筆者など)が介在しないのに裁判沙汰にまでなった、珍しい事件である。

経費も人件費も全部求償!?

ブルーベア社らの言い分はこうだ。エフジス社は、教材制作にあたり第三者の著作権を侵害してはならない契約上の義務があった。そうである以上、著作権侵害の疑いが生じた場合には、侵害の有無について調査し、それを報告する義務があった。にもかかわらず、エフジス社は調査と報告を拒み、そのせいで自分たちは教材を販売できなくなったのだから、生じた損害を賠償せよ、というのだ。そしてその損害額として、ブルーベア社は、教材制作費の全額にあたる二〇九万円を、IAC社は、担当者が企画の打ち合わせなどに費やしたすべての時間の**時給相当**額四八万円の支払いをエフジス社に請求している。

しかし、これはちょっと虫が良すぎないか？ 売れなかった商品の制作に費やしたコストを、**人件費まで含めて「ウィキペディアからの転用という罪」にかこつけて、エフジス社からむしり取ろうとしているようにしか思えない**のだが。実際、エフジス社は、原稿の一部にウィキペディアなどからの転用があったことは認めたものの、教材が半年で二件しか売れていない以上、配信期間中にコストを回収することはそもそも不可能だったと指摘。仮にエフジス社に落ち度があったとしても、ブルーベア社らの主張する「損害」とは因果関係がないと反論した。それはそうだろうなぁ。

ウィキコピペに無罪判決！

これら当事者の主張に対し、裁判所はどう判断したか。裁判所は、エフジス社の落ち度とブルーベア社らの損害の因果関係を論じる以前の話として、「ウィキペディアからの転用」に関して、**エフジス社に落ち度はない**と認定したのである。

曰く、転用部分は、いずれも法令、化学物質、環境用語などの定義、統計や数値、客観的な事実を簡潔に記載したものであるとし、「**これらの表現は、誰が書いても同じような表現となる、あるいはありふれた表現であるといわざるを得ず、独自の観点からの説明や解説がなされていたり、個性的な表現や創意工夫があると認めることはできない**」と判断した。ゆえに「著作権を侵害していると認めることはできない」というわけだ。おおっ！ ほとんど丸写し、コピペに近いのに、**著作権侵害にはならない**という[注2]！

原稿差替の強要は不合理だ！

さらには、ブルーベア社らが著作権侵害の疑いを持ち、それを理由に、エフジス社に対し原

12月11日（火曜日）

稿の差し替えや調査などを指示したことについては、「**客観的には著作権法違反とはいえないような表現の類似性を根拠とする『著作権侵害の疑い』をいうクレームに対し際限のない対応をしなければならないとすれば不合理**」とまで断じ、エフジス社に対応義務はないと認定している。**法的根拠もなく、なんとなく「似ているからマズい」というだけでは、原稿の差し替えや再納品を強要することは許されない**というわけだ。

辞書に依るのは当然！

考えてみれば、資格試験用の教材という商品の性質を踏まえると、その内容には、作者の主観や思想を排し、事実や学術的定義に忠実な記述が求められる。そうすると、辞書の記載や、官公庁の発表に沿った記述こそが好ましく、それらの表現に類似するのは当然のことだったといえる。さすがに丸写しは不用意ではあったかもしれないが、それが著作権に抵触しない範囲の転用であって、かつ内容も正確であれば、責められる謂れはないのである。

結局大損してないか⁉

この理屈が分からなかったブルーベア社らは、納得できずに控訴し、やはり敗訴すると、さらに最高裁にまで上告したが、不受理で終わっている。事業自体が圧倒的な赤字で終わったうえに、多額の裁判費用までつぎ込んで最高裁まで突っ走り、結局一円も回収できずに敗訴したのだから、**これはもう大赤字であろう**。「ウィキペディアからのコピペはNG」という「お題目」を、表面的に妄信して最高裁まで突っ走ったことが彼らの敗因である。これを「ダメなものはダメ」としか教えない日本の教育の弊害であるとして、彼らも気の毒であるといったら、大げさだろうか。

まぁ、一番気の毒なのは、ウィキペディアや環境省のサイトを読めば書いてある内容が転用された教材を、三万円も出して買った二人の受験生なのかもしれないが……。せめて試験に受かっていることを祈りたい。

そこを批判するのはどうか？百田尚樹のウィキコピペは本当に罪？

『日本国紀』事件

宝島社 vs 百田尚樹

論争におけるマナー違反

言論人やその支持者が、**論敵の著作を批判したいがために、エセ著作権を持ち出すことがときどきある。**「○○の本は××のパクリだからけしからん」というわけだ。しかし、これは控えるべきだ。「主張が間違っている」「考察が浅い」といった批判は大いに展開すべきだが、事実に反して「コイツは本を書くうえで不法行為、不正行為を行っている」などと公に喧伝すれば、それは相手の言論人としての信用や名誉を毀損することになり、もはや**健全な言論とはいえない**からである。

作家・百田尚樹（ひゃくた）の『日本国紀』は、古代から平成時代に至るまでの日本史の流れを通史的にまとめたエッセイで、二〇一九年にベストセラーとなった。基本的には史実や通説を教科書的に紹介する内容で、その端々に百田独自の見解や歴史認識、政治的思想が織り込まれている。特に終盤の戦後史に関する記述には、その傾向が色濃く表れている。

保守派の論客としても知られる百田は、リベラル派の言論人などから批判を受けることも多く、『日本国紀』もさまざまな批判の対象となった。その中に「『日本国紀』はウィキペディアの記述を多数パクっている」というものがあり、著名な言論人も言及した。[注1]確かに、『日本国紀』にはウィキペディアを参考にして書いたと思しき箇所が散見され、百田もそれを認めているが、そうした批判について以下のように述べている。

一番腹立つのは、百田のこの本は、Wikipediaからパクってコピペしとると。これが腹立ってね。〔…〕そりゃ、Wikipediaから引用したもんとか、あるいは、借りたもんとかある。〔…〕でもね、それもね、大半が、それ、歴史的事実やし、誰書いても一緒の話や。あれ、腹たつわ。もう印象操作やで[注2]

数多くの批判にさらされた百田が、その中でも「一番腹立つ」といってのけたのは頷ける話だ。**これは本の内容ではなく、書き手としての所作に対する言いがかりだからだ。**

本当に問題があるのか？

この批判について、ここでは『日本国紀』の批判本、『百田尚樹「日本国紀」の真実』（別冊宝島編集部［編］。以下、「宝島本」）の指摘を取り上げよう。同書は、『日本国紀』について「数十ページ分が『ウィキペディア』のパクリ」「無断引用」「著作権侵害問題」などと断じ、「主要な類似例」として七箇所を紹介している。そこまでいうからには、さぞ「悪質な無断転載」が厳選されたのだろうと思いきや、実際に比べてみると、**どうもそうとは思えない**。

例えば、以下は宝島本が指摘した最も長文の「類似例」である。一九八二年、高校の歴史教科書における「日中戦争」に関する記述をめぐって、中国、韓国と外交問題が生じた、いわゆる「教科書検定問

題（歴史教科書問題）」に関する記述だ（傍線は引用者によるもので、宝島本が「類似部分」として指摘した箇所を示す）

〈ウィキペディア「歴史教科書問題」〉(注3)

各新聞の1982年（昭和57年）6月26日付朝刊が、日本国内の教科用図書検定において、昭和時代前期の日本の記述について「日本軍が「華北に『侵略』」とあったのが、文部省（現在の文部科学省）の検定で「華北へ『進出』」という表現に書き改めさせられた」と報道され、日本と中国、韓国との間で外交問題に発展した。これは第一次教科書問題といわれる。

当初は大きな問題として扱われていたわけではないが、7月20日前後から「歴史教科書改ざん」キャンペーンが展開され、7月26日に中国政府から日本政府に正式に抗議が行われた。この問題に関連して、小川平二文部大臣が「外交問題といっても、内政問題である」などの発言をし、松野幸泰国土庁長官が「韓国の歴史教科書にも誤りがある」「日韓併合でも、韓国は日本が侵略したことになっているようだが、韓国の当時の国内情勢などもあり、どちらが正しいかわからない」と発言をしたことから、韓国からも強い反発も招き、韓国の『東亜日報』は21日のトップ記事で侵略美化を憂慮する報道をした。この問題を解決するため、8月26日に『「歴史教科書」に関する宮澤喜一内閣官房長官談話』が発表されたが、中国は「宮沢官房長官談話には満足しうる明確かつ具体的是正措置がなく、中国政府はこれに同意できない。」と回答、同日、小川文相が国会の教科用図書検定調査審議会への諮問に「隣接諸国との友好親善に配慮すべき」との一項目を加えることを表明したことで、9月9日に中国政府は「まだ曖昧ではっきりせず満足できない部分もあるが、これまでの説明に比べれば一歩前進したものであり、今後採られる具体的行動及びその効果を更に見守ってゆく」と了承し、韓国政府も「日本政府の努力を多とする」

と回答して、外交的には収束した。

〈日本国紀〉

昭和五七年（一九八二）、日本の教育が大きく揺るがされることになる事件が起きた。いわゆる「教科書検定」問題である。

これは六月二十六日付けの朝刊各紙が報じた記事がきっかけとなった。具体的には、昭和前期の部分で「日本軍が華北に『侵略』」とされていた記述が、文部省（現在の文部科学省）の検定によって「華北へ『進出』」という表現に書き改めさせられたというものだったが、当初はさほど大きな問題とはされていなかった。ところが、七月二十日頃になって再浮上し、以降、マスメディアで「歴史教科書改竄」キャンペーンが展開されるようになる。

七月二十六日には、中国政府から日本政府に正式に抗議が行われ、この日を境に、八月の終戦記念日に向けて連日、「侵略から進出へ」の書き換え問題が喧しく報道された、この時初めて、日本の歴史教科書の記述内容が、中国・韓国との間で外交問題に発展した（第一次教科書問題）。しかし当時の文部大臣、小川平二（へいじ）はこれに際し、「外交問題といっても、（教科書については）内政問題である」という真っ当な発言をし、国土庁長官、松野幸泰（ゆきやす）も「韓国の歴史教科書にも誤りがある」「韓国併合でも、韓国は日本が侵略したことになっているようだが、韓国の当時の国内情勢などもあり、どちらが正しいかわからない」などの正論を述べたが、日本のマスメディアからは大きなバッシングを受け、韓国の大きな反発を呼び込むこととなる。

八月二十六日、事態を収拾するため、官房長官の宮沢喜一が『歴史教科書』に関する宮沢内閣官房長官談話」を発表するが、中国・韓国はさらに反発し、結局、翌日、小川文相は国会の文教委員会で、

「隣接諸国との友好親善に配慮すべき」との一項目を教科書用図書検定基準に加えると表明することになる。(注4)

長文の引用になったが、比較すると、確かに『日本国紀』の記述がウィキペディアに依っているであろうことはうかがえる。しかし、だからといって、これを不正行為、ましてや著作権侵害と断ずることはできない。

歴史的事実はみんなのもの

なぜならば、このくだりは、教科書検定問題をめぐって、一九八二年六月二六日から九月九日までに起こった史実をなぞる記述に過ぎないからである。**百田の言う通り「歴史的事実やし、誰書いても一緒の話」なのである。**百田は、この史実を「前置き」にして、近隣諸国に配慮した教科書記述が増えていく情勢に呆れてみせ、そうした情勢に加担するマスメディアを短く批判するのだが、論旨としてはこちらがメインだ。

史実には著作権が発生しない。史実をまとめた記述については著作権で保護されるが、その保護は、史実の記録そのものではない細部の表現などにしか及ばない。そして百田の文章は、細部においてウィキペディアの記述とは**十分に異なる**。

なぜ史実の記録に著作権が生じないかというと、もし史実の記録自体に著作権が発生し、記録者がその記述を独占することになれば、**後年の歴史家は、その史実に言及するうえで大きな制約を受けることになる**からだ。史実の記録は、社会の公有財として、**誰もが自由に利用できる状態**にしておくことこそが正しいのである。

特に『日本国紀』は、述べたように、基本的には史実や通説を教科書的に紹介していく内容で、その端々に百田の見解や思想が散りばめられているという構成だ。**「教科書的に」とは「ウィキペディア的に」と言い換えることもできる。**要するに史実や通説を淡々と記述している箇所が多く、そうである以上、少なくともそうした箇所が、既存の教科書や事典、ウィキペディアの記述と似るのは、当然に許容すべきといえるのだ。

出典を示す必要すらない

この件では、百田が「そりゃ、Ｗｉｋｉｐｅｄｉａから引用したもんとか、あるいは、借りたもんとかある」と反論したことから、「『引用』したのなら、ちゃんと参考文献として『ウィキペディア』と出典を示せ」といったさらなる批判も招いたが、揚げ足取りに過ぎない。著作権で保護されない史実や通説の記録の転用である以上、これは著作権法にいう「引用」にすらあたらないからだ。**許可を取る必要もなければ、引用のルールに縛られる必要もないのである。**

ただし、もしよほどの歴史的新発見や新説に依った記述をするのであれば、それが史実やアイデアに過ぎず、著作権で保護されないとしても、発見者や提唱者への敬意として、あるいは読者による検証の便宜を高めるために、出典を表示することが好ましいだろう。しかし、本件はそれにもあたらない。ウィキペディアの「歴史教科書問題」の概要のように、すでに複数の論述や報道がなされている史実や通説については、**もはや一般的常識**として捉えるべきであり、特定の発見者や提唱者に対する配慮や検証も不要だからである。

著作権の問題は別として、百田が、一般的には信頼性が低いと見なされているウィキペディアの記述に分かりやすく依存した文章を複数書いていたことは、不用意だったとはいえるだろう。また、注釈で(注5)

述べるように、ウィキペディア以外の参考文献については、いくつか本当に不適切な引用もあったようだ。

それでも『日本国紀』はウィキペディアのパクリ」という評価については、やはり行き過ぎである。誰も「地球は太陽の周りを回っている」という話をするとき、「コペルニクスの学説によると」などといちいち断らないし、明日の天気について語るときに、いちいち「昨日ヤフーニュースが配信したウェザーニュース社の記事によると」などと前置きはしないのだから。

思想のクセが強過ぎる！頑なに原稿を直さないワガママ漫画家の敗訴

『やっぱりブスが好き』事件

原田智子 vs スコラ、青葉出版（注1）

原作者はエラいが……

アニメや映画業界で一番偉いのは誰か。監督？ プロデューサー？ いろいろな考え方はあるが、ある意味で神ともいえる存在は原作者だ。原作に基づくアニメや映画作品は、とにかく原作者からOKがもらえなければ世に出ることはない。それは単に、力関係のうえで大御所の作家先生だからということではなく、著作権法によって与えられた権限があるからだ。

著作者は、自身の著作物について、意に反する改変を受けない権利がある。著作者人格権のうちのひとつで「同一性保持権」という。もちろん無名の新人作家にも等しく与えられている権利だ。この権利のおかげで、**原作者の意に沿わない形で作品が改変されることは、基本的にはない。**（注2）同一性保持権は、作家と編集者（出版社）の間でも有効だ。一般に本づくりは、作家が書いた原稿を編集者がチェックし、修正や校正を経て完成する。しかし、編集者が勝手に原稿を直して発行してしまうことはなく、必ず作家の目を通すことになっている。これをウッカリないがしろにすれば、同一性保持権の侵害になる可能性もある。同一性保持権は、表現を勝手に変えられたくないという作家の精神を保護するためのものだ。

とはいえ、これは作家が主観

的なワガママを押し通すための権利ではない。客観的に見てワガママが過ぎれば、**裁判でも負けるし**、仕事も失うことになる。これはそのことを示した事件である。

原田と編集者の間に何が……

事件は、漫画家の原田智子が、自身の二四頁漫画について、編集者が承諾なしに七五ヶ所も改変して雑誌に掲載したことに激怒し、同一性保持権侵害などを理由に四一六万円の賠償金と謝罪広告の掲載を要求したものである。**単純計算で一頁につき三ヶ所以上も編集者が勝手に内容を改変したとは異常事態だ。**いったい何があったのか。問題となったのは、『月刊Ｓａｋｕｒａ』というレディースコミックに掲載された『やっぱりブスが好き』という作品だ（**図1**）。[注3]当該号を入手し、あらすじを簡単に説明するとこうだ。

図1

裁判沙汰漫画の内容は？

落ち目のアイドル・松田聖良（せいら）は、芸能プロの社長の息子・鱈小路綾麻呂（たらこうじあやまろ）との交際の噂をマスコミに立てられる。鱈小路は人気演歌歌手の十五夜月子（つきこ）と公然の仲であり、「月子を妬んだ聖良の略奪愛」という形のバッシング報道がなされたのだ。しかし聖良は、鱈小路と月子を「ダサダサ男」「まんじゅうみたいなイモ娘」と見下しており、略奪愛との誤報におかんむり。そこで、バッシングを払拭するために、交際中の正統派イケメン俳優・神田正明との結婚を発表。ド派手な結婚披露宴を開き、奥さまタレントへの転身を図る。

ところが、同時期に鱈小路と月子も結婚し、月子は「夫に従う妻となり いずれは母となる身」として引退宣言を行った。すると世間は月子の奥ゆかしさを評価し、聖良へのバッシングはかえって強まる一方だった。失意の聖良に、月子は「自分は大衆心理を研究し、何をすれば世間から反感を持たれないかを考えぬいて、ブスの奥義を極めたのだ」と宣言する。落ち込む聖良だったが、正明から「旧態依然の家制度にしがみついている男に同調するしか生き方を知らない自己主張のない女性になんか ぼくは少しも魅力を感じないよ」と励まされ、一念発起してニューヨークで成功する。

皇室をおちょくりまくり

以上は原田に無断で修正された後の内容だが、何が問題でどう修正されたのだろうか。実は、原田は鱈小路と月子を、秋篠宮文仁親王と親王妃紀子をモデルにして描いていたのだ。元原稿では、鱈小路は鯰小路（なまずこうじ）となっており、これは文仁親王がナマズの研究者であることをもじったネーミングだろう。この他、鱈小路と月子を描写する際には、皇室用語や、通常皇族に対して使うようなことさら丁寧な敬語が使われていたという。

その二人が作中で**「ダサダサ男」「イモ娘」「ブスの奥義を極めた」「自己主張のない女性」などと表現されているのだから穏やかではない。**一般の娯楽漫画雑誌では敬遠されるのもやむなしである。そこで、こうした皇室を想起させるような表現の修正がなされたのである。もちろん、作家が皇室を揶揄する表現を使ったからといって、編集者が勝手にこれを書き換えていいわけではない。それだけならば、同一性保持権の侵害は認められていた可能性は高いだろう。問題は「編集者が書き換えざるを得なかった経緯」である。

原稿放ってモスクワへ！

通常、漫画家と編集者は、ネーム（下書き）の段階で打ち合わせを行い、方針を決定することが多い。本件も多分に漏れず、この段階で、編集者は原田に皇室を連想させる表現は改め、絵も秋篠宮夫妻に似せないように依頼し、これに原田も異論を挟まなかったというのだ。編集者としては、打ち合わせ通りの軌道修正がなされることを期待して、入稿を待つしかない。だが、原田はその後、原稿を描き終えぬまま、**なぜか黙ってモスクワ旅行へ旅立ってしまう**。そして締め切りを二日過ぎてから帰国し、その時点では原稿は未完成だったという。この時点で作家としてヤバそうだ。

編集者と連絡を絶つ原田！

翌日、編集者から催促を受けた原田はペン入れ前の下絵を送ったが、その内容を見た編集者は唖然。セリフも絵もネームとほとんど変わらず、秋篠宮夫妻を揶揄するような内容もそのままだったのだ。この時点で締め切りは三日過ぎている。慌てた編集者は原田に電話をかけ、ペン入れで修正するよう要請。原田は抵抗したが、最終的には渋々これに応じている。

そして締め切りを五日経過して、ようやく原田は完成原稿を入稿。しかし編集者は再び驚愕した。依然として皇室表現がほとんど直っていなかったのだ！　慌てて原田に電話をかけると、バレエ鑑賞に出かけて留守だという。**これもうワザとだろ**。

ついに原田の本音が……

夜中になって原田と電話がつ

ながった編集者は「今すぐに原稿を直してほしい」と要求するが、事ここに至って、原田は**「堂々と皇室批判をしたい」「今は不敬罪というのはないはずだ」**などと言って拒否。二時間にもわたる押し問答も奏功せず、話は物別れに終わったのである。進退窮まった編集部は、電話を切った**夜中の〇時から、部員総出で原稿の修正**を行い、午前二時に部員がタクシーで帰宅した後も、担当編集者が徹夜で修正を終え、そのまま印刷所に原稿を引き渡したという。

編集者に同情集まる

　これ、どっちが悪いだろうか？　原田の意に反して原稿を直したのだから、形式的には、編集部の行為は同一性保持権の侵害になってしまうかもしれない。しかし、仕事の進め方として考えると、明らかに原田が悪い。「堂々と皇室批判をしたい」というのは、**なかなか強い思想**であって、本人としては自身の思想や表現の自由の問題として譲れなかったのかもしれない。だが、これは思想の中身や是非は関係ない。それ以前の問題である。

　原稿を「直します」と二度も承服しておいて、旅行に行ったりバレエに行ったりして連絡を絶ち、締め切りを大幅に超過した挙げ句、ほとんど直さぬまましれっと原稿を渡して、そのまま雑誌に掲載せざるを得ない状況に編集者を追い込んだのである。いくら自分の表現を守りたいからといって、これはさすがに**やり方が汚いよ**。裁判所も、こうした経緯を踏まえて、以下のように判示している。

> **もとより、出版業者が、原画の内容が自社の方針に反するからといってこれを無断で改変することは、決して許されるものではない。けれども、事前の合意に反して自社の方針に反する原画の出版のための作業日程上、許される期限間際に引き渡された本件の場合、山下編集長がやむを得ずにした本件原画の改変、掲載を理由に原告が損害賠償や謝罪広告を請求するのは、あまりに身勝手である。**

このように認定し、原田による同一性保持権の行使は、「権利の濫用」として退けられ、彼女は敗訴したのである。原田は、他に抱えていた月刊誌での長期連載を休載してまでこの裁判に臨んだのだが、結果はこの通りだ。その後、彼女は一般誌での活動からは遠ざかり、二〇〇〇年代には政治色の強い媒体での執筆や取材に応じたり、政治家の応援演説を行っていた記録が見つかるが、その後の活動状況は不明である。

法律系出版社困惑！ 執筆者から外された著作権法学者の怒りが暴発！

『著作権判例百選』事件

大渕哲也 vs 有斐閣(注1)

著作権本が著作権侵害!?

知的財産分野で高名な学者が、著作権の解説書を著作権侵害で訴え、しかも敗訴した。前代未聞の珍事件である。いったい何が起こったのか。法律書系出版社の有斐閣が出版する『著作権判例百選』は、著作権に関する重要な判例を集め、各判例についてそれぞれさまざまな学者や法律家が解説するという解説書である。一九八七年の初版以降、新たな判例を加えたり、解説者を入れ替えながら数度の改訂を重ねており、執筆時現在［第6版］までが発行されている。

俺を外すなら訴える！

知的財産を専門とする東京大学教授の大渕哲也は、その［第4版］に編者の一員として参加していた。大渕はその次の［第5版］にも参加することを期待していたが、有斐閣の編集方針によりメンバーから外されてしまった。有斐閣の担当編集者は、大渕を外す理由として「［大渕が］自分中心で勝手なことをなさり、場合によっては他の編者の気分を害して編集作業がストップしたり、あるいは執筆者たちのモチベーションを下げたり、というおそれが高い」(注2)と社内で報告している。どうも**トラブルメーカー扱い**だったようである。これに納得できない大渕が、［第5版］は自分が著作権の一部を持つ［第4版］を元にして書かれたうえに、編集内容自体も七割方一緒なのだから、自分を外すのであれば著作権侵害にあたるとして、出版差止を求めて仮処分を申し立てたのである。

一見すると、編者を外された大渕が、腹いせに著作権を主張して［第5版］の出版を妨害しようとしているように思える。**多分まぁ実際そうなのだろうが、**この主張、ちゃんと理屈は通っている。しかし、辞典や図鑑、法律解説書など、版を重ねながら内容をアップデートしていくタイプの書籍において、新しい版が常に前の版に基づいているのはあまりにも当たり前の話過ぎて、「新しい版が前の版の著作権侵害にあたる」という発想は、普通は出てこないと思う。さすが、学者は頭が切れるというべきか……。

大渕は著者ではなかった⁉

さて、訴えられた有斐閣はどうしたか。こちらもなんとも驚くべき理屈で反撃したのである。［第4版］の表紙には、編者として、大渕の他に、中山信弘（東京大学名誉教授）、小泉直樹（慶應義塾大学教授）、田村善之（東京大学教授）の計四名が表示されている。しかし有斐閣は、表紙の記載を自ら否定し、「［第4版］の本当の編者は、実はその四名ではなく、小泉と上野達弘（早稲田大学教授）である。**そもそも大渕は著作者ではない**」との反論をぶち上げたのだ。（注3）

いやはや、一歩間違えれば、佐村河内守（注4）もびっくりのゴーストライター騒動である。表紙上の著者の四分の三が本当の著者ではないうえに、表紙に載ってない人物も著者でした、というのは考えてみれば**メチャクチャな話**だ。有斐閣によれば、大渕ら三名も編集に参加はしていたが、実体的な編集作業は、小泉と、一番年下で「自分が編者という形で参加するには早過ぎる」との自認から「下働き」として参加した上野が中心になって行い、中山、大渕、田村は、それに対して意見を述べたり承認したりする程度の関与しかしなかったというのである。

自ら重要判例をつくるとは……

まったく褒められた慣習ではないが、学術書の世界では、ちょこっと関与しただけの大先生が著者の筆頭に名を連ねたり、逆に執筆の大部分を担当したのに、若手という理由で著者名から外されることがある。本件もその類の話だろう。

こうして裁判では、実際の編集作業において大渕が果たした役割が、「著作者」といえるほどのものであったのかどうかが主な争点となった。その結果、東京地裁は大渕を著作者と認め、［第5版］の出版差止の決定が下されたものの、知財高裁では逆転。大渕は「**アイデアの提供や助言を期待されるにとどまるいわばアドバイザーの地位に置かれ、**〔…〕**これに沿った関与を行ったにとどまる**」と認定され、著作者とはいえないと判断されたのである。

実は表紙上の編者のうち、最も重鎮の中山が、大渕を参加させることに当初から難色を示しており、参加することになった際にも「**原案作成に口出しをしないように**」と大渕に注意していたのである。大渕も承服しがたい思いを抱きつつ、実際に積極的な関与をしなかったことが決め手となった。

ちなみに［第5版］から大渕を外すよう、有斐閣の担当編集者に示唆したのも中山である。なんだかドロドロしていますな。

ともあれ、知財高裁の決定により、著作権の解説書が著作権侵害で訴えられるという前代未聞の事件は終結し、［第5版］は当初の予定より約一年遅れて刊行されたのである。

ちなみに、**その後出版された『著作権判例百選［第6版］』で、この事件は重要裁判例のひとつとして取り上げられた。**

まぁ取り上げないのも不自然だけれども、いったいどんな思いで編集したのか気になって仕方がない。そして、解説を読んだ後は、それではこの［第6版］の表紙に載っている「編者」のうち、本当の著作者は**いったい誰なのだろうか**と、どうしても気になってしまうのであった。（注5）

漫画の引用は許さん！ ゴーマン過ぎる「無断引用禁止」論者の敗訴

『脱ゴーマニズム宣言』事件

小林よしのり vs 上杉聰、東方出版（注1）

引用にキレるバカバカしさ

公表された著作物は、引用して利用することができる。これはすべての利用者に認められていることだ。ところが、世の中には「作品を引用するのなら許可を取れ」と**法律無視で強弁**する者もおり、困惑してしまう。

漫画家・小林よしのりは、自身の漫画作品『ゴーマニズム宣言』を批判した、評論家・上杉聰（さとし）の著書『脱ゴーマニズム宣言』（東方出版。以下、「上杉本」）に、自身の漫画のコマが多数引用されていることに気づき、著書で「わしの絵を無断で盗んで乱用している」「著作権侵害のドロボー本（注2）」などと批判した。さらに、上杉と東方出版に上杉本を絶版にするよう内容証明郵便を送り付け、拒否されると著作権侵害で訴訟を提起したのである。

そんな常識はない！

もちろん、「引用」の大義名分があれば他人の著作物は使い放題というわけではない。小林のいうように、実態として乱用されていれば著作権侵害になるだろう。小林が「上杉本のコマの使い方は引用の範囲を超えている」と考えたのであれば、その問題意識は理解できる。ところが、小林は上杉を批判する中で「**漫画・アニメなどのビジュアル作品の内容を評する場合でもその作品の画面を著作権者に**

無断で転載してはならないというのは常識中の常識だ[注3]」「**文章の場合と違って漫画の絵の引用の場合には作者の許諾を得なければならないという『慣例』が出版界にはある**[注4]」などと発言している。裁判自体も、漫画界全体の公的利益のために闘うものとして位置付けていた。

要は、彼は「漫画のコマを無断で引用すること自体、そもそも許されない」という思想を持っていたのだ。確かに、出版業界の一部では、漫画のコマを引用する際には、版元や作家の許可を得ることがあるようだ。合法な引用でも「揉めるリスク」を回避するために、「念のため」に消極的な許可を得ておく、という実務があるということだろう。[注5]だがリスク回避のためといえば聞こえはいいが、**こんなものは単なる事なかれ主義である。**こうした例が積み重なると、小林のように引用の正当性を誤解する当事者まで生んでしまうのだから、もはや業界の悪弊といってもいい。真実は、冒頭に述べた通り、漫画だろうとなんだろうと、著作物を無断で引用して利用することは、まったく問題ないのである。小林の考えは明らかな間違いだ。

提訴翌月に自己矛盾が露呈！

裁判の経過を簡単に紹介しよう。まず小林は、引用について争う以前に、『脱ゴーマニズム宣言』というタイトルに噛みついている。上杉本は、自身の周知著名な書籍タイトル『ゴーマニズム宣言』を無断使用し、その顧客誘引力を不当に利用しているから、不正競争防止法違反だと主張したのである。これは**相当無理筋**である。批評本で、批評対象を示す趣旨で対象書籍のタイトルを使うなというのは、まさしく傲慢（ゴーマン）としかいえない。

しかも小林自身、なんと提訴の翌月に、**『朝日新聞の正義』**（井沢元彦との共著。小学館）というタイトルで、朝日新聞の批判本を刊行しているのだ。なんたる自己矛盾、なんたるダブルスタンダードだろうか。周知著名性でいえば、『ゴーマニズム宣言』より『朝日新聞』の方がよっぽど上だぞ。**仮に上杉本**

が不正競争防止法違反になるのなら、小林も同罪である。裁判では、『脱ゴーマニズム宣言』は、書籍の内容を説明するために用いられたもの」に過ぎないとして、小林の主張は一蹴されている。当たり前である。

膨大なコマ引用は合法！

前哨戦でしっかりと負けた小林だが、肝心の引用問題についてはどうか。小林も、裁判で堂々と「漫画の引用には絶対に許可が必要である」などと主張すればさすがに負け筋と思ったのだろう**（じゃあ、裁判外でもそんな主張をすんなよ）**。法廷では、上杉本における『ゴーマニズム宣言』のコマの転載が、引用として適切な範囲を超えているとの主張を中心に据える戦略を採っている。

実際に上杉本を読むと、コマの引用量が多いことは確かだ。実質九〇頁の本文のうち、コマの引用は実に五七カットにのぼる。一頁あたり一・五カット以上使われている計算になる。**図1**の頁など、コマの分量の方が多い。大胆な引用であるとはいえそうだ。

ところがこの頁も含めて、裁判所は、**五七のカットすべてについて引用自体は合法であると認めている**（ただし一カットのみ、コマの配置が改変されていることを理由に控訴審で権利侵害が認められた。解説は注釈に譲る[注6]）。漫画を引用するのには許可が必要だと思い込んでいる編集者などは「え、こんなに使ってもいいの!?」と思うかもしれない。

引用目的に正当性がある！

大きなポイントは、各コマの引用にしっかりと「正当な目的」があったことだ。著作権法は、引用の要件を「報道、批評、研究その他の引用の目的上正当な範囲内で行われるもの」（第三二条）としており、上杉本はこれに当てはまるというわけだ。

上杉本は二つの構成になっており、前半は、小林の漫画家としての姿勢を批評する内容、後半は、当時小林が著書等で取り上げていた従軍慰安婦問題に関する見解への批判・反論で構成されている。ちなみに、当時小林は、戦時中の植民地で女性が従軍慰安婦として奉仕させられていた問題について、「日本軍による強制があったという証拠はない」という立場を採っており、上杉はこれに反対する立場を採っていた。

例えば、**図1**の頁における上杉の論評の内容はこうだ。小林は、かつてオウム真理教に暗殺されそうになったことがある。加害者が自白しており、小林も何度かその話を漫画で描いているが、事件としては立件されていない。これを引き合いにして、上杉は「小林が、明確な証拠がないことや当事者の証言が変遷していることを理由に慰安婦問題を軽視するのなら、立件されておらず、漫画での描写もころころ変わっている小林暗殺未遂事件も『でっちあげ』ということにしていいのか？」と小林を批判したのである。この文章に、小林が「慰安婦が強制連行された証拠がない」「当事者の証言がころころ変わって信用できない」と主張する趣旨で描いたコマ二点と、自身の暗殺未遂事件について描

ない」と描く。

「新ゴーマニズム宣言第29章」より

ならば、よしりん暗殺未遂事件も「なかったとしか思えない」と言っていいのかい？

よしりんの漫画には、VXガスを注射器に入れて、よしりんを待ち構えるオウム信者がたびたび登場する。ところが、初期は、その先に注射針を付けているが、後期になるとゴムホースのような管を付けている。さらにホースの先が曲がってい

「ゴーマニズム外伝第4話」より　「ゴーマニズム宣言第百五十八章」より

44

るのもある。

証言、ちがった、証言がくるくる変わって信用

「新ゴーマニズム宣言」第3巻特別編より

できない——と言っていいのかい？　よしりん！

ところで、警察発表によると、よしりん暗殺指令は「オウム自治省大臣」の新実智光が山形明という元自衛官に命じたとなっているが、よしりんは——

「ゴーマニズム外伝第4話」より

と、麻原彰晃が命じたように証言されている。

よしりんは、「慰安婦」問題で、「業者による強制連行はあったが、軍が行ったのではない」と描くが、これを次の私が書き入れた手書き文字のようにするとわかりやすい。

9　よしりん暗殺未遂事件はでっちあげか？

43

図1

いた表現の細部が変遷していることを示すコマ三点を引用して文章にはめ込んだのだ。

直接の批評以外の引用も合法

正直この論評は、皮肉にしてもうまくはないように感じられる。しかし、**文章で論じたいことを補足・補強する目的でコマが引用されていることはよく分かる。**これについて、裁判所は「論説中の主張を原告〔小林のコマの〕カット自体に仮託（かたく）させ**ることによって、被告書籍〔上杉本〕の読者に対して、原告漫画の論法に対する批判を強調するものである**」と認定し、正当な引用としたのである。その他のコマの引用も似たり寄ったりの目的によるもので、いずれもすべて正当な引用と判断されている。

「批評目的の引用」というと、引用したコマに対して「このコマにおける作画の表現技法は云々……」「このコマにおける主人公のセリフは当時の社会情勢を反映しており云々……」などと論じるのが典型的だ。だが、そうした典型例に限らず、上杉本のように、**批評の強調、根拠の提示、説得力の増強、読者の理解補助といった目的でも、正当な引用の範囲として扱える**ことを、この判決は示しているのである。

敗訴で墓穴を掘ったのでは？

この判決は、「漫画の引用は許可を取るのがルール」という出版業界の「常識」をひっくり返すものだった。「ルール」を守り、漫画家全体の利益のための訴訟だと息巻いていた小林にとっては大打撃だ。事なかれ主義の下で成り立っていた**砂上の楼閣のような常識**が、かえって判決によってまやかしだったことが明らかになったからだ。「引用でも許可申請がほしい」と思っていた漫画家は、もしかしたら小林の他にもいたかもしれないが、こうなった以上、むしろ彼らは「なんてことしてくれたんだ！」と小林を恨んでいるのではないか？（注7）

判事の意見を邪推しまくる！

そして小林自身は、この判決で考えを改めるどころか、**不**

満タラタラなのである。地裁判決後、東京地裁の部長判事で、後に知的財産高等裁判所の所長も務めた飯村敏明が、この裁判で漫画の引用要件が比較的緩やかに判断された理由について「目的に根拠があったと思う」と発言したという。発言は、**図2**に示す小林による引用の孫引きなので、飯村の真意は正確には分からない。しかし、先に解説したとおり「上杉が、各コマを引用した目的の正当性を立証できたことが、判決の根拠になった」と理解するのが自然ではなかろうか。

ところが小林は、この発言を「上杉本自体の目的が、判決の根拠になった」と理解したのである。すなわち、上杉が従軍慰安婦問題に関して小林を批判する目的を持っていたから、裁判所はその論争を妨げないようにするために、あえて小林の著作権を犠牲にしたのではないかと捉え、司法への不信感を吐露したのだ（**図2**）。

挙げ句の果てに「**まさかわしが『従軍慰安婦論争』で強制連行の証拠はなかったと主張した側だから著作権を失ったわけじゃなかろうな？**」「**国民の世論や政治的な目的次第で法は曲げてもいいと取れる発言を確かに部長判事はしたのである**」「**三権分立 司法の独立なんてウソだったのか？**」とまで話が展開するのだから（注8）、これはもう**モノスゴイ邪推と被害妄想**のオンパレードである。

図2

引用制度は公益のためにある

さらに判決から四年以上経ったあとでも、小林は引用に関する自説を一ミリも曲げずに以下のように主張している。小林の情感が伝わるように、**しっかりとコマごと引用しよう**（図3）。

小林が一コマ一コマに心血を注いで漫画を描いていることは事実だとしても、この主張は、彼が裁判を経ても「なぜ著作権のある著作物であっても、引用による無断利用は許されているのか」を根本的に理解していないことを示している（だいたい、この理屈だとシンプルな作画のギャグ漫画やコミックエッセイ、手描きよりもコストと時間のかからない**デジタル作画の漫画なら勝手に引用してもいいってことにならないか?**）。

なぜ著作権法上、引用が許されているのか。それは、先人の著作物を批評することでテーマに異なる視座を与えたり、他人の著作物を土台にして新たな論説や表現に展開させることによって、社会に新たな価値観を提示し、文化を発展させるこ

図3

とができるからである。正当な引用には、そのような社会的、文化的な意義があるのだ。

別のいい方をすれば、**引用が許されているのは、引用は著作権者が被る私的な不利益よりも優先すべき公益につながるからなのである。**小林は、一貫して「私」より「公」を重んじることを訴えている論客だ。この理屈が分からぬはずがない。元の漫画のコマを描くのに何時間、何十万円かかっていようと関係ない。**引用すべき価値のある著作物は、公益のためにいかなる著作物でも自由に引用されるべきなのだ。**

作家の度量を問う！　トンデモ本に六五〇〇文字の大引用でもセーフ！

『小さな悪魔の背中の窪み』事件

松田薫 vs 竹内久美子、新潮社（注1）

「引用」の許容性は広い

何度も述べるが、引用であれば著作権侵害には該当しない。ただし、引用にも一定の作法があり、引用を言い訳にすれば無軌道な転載が許されるわけではないことにも注意は必要である。典型的な「引用の作法」とは、例えば、どこからどこまでが引用部分なのかが明瞭に分かるようにすること、あくまで自分の表現が主役で、引用部分は付従的なポジションとすること、出典を明かすことなどが挙げられる。

だが実は、引用はこうでなければならないという「型」が法律で決まっているわけではない。判例や社会常識によっておおまかな作法が形成されてはいるものの、法律条文上は、「公正な慣行」に則り、「正当な目的」があればよく、**要は節度があればいいのである**。その許容度の意外な広さを示した事件を紹介しよう。

一一頁にも及ぶ大引用！

エッセイスト・動物行動学者の竹内久美子が書いた『小さな悪魔の背中の窪み―血液型・病気・恋愛の真実』（以下、「竹内本」）という書籍がある。一九九四年にベストセラーになった。内容は、俗説として軽視されがちな「血液型と性格の相関関係」について再考を促すものだ。基本的にはエッセイだが、著者の動物行動学の知見が盛り込まれており、科学読み物的な雰囲気も強い。もっとも、後述の通り「非科学的なトンデモ本」という評価がある。

竹内本において、竹内は「なぜ血液型と性格の関係は、学会で俗説扱いされているのか」をテーマに一節を割いている。日本の学問史や血液型占いブームの社会史を振り返る内容だ。しかし、彼女はこうした社会学の領域に関しては専門外だったようで、この節の一一頁余りにわたり、作家の松田薫の『「血液型と性格」の社会史』（以下、「松田本」）の内容を要約して引用している。**一一頁。実に約六五〇〇字にも及ぶ引用だ。これは長い**。それに、松田の文章をそのまま転載したのではなく、要約しているのも典型的な作法には則っていない。出典については、引用部分の直前にこう書いている。

血液型と性格との関連を論ずることについて、これまでどんな歴史があったのかを調べてみることにしたのである（『「血液型と性格」の社会史』、松田薫著、河出書房新社、などを参考にしました）[注2]。

この書きぶりだと、松田の本を参考にしたことは分かるが、どこからどこまでが松田の文章で、どこからが竹内の文章なのかが必ずしも明瞭ではない。行儀のよい引用でないことは確かだろう。

二刷りで不自然な修正が……

なお、これは初版第一刷の表記で、第二刷以降は少し表現が変わっている。引用直前の文章は、**「『「血液型と性格」の社会史』（松田薫著、河出書房新社）という本を手掛りに、その内容を要約する形で説明してみよう」**に変更され、さらに引用部分の直後には「**以上が、松田氏の前掲書から私なりにまとめた、大正から昭和初期にかけての〝血液型騒動〟の顛末である。ちなみに、松田氏の著書は大変な労作で、近々改訂版が出るそうである。一読をお勧めする**」という文章が追加された。

第一刷と比べると明らかに丁

寧な出典説明になり、おまけに**松田をヨイショする文章**まで付け足されている。これはもう、松田からクレームがついたからに違いない。

著作権に過敏な松田

だが、この修正によっても松田の怒りは収まらなかったようで、ついに竹内と新潮社を著作権侵害で訴えたのである。

ちなみに、竹内の予告通りに出版された松田本の改訂版の帯には、なんとわざわざ「禁盗用」などと書いてある(**図1**)。こ、これは、竹内への私怨メッセージではなかろうか!? そう思って読んでみると、文中で、彼は自身と対立する学説を唱える複数の学者から「剽窃など著作権や人格権の侵害」を受けたなどと被害を訴えているのであった。具体的な内容は書かれておらず詳細は不明だが、松田の著作権に関する**過敏な性格**がうかがえる。

ともあれ、自分が苦労して書いた本の主要部分を簡単に要約され、約六五〇〇文字も使われたとあれば、松田が怒るのも分からなくはない。しかも松田によれば、竹内は「他の学者等から厳しく批判されている(注3)」存在であり、実際、竹内本は内容の非科学性が『トンデモ本の世界』(と学会)であげつらわれている。そんな著者のそんな本に自著が盛大に使われては迷惑だという思いもあったのかもしれない。

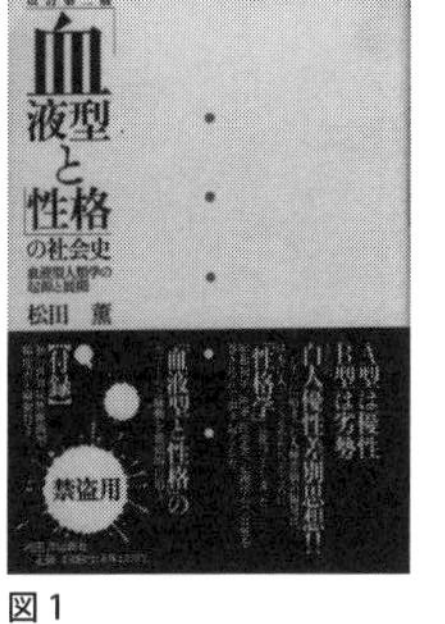

図1

合法な引用と認めたロジック

ところが裁判では、これでも適法な引用であると認められたのである。東京地裁は、要約引用は法的に許容されると判断したうえで、一一頁余り(約六五〇〇字)という分量についても許容している。統一的テーマで書かれた**二〇〇頁以上の書籍の中の一一頁**であること、また引用の趣旨としても「血液型と性格は相関する」という自説を述べる前提として、そのような説が学会で強く否定されている背景にある歴史的事実を説明するための引用であって、**その目的が正当である**ことを踏まえ、主従関係が認められる分量であると判断している。

また、出典表示に関しては、第二刷については何ら問題なしとした。第一刷の表現についても、自分の文章と引用文を明瞭に区別する形式として「望ましいとはいえない」としつつも、「一応明瞭に区別されている」として、全体的にギリギリセーフとの判断を下したのである。

表現者なら引用を許すべき

筆者も、ギリギリセーフで許容すべきだと考える。自分がやられたら確かに気分はよくないだろうなとは思う。**だが、作家はそれを受け入れなければならない。**先人の研究成果を引用して、これを土台に新説を展開することで、新たな発見や成果が生まれたり、異なる視点から光を当てることで、研究テーマが意外な分野に波及することがある。たとえそれが、トンデモ説として評価されるむきがあったとしても、**新たな価値観を世の中に提供すること自体に意義があり、社会の利益に資するのだ。**

そのような効果をもたらす引用であれば、引用された側としても、多少、その分量が多めでも、恩恵を受ける読者や社会のために不快感を収めることが、あるべき姿ではないだろうか。まぁ実際当事者になると、そんな大人の対応ができるかどうかわかりませんが。

世の中には、いかなる内容だろうと「無断引用禁止」を主張したり、明らかに正当な引用なのに怒る著者もいる。そういう人は、社会の利益よりも、著作権者としての自分の利益を極端に優先しているのである。公共性に乏しく、自分勝手な性格なのだ。引用されることを忌み嫌う作家の血液型を調べると、いったい何型が多いのだろうか。気になるところではある。

批判記事で引用するな⁉ 大手新聞社がトンデモスラップ訴訟で敗訴

『運鈍根の男』事件

日本経済新聞社 vs 砂川幸雄、晶文社（注1）

大新聞社のご乱心

そんなことで怒るかフッー？ というべき事案で大新聞社が個人のライターを訴え、「そんなことで訴えるのは失当である」との判決で完全に敗訴した。典型的なスラップ訴訟というべき事件である。

かつて『日本経済新聞』には「20世紀 日本の経済人」という連載コーナーがあった。本田宗一郎や松下幸之助などの経営者や財界人の偉業をつづったコラムである。このコラムが、明治時代の住友財閥の二代目総理事・伊庭貞剛（いばていごう）を取り上げたことがあった（**図1**）。

伊庭の功績として一般に評価されているのは、一八九〇年代に社会問題になった公害問題の解決に取り組んだことである。当時、住友財閥が愛媛県に所有していた別子銅山は、栃木県の足尾銅山と並んで製錬に伴う公害をまき散らしており、地元住民とトラブルになっていた。

「日本の経済人」は、伊庭がこの問題に向き合い、愛媛県新居浜市にあった製錬所を、巨費を投じて無人島に移転させたことを「最大の解決策」と評した。

また、足尾銅山の公害問題を明治天皇に直訴したことで知られる田中正造が、「別子銅山は、足尾銅山とは比べものにならないほど模範的で、それは社会の事理人情を知っている住友財閥の銅山だからだ」との主旨を述

23　日本経済新聞　1999年（平成11年）5月10日（月曜日）

20世紀　日本の経済人　挑戦編

伊庭　貞剛

1847–19…

住友系主要企業の礎築く

公害対策進め、植林始める

別子銅山の紛争を解決

禅の修行、大道を知る

図1

べた演説を引用して、あの「田中が手放しで称賛するほど」だったと、伊庭を褒めたたえている。[注2] **伊庭の伝記コラムとしては、順当にまとめられているな**という感じである。

穏当な記事批判をしたら……

ところが、当時の公害問題を研究していた作家の砂川幸雄からしたら、**こんなコラムは生ぬるく感じたようだ。**砂川は、公害問題を追及した田中正造ばかりが英雄視され続けている現状に疑問を持っていた。そして、田中の追及を受けた側の足尾銅山の所有者・古河財閥（現在の古河機械金属グループ）の創業者・古河市兵衛の功績を再評価すべく、古河の伝記を著していた。

その伝記『運鈍根(うんどんこん)の男─古河市兵衛の生涯』（晶文社）で、砂川は先の「日本の経済人」を批判的に引用したのである。コラムが伊庭の業績を手放しで称賛していることを、引用文を交えつつ紹介し、「**まことに不思議な新聞記事**」「**読者は疑いなくこれで住友の煙害問題は解決したと信じるはずである**」などと評したのだ。

砂川の研究によれば、実際には、別子銅山の公害問題は日経新聞が書くほどスムーズに解決したわけではなく、また、日経新聞が引用した田中正造の演説は、砂川にいわせれば、「〈田中が〉古河市兵衛をつねに悪玉に仕立てておく必要があった」がゆえの「つくり話」で「何一つ真実が見当らない」というのだ。そしてそんな演説を、無批判に紹介した「日本の経済人」について、砂川は「**彼〈田中〉が戦略的につくったデタラメの話まで、何十万という新聞の読者に真実らしく報道するのは罪つくりではないか。古河系の会社関係者はこの記事を読んで何と思うだろうか**」と批判したのである。(注3)

どう考えてもキレ過ぎ

この記述に、どういうわけか日本経済新聞社（以下、「日経」）が**ブチ切れた**。同社は、砂川の文章は、日経新聞の名誉を害する不適切な引用であって、著作者人格権を侵害するとして、出版差し止め、謝罪広告**（しかも日経新聞に載せろという）**、損害賠償金一〇〇〇万円の支払いを求めて砂川と晶文社を訴えたのである。

日経の主張はこうだ。砂川の記述は「日経新聞が別子銅山の煙害問題がさも簡単に解決したかのように誤報した」「デタラメを報道した」という印象を読者に与えるもので、これらが「悪質な誹謗中傷」だというのである。しかしこれは、**不可解なイチャモン**だ。確かに砂川の文章は「『日本の経済人』の内容は不正確だ」という趣旨のものだが、ハッキリいって、そこまで気にするほどの内容だろうか？　いわんや、悪質な誹謗中傷にあたるとはまったく思えない。

そもそもこれは、事件報道の記事などではなく、コラムにおける歴史上の人物の評伝なのである。書き手によって、その人物の業績の評価の仕方や、掘り下げ方に差が出ることは当たり前で、**その違いから、砂川は「『日本の経済人』の考察は甘い」という批評をしただけ**なのである。

批判耐性がなさすぎる！

この程度の新聞記事の批判的引用は、まったく珍しいことではない。一般に新聞のコラムは、限られた紙幅で誰にでも分かりやすく受け入れられる文章が求められるから、通説を覆すような大胆な言説は採用されにくい。それが専門家や研究者の目には、不正確や思慮不足に映ることはよくあることだ。加えていえば、新聞記事といってもただ事実を淡々と記録しているわけではなく、そこには記者の主観や新聞社の思想が反映されているものだ。それを、異なる意見や思想を持った読者から、記事を「不正確」「デタラメ」といった言葉で批評されることなんて、はっきりいって**新聞社にとっては日常茶飯事**ではないか。

こんなことで著作者人格権侵害になるのなら、朝日新聞や産経新聞の記事を引用して批評する評論家やジャーナリスト、ブロガーは、揃いも揃って犯罪者である。しかし、当然のことながら朝日も産経もそんなことで個人を訴えたりはしていない。**それを日経はやりおったのである。**しかも一〇〇年前の明治時代の人物評についてのコラムで！

だいたい、砂川の本はあくまで古河市兵衛の伝記であって、日経新聞批判の本でもなんでもない。二六〇頁以上ある伝記の中で、ほんの一、二節が「日本の経済人」について触れているだけなのである。どこの読者がこの本を読んで「日経新聞はデタラメを書くけしからん新聞だ」などと思うというのだ。

なんで訴えようと思った？

さて訴訟の結果だが、もちろん日経の**全面敗訴**である。

地裁でも負けて、高裁でも負けている**（控訴すんなよ、こんなことで）**。東京高裁は、砂川の文章は、一般読者に「**控訴人新聞記事〔日本の経済人〕の内容が虚偽であるとか、信用することができないといった印象を与えるものとはいえず**」「**引用は、控訴人新聞記事〔日本の経済人〕の趣旨をゆがめたり、その内容を誤解させるような態様で行われているものではなく、むしろ、控訴人新聞記事〔日本の経済人〕が、田中正造の演説に依拠する形で伊庭貞剛の評価を行っていることを正確に示しつつ、そのような評価の在り方を批判しているにすぎない**」と評し、砂川の引用は正当なものであると結論したのである。

それにしても、日経は新聞社の立場にありながら、なぜこんな言論弾圧のようなスラップ訴訟を起こしたのか、本当に不思議である。理解に苦しみ過ぎて、思わずいろいろ勘繰ってしまう。もしかすると、鳴り物入りの連載コラムでお偉いさんが絡んでいて、その人が暴走して誰も止められなかったとか。あるいは伊庭貞剛の名誉を守るため、住友グループが日経に圧力をかけて訴えさせたとか。

まぁどんな事情があったにせよ、報道機関として、こんな訴訟（しかも全面敗訴）が記録に残ってしまったことは、恥ずべきことであることは間違いない。

真意を伝えるのは難しい！誤解に基づく引用は、腹は立っても適法だ

#KuToo事件

ツイッターユーザーH vs 石川優実、現代書館[注1]

ツイッター上の言い争いが

自分の文章や発言を誤解されたうえで批判される。これは頭に来るものだ。しかし、だからといって裁判沙汰にするのは必ずしも得策ではない。そんなことを思わせてくれる出来事だ。フェミニズム活動家として知られる石川優実の著書にツイートを引用された、一般のツイッターユーザーHが、石川を著作権侵害で訴えるという事件が起きた。

石川の推進する活動は、「女性が職場において、健康被害やケガにもつながり得るハイヒールやパンプスの着用を不合理に強制されない社会の実現を目指す」というもので、彼女はこれを「#KuToo運動」と称している。二〇二〇年前後にSNSを中心に話題化した。一方、フェミニズム運動は保守的な層などから反発を受けることがあるが、自らを指して「キレッキレ（？）のキレキャラフェミニスト[注2]」と自任する石川は、当時こうした反発に好戦的に応じるスタンスを取っていた。この姿勢が軋轢や分断を煽ることも少なくなく、ツイッター上は、石川や#KuToo運動に対する毀誉褒貶がかまびすしい状況であった。

著書でツイート批判の試み

この状況のもとで石川が上梓したのが、『#KuToo 靴か

ら考える本気のフェミニズム』（現代書館。以下、「石川本」）だ。同書において石川は、ツイッター上で石川や＃ＫｕＴｏｏ運動に対して寄せられたさまざまな批判や中傷のツイートを合計五七件引用し、そのひとつひとつに対して反論や批評を述べることに一章を割いている。書籍において、誰とも分からぬ一般人のツイートを引用して詳細に批判する試みは珍しいだろう。

　この章の目的は、後に東京地裁、知財高裁でも認定されているが、運動に対する的外れな誤解や中傷等を批判し、正すことによって、＃ＫｕＴｏｏ運動の意義や真意を読者に伝えることであり、それは確かに成功しているといえる。ＳＮＳ上での言論活動は、投稿が広く拡散することで認知度を高められるメリットがある一方、投稿や閲読に適した文字数が限られるために真意を伝えにくく、**誤解も受けやすい**。字数制限のない書籍において、生じた誤解を解消することに力を割くアプローチはもっともだといえる。

まさか自分のツイートが⁉

　ところが、この引用を快く思わなかった者がいた。まさか**自分の何の気なしのツイートが石川本に掲載されるとは夢にも思わなかった**ツイッターユーザーＨである。引用されたＨのツイートは、「逆に言いますが、**男性が海パンで出勤しても＃ＫｕＴｏｏの賛同者はそれを容認するということでよろしいですか？**」(注3)というもの。石川はこの投稿を「クソリプ」（「的外れで空気を読まない返信(リプライ)」程度の俗語）と位置づけ、「**＃ＫｕＴｏｏを男性が海パンで出勤する話に繋げるこの人の思考回路、どうなっているんだろう」「こんなへんてこりんな人に会ったことない**」などと批判しつつ、「（**例えば海の家やプールで**）**女性のみ水着での勤務が許されていて、男性はサウナスーツです、という状況だったら『俺たちにも水着を着る権利を！』ってなるんじゃないかな。**〔…〕**＃ＫｕＴｏｏっていうのはそういう感じの運動です**」と、運動の真意を説明している。

ツイートの意図を歪めた引用？

要するに石川は、Hのツイートを「#KuToo運動の賛同者は、男性が海パンでオフィスに出勤することを容認しろというような、好き勝手な服装で働く自由を要求している」といった趣旨に解釈し、それが的外れであることを指摘するとともに、「職場において、合理的な理由がないのに、男女間で着用が求められる服装が異なる状況を是正する運動である」と訂正したのである。なお引用のレイアウト態様は**図1**の通りで、体裁上、石川の論評と引用文の主従関係や区別は明瞭といえるだろう。

これに対し、Hが異議を唱え、石川に販売差止と回収を要求。これが聞き入れられないと、石川と版元の現代書館に対して、三三〇万円の賠償請求も添えて提訴を行った。いったい何がHをそこまで駆り立てたのか。Hの主な主張は「自分のツイートの趣旨を**意図的に歪められて引用**、批判された」というものであり、それゆえに、石川の行為は公正な慣行に合致する正当な目

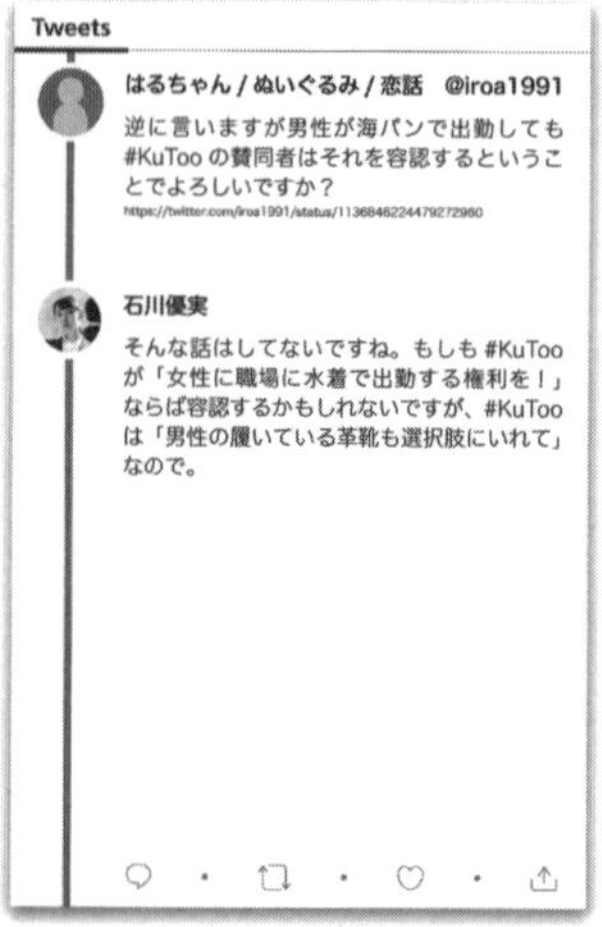

Tweets

はるちゃん / ぬいぐるみ / 恋話　@iroa1991

逆に言いますが男性が海パンで出勤しても#KuToo の賛同者はそれを容認するということでよろしいですか？

https://twitter.com/iroa1991/status/1136846224479272960

石川優実

そんな話はしてないですね。もしも #KuToo が「女性に職場に水着で出勤する権利を！」ならば容認するかもしれないですが、#KuToo は「男性の履いている革靴も選択肢にいれて」なので。

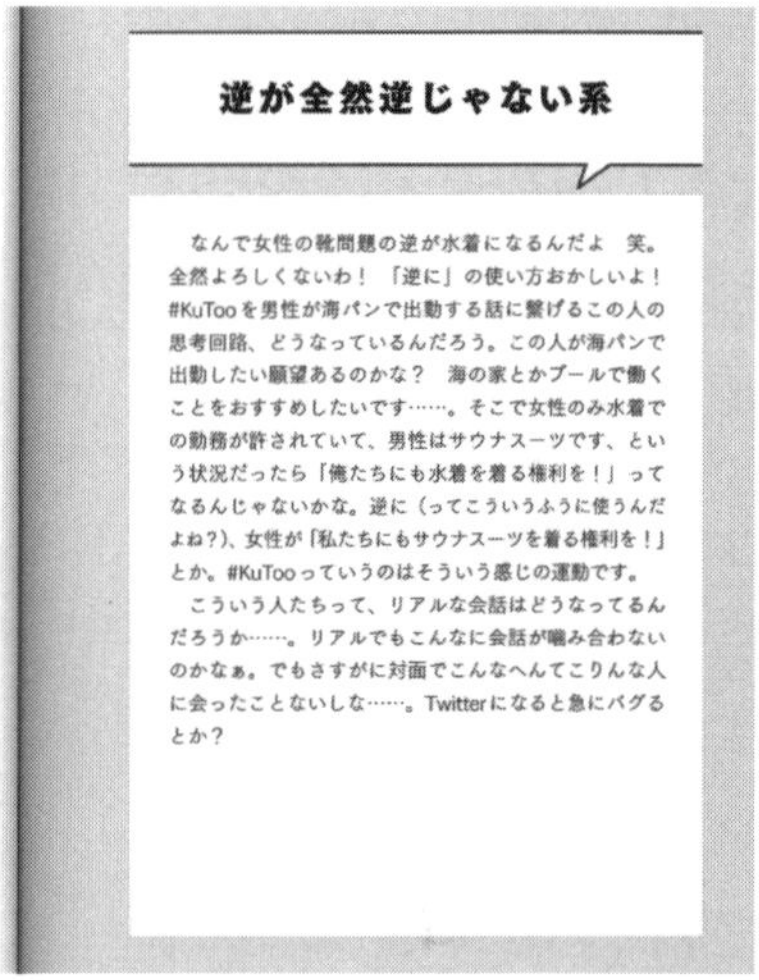

逆が全然逆じゃない系

なんで女性の靴問題の逆が水着になるんだよ　笑。全然よろしくないわ！「逆に」の使い方おかしいよ！#KuTooを男性が海パンで出勤する話に繋げるこの人の思考回路、どうなっているんだろう。この人が海パンで出勤したい願望あるのかな？　海の家とかプールで働くことをおすすめしたいです……。そこで女性のみ水着での勤務が許されていて、男性はサウナスーツです、という状況だったら「俺たちにも水着を着る権利を！」ってなるんじゃないかな。逆に（ってこういうふうに使うんだよね?)、女性が「私たちにもサウナスーツを着る権利を！」とか。#KuTooっていうのはそういう感じの運動です。

こういう人たちって、リアルな会話はどうなってるんだろうか……。リアルでもこんなに会話が噛み合わないのかなぁ。でもさすがに対面でこんなへんてこりんな人に会ったことないしな……。Twitterになると急にバグるとか？

図1

的の引用とはいえず、石川本は著作権侵害にあたると訴えたのである。実は、先の**Hのツイートは、石川に向けた返信でも、#KuToo運動に対する直接的な意見でもなく、**無関係のツイッターユーザーGとの会話の中の一投稿だったのだ。

噛み合わない会話の切り取り

HとGの会話の内容は、大まかにいえば、#KuToo運動への賛同を表明するGが「女性が〔男性のような〕革靴を履いてはいけないというTPOは間違っている」との趣旨の意見を述べたことに対し、Hが「女性が職場で革靴を履かないというTPOは誰かに強制されたものではなく、女性たち自身が慣習や流行に基づき自然につくりあげたもの」との趣旨で絡み、「TPO」（時と場所と場合に即した服装をすること）の解釈や強制性をめぐって、議論が続くというものだ。

この議論、「TPOには原則強制性がない」と考えるHと、「TPOに基づく、男性から女性への強制はある」という発想を前提とするGとの**会話がかみ合っておらず**、また両者ともに質問に質問で返すことを繰り返しているため、個々の投稿の意図がつかみにくい。

そのような状況のもとで、Hは先のツイートをGに対して投稿したのだが、その真意はおそらく「**男性が海パンでオフィスに出勤するかのようなTPOを逸脱した服装に対しては、#KuToo運動に賛同するGだって容認しないはずである。すなわちTPOには強制性はないものの、逸脱すれば周囲が容認しないことがある**」ということのようである。

へんてこりんな人と言われ……

いずれにしても、Hは、自分のツイートは石川や#KuToo運動に直接意見したものではないのに、石川本が、あたかもそのように掲載していることは正当な引用とはいえないし、あまつさえ、「クソリプ」「思考回路、どうなっているんだろう」「へんてこりんな人」などと評されたことは「原告〔H〕にとってこの上ない屈辱」であり、精神的損害を被ったというのだ。

気持ちは分かるが違法か

　なるほど、そうした経緯を踏まえれば、Hの気持ちは理解できる。政治家や芸能人などが、ニュースサイトやスポーツ紙などに発言の一部を切り取られ、本人の意図とは異なる形で論評されたことに対し不本意を表明することがしばしばあるが、それに近いものがある。憤りももっともだろう。

　改めて、著作権に関するHの訴えの骨子を整理すると、大きく二点に分けられる。

1．自分のツイートは#KuToo運動に対する意見ではないのに、そうであるかのように掲載された

2．自分のツイートは石川に向けた返信ではないのに、そうであるかのように掲載された

　したがって、石川によるツイートの転載は正当な引用にならず、著作権侵害等になると主張するのだ。

　だがしかし、まず1に関していえば、著作物を引用する際には、必ず作者の真意通りに解釈しなければ**「違法」だというのは酷である**。現代文のテストで分かるように、「この文章における作者の意図を次の選択肢から選べ」という問題を解くことすら簡単ではないのだ。仮に、作者の真意を汲み取れなかったり、意図を誤解した引用が違法になるというのなら、事実上、引用などできなくなってしまう。引用された側が「それは真意じゃない、誤読である」と主張すれば、適法な引用でも簡単に著作権侵害に引きずり下ろすことが可能になってしまうからだ。

誤解か歪曲か

　もっとも、引用者が、意図的に、悪意をもって、引用文を歪曲して非難したと客観的に評価できるような場合には、違法性を生じることはあると思うし、本件でもHはまさに「ツイートの趣旨を意図的に歪められた」と主張するのだが、この引用、果たしてそれほどのことだろうか。ここで再度Hのツイートを読んでみる。

「逆に言いますが、男性が海パンで出勤しても#ｋｕｔｏｏの賛同者はそれを容認するということでよろしいですか？」

Ｈはこれを、Ｇに対するメッセージでしかなく、ここでいう「#ｋｕｔｏｏの賛同者」については、「文脈上、Ｇのことを指すとしか読み取れない」というのだが、**これはちょっと、苦しくないか。**文脈というのは、Ｇが会話の冒頭部分で#ＫｕＴｏｏ運動への賛同を表明したことを指すようなのだが、それを踏まえたとしても、「#ＫｕＴｏｏ運動の賛同者（全般）は、男性が海パンで出勤しても容認するのか？」という問いかけと読むのが自然ではなかろうか。少なくともそのような解釈を許す余地はあり、ムリヤリに文意を歪めなければ出てこないような解釈ではない。

主語をちゃんと書けばよかった

そう解釈すれば、これは#ＫｕＴｏｏ運動の趣旨や価値観について誤解（海パンでオフィスに出勤するような自由を欲する運動であるというような）を促すツイートであり、石川としては正す必要性を感じたということだろう。それがＨの真意に照らせば誤った解釈だったとしても、ただでさえ真意のとらえにくいツイッター上の言い合いの中の一文であることも踏まえると、石川の引用を違法とするほどの誤りとは言い難い。Ｈが「男性が海パンで出勤してもあなた（Ｇ）はそれを容認するということでよろしいですか？」とツイートすれば、このような誤解は生じなかったと思うのだが、**なぜそう書かなかったのか。**まぁ、一般的にツイート時にさほど慎重な推敲をするわけではないだろうし、Ｈ自身、#ＫｕＴｏｏ運動には懐疑的なようなので、無意識に、Ｇの言動を#ＫｕＴｏｏ運動への賛同者全般に重ねていたのかもしれない。

批判ツイートと読むことは可能

東京地裁、知財高裁も、一貫

してHの主張を支持しなかった。Hのツイートについて、

「『本件活動〔#KuToo運動〕の賛同者の主張によれば、男性が海水パンツで出勤することを容認するという非常識な結論に至ることになる』という主張を含意（がんい）するものと理解することができるが、これは本件活動〔#KuToo運動〕に対する批判、非難にほかならない」と認定し、石川の引用も問題ないと判断したのである。

つまり、Hの真意はどうあれ、ツイートの書きぶりから#KuToo運動に対する一定の主張を読解することができる以上、石川がそのように解釈したうえで行う引用や批判は正当な行為だというわけだ。

誰に宛てた文章かは重要だ

それでは、前記2のHの主張についてはどうだろう。Hは、自分の「Gに宛てたツイート」が、石川本において「石川宛てのツイート」であるかのように掲載されたと主張し、それが不当な改変行為であるから、正当な引用にならず、著作者人格権侵害等にもあたると主張している。

確かに、例えば同僚に向けて愚痴った社長の悪口を、社長に面と向かって言い放ったかのように書かれたり、恋人に宛てたラブレターを、社長の奥さんに向けて書いたかのように書かれたりしたら、**人格を疑われる事態**だ。著作者の名誉を害する方法で著作物を利用する行為は、著作者人格権侵害になる。著作物自体に手を加えなくとも、「誰に宛てた著作物か」を改変する行為が、違法性を帯びる場合はあるだろう。

本当に石川宛てと誤解される？

しかし、本件で争点となったのは、石川本に転載されたHのツイートが、果たして本当にHが主張するように「石川宛てのツイート」に見えるかどうかだった。Hはその根拠として、石川が同書でHのツイートを「クソリプ」と位置づけていたことに加え、石川本のレイアウトの問題も挙げている。

すなわち、Hの元のツイート**（図2）**には、返信先を表すGのアカウント名が表示されてい

たところ、石川本に転載されたHのツイート（図3）ではこれが省かれていること。そして、図3の左側の「アイコン風デザイン」の上下部に突き出た「縦棒」が、下方の石川の顔写真アイコンにつながっているというレイアウト（図1左部）によって、Hが石川に直接「海パンで出勤」のツイートを投げかけたかのように見えるというのだ。

　ところがこの主張も、地裁・高裁ともに認めなかった。＃ＫｕＴｏｏ運動に対する的外れな誤解や中傷等を批判し、運動の意義や真意を伝えるという石川本の目的に照らせば、石川が、同書で引用するツイートを自身への直接の返信に限定しなければならない理由もなく、彼女は＃ＫｕＴｏｏ運動に関する非難や中傷などのツイートを含めて「クソリプ」と称したに過ぎないことなどから、石川本における引用ツイートが「クソリプ」と位置づけられていたとしても、だからといって転載されたHのツイートが「石川宛ての返信」であるかのように解すことはできないと認定された。

　また、石川本のレイアウトについては、確かに

はるか(仮)ちゃん/スーヤジタ
@iroa1991

返信先: @asf17074127さん

逆に言いますが
男性が海パンで出勤しても#kutoo の賛同者はそれを容認するということでよろしいですか？

午後1:03 · 2019年6月7日 · Twitter for Android

図2

Tweets

はるちゃん / ぬいぐるみ / 恋話　@iroa1991

逆に言いますが男性が海パンで出勤しても#KuToo の賛同者はそれを容認するということでよろしいですか？
https://twitter.com/iroa1991/status/1136846224479272960

図3

Hの言う通りの体裁上の変更はあるものの、一方で、Hのツイート表示の上部に石川のツイートやアイコンが表示されているわけではないため、一般の読者に、Hのツイートが「石川宛てのツイート」であると受け取られるとまではいえないと判断されている。

批評も含めて合法だ

結局のところ、石川本において、HのツイートがGに宛てたものだったことは分からなくなってはいるものの、そのことによって、Hのツイートが含意する主張の理解のされ方が変わるわけでもなく、また「石川宛てのツイート」とまで積極的に誤解させるものでもなかったということだ。これを踏まえ、石川のHに対する「へんてこりんな人」などの批評についても、**「原告〔H〕の名誉感情を侵害する部分があるとしても〔…〕社会通念上許される限度を超える侮辱行為に該当することはできない」**としている。

なお、Hは、自身の正当性を補強するためにさまざまな主張をしているが、そのいくつかはかなり苦しい内容だ。例えば、Hは「他人のツイートを許諾なく印刷物に掲載するときは、〔ツイッターの投稿画面の〕スクリーンショットを掲載することが通例とされている」と述べ、ツイッターの投稿画面の体裁を変更してツイートを掲載した石川本は、公正な慣行に合致せず引用に当たらないと述べている。あたかもスクリーンショットを使わない引用は違法だと言わんばかりだが、どう考えてもそんな通例は存在しない。

また、自分のツイートが「石川宛て」に改変されているという主張を前提に、そのことによって、自分は石川に海パンの喩え話を直接投げかけるような**性的嫌がらせ**をする人物であるとの印象を持たれてしまい、名誉権を侵害されたとまで言ってのけた。しかし、HはGに対しては実際に海パンの喩え話を持ちかけているのだから、それがセクハラかどうかはともかくとして、ツイッター上で他人に宛てて公に海パンの喩え話をすることには抵抗がない人物だろう。それを被害であるかのようにいうのは、さすがに牽強付会が過ぎるといわざるを得ない。東京地裁、知財高裁は、Hの主張をことごとく退けている。(注4)

SNS言論の限界か

石川がHのツイートの真意を誤解して引用したことは確かなようだし、石川の批評でHが気分を害したことも確かである。だが、**いずれも違法とするほどの話ではない**ということだ。こうなると、結果論だが、Hがわざわざ裁判沙汰に持ち込んだことが戦略ミスだったといえる。HやHの弁護士のツイートからすると、もともとHが石川に対し、ツイッター上で書籍の自主回収などを求めていたところ、石川から違法だと思うなら訴訟をしろと促されたことで、**「悔しさもあり、あとに引けなく」(注5)なって提訴に踏み切った経緯があったようである。**ある意味、挑発に乗ってしまった格好だが、冷静さを欠くと裁判の見通しを立てることは難しい。

しかし、それ以上に難しいのは、SNS上で自分の真意を正しく使えることかもしれませんなぁ。SNS上で広めた#KuToo運動を、誤解や曲解によって批判され、その批判に対抗するために本を書いた石川。その石川から、SNS上での発言を誤解されて著書で批判され、これに対抗するために石川を訴えたH。**両者は、ある意味で共通する悩みと憤りを抱えていたのである。**その二人が争わざるを得なかったというのは、皮肉な話である。SNS上で繰り広げられる言論活動の限界を見るようだ。

コラム⑥「無断引用禁止」というバカワード

「無断」が当たり前

エセ著作権者や、エセ著作権であることを理解せずに合法な著作物の利用行為を咎めるメディアなどがよく使う言葉が「無断使用」「無断引用」だ。文脈にもよるが、ほとんどの場合、「無断」という語は不正であることを含意する。

しかし、合法に著作物を利用している以上、著作権者に断りが要らないのは当然のことであり、正当行為に他ならない。コンビニに置いてあるフリーペーパーやチラシを取って店を出たら、「無断で持って行ったぞーーーーーっ！」「カネも払わず出ていったぞーーーーーーっ！」などと大声で叫ばれるようなものである。そんなことを言われたら、何も悪いことはしていないのに「いや、私が持っていったのはただのフリーペーパーでして……」などとしどろもどろに釈明しなければならず、そうしなければ窃盗犯扱いも同然である。どう考えても名誉毀損モノだ。このような言葉で、善良な市民を公に非難する人やメディアの気が知れない。

マスメディアでも多い誤用

特に「無断引用」という言葉は、それこそ法律を無視したバカワードである。「引用」とは、著作権法で認められた、著作権が制限される利用方法のひとつである。自由に（無断で）できるのが前提の行為に、わざわざ「無断」をつける矛盾といったらない。公道を歩く行為を「無断歩行」というようなものだが、マスメディアにおいてもしばしば使われている。

試みに、いくつかの新聞社の過去記事データベースで調べてみる。二〇〇〇年一月一日から二〇二二年五月三一日までの期間で、「無断引用」という語を含む記事を抽出してみると、以下のような結果になった。

読売新聞（ヨミダス歴史館）…九二件
朝日新聞（朝日新聞クロスサーチ）…三〇件
毎日新聞（毎索）…五一件

この中には、著作権侵害にあたる事件を報じたと思しき記事と、適法な引用で本来は責めるべきではない行為を報じたと思われる記事とが混在しており、いずれにしても、用法としては誤りといえる。

弁護士の北村行夫は、「無断引用」という誤用が流布することの問題点を以下のように喝破している。

〔「無断引用」という〕新聞の見出しからは、承諾の有無が問題であるかに報道されていることになるが〔…〕もっぱら無断という動かしがたい事実に焦点を当てて報道する結果、引用して利用した者が、ただそれだけで不当な非難を被ることになってしまうし、何より読者に問題の所在〔引用者注：他人の著作物を黙って使うことに合理性があるか否か〕をきわめて不正確に伝え、ひいては、著作権思想の普及を妨げているのである。(注1)

筆者もまさに同意見である。あまつさえ、こうした報道に引っ張られてか、自分の書いた記事に「無断引用禁止」などと注意書きをしているブロガーやSNSユーザーなども少なくなく、中にはプロの漫画家や脚本家などもいるのだから唖然としてしまう。もはや彼らに至っては、玄関先に「ウチの前の公道は通行禁止！」などと貼り紙をしているのに等しい。近所でウワサの迷惑おばさんかお前は！

そんなに引用がイヤなら……

そんなに引用されるのが嫌だというのなら、作品を発表するのを止めることだ。自分だけの秘密のノートにでも書いて引き出しにしまっておけばいい。著作権法上、未公表の著作物は引用して利用することが認められていないからだ（つまり著作権侵害になる）。言い換えれば、無断引用禁止論者は、作品を世に問う資格がないということである。プロでもアマでも作品を世に問う以上、それは当然に覚悟しなければならないことなのだ。

それは引用風の著作権侵害

もっとも、昨今、悪質なまとめサイトやミドルメディアが、「引用」の大義名分を掲げながら、他者の著作物をむやみに転載しているケースもある。これらは引用の要件を満たさなければ、単に著作権侵害である。このように、わざわざ「引用」を謳いながら著作権を侵害する行為を指して「無断引用」と称したくなるのは、分からないでもない。だがそれは、引用の要件を満たしていない以上、もはや引用ではないのだから、やはり誤用だ。前掲・北村は、一般的用法としての「引用」と区別して、著作権法上の「引用」を「適法引用」と称することを提唱している。なんだか、「みりん」が「みりん風調味料」の登場によって「本みりん」と称されるようになったかの如しだ。ならば「引用」を謳いながら著作権を侵害する行為は、引用風著作権侵害、か。

有名事件から学ぶ、
クレームに屈しない知恵と勇気！

2005年（平成17年）

6月14日（火曜日）

大衆にのせられた黒澤明の息子が、野武士のように切り捨てられる！

『七人の侍』事件

黒澤久雄、黒澤和子 vs NHK、鎌田敏夫（注1）

巨匠遺族のエセ訴訟

公共放送の宿命か、何かとクレームの対象になりがちなNHK。同局を相手取った、最も規模の大きなエセ著作権事件といえば、大河ドラマ『武蔵―MUSASHI―』をめぐる訴訟ではないだろうか。

権利侵害を訴えたのが「世界のクロサワ」こと映画監督の黒澤明の遺族というビッグネームだったことも手伝い、世間の耳目を大きく集める騒動となった。

『武蔵―MUSASHI―』は、宮本武蔵を主人公に取り上げた大河ドラマ。武蔵を市川新之助、佐々木小次郎を松岡昌宏が演じた作品だ。その第一話が放送されると、途端に黒澤明の名作映画『七人の侍』のパクリではないかとの疑惑が批評家から噴出したのだ。

武蔵断罪の風潮にのせられて

例えば『週刊文春』は、「誰がみても黒澤明の名作『七人の侍』のパクリなのだ」（注2）、『週刊ポスト』は「『武蔵』のパクリはひどすぎる！」（注3）、『週刊女性』は「開き直ったNHK〝パクリ〟は武士の恥！」（注4）といった風に、各誌が一斉に糾弾している。評論家の小林信彦は、「大河版『武蔵』第1回は盗作です」「第一話に関する限りは、明らかに盗作である」（傍点ママ）（注5）と力強く断言した**（名**

誉毀損モノだ）。

こうした騒動の盛り上がりの中で、黒澤明の著作権を相続している息子の黒澤久雄とＮＨＫが話し合いを持ったが折り合いがつかず、訴訟に発展した。黒澤久雄・和子兄妹が、ＮＨＫと『武蔵』の脚本家・鎌田敏夫に対し、著作権侵害であるとして一億五四〇〇万円の損害賠償や謝罪放送などを求めて提訴したのである。

似ているだけで不正なのか？

大まかなあらすじを比較すれば、『武蔵』第一話が『七人の侍』を意識した脚本だったことは確かだろう。『七人の侍』は有名な作品だが、改めてストーリーを説明しよう。戦国時代末期、野武士集団に目をつけられ蹂躙されていた農村が、七人の浪人をスカウトして村を守ることにした。侍たちは村人をまとめ上げ、訓練し、野武士の襲撃に備える。渦中、一人の侍と村人の娘との恋や、仲間の戦死も経て、彼らは襲撃してきた野武士たちを、豪雨の中の合戦で撃退する。

対して『武蔵』第一話のストーリーの基軸はこうだ。関ヶ原の戦いで敗残兵となった武蔵と仲間が逃避行をしていると、山賊に狙われているという母娘に出会う。武蔵らは母娘にスカウトされ、同じように集められた八人の侍が屋敷を護衛する。武蔵は仲間の侍の一人を師として仰ぐようになるが、彼は賊の夜襲により討ち死にする。師の教えを胸に、豪雨の中で武蔵は賊を打ち負かす。

確かになんとなく似た雰囲気ではある。また、後述の通りよく似たシーンも複数あった。脚本家の鎌田自身も、騒動時の取材でこう述べている。

似ていると思います。それは意図的に狙った部分もあるので。僕も『七人の侍』は好きなので、尊敬の念も込めたわけです。最初からこうした指摘があるだろうなとは思っていました。ただ〔…〕盗作には当たらないと思います（注6）。

裁判の結果を踏まえても、鎌田のこの言い分こそが正しい。

つまり**「似ている」「似せた」ことは事実だが、だからといってパクリや盗作、著作権侵害といった不正・不法行為にはあたらない**ということだ。

どこが侵害だというのか？

黒澤兄妹が裁判で主張した主な著作権侵害ポイントはこうだ。まず「村人が侍を雇って野武士と戦う」という全体的なストーリーが同じであるという点。そして、

1. 侍が男装した女を組み伏せたところ、胸のふくらみで相手が女だと気づく。

2. 侍の実力を測るために、戸口に隠れて棒で打ちかかる。

3. 豪雨の中の戦い。

4. 侍が、あらかじめ地面に突き立てておいた刀を抜いて戦う。

などの合計一一のシーンが類似しており、これらを総合的に見ると、『武蔵』第一話は『七人の侍』の著作権侵害にあたるというのである。

ストーリーが全然違う！

これらに対するＮＨＫ側の反論は、論理的で小気味よいものだった。まず「村人が侍を雇って野武士と戦うストーリー」については、それ自体は著作権法で保護されない単なる設定・アイデアに過ぎないと反論。さらに、具体的なストーリー表現を比較すれば、**展開がまったく異なる**と主張した。例えば「野武士との戦い方」ひとつをとってみても、『七人の侍』では、侍たちは一致団結し、多くの村人も交えて組織的、戦略的に戦っていたのに対して、『武蔵』における侍たちは意識がバラバラで、裏切り者も出る始末。村人（母娘）は戦に参加せず、実質的には武蔵が一人で戦ったのである。

原作が同じなだけ

加えて、ＮＨＫは、『武蔵』のこの部分のストーリーは、ドラマの原作である吉川英治の小説『宮本武蔵』（一九三五年）にある、「武蔵が野武士集団から襲われた村を助けに行き、村人たちとともに野武士を撃退する」くだりから着想したものと証言した。実は、『七人の侍』

も『宮本武蔵』を参考にして脚本が書かれたといわれている。ＮＨＫは、筒井清忠や関川夏央などの文学研究者が、『七人の侍』も同書の同じ箇所を参考にして制作されたものだと指摘した文献を、いくつも証拠として提出している。

　つまり、なんのことはない、**『七人の侍』も『武蔵』も、『宮本武蔵』という共通の「原作小説」に基づいているのだから、ストーリーに一定の共通点が生じるのも当たり前**だということだ。

男装に気づく方法は少ない

　具体的なシーンの類似点についてはどうだろう。特に前記1と2のシーンは、画面キャプチャで類似シーンのみを引用して比較すると、似た印象を抱かせることは確かである(**表4**)。これらに関するＮＨＫの反論はこうだ。

　まず「**1．胸のふくらみで女と気づく**」というのはアイデアであるという前提で、似た設定は、映画『ナバロンの要塞』『エル・ドラド』『ランボー 怒りの脱出』などでも見られる、ありふれたものだと主張した。さらによく考えてみれば、男装の人物と組み合って女と確信する方法は、胸に触るか股間に触るかの二択である。ＮＨＫのドラマでは、そうやすやすと股間に触るわけにもいかないだろうから、胸に触れる描写になることは必然ともいえそうだ。

　「**2．戸口に隠れて侍に棒で打ちかかる**」シーンについては、ありふれたアイデアであることを史実から立証した。ＮＨＫの立証によれば、江戸時代の兵法書や武士の心得書には、武士の当然のたしなみとして、戸口を通る際には、常に伏兵が抜刀して待ち構えていることを想定すべしとの旨が記載されており、これは「戸入り事」と呼ばれていたという。さらに、戸入り事を通して人物の技量を見極めたという逸話は、一七一六年の『本朝武芸小伝』に記されており、これは後の時代に至るまで広く読まれたというのだ。つまり**『七人の侍』特有のシーンではなく、手あかのついた描写**だということだ。な

表4：黒澤久雄・和子が主張した両作品の類似シーンの一部

七人の侍	武蔵―MUSASHI―

野武士から身を守るために男装している村娘の志乃（津島恵子）と、そうと知らずに取っ組み合う最年少の侍・岡本勝四郎（木村功）。	危険を避けるために男装し、戦の跡地で金目のものを物色（落人狩り）する村娘の朱実（内山理名）を、女と知らずに組み伏せる武蔵（市川新之助）。

スカウトする侍の実力を確かめようと、戸口に隠れて棒で打ちかかろうとする勝四郎。	スカウトする侍の実力を確かめようと、戸口に隠れて棒で打ちかかろうとする武蔵。

お『七人の侍』も、『本朝武芸小伝』を参考にして、原案というべき企画（『日本剣豪列伝』）が練られたことが、黒澤明とともに脚本を書いた橋本忍の著書に記されている。[注7] どうやらこれも**「元ネタが同じだった」**に過ぎないようだ。

大雨が降ってるから盗作!?

「3．豪雨の中の戦い」の一致については、「テレビドラマという表現形式においては極端な話、天候は『雨が降っている』と『雨が降っていない』の二つしかない」「合戦のシーンで雨が降っているというのは、一般的な意味ではアイデアですらない」「臨場感、緊迫感を盛り上げるために雨を降らせるのは、ごく一般的で頻繁に用いられる設定」であると一刀両断。**そりゃそうだ**としかいいようがない。

共通点は普遍的アイデアばかり

「4．あらかじめ地面に突き立てておいた刀を抜いて戦う」

図1

という描写（**図1**）についても、史実から「ありふれたアイデアに過ぎない」という結論を導いている。『足利季世記』『続応仁記』などの歴史書に、室町幕府の将軍・足利義輝の「松永久秀の軍勢に襲撃された際、自らの周囲に何本もの名刀を突き立て、刀を替えつつ奮戦した」というエピソードが記されており、これは池波正太郎、白土三平、宮本昌孝などの小説でも描かれているというのだ。これらの証拠から、ＮＨＫは、「**あらかじめ床ないし地面に突き立てておいた刀を用いて戦うというエピソードは、極めて有名なものであり、時代劇に関わる仕事をしている者の間では知らぬ者のないエピソードといってもよ**い」と反論している。

説得力皆無な黒澤理論

以上のように、ＮＨＫ側はいずれの争点に関しても、多数の証拠を積み重ねて、切れ味鋭く説得的に反論している。黒澤兄妹の主張は、それこそ剣豪に襲い掛かる野武士の如く、**バッサバッサとぶった切られている**のだ。黒澤兄妹は、これらの他に「道を侍が何人も通り過ぎる」「野武士の集団が刀を振り回しながら歓声をあげて押し寄せる」という描写も類似だなどと主張している。だが反論を待つまでもなく、これらは『暴れん坊将軍』だろうと『ラストサムライ』だろうと、侍が出てくる時代劇なら当たり前の描写で、ＮＨＫの主張に比べると切れ味がまったくない。

さらに超理論を展開する黒澤

こんな調子では黒澤兄妹に勝ち目はなかった。裁判所は、ＮＨＫ側の主張をほぼ全面的に認めたうえで、『七人の侍』と『武蔵』は、「**共通点が存在するにしても、ストーリー展開、テーマ、具体的描写、ストーリー全体の中での各シーンの位置づけなどが相違する**」と評価し、著作権侵害は認められないと結論付けた。

驚いたのは黒澤兄妹である。放送当時のメディアやネットの反応からすれば、『武蔵』がパクリであることは疑いようがなかった。それなのに、完膚なきまでに敗訴してしまったのだ。納得できない彼らは控訴。そして控訴審では「〔『七人の侍』の**ように〕著名な作品の場合は、無名の著作物と比べて、類似度が低くても著作権侵害を認めるべきだ**」などという超理論を展開した。しかしこれは、**ムチャクチャな悪あがき**である。有名作品ほど、後の作品に影響を与えるし、オマージュの対象にもなりやすい。そうして文化が発展し、オリジナル作品の偉大さは受け継がれ、語り継がれるのだ。それを否定するとも取れる主張である。『スター・ウォーズ』シリーズが、黒澤明の『隠し砦の三悪人』や『七人の侍』の影響を受けていることはよく知られているが、**黒澤理論ではジョージ・ルーカスも著作権侵害の罪を問われかねない。**

当然、こうした主張は知財高裁から「〔著作権法上〕著名であるか否かによって、その保護に差異があるということはできない」とまたもバッサリ切られ、敗訴が確定している。

マスコミからも手のひら返され

黒澤兄妹は、世論に流されて勝訴を確信していたんだろうが、結果はこの始末だ。そして、世論とは移ろいやすいものである。放送当時に「パクリ」「盗作」などと断じた週刊誌や評論家は、実は黒澤兄妹が訴訟を提起した段階で既にトーンダウンしていた。**「え、本当**

に訴えるの？」と、冷ややかな論調に転じていたのである。中でも、当初「パクリは武士の恥！」などと言い放った『週刊女性』は、「**剣豪物語とか俗説とかにも似たような話が昔からあるんですよね。〔…〕そのことを久雄さんがよく知らないで盗作だといっているんでは？〔…〕これを盗作だというのは行き過ぎ。裁判になって困っているのは、地下にいる黒澤明でしょうね。これでは、自由なドラマを作り上げる、自由奔放なものを作る妨げになるだろう**[注8]」と手のひらを返したような記事を書いている。こうなると、ネットやマスコミが盛り上げたいい加減なパクリ騒動に担ぎ上げられて、時間と手間と裁判費用をドブに捨ててしまった黒澤兄妹も憐れである。

　この裁判で唯一黒澤兄妹が誇れる成果は、裁判官が『七人の侍』の芸術的価値を認めたことだ。「**映画史に残る金字塔たらしめた〔…〕原告脚本の高邁（こうまい）な人間的テーマや豊かな表現による高い芸術的要素については、被告脚本からはうかがえない**」などとベタ褒めされたのである。しかしもちろん、裁判官は水野晴郎でもなければ町山智浩でもないのである。著作権侵害を判断するのに、芸術的価値の優劣は関係がない。全面敗訴した黒澤兄妹への、せめてものリップサービスといったところだろう。

NHKに盗作されて年賀状が激減！ 最重要判例の悲し過ぎる動機！

江差追分事件

木内宏 vs NHK（注1）

エセ著作権界の最重要判例

江差追分（えさしおいわけ）とは、北海道に伝わる民謡だ。この江差追分の研究者として知られる作家・木内宏が、一九九〇年に放送されたNHKの『遥かなるユーラシアの歌声』（**図1**）というドキュメンタリー番組を、著作権侵害等で訴えるという事件があった。

この事件は、東京地裁、東京高裁では著作権侵害が認められたが、最高裁まで争われた結果、NHKの逆転勝訴で終わっている。最高裁の判決は二〇〇一年。放送から、実に一一年も争われた大事件だ。そして今日では、この判例は「どこからが著作権侵害で、どこまでなら侵害じゃないか」を考えるにあたってのひとつの規範になっている。著作権に関する最重要判例といっても過言ではないのだ。

だが、今振り返ると**「なんでこんなもんが、最高裁まで争わないと結論出んのか!?」**というべきエセ著作権事件である。

まずは比較してみよう

木内の主な主張は、『遥かなるユーラシアの歌声』のナレーションが、自身のノンフィクション『北の波濤（はとう）に唄う』（以下、「木内本」）内の以下の文章の著作権を侵害しているというものだ。両者とも、**江差追分で町おこしをしている北海道の江差町の栄枯盛衰**について述べている。少々長い引用になるが、比較してみよう。

遥かなるユーラシアの歌声
～追分ロード１万キロ

３日(土)　前10:05～11:00　総合

「民謡・江差追分は、ユーラシア大陸各地の民謡と深いつながりがある」という、北海道教育大学の谷本一之学長の仮説に基き、世界追分祭が開かれた。開催地となったのは北海道江差町。毎年、「江差追分全国大会」が開かれる同町に、ハンガリー、ソ連、モンゴル、韓国の歌い手が集い、民謡を通じて国際交流を繰り広げた。

谷本学長のたてた、ハンガリーから日本までの1万キロにおよぶ〝追分ロード説〟に従ったモンゴル、ソ連、ハンガリーでの取材は1か月半におよんだ。谷本学長が〝追分〟のルーツと考える、ソ連のバシキール自治共和国にも初めてテレビカメラが入った。バシキール人の暮らすウラル山脈の秘境の地には、尺八そっくりの楽器で伴奏する民謡が存在していた…。

番組では、ユーラシア大陸に広がる〝追分〟をめぐる、民謡と民族とのかかわり合いを探っていく。

図１

〈木内本〉

むかし鰊漁で栄えたころの江差は、その漁期にあたる四月から五月にかけてが一年の華であった。鰊の到来とともに冬が明け、鰊を軸に春は深まっていった。

彼岸が近づくころから南西の風が吹いてくると、その風に乗った日本海経由の北前船、つまり一枚帆の和船がくる日もくる日も港に入った。追分の前歌に、

松前江差の津花の浜で
すいた同士の　泣き別れ

とうたわれる津花の浜あたりは、人、人、人であふれた。町には出稼ぎのヤン衆たちのお国なまりが飛びかい、海べりの下町にも、山手の新地にも、荒くれ男を相手にする女たちの脂粉の香りが漂った。人々の群れのなかには、ヤン衆たちを追って北上してきた様ざまな旅芸人の姿もあった。

漁がはじまる前には、鰊場の親方とヤン衆たちの網子合わせと呼ぶ顔合わせの宴が夜な夜な張られた。漁が終れば網子別れだった。絃歌のさざめきに江差の春はいっそうなまめいた。「出船三千、入船三千、江差の五月は江戸にもない」の有名な言葉が今に残っている。

鮭がこの町にもたらした莫大な富については、数々の記録が物

語っている。

たとえば、明治初期の江差の小学校の運営資金は、鰊漁場に立ち並ぶ遊郭の収益でまかなわれたほどであった。

だが、そのにぎわいも明治の中ごろを境に次第にしぼんだ。不漁になったのである。

鮭の去った江差に、昔日の面影はない。とうにさかりをすぎた町がどこでもそうであるように、この町もふだんはすべてを焼き付くした冬の太陽に似た、無気力な顔をしている。

五月の栄華はあとかたもないのだ。桜がほころび、海上はるかな水平線にうす紫の霞がかかる美しい風景は相変わらずだが、人の叫ぶ声も船のラッシュもなく、ただ鴎（かもめ）と大柄なカラスが騒ぐばかり。通りがかりの旅人も、ここが追分の本場だと知らなければ、けだるく陰鬱（いんうつ）な北国のただの漁港、とふり返ることがないかもしれない。

強いて栄華の歴史を風景の奥深くたどるとするならば、人々はかつて戦場だった浜の片隅に、なかば土に埋もれて腐触した巨大な鉄鍋を見つけることができるだろう。魚かすや油をとるために鰊を煮た鍋の残骸である。

その江差が、九月の二日間だけ、とつぜん幻のようにはなやかな一年の絶頂を迎える。日本じゅうの追分自慢を一堂に集めて、江差追分全国大会が開かれるのだ。

町は生気をとりもどし、かつての栄華が甦（よみがえ）ったような一陣の熱風が吹き抜けていく。（注2）

〈『遥かなるユーラシアの歌声』ナレーション〉

日本海に面した北海道の小さな港町、江差町。古くはニシン漁で栄え、「江戸にもない」という賑いをみせた豊かな海の町でした。しかし、ニシンは既に去り、今はその面影を見ることはできません。

九月、その江差が、年に一度、かつての賑いを取り戻ります。民謡、江差追分の全国大会が開かれるのです。大会の三日間、町は一気に活気づきます。(注3)

全然似ていない！ いわんとしているテーマは同じだ。要するに、「かつてはニシン漁で栄えた江差町は、今はさびれてしまったが、年に一度、九月の江差追分全国大会の時期だけはかつての活気を取り戻す」という内容である。だが、ノンフィクション本とドキュメンタリー番組（のナレーション）という媒体の違いもあり、表現はまったく異なるではないか。

この程度のカブリで怒って訴訟沙汰にするとは信じられない。 今なら当然に敗訴間違いなしだが、当時、東京地裁と東京高裁は著作権侵害と判断していた。九〇年代、一般論としてテレビ業界の著作権意識が今日よりも緩かったことは事実だろうが、著作権侵害を判断する司法の判断力もユルユルだったのだろうか？

トラブルの発端は？

そもそもこのトラブルは、NHKの国際局の担当者が、函館局と共同で、江差追分のルーツをテーマにした木内の小説『ブダペスト悲歌』をドキュメンタリー番組にしたいと木内に持ちかけ、**木内もその気になっていたところ、結局、その企画がボツになった**ことに端を発する。その後、函館局が単独で準備していた江差追分のルーツを探る別の企画が採用され、その別企画に基づいて制作されたのが『遥かなるユーラシアの歌声』だったのである。番組は一九九〇年一〇月一八日に北海道で放送され、その後一一月一三日に全国放送される予定になっていた。

背景に局員同士の私怨が……？

国際局の担当者としては、函館局が単独で、自分が発案したボツ企画と似たテーマの別企画を通したことが気に食わなかった。彼は不義理を感じて社内で抗議し、さらに**木内に対し「函館局が今度放送しようとしてる番組は、木内の著作権を侵害している」とチクった**のである。つまりNHK局内での「企画を盗んだ盗まない」のいざこざに、木内が巻き込まれた格好だったのだ。

内部告発を鵜呑みにした木内

木内からすれば、国際局も函館局も同じNHKだ。その組織内から、いわば内部告発のような形で著作権侵害情報がリークされたわけだから、信じるしかない。これを受けて、木内は北海道での放送の直前に、NHK札幌放送局に「全国放送前に、早急に事実調査を進めて、速やかに適切な措置をとることを希望する」と警告したのである。

警告が直前だったこともあり、『遥かなるユーラシアの歌声』は北海道では予定通り放送された。しかし番組を見た木内はさらに著作権侵害の確信を深め、改めてNHKに翌月の全国放送の中止を要求。これを受けてNHKは、全国放送の中止を決めたのである。

キッパリと疑惑を否定したNHK

全国放送を中止にできたのだから、木内の目的は達成できたはずなのだが、話はここで終わらなかった。放送中止になったことで、本件はマスコミで騒がれることになったのだが、この際、NHKは盗作を否定。当時の新聞や雑誌には、**「盗作うんぬんと言われるのは心外」「オリジナルという点では自信がある」[注4]「木内氏にお断りしなかったのは悪かったが、あれは参考文献のあくまでワンオブゼムに過ぎない。盗作だなんてとんでもない」[注5]**といったNHK側のコメントが掲載された。これが、

木内の癪に障った。

江差町で四面楚歌に……

また、江差追分研究の第一人者だった木内は、かねてから江差町の住人とも懇意にしてお

り、江差追分会という団体から功労者賞を贈られ、名誉町民になるよう勧められるなど、同町からの信頼が厚かった。しかし、木内がＮＨＫに抗議して、江差追分を取り上げた番組の全国放送を中止させたという風評が広まると、江差町の住人は木内を恨んだのである。**「おらが村のＮＨＫで取り上げられる機会を、木内が奪った」**というのだ。それもどうかと思うが、木内にとっては踏んだり蹴ったりである。ちなみに、ＮＨＫとの訴訟で、木内は**「江差町民からの年賀状が激減した」**と被害を訴えている。かわいい被害だな、オイ。

後に引けなくなってる木内

そうした経緯で木内の怒りは収まらず、ＮＨＫに対しテープの廃棄や謝罪などを要求。これが聞き入れられなかったために、ついに訴訟沙汰にしたのである。なお、訴訟に至る前の交渉過程で、ＮＨＫは番組の終わりに「協力 木内宏」のテロップを入れるという譲歩案を提示しているが、木内は「小手先のごまかしは論外」として拒否している。だが結果を考えれば、ここで妥協して矛を収めるべきだった。

経緯からすれば木内に同情すべき点もあるが、冷静さを欠いて落としどころを見誤ったのは、木内の失策である。トラブル発覚後の彼の行動は「局内からの内部告発によって植え付けられた著作権侵害という固定観念」と「放送中止によって江差町で四面楚歌になり、元はといえばそれもＮＨＫのせいという恨みつらみ」が原動力になっていた。そのせいか、訴訟における法律上の理屈づけが、基本的には後付けっぽく、こじつけなのである。

学説の独占にも執着

木内は、前述したナレーションの著作権侵害の他にも、二つの主張をしている。彼は、自著で「江差追分のルーツはユーラシア大陸の深奥部にある」という学説を述べていた。これを前提に、

1.『遥かなるユーラシアの歌

声』も同じ学説を主張しているのだから、番組全体が著作権侵害である。

2．江差追分のルーツについて、木内以外の者の学説であるかのように放送したことは、名誉毀損にあたる。

　と主張したのだ。感情的な怒りが先にあり、それをムリヤリ法律に当てはめようとすると、どうしてもこのように**身勝手な主張**になってしまう。

これらはいずれも、過去に他にも江差追分のルーツはユーラシア大陸にあると提唱していた学者が複数いたことなどを理由に、高裁判決までに否定されている。

下級審の信じ難い判決

一方、冒頭挙げたナレーションについては、なんと地裁も高裁も木内本の著作権を侵害すると判断している。裁判官が著作権侵害を認めた主なポイントは、ナレーションのうち「**九月、その江差が、年に一度、かつての賑いを取り戻します。民謡、江差追分の全国大会が開かれるのです**」という部分である。これに相当する木内本の記述は、

その江差が、九月の二日間だけ、とつぜん幻のようにはなやかな一年の絶頂を迎える。日本じゅうの追分自慢を一堂に集めて、江差追分全国大会が開かれるのだ。

町は生気をとりもどし、かつての栄華が甦（よみがえ）ったような一陣の熱風が吹き抜けていく。

　である。しかし、改めてここだけ抜き出してみても**やっぱり似ていない**。書かれてある事実が同じなだけで、表現はまったく違う。ところが、地裁・高裁の裁判官は、「江差町が一年で最も賑わうのは、客観的にみれば、八月の姥神（うばがみ）神社の夏祭り」であるとして「客観的事実としてはたいした賑わいでもない九月の『江差追分全国大会』」を「一年の絶頂」と位置付けたのは、木内の「文学的独創」だと評価したのだ。

　つまり、事実として、江差町が一年で一番賑わうのは八月であって、九月ではないのに、そ

れをあえて「一番賑わうのは九月だ」と述べた「表現」は創作的な著作物であり、同じ「表現」を採った『遥かなるユーラシアの歌声』のナレーションは著作権侵害になるということだ。

これはアイデア保護判決だ！

だが、この判決はおかしい。これではアイデアや思想そのものを著作権で保護することになってしまうからだ。「日本でハロウィンが一番盛り上がるのは渋谷じゃなくて佐世保」「坂本龍馬の本当の墓はフィリピンにある」「コロンビア人は全員自由に関節を外すことができる」。誰も口にしたことのない突飛なアイデアかもしれないが、だからといって、それを最初に発表した者が、そのアイデアを反映した記述を独占してしまえば、先人と共通するアイデアから、我々は何も表現を生み出せなくなってしまう。

判決を確定させてはいけない

東大教授の田村善之は、この地裁・高裁判決を受けて、「今後、原告のプロローグ〔木内本〕を読んだことがきっかけで、江差追分に関して同様の感想を持った人間は、いったいどのような表現でそのアイディアを書き表したらよいのか、見当がつかない」とし、**「創作活動に著しい支障を来すであろう」**と評している(注6)。筆者もまさに同意見である。結局、本件は最高裁で再度検討されることになり、そこでは以下のように判断され、それまでの判決は無事に覆された。

江差町が最もにぎわうのが江差追分全国大会の時であるとすることが江差町民の一般的な考え方とは異なるもので被上告人〔木内〕に特有の認識ないしアイデアであるとしても、その認識自体は著作権法上保護されるべき表現とはいえず、これと同じ認識を表明することが著作権法上禁止されるいわれはない

要するに、たとえ独特の認識（突飛なアイデア）だとしても、アイデア自体を著作権で保護することはできず、**同じアイデアを表明することはまったく**

問題ないということだ。真っ当な判示である。これで一一年間に渡った裁判は、木内の全面敗訴で終結したのである。これ以降の日本の著作権裁判は、基本的にこの判例に則って、「アイデア」と「表現」とを区別することで、**著作権保護のボーダーライン**を検討している。

それにしても、NHKが最高裁に上告してくれたからよかったものの、裁判費用がかさむのを嫌気して彼らが高裁判決を受け入れていたら、その後の日本における創作活動には、本当に著しい支障が残ることになったかもしれない。このときばかりは、受信料を払ってきてよかった！と安堵したクリエイターが結構いたとかいないとか……。

これじゃ何も書けないよ！同じ体験をつづって盗作扱いの理不尽

『やっぱりおまえはバカじゃない』事件

吉野敬介 vs 杉村太蔵

結婚報告のブログにイチャモン

きっかけは、衆議院議員だった杉村太蔵（現・タレント）が書いたブログだった。当時二六歳の杉村は結婚を翌日に控え、これまでの人生を振り返る記事をしたためた。自身の常識外れの行動で心配をかけ続けた父と母に詫び、育ててくれたことに感謝を述べる記事である。彼が「二六年と数ヶ月に及ぶ平均的な独身時代の幕が静かにおりようとしています」という一文に続いてつづったのが以下の体験談だ。


思い出しますね。

19歳の頃。

本当にこの男は腐ってました。

本気で自分が嫌いだったし、何度も死のうと思った。死のうと思って真冬の大雪山に車で行って、それで凍死を試みましてね。それで車から降りて雪の上に寝て、じっと静かに死を待ったわけですよ。それでもあまりに寒くてね、死ねなかった。

しょうがないから車に戻って、少しあったまってからもう一度死のうと思って外に出たんですがね、「これじゃー風邪引いちゃうよ」とか文句を言いながら帰ったのを昨日のことのように覚えています。今考えたらおかしな話ですよね。死のうと思って来ているのに、風邪を引くも何もないだろうという感じですわね。

時間が経って振り返って、何であの時、あんなことで悩んでい

たんだろう?ということは枚挙に暇がないわけですが、それが青春というものでしょうか。（注1）

この記述について、すぐさまネット上で「盗作ではないか?」と疑惑が持ち上がり、スポーツ紙や週刊誌が取り沙汰する騒動となった。「パクリ元」とされたのは、予備校講師の吉野敬介の著書『やっぱりおまえはバカじゃない』。元暴走族で、高校卒業後に中古車のセールスマンをしていた吉野が、大学生に恋人を取られて振られたことをきっかけに、一念発起して大学受験に挑んだ体験を通してつづる受験論である。該当する箇所は、恋人に振られた吉野が自殺を決意する次の記述である。

もうすべて終わったと、オレは自殺を決意した。彼女にふられてまで、この世に生きていたくなかった。雪の降る夜、クルマにチェーンをつけ、志賀高原の山路を登っていった。雪のなかで眠りこみ、凍死しようと思ったのだ。雪がしんしんと降り、おそらく零度以下の寒さだったにちがいない。いろいろなことを思いうかべながら、雪の野原に寝た。だけど、雪のなかで眠るなんて、とうていできることじゃない。寒さで寝られない。あまりに寒いから、いったんクルマのなかに戻って暖をとる。再度、雪の上に寝ころがるのだが、あまりにも寒くて寝られやしない。こんな調子で、クルマに出たりはいったりしているうち、風邪ひいちゃう、死んじゃうと思って（死ぬために行ったのに）「やっぱりやめた」とアパートに帰った。（注2）

体験談が似てたらダメなのか?

確かに似ている。どちらも自殺を決意して車で雪山に乗り込み、しかしあまりに寒かったため**「風邪を引いちゃう」**と帰ったというのである。この件に対する杉村への声は、「盗作発覚」（『女性自身』）、「盗作男 杉村太蔵センセイ」（『FRIDAY』）など辛辣なもので、盗作と決めつけるものが目立った。また、版元の小学館は「著作権者はあくまで吉野先生だから、先生がどう動くかはわからないが、もし訴訟になった場合は、できる限りのお手伝いをするつもりだ[注3]」などとコメントしている。

吉野に勝ち目なし

だが、これは明らかに盗作にはあたらない。杉村の記述は、書かれている体験自体は吉野のそれとほぼ同じでも、文章表現はかなり異なる。そうである以上、その表現は制約を受けるべきではないし、ましてや、「もし訴訟になった場合」でも、吉野や小学館に勝ち目はない。もし、仮にこの程度の記述が盗作で、吉野の許可なしには書けないというのであれば、自殺しようと雪山で凍死を試みたものの「風邪を引いちゃう」と思いとどまった体験をした人は、**その体験をつづることができなくなってしまうだろう。**著作権で「体験」を独占させてはならないのである。

吉野にも先人と同じ体験談が

いや、そうはいってもそっくりだ、やはり盗作だろう、という人がいるかもしれない。だが、もしも先人と同じような体験や思考を、自分の言葉でつづることが許されないとしたら、他ならぬ**吉野もタダでは済まない**のだ。『やっぱりおまえはバカじゃない』には、以下の記述がある。恋人と交際中、手取り八万円の給料で生活していた吉野が、彼女に強がりをいうくだりである。

彼女が「お弁当代ないんじゃないの」と言って金をくれようとしても、「昼飯は会社が出してくれるからいいよ」と断った。社員に毎日昼飯代を払ってくれる会社なんか、あるわけない。そんなときは、いつも水を飲んでごまかしていた。[注4]

実は**これと似たような体験を、歌手の矢沢永吉が自伝『成りあがり』でつづっている。**矢沢が、自身のバンド、キャロル結成前にアルバイトでどうにか夫婦の生計を立てていたときのエピソードである。

「ごはんは?」「あ、ぼく外食ですから」って、外に出て、近所の公園ブラブラして、始業の

サイレンが鳴るのを待つ。で、いかにも食べたという顔して戻ってくる。そういうことは女房には黙ってた。金ないの知ってるから。「お昼どうするの？」って聞かれると「いいからいいから、会社で給食みたいのが出るんだよ[注5]」

昼食代を気にする伴侶に心配をかけまいと、勤務先が昼食を出してくれるとウソをつき、食べたふりをして強がる、という共通の体験を、異なる表現でつづっているという意味では、杉村の行為と同じである。では、これも盗作というべきだろうか？

たとえ誇張や創作体験でも

決してそうではない。杉村も吉野も、たまたま先人と似たような体験をしたのかもしれないし、先人の著作に影響を受けて、あえて似た行動を取ったのかもしれない。あるいは、自身の体験談を、先人の著作になぞらえて誇張や脚色したのかもしれないし、先人の著作を参考に、体験していないことを創作で書いた可能性もあるだろう。

だがいずれの場合でも、最終的な文章が自分自身の表現に昇華できてさえいれば、一見して内容が似ていたとしても、法的にはもちろん、**道義的にも文句をいわれる筋合いはない。**私見では、吉野の文章はそれが実現できている。

杉村に批判が集まったのは、それが不十分だったからではないだろうか。もう一度、冒頭に引用した杉村の文章を読み返してみる。

杉村は文章がヘタだっただけ

この文章は、前置きで自分の人生を「平均的な独身時代」と表現したうえで、すぐに雪山での自殺未遂を振り返っているところからしてヘンである。**そんな出来事、絶対に平均的じゃないよ。**「本気で自分が嫌いだったし、何度も死のうと思った」と深刻な自己嫌悪の吐露かと思いきや、すぐさま「これじゃー風邪引いちゃうよ」と小ネタに展開している点も、シリアスなのか笑わせたいのかどっちつかずである。「それが青春というものでしょうか」というまとめも的を射ていない。自殺未遂をネタにした小話が、あんたの青春で本当にいいのか？

このように、どうもチグハグな文章で、自殺未遂の体験を述べる必然性もあまり感じられず、無理やりネタとしてねじ込んだように見えるのだ。読者から、これが自身の体験、自身の言葉だと信じてもらえなかったのも無理はない。しかし、それは杉村の文章が稚拙だったがゆえの疑義であり、不正行為や不法行為に及んだからではない。ここを取り違えてはいけないのである。文章が下手だとはいってもいいが、盗作であるかのように不正を疑ってはいけない。

なんかエラソーな吉野先生

騒動を受け、杉村は吉野の本を愛読していたことを認めつつ、「たまたま自分の実体験と同じだった」「『やっぱりおまえはバカじゃない』の記述が強く印象に残っており、記事を書くときに無意識に影響を受けてしまったのかもしれない」との主旨で吉野に釈明し、謝罪している。この釈明を疑う理由はないし、そうであれば、別に謝罪する必要もなかっただろう。

ともあれ、吉野は杉村の謝罪を受け入れて両者は和解。吉野は、後の著書『よく聞け！おまえはバカじゃない』で、杉村に解説文を書かせている。その解説文によると、パクリ騒動後に、吉野は「人間、間違いってのはあるよ。だけどさ、大事なのは、その後だよな」と食事をおごりながら杉村を諭したという。吉野先生、杉村の謝罪に乗じて、**ちゃっかり上から目線**である。

そうしてすっかり吉野にほだされた杉村は「**今回のことがご縁となり、本書の解説まで仰せつかることになり、いち早く拝読させていただくことになった**わけだが、先生には、あらためて『**目標を持つことの意味**』を**教えていただいた気がする**(注6)」などとつづっているのだ。なんだそれは。もはや**完全に舎弟**である。色んな意味で、吉野の方が上手だよな。

調子に乗るな！ 江戸時代の絵画を独占しようとして裁判所から全否定

錦絵コレクション事件

浅井コレクション vs 明治図書出版（注1）

鳥獣戯画の使用に対価が必要？

日本最古の漫画ともいわれる『鳥獣戯画』（図1）。鎌倉時代の作品で、京都の高山寺が所有する国宝である。この『鳥獣戯画』に、高山寺が「権利」を持っており、絵を商業利用するには許諾が必要だという噂がまことしやかに流れたことがある。二〇一五年にあるデザイナーがブログで書いたことが発端のようだが、高山寺のウェブサイトにはそのような記載はない。ただ、鳥獣戯画をモチーフにしたグッズ（図2）には、「高山寺の許諾を受けている」ことを表明するものも少なからず見受けられる（注2）。

真相について高山寺に問い合わせてみたところ、確かに、利用希望者には許諾申請をお願いしており、対価も徴収しているという。**「自由に使えるはずでは」**と水を向け

図1

図 2-1

図 2-2

てみると「著作権があるわけではなく、何も権限はないのですが……」とのこと。つまり勝手に使われても権利行使はできないが、事前に相談があった場合には、申請のお願いをしているということだろう。なんだか不公平だなオイ。なお、対価の名目を尋ねると「志納金」だという。いわゆる「お気持ち代」だ。まぁ、お寺にそういわれると、それを言下に否定する気にもなれないが、確固たる許諾の根拠がないことは高山寺も承知のうえのようだ。

所有者の身勝手クレーム

本来、一〇〇〇年前の絵画の内容をどう利用しようとも、もちろん誰の許可も必要ない。もっとも「許諾がほしい」という人がいて、「許諾します」と応じるのは、当事者同士が納得しているのであれば、構わないだろう。ただし、著作権の切れた絵画を自由に使っている者に対し、**単なる所有者がクレームをつけ始めたら問題だ。**

信じられないことに、世の中にはそのようなクレームをつける所有者も存在する。江戸時代の錦絵（浮世絵版画）などを所有するコレクターが、その絵を「無断利用」した出版社に抗議し、六二五万円もの支払いを求めて訴訟を提起するというとんでもない事件が起きたことがある。

一五〇年前の絵なのに……

教育教材などを出版する明治図書出版が、中学校の歴史の先生向けの学校指導用補助教材『最新歴史資料集』に、幕末・明治初期の錦絵をいくつか使用した。使用されたのは、皇女・和宮と徳川家茂の政略結婚を描いた「和宮の降嫁行列」(一八六〇年頃)、江戸の民衆の「ええじゃないか」現象を描いた「豊饒御蔭参之図」(一八六七年)、幕末の旧幕府軍(彰義隊)と新政府軍の戦い(上野戦争)を描いた「本能寺合戦之図」(一八六九年)、明治政府による台湾出兵を描いた「日報社台湾記事石門口勝戦之図」(一八七四年)(**図3**)。いずれも、明らかに著作権が切れている。

メチャクチャな主張

これにブチ切れたのが、これらの錦絵を所有する「浅井コレ

2 攘夷から倒幕へ　検索キーワード　黎明館／おおすみ歴史美術館

① 公武合体運動

➔和宮の降嫁　政情を安定させるための公武合体策により，将軍家茂と孝明天皇の妹の和宮との結婚が行われた。

図 3-1

↑彰義隊の戦い　江戸城明けわたしに不満を持つ旧幕臣が上野の寛永寺に結集して官軍に抵抗したが，鎮圧された。

図 3-3

➍ええじゃないか　伊勢神宮などのお札が降ったとして始まった。世の中の変化を敏感に感じとった民衆の世直しへの期待がこめられていた。

図 3-2

図 3-4

クション」というコレクター事業者（以下、「浅井」）だ。浅井は幕末から明治期の錦絵を数多く所有しており、出版社やテレビ局などに、その利用を有償で許諾する事業を行っている。浅井は、前記の錦絵について、過去に講談社の歴史書などに利用許諾をしており、『最新歴史資料集』はそこから錦絵を転載していたようである。しかし、著作権の切れた江戸・明治時代の絵の原画を持っているだけのコレクターが、自らの手を離れた複写物の独占を正当に主張することは不可能である。法廷での浅井の主張は、実にメチャクチャなものだった。

お前には指一本触れてない！

主張その一。浅井は、錦絵の原画が自分の所有物である以上、原画を忠実に複写したものを、所有者の意に反して出版することは**「所有権の侵害」**だとのたまった。

しかし、明治図書出版は、彼ら自身の所有物である講談社の書籍をコピーしたのである。浅井の所有する原画には、文字通り指一本触れていないのに、所有権の侵害も何もない。この理屈が通るなら、錦絵が載った書籍を誰かに貸すのにも、**ブックオフに売るのにも、**ゴミ箱に捨てるのにも、浅井の許可が要るという話になってしまう。んなわけあるかい。

提供なんか受けてない！

主張その二。『最新歴史資料集』の裏表紙には、同書に掲載された図版についての「写真・資料提供者」の一覧が掲載されていた。浅井は**ここに自分の名**

前が載っていないと指摘し、「**原告〔浅井〕が当該錦絵について有する所有権を否定するに等しく、日本有数の錦絵コレクションの継承者としての原告の信用を著しく毀損するものであり、このため原告は耐え難い精神的苦痛を受け続けている**」と主張した。

だ・か・ら、お前からの資料提供なんか受けてないんだよ！どうして、ただ原画を持っているだけで、何の資料の提供もしていないのに「写真・資料提供者」として名前を載せろなどという**図々しい要求**ができるのか理解に苦しむ。そんな要求をされた方こそ精神的苦痛を受けたと思う。

身勝手なお作法の強要

主張その三。浅井は、出版社が他者の所有する絵画などを出版物に掲載する場合は、所有者の許諾を得て対価を支払うという「商慣習」があると主張した。そして、そうした慣習に反して、所有者である自分に無断で錦絵を掲載するのは不法行為だというのだ。

これも**ムチャクチャな言い分**であることには変わりはないのだが、他の主張があまりにもトンデモ過ぎて、なんとなくマトモに思えてしまうのが怖い。確かに、冒頭の『鳥獣戯画』のように、著作権の切れた古文書のような作品でも、事実上、所有者の許諾を得て利用する例は少なくない。だが、**こうした「しきたり」「お作法」に反したからといって、それが果たして不法行為になるだろうか？**否である。浅井の主張は、裁判ですべて否定された。

裁判所から全否定される浅井

まず「所有権の侵害」という主張は、「問題となり得ない」「明らかに失当」と、**まったく相手にされなかった。**「写真・資料提供者」の欄に浅井の名前がなかったことについては、そのことによって「原告〔浅井〕の所有権が否定されたとは理解されず、さらにそこから進んで原告の信用が毀損されるような事態が生じるとまでは認められない」と当たり前のことを確認。そのうえで、著作物の所有者に、所有物の出版物への掲載に際し氏名を表示する権利など「**認める余地はないし〔…〕いかなる意味においても不法行為を構成することはない**」と、こちらも**バッサリ**切り捨てられた。

そんな商慣習など無い！

では、所有者の許諾を得て掲載するという商慣習に違反しており、不法行為であるという主張についてはどうか。こちらも全面的に退けられたのである。

寺院や美術館などが、所蔵資料の複写物や美術品の写真を出版物に掲載しようとする出版社から、使用料を徴収している例はあるのは事実だ。**一方で、勝手に利用している事例もたくさんある**のである。特に、浅井の錦絵のいくつかのように、すでに公刊された書籍に掲載されていたり、ネットから画像が拾える場合はなおさらだろう。この時点で、所有者の許諾を得る商慣習があるという浅井の主張はぐらついている。

それに、わざわざ所有者に使用料を支払っている出版社だって、全員が「守るべき商慣習」との自認から当然のように支払っているわけではない。裁判所が指摘するように「原告〔浅井〕**との紛争をあらかじめ回避して円滑に事業を遂行するため、原告の定める利用規定に従っている者もいるであろうことは容易に想像できる**」のである。つまり、**みんなトラブルを避けるために嫌々払っているのだ。こんなものはフェアに成立した商慣習とはいえない。**こうした検討から、裁判所は「原告**〔浅井〕主張のような商慣習があると認めることさえ困難**」と認定している。

重ねて浅井を全否定！

加えて、踏み込んだ認定もなされている。裁判所は、百歩譲って、浅井の主張するような商慣習があったとしても、その慣習は「**著作権法が明確に保護範囲外としている利益を保護しようとする**」ものであり、「**著作権制度の趣旨、目的に明らかに反するものであって、〔…〕法規範として是認し難い**」と喝破したのである。明らかに著作権の切れた絵画を、他人に「無断利用」されたことによって生じた所有者の不利益など、**たとえ現場の実務がどうなっていようとも、**法律は救済しないことが明言された瞬間である。**浅井の完全敗訴**だ。

無断使用のススメ

今日でも、著作権の切れた昔の絵画や彫刻などの著作物の利用許諾を、わざわざ所有者に求め、利用料を支払っている出版社やメーカーは少なくないと思う。しかし、もしあなたが単なる義務感や慣例でそうしているのであれば、たまには無断で使ってみてはどうだろうか？[注3]。

そして寺院や資料館、コレクターよ。歴史的に貴重な原資料を所有していることは素晴らしい。自慢したい気持ちも分かる。「金を払うから見せてくれ、貸してくれ」という人もいるだろう。だが、所有者が独占できるのは、あくまで所有する原資料だけである。その複製物までをも独占しようとはおこがましい話なのである。**調子に乗るな**。以上。

勝手なルールを押し付けるな！一〇〇〇年前の寺の独占を目論む坊主

平等院鳳凰堂パズル事件

平等院 vs やのまん

無断で使えるのが当たり前

強欲坊主の大暴走といってもよい事件だ。平等院鳳凰堂といえば、一〇五三年に藤原頼通が建立した平等院の仏堂である。京都有数の観光スポットのひとつで、一〇円玉に刻印されていることから、日本人ならその姿かたちを目にしたことがない者はいないはずだ。

この鳳凰堂を、玩具メーカーのやのまんがジグソーパズルにして販売した。星景写真家のKAGAYAが撮影した星空の下の鳳凰堂の写真を用いたもので、「天空物語」というシリーズの中の一商品「月夜に浮かぶ平等院（京都）」だ（**図1**）。これに対し、平等院が「無断使用」などと主張して、販売停止と在庫廃棄などを求めて提訴したのだ。

ムチャクチャである。「無断使用」という言葉を使われると、なんだか悪いことをしたような印象を受けるかもしれないが、**まさに印象操作だ。**一〇〇〇年前の平安時代の建物だぞ。『源氏物語』や『枕草子』と同じレベルだ。著作権などは

図1

るか昔に消滅している。無断で使えるのが当たり前なのだ。(注1) それを独占しようとは、仏の道に仕える身にしては欲深すぎやしませんか？

意味不明な主張の連続

後述するように、この事件は最終的に和解で解決したため、平等院の主張内容は正確には分からない。さすがにストレートに著作権を主張したわけではないようだが、それでも報道に表れた平等院の主張には意味不明さが目立つ。

例えば、『朝日新聞』の取材に対し、平等院の担当者は「たくさん人が来るなかで危なくないようルールを設けている。ルールを守ってくれている人に申し訳ない(注2)」と答えている。やのまんのパズルによって、来観者にどんな危険が及び、何がどう申し訳ないというのだろうか。意味が分からない。別の記事では、平等院の代理人弁護士が「大切に守ってきた鳳凰堂がパズルでバラバラにされるのは耐えがたいという宗教的な感情を理解してほしい(注3)」と述べている。**これはもう、パズルという文化を真っ向から否定するもの**で、業界を敵に回す発言だ。

一〇円玉も訴えろ！

いうまでもなく、パズルは被写体をバラバラに解体することを目的とした遊びじゃない。その逆である。絵画やアニメなどを用いたパズルは多数存在するが、「バラバラにされるから傷つく」なんて話は聞いたことがない。それに、宗教施設とはいえ、一般に公開されている観光施設だろう。そんな**取って付けたような被害感情**よりも、何の権利もない一〇〇〇年前の建物をパズルにする経済活動の自由の方がよっぽど保護に値する。だいたい、パズルにされるのもイヤだったら、今やうまい棒すら買えない一〇円玉に刻印されている方がよっぽど屈辱的じゃないの？ **造幣局も訴えればいいのにね。**

勝手な禁止事項の押し付け

報道記事を追えば追うほど、平等院の主張の浅薄さ、曖昧さが露呈していくのだが、調べる限り、彼らのメインの主張はどうやら主に以下の点に集約されるようだ。

　曰く、平等院はパンフレットなどにおいて境内で撮影した写真の営利目的使用を禁じる旨を書いているのだという。これにやのまんが違反したことで、「鳳凰堂を玩具として営利目的に使用することを安易に許諾したという印象を持たれ、平等院の社会的評価を低下させた」というのだ。

　いやはや、これとてムチャクチャなことには変わりはない。平等院のパンフレットを読むと、確かに「院内で撮影した写真などを営利的な目的で使用することは禁止いたします」と書いてある。ちなみに「禁煙」「飲食禁止」「写生禁止」ともあり、これらは禁止アイコンまで描かれていてそれなりに目立つが、写真の営利目的使用禁止の旨はその下に小さな文字の文章で書いてある。同じ禁止事項なのに、扱いに差を設けているのはヘンだ（図2）。おそらく、平等院自身、こんなことを堂々と主張していいのかどうか、**本当は自信がないのだろう。**

敷地外の行為は規制できない

　そしてその通り、たとえパンフレットに「禁止」と書いてあるからといって、それに反したら直ちに違法になるという道理はない。まず、パンフレットなんかもらわなくたって境内には入れるわけだから、写真を撮ったＫＡＧＡＹＡが「写真の営利目的使用禁止」に合意していたとはいえないだろう。ましてや、自ら境内には立ち入ってはいないであろう、やのまんなら尚更である。

　また、禁煙や飲食禁止など、

図2

敷地内での禁止事項に関しては、「禁止事項を守ることを条件に私の敷地内に入ってもよい」という文脈で、土地や施設の所有者の権利として「守らないなら出ていけ」ということはできる場合がある。だが、写真の営利目的使用のように、施設外での他人の行動を制限する権利まではない。

そもそもどんな損害が？

一方、勝手に決められた、守る義務のない禁止事項でも、守らなかったことで相手の利益を不当に侵害した場合は、損害賠償責任を負わなければならない場合はあるだろう。しかし本件はこれにも当てはまらない。鳳凰堂のパズルが販売されることによって、何かしら平等院の利益が害されるとはとても考えられないからだ。その意味で、この禁止事項は、「平等院を訪れた者は、その後一週間、朝食を抜かなければならない」などという**謎ルールと少しも変わらない**のである。

ここで平等院としては、「いや、損害は発生したのだ」ということを立証しなければならないわけだが、そのために「鳳凰堂を玩具として営利目的に使用することを安易に許諾したという印象を持たれ、平等院の社会的評価を低下させた」という理屈をひねり出したのだろう。しかし、これがムチャだというのだ。

平等院の敗訴は確実

冒頭述べた通り、一〇〇〇年前の建物をパズルにするのにそもそも許諾など必要ない。法律上も社会常識的にもそうである。そうである以上、このパズルを見て、「平等院が許諾した商品だ」と思われること自体が考えられない。箱に「平等院の許諾済み！」などと書いてあれば別だが、実物を見る限りそのような誤解を与える表現はない。**一万歩譲って**、許諾商品だと思う人がいたとしても、それと平等院の社会的評価は関係ない。綺麗で穏当なパズルだぞ。これで社会的評価が低下すること自体が考えられないし、少なくとも因果関係を立証することは不可能だろう。

不可思議な和解劇

というわけで、この事件、一から十まで無理筋な主張で、平等院の敗訴は確実と思われた。ところが、最終的には裁判は両者の和解で終結している。報道などを総合すると、主な和解内容は、以下の内容のようだ。

1. やのまんは、KAGAYAとの商品化契約期間満了をもって、本商品を新たに出荷しない。
2. すでに市場にある在庫はそのまま販売を継続する。
3. やのまんが保有する在庫は廃棄処分する。
4. その廃棄費用は平等院が負担する。
5. 今後、やのまんは無許可で平等院の建物の写真などを使った商品を製造販売しない。

驚くべきことに、やのまんが在庫廃棄と今後の販売中止に合意したような格好なのである。当初全面的に争う姿勢を見せていたやのまんが、平等院側に大きく譲歩したように映る。しかし、やのまんは決して平等院の主張を認めて和解したわけではなく、おそらく、損得勘定で和解に応じたのだと思われる。というのも、和解を受けてやのまんが発表したプレスリリースでは、以下の一文が強調されていたからだ。

裁判所が、平等院の主張を否定して「やのまんに違法行為がない」ことを文書で認めて下さったので、和解を受諾することとしました。(注4)

裁判所が「やのまんに違法行為がない」と認めたのであれば、**それは勝訴**ということだろう。そのまま判決に身を委ねれば、平等院の敗訴はまず間違いなかったはずなのだ。にもかかわらず、あえてこの内容で和解したということは、やのまんとしては、たとえ勝訴したとしても、これ以上「月夜に浮かぶ平等院」を売り続けるメリットはないと判断したということではないか。つまり、和解時点で商品の売れ行きが落ちていたと考えられるのだ。和解条件で在庫の廃棄費用を平等院に負担させているところから考えると、過剰在庫を抱えたままでいるくらいだったら、争いに乗じてその処分を平等院に押し付けた方が得だという打算が働いたのではないかと、筆者はニラんでいる。

　平等院にこれ以上デカい顔をさせないためには、判決で白黒つけて欲しかったところだ。が、実質的にはやのまんの勝訴ということでよいだろう。

　もっとも、懸念も残る。やのまんが平等院をしっかりと打ち負かさずに和解を選択したことで、平等院や他の寺院を増長させることにはならないだろうか。やのまんや、他のメーカーにとって、今後のパズル事業がやりにくくなったりはしないだろうか。平等院は、和解後の記者会見で、なおも「無断で〔パズルで〕ばらばらにされ、つらい思いをした」[注5]などと泣き言を訴えているのだ。だが、せっかく多くのユーザーに楽しんでもらおうと企画開発したパズルを廃棄させられた、やのまんの担当者やＫＡＧＡＹＡの方こそ、つらい思いをしたに違いない。二度と**おもちゃメーカーの担当者がつらい思いをしないよう**、実質的には、やのまんの勝訴であったことを、今一度強調しておきたい。

法律の抜け穴!? 最高裁のお墨付きで北朝鮮の著作物は使い放題だ！

北朝鮮映画事件

朝鮮映画輸出入社、カナリオ企画 vs フジテレビ、日本テレビ（注1）

大手テレビ局が堂々無断使用？

フジテレビと日本テレビが、権利者に使用料を払わずに映画を無断で放送した。これだけ聞くと、常識的に考えれば「なんでそんなことするの？」というべき一発アウトの著作権侵害だ。だがしかし、一審、二審、最高裁も一貫して著作権侵害を認めず、フジ、日テレともに勝訴に至った。いったいなぜか。

それは、無断使用した映画が北朝鮮の作品だったからである。

二〇〇三年に、フジテレビが『スーパーニュース』で、映画『司令部を遠く離れて』（**図1**）の一部分を、日本テレビが『ニュースプラス1』で、映画『密令027』（**図2**）の一部分を無断で放送した。いずれも、北朝鮮国内のプロパガンダ政策を紹介する文脈での映画紹介だったようである。（注2）これに対し、北朝鮮の文化省の下部組

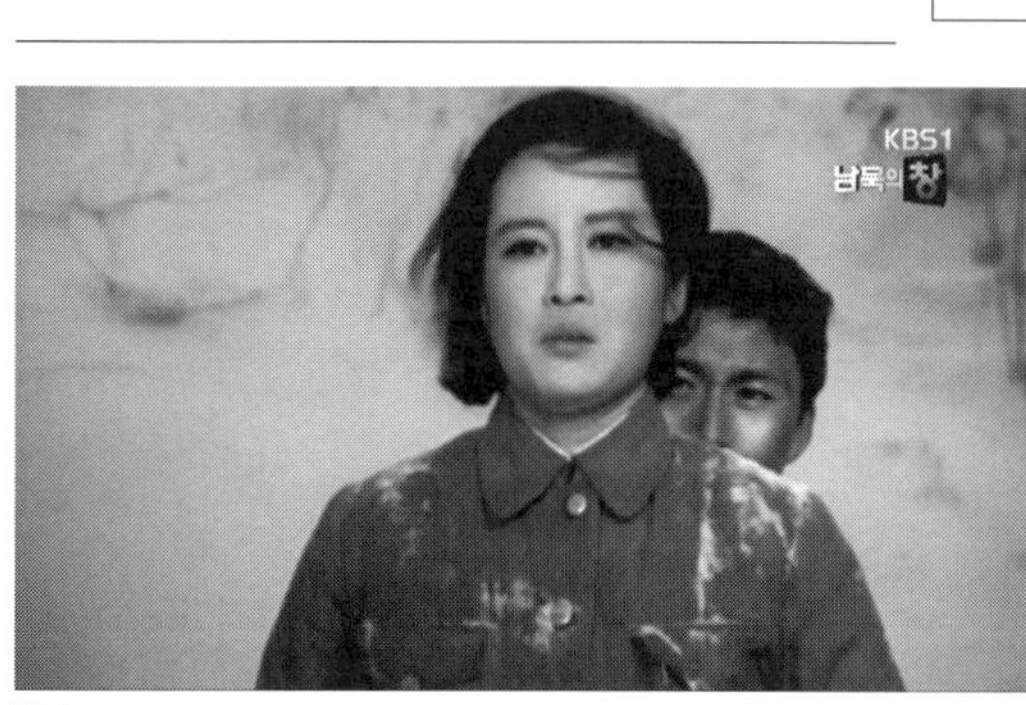

図1

図2

織で、二作品の著作権を持つ朝鮮映画輸出入社と、同社との契約で日本における放送権などを持つカナリオ企画という日本の会社が、損害賠償金の支払等を求めて提訴したという事件である。いうなれば北朝鮮の行政機関が日本の大手テレビ局を訴えた！という、**なんだかものすごい出来事**なのだ。

外国人の著作物は守られない？

著作権を守ることは日本人にとって常識だ。また、映画業界の積極的なPRもあり、邦画だろうと外国映画だろうと、映画の無断アップロードや海賊版DVDの販売が違法行為にあたることは、映画ファンに周知だろう。だが、実は日本の著作権法は、保護される著作物を次のように規定している（著作権法第六条。以下は条文をかみ砕いた表現に直した）。

1．日本国民の著作物

2．（外国人の著作物でも）世界で最初に日本国内で発行された著作物

3．条約により日本が保護することになっている著作物

1、2によれば、大半のハリウッド映画や韓流ドラマも日本で著作権が保護されないことになってしまう。だが実際にはそんなことはない。3に規定される、日本が加盟する著作権に関する国際条約には、ベルヌ条約、WTO協定（の一部をなすTRIPS協定）、万国著作権条約などがある。ほとんどの国は、これらのいずれかまた複数の条約に加盟しており、日本と条約関係にある。つまり、日本で著作物が流通している大半の国の著作物は条件3を満たしており、日本で著作権保護の対象になるのだ。なお、いずれの条約にも加盟しておらず、原則的に日本で著作権が保護されない国には、中東のイラン、アフリカのエチオピア、ソマリア、エリトリアなどがある（執筆時現在）。

北朝鮮も条約加盟国だが……

では北朝鮮の著作物はどのような扱いになるのだろうか。

北朝鮮は、事件の発生した二〇〇三年にベルヌ条約に加盟しているので、素直に考えれば北朝鮮の作品は日本で著作権保護対象になりそうだ。実際、朝鮮映画輸出入社も裁判ではそのように主張した。**だが日本政府は、政治的事由から北朝鮮を国家として承認していない。**国家として承認していない地域との日本の間には、国家間の法的な権利義務関係は発生しないというのが日本政府の立場である。

裁判では、この理屈が司法でも通用するかどうかが争われたが、最高裁判決は政府の立場を支持する形となった。簡単にいえば、「同盟国という国家の枠組みを前提として著作権の保護を図る」というベルヌ条約の構成から、「国家」の前提を欠く北朝鮮がベルヌ条約に加盟しても、日本は北朝鮮の著作物を保護する義務を負わない、という理論を採用したのである。

台湾の立場はどうなる⁉

ところが、**この理論を採用するとトンチンカンなことが起きる。**日本政府は、中国（中華人民共和国）政府を中国唯一の合法政府と認めている立場から、台湾のことも国家として承認していないのだ。国家として承認していない地域の著作物を保護しないのであれば、台湾の著作物も日本では著作権フリーになってしまう。しかし、北朝鮮と違い、日本と台湾は文化交流が盛んである。映画に限っても、キョンシーが登場する『幽幻道士』（一九八六年）シリーズ、カンヌ映画祭で監督賞を受賞した『ヤンヤン 夏の思い出』（二〇〇〇年）、日本で山田裕貴、齋藤飛鳥主演でリメイクされた『あの頃、君を追いかけた』（二〇一一年）など、日本で著作権保護を受けている前提で取り引きされている台湾の著作物はたくさんある。

こうした取引実態を踏まえれば、台湾の著作物が日本で保護されないことになると、**ちょっとそれでいいのか**という話になりそうだ。北朝鮮サイドも裁判でここを突き、台湾の著作物を保護するなら北朝鮮の著作物も保護すべきだとの主張を展開した。この点、裁判所は以下の通りどうにか理屈をつけて、北朝鮮サイドの主張を退けている。

すなわちこうだ。北朝鮮はベルヌ条約に加盟していることを理由に日本での著作物の保護を求めているのだが、一方、台湾はWTO協定に加盟していることで、日本で著作物の保護を受けている。そこで裁判所は、ベルヌ条約とWTO協定の条約としての性質の違いに着目したのである。ベルヌ条約は、前述の通り国家の枠組みを前提にした条約だが、WTO協定は、国家のみならず「独立の関税地域」の加盟も認めている。このことから、日本が国家として承認しているか否かにかかわらず、日本はWTO協定に加盟する「独立の関税地域」である台湾の著作物を保護する義務を負う、と理屈をつけたのである。

あぁ、ややこしい。

以前は北朝鮮に金を払っていた

ともあれ、この最高裁判決により、**北朝鮮の著作物に関する著作権は、日本ではすべてエセ著作権であることが確定した**といえる。

実は、この事件以前には、少なくともフジテレビ、日本テレビ、NHKは、ニュースなどで北朝鮮の映画を使用する際には、カナリオ企画を通して朝鮮映画輸出入社に使用料を支払っていたという。(注3) また、ゴジラのスーツアクターとして知られる薩摩剣八郎（さつまけんぱちろう）や特撮監督の中野昭慶（てるよし）らを招聘して製作された『プルガサリ』という北朝鮮製の怪獣映画がある（**図3**）。この作品は一九九八年に日本で劇場公開され、その後DVD化などもされたが、このときにも、北朝鮮から映画販売の代理権を得ているアジア映像センターという会社を通して、北朝鮮当局の許諾を得ていた。

つまり、北朝鮮の著作物を利

図3

用するにあたっては、著作権法上は許諾など不要であるにもかかわらず、かつての実務上は、北朝鮮サイドの許諾を得ることは珍しくなかったのである。みんなマジメというか、何も考えていないというか……。

今や使い放題だ！

しかし、最高裁判決以降は、大手を振って北朝鮮の著作物は日本で無断使用できることになった。『司令部を遠く離れて』や『プルガサリ』のＤＶＤを**一億枚焼いて国民全員に配ってもいい**し、北朝鮮映画専門チャンネルを開局して、**一日中配信してもいい**のである。

だからといって、特に日本で北朝鮮作品の利用が活性化しているようには思えない。単に需要がないだけなのかもしれないが、リメイクなども含め、北朝鮮の著作物を利用したビジネスで一山狙うのも面白いかもしれない!?

コラム⑦ エセ著作権の警告書が届いたらどう対応すべきか

まずは冷静に検証すべし

著作権侵害を指摘する警告書が届いた！　だが、それを読んで我が身を振り返ってみても、やましいことは何もない。もしかするとエセ著作権なのではないか？　そう思ったとき、どのように行動すべきだろうか。この問いに対する真に誠実な答えは「ケースバイケース」なのだが、それをいったら身も蓋もないので、一般論として述べよう。

基本動作としては、客観的な立場からアドバイスをくれる専門家に意見を求めるのがセオリーだ。明らかな妄想レベルならばともかく、エセ著作権か、そうでないかの判断は難しい場合もある。著作権に詳しい弁護士が適任である（弁護士なら誰でもいいというわけではない）。気になるお値段は、初歩的な相談だけなら無料で応じてくれることもあるが、相談料数万円ということもある。

費用面を敬遠するのであれば、自分で調べてもよい。ただ、ネット上の情報は常に玉石混交だし、良質な情報が必ず検索結果の上位に表示されているわけでもない。専門家の肩書で書かれたものでも、間違いとはいわずとも、不正確、言葉足らず、偏りがあることは珍しくもない。悩みながらネットサーフィンで時間を空費するくらいなら、図書館で借りてもいいから、信頼に足る専門書を二、三冊読む方がいい。こうした相談や調査の結果、エセ著作権だとほぼ確信できた場合、警告は無視してもよいのだろうか？

無差別警告は無視してよし

エセ著作権による警告書といってもいろいろだ。無差別に警告書を送りつけて、反応してきた相手にだけ使用料をせびるという詐欺まがいのアプローチがあるが、こうした手合いは無視するのが一番だ。彼らは食虫植物みたいに口を開けてバカが引っかかるのを待ち構えているだけで、相手にしなければそれ以上のアクション（提訴など）を取ってくることはまずない。

ハッタリか思い込みか

特定的かつ具体的で、それなりの根拠を伴った警告書の場合、無視はしない方がよい場合が多い。このような警告書を送ってくるエセ著作権者は大きく二種類に大別される。まず、警告者自身も、自身の主張がエセ著作権に基づくものだと自覚しておきながら警告しているケース。いわゆる「ブラフ、ハッタリ型」の警告だ。相手をビビらせることで正当行為を規制しようと試みる恫喝的戦法である。もうひとつは、警告者自身が、無知から真に著作権侵害の被害を受けたと誤解している「思い込み型」の警告である。

ハッタリ型と思い込み型は、どのように見分けるか。ハッタリ型の警告書は、理路整然とした体裁を繕っている。読む人が読めば、論理の破綻や矛盾を見つけることは容易だが、法理に詳しくないと、一見、筋の通った真っ当な警告に思えてしまうのが特徴だ。付け焼き刃の知識で対抗するより、専門家の助言を求める方が望ましい。

このタイプの警告に対して、無視をしたり、黙って表現を改めるなどの日和った対応をすると、相手が増長してしつこく警告してくることがある。しっかりと反論して、相手の主張を論破する回答書を送ってあげるとよいだろう。「お前が思っているほどこっちはバカじゃねぇぞ」という意思表示を示すことにもなり、それ以上のアクションを牽制することができるのだ。

筆致が大げさな思い込み型

思い込み型の警告書には、論理で相手を説き伏せるというよりは、感情的に責め立てて相手を揺さぶろう、ねじ伏せようという魂胆が表れている。「傷ついた」「大きなショックを受けた」「大変困惑している」「お客様に迷惑だ」「道義上の問題がある」といった言葉が使われていれば、思い込み型を疑った方がよいだろう。「大問題です」「絶対に訴えます」など、威勢だけは異様にいいが、何ひとつその根拠を示さないのも、このタイプの特徴だ。

この手の警告者は、戦略的に大げさな書きぶりをしている場合もあるが、本気で感情的になっていることも多い。その場合、無視をすると次に何をしでかすか分からない。これこそが思い込みの怖さである。やはり、反論文書を送るのが得策だ。ここでのポイントは、相手を思い込みという呪縛から解放するかのように、毅然としつつも丁寧な回答書で、相手の要求には道理がないと説くことだ。冷静に客観的に考えれば、勝ち目もなければ、そもそも怒るような問題でもないと相手に悟らせるのだ。

突然、一方的な激情と共にエセ著作権クレームをよこされて、キレたいのはこっちの方だが、感情の応酬になると収拾がつかなくなる。感情的な文句は一切無視することが肝心だ。キレ返すことはもちろん、「お気持ち」に配慮して儀礼的な謝罪をすることも避けた方がよい（付け込まれる可能性がある）。陰謀論にハマった患者の洗脳を解くセラピストの如く、あるいは道理の分からないワガママな子どもを諭す教育者の如く広い心をもって、道理のない要求には応じられない旨、返事をしたためたい。

一方、警告書に対する現代的なカウンターとして、送られてきた警告書の文面をネット上に公表するアプローチがあるが、その是非については、次のコラムで述べよう。

トレースで六〇万円請求！ ぼったくりストックフォト会社の敗訴

コーヒーを飲む男性事件

ペイレスイメージズ vs イラストレーターA（注1）

トレースを訴えて敗訴

お手本となる写真やイラストを敷き写したり、電子的に取り込み、それをなぞって作画する手法を「トレース」という。模写の一手法である。他人の作品を模写・トレースして自分の作品に使用する行為は、一部で執拗に違法視、不正視されており、「トレパク」などと称されて騒がれることも少なくない。

だが実は、世の中には違法な模写・トレースと、合法かつ許容されるべき模写・トレースがあり、**十把一絡げに不正視するのは間違いである。**本件は、それを分からず「トレースだ！けしからん！」と訴訟沙汰にしたところ、**徒労に終わった**事件である。

検索で出てきた画像を……

訴えの対象となったのは、ある同人誌即売会で販売されたBL小説の裏表紙だ（図1）。この本は、三人の作家による三作のアンソロジーで、裏表紙は三コマに分割され、それぞれのコマに、各作品をモチーフとしたイラストが描かれている。そのうちの、男性カップルが描かれた下部の一コマの、カップルの片方が読んでいる雑誌の裏表紙に、うつむき加減でコーヒーを飲んでいる男性のイラストがある。

このイラストは、イラストレーターAが、ウェブで画像検

索してヒットした画像をトレースして描いたものであった。一般論としては、ウェブ検索で見つけた画像を安易にコピペ・転載したり、そのままトレースしたりすることは、著作権侵害を招くことがあり、注意が必要ではある。

図1

安易な謝罪が裏目に出た

即売会後しばらくして、第三者からAに対し、「このイラストは有料写真素材集からのトレースではないか」との問い合わせが寄せられた。Aは、ここで初めて、自分がネットで拾った画像が、有料写真素材「コーヒーを飲む男性」（図2）のサンプル画像だったことを知ったのである。**罪悪感を覚えたA**は、トレース元の写真素材集を販売するストックフォト会社、ペイレスイメージズ社に連絡し、丁重にトレースを謝罪。使用料を支払うことも申し出た。めちゃくちゃ正直者である。桜の枝を折ったことを申し出たジョー

図2

ジ・ワシントンのように、不問に付されるべき誠実な態度だ。

だが、ワシントンの桜の枝のエピソードが実は創作であったように、現実は甘くなかった。ペイレス社は、無断使用の損害賠償金として、**Aに対し、なんと五四万円を請求したのである。**これは、あまりにも過大な高額請求といわざるを得ない。元の写真は単品販売されており、トレースしてイラストに使うなら十分であろう最も小さなサイズの値段は五〇〇〇円である。**元値の一〇〇倍以上**の金額取るかフツー!?

バランス感覚がおかしい！

しかも、同人誌即売会でわずかに数十冊販売された同人小説のイラストを描いたことで、Aが利益を得ていたとは到底思えず、実際、A自身も裁判で「一切利益を得ていない」と主張している。この状況で、五四万円はとてもじゃないが払える金額ではあるまい。Aが支払いを渋ると、業を煮やしたペイレス社は六二万三〇〇〇円分の損害賠償金の支払を求め、Aを著作権侵害で提訴したのである。いやはや、**ここまでくると、相手の落ち度につけこんでカツアゲをしているようなものである。**

こんなものは罪にならない

ここで改めて、ペイレス社の写真とAの裏表紙イラストを比較してみよう。男性の顔の向きやポーズの構図が概ね一致しており、トレースであることは確かだ。また、Aもトレースしたこと自体は一貫して認めている。そうすると、トレースを背徳行為と見なす価値観では「アウト」だろうか。

一方、Aのイラストは、裏表紙を三コマ分割した中の一コマの、さらにコマ内の登場人物が読んでいる雑誌の裏表紙として描かれている。白黒で、サイズにしてわずかに約二・六センチ四方の大きさでしかなく、おまけにハイライトが描かれているせいで、写真の細かい表現や人物の表情は再現されていない。

「この程度」のことで罪を負わせてもよいのだろうか……と考える人もいるのではないか。

裁判所の下した結論は後者である。**「この程度のトレースは罪にはならない」**である。ポイントは、やはりAのイラストでは、写真の表現上の特徴が再現しきれていなかった点だ。裁判官は、写真の特徴である、モデルの男性に焦点を当てたことによる陰影の具合、カラー写真による配色、背景とのコントラストなどの特徴は、Aのイラストではすべて省かれており、共通点は男性のありふれたポーズの構図くらいしか残っていないと認定したのだ。これにより、ペイレス社は敗訴し、Aは賠償金を一円も支払わずに済んだのである。こうなると、当初の文字通り法外な請求額にますます腹が立ってくるな。

この事件は、**たとえ有料の写真素材であっても、シンプルな構図程度のトレースであれば、サンプル画像から著作権を侵害することなく流用することは許容される**ことを示唆している。必ずしも、トレース＝罪ではないということだ。

フォト会社に騙されないように

ところで、見事勝訴したAだが、結果から振り返れば、**そもそも「この程度」でわざわざ謝りに出向き、自分からトラブルに首を突っ込む必要はまったくなかったといえる。**A自身、深く考えずにトレースしたものの、指摘を受けたことで「トレースという罪に手を染めてしまった」という罪悪感にとらわれ、慌ててしまったのであろう。しかし、安易に下手に出ることで、相手から付け込まれる可能性も考えるべきだったのだ。

ちなみに、アマナイメージズなどのストックフォト会社の中には、売り物である写真から最大限に収益を得ようとして、写真を参照してイラストを描き起こすことについても公然と利用料を徴収しているところもある（アートリファレンス料などと称される）。だがこの裁判例を踏まえれば、必ずしも利用料を払ったり、許可を取る必要はない。このようなビジネスモデルに、安易に応じるのは考えものである。

あの宗教家が教えてくれた！プロフィール写真のトレースは合法？

池田大作トレースビラ事件

創価学会 vs 日蓮正宗他（注1）

批判ビラが著作権問題に

写真のトレースが必ずしも著作権侵害にあたらないことを示した印象的な裁判例をもうひとつ紹介したい。宗教問題が絡んでいるため、気を悪くされる方もおられるかもしれないが、純粋に著作権の問題として論じていることをお断りしておく。

創価学会は日本有数の宗教法人であり、池田大作はその名誉会長だ。もともと創価学会は、日蓮正宗の信者の教団だったが、一九五二年に独立して以降、教義をめぐって徐々に対立するようになり、一九九一年に日蓮正宗が創価学会を「破門」したことで、その確執は決定的なものとなった。

事件は、この関係性のもとで発生した。二〇〇一年の東京都議会議員選挙と参議院議員選挙に先駆けて、日蓮正宗の関係する政治団体が、創価学会とその支持政党である公明党を強く批判する内容のビラを合計一五〇万部も印刷したのである。ビラはA、Bの二種類あったのだが、**これらに対し、創価学会が著作権侵害を主張したのだ。**本音は批判封じのためだったのかもしれないが、とにかく、著作権の問題として、ビラの頒布差し止めや廃棄などを求めたのである。

いったい何が著作権侵害だというのか。まず「ビラA」には、創価学会の機関誌『聖教グラフ』に掲載されていた池田の写真がコピーされていた。そして「ビラB」には、同じく『聖教グラフ』の別の号の池田の写真（図1）を、**手書きでトレースしたイラスト**（図2）が使用されていた。これらはいずれも写真の無断使用であり、著作権侵害だ、というわけだ。

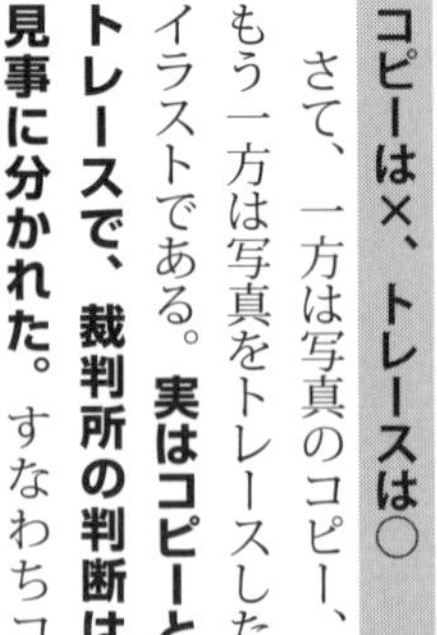

コピーは×、トレースは○

さて、一方は写真のコピー、もう一方は写真をトレースしたイラストである。**実はコピーとトレースで、裁判所の判断は見事に分かれた。**すなわちコピーの著作権侵害は認められ、トレースの著作権侵害は認められなかったのだ。

図1

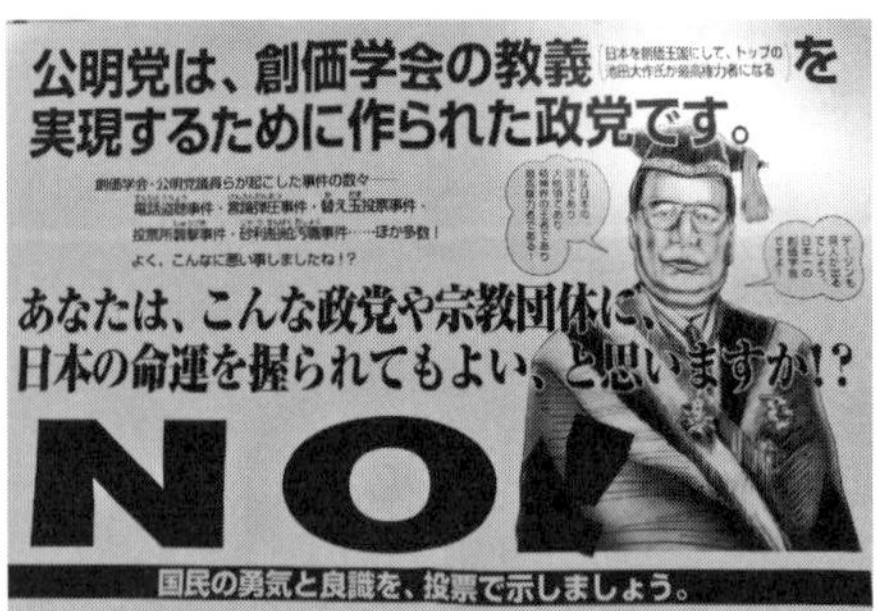

図2

図2に示す「ビラB」のイラストは、**図1**の池田の肖像写真から、上半身部分を抜き出し、手書きの線画でトレースしたもので、そのポーズは概ね忠実に再現されている。その一方、もとの写真では池田がスーツ姿で映っているのに対し、イラストではローブのような服を着せており、写真にはない式帽をかぶせていた。また、イラストでは、写真の背景にある装飾品などは描かれていない。さらに写真はカラーだが、イラストはモノクロで描かれていた。

東京地裁は、こうした差異点を「大きく相違する」と評価した。さらに、模写された輪郭や顔の表情、勲章の形状についても**「細部までは正確に描写されていない」**と認定し、全体的には、トレースイラストからは写真の表現上の特徴を感じられなくなっているとして、著作権侵害を否定したのである。

特徴が省かれているか否か

納得できない創価学会サイドは、控訴審において、トレースで再現されている池田のポーズや表情自体も写真の表現上の本質的な特徴であると主張したが、認められなかった。高裁は、イラストは「**輪郭等を手書きでなぞって線で表現するという表現形式〔引用者注：すなわちトレースである〕を採ることによって、〔…〕表情、輪郭等の〔…〕写真における具体的な表現上の特徴をすべて捨象**（しゃしょう）」していると評価を下している。

写真の特徴は細部に宿る

考えてみれば、池田の直立ポーズや穏やかな表情は、人物の肖像写真という表現において、確かにありふれているとしかいいようがない。池田のちゃんとした肖像写真を撮ろうと思ったら、誰だって、直立ポーズで穏やかな表情を取らせて、それを写真に収めるだろう。そうすると、例えば顔のパーツ間の陰影や焦点の当て方、背景とのコントラストといった細部の表現の集合体こそが写真表現の本質的な特徴であり、**それらがトレースによって捨象、要は省略されていれば、著作権侵害を問うのは難しい**ということだ（注2）。

なお、写真をそのままコピーした「ビラA」に関しては全面的に著作権侵害が認められ、ビラを制作した日蓮正宗の関係する政治団体の代表者に一〇〇万円の損害賠償金の支払いなどが命じられている。

戦略的トレースのススメ

宗教家に限らず、政治家やアイドルやスポーツ選手でも同じだが、ある人物を評するときに、対象人物の写真を大々的に使いたくなることがあるだろう。このとき、公式サイトのプロフィール写真などをそのまま転載すれば著作権侵害の問題を生じる可能性が高い。しかし、**写真をトレースしたイラストであれば、**場合によっては、著作権侵害を回避できる可能性があることを、この事件は示唆しているのである。

なぜ作家を守れない？ 合法トレースで連載中止を決めた編集部の罪

『SWITCH』事件

宝島社 vs 吉井凛

編集部が無知だと作家が気の毒

漫画家やイラストレーターの作品に、他者の写真や漫画からトレースを見つけて「トレパク」などと囃し立てる輩がいる。そして騒ぎが大きくなると、出版社が謝罪し、その作品を連載中止にしたり、書籍を絶版にすることがある。しかし、コーヒーを飲む男性事件や池田大作ビラ事件で分かるように、トレースは必ずしも著作権侵害とは限らない。これを踏まえて、漫画などにおけるトレース行為は、**本当に不正視すべき行為なのかどうか**を考えてみよう。

間違いだらけのプレスリリース

集英社の少女漫画雑誌『クッキー』に掲載された吉井凛の新連載漫画『ＳＷＩＴＣＨ』に、トレパク疑惑が持ち上がった。ネット掲示板などで騒がれた結果、雑誌発売日から二ヶ月後に、『クッキー』編集部は『ＳＷＩＴＣＨ』の連載中止を決定。また、発売されたばかりのコミックス『Ｓｉｌｅｎｔ ｓｕｍｍｅｒ ｓｎｏｗ』を含む、吉井の既刊の単行本も販売中止とされた。このとき、集英社が『クッキー』の編集長名で発表したプレスリリースは以下の内容である。

本年1月号（06年11月25日発売）より連載しております『ＳＷＩＴＣＨ』（吉井凛・作）の扉および予告ページのイラスト

が、ファッション誌のグラビア写真を模写したものである事が判明いたしました。これは著作権を侵害する行為であり、関係者の方々には心よりお詫びを申し上げます。〔…〕今後は作者、編集部共に改めて著作権への認識を深めるよう努力し、より一層真摯な姿勢で作品に取り組むことを誓い、信頼回復に努めてゆきます(注1)。

「著作権を侵害する行為」と**断言しているが、本当だろうか。**『クッキー』の当該号と、「トレース元」とされたファッション誌を入手し比較してみる。

『SWITCH』の扉頁のイラスト（**図1**）と、宝島社のファッション誌『SWEET』に掲載された、モデルの梨花の写真（**図2**）である。なるほど、服の柄やポーズが一致しており、厳密にトレースという技法を使ったかどうかはともかく、直接的に参考にして描かれたことは確かだろう。しかし、そのことと、著作権侵害、不正行為といえるかどうかは別問題である。

図1

全然違う顔をしている！

梨花の写真は、被服店の店内をバックに、梨花にピントを合わせて正面から撮ったもので、

図2

人物写真の構図としては平凡である。一方、吉井のイラストの背景には、梨花の写真にある洋服屋の内装がない。人物像の構図はだいたい同じだが、述べた通り、**これは平凡なバストアップの立ち姿に過ぎない。**

そして相違点に注目すると、**髪型と顔がまったく異なる**ことがすぐに分かる。顔を左方向に向けてウィンクをしているという概念的なポーズは共通でも、吉井のイラストはいわゆる少女漫画的なキャラクター絵であり、**ウィンクの表情は違うし、梨花の顔とは全然似ていない。**これを「梨花の似顔絵だ」という人は皆無だろう。これでは、模写と評価することはできない。なお、イラストの女の子が着ている洋服は、明らかに梨花が着ているものと同じデザインだが、ヒョウ柄の帽子や文字の書かれただけの黒いTシャツに著作権は発生しない。

もっと勉強してくれよ！

これはもう、とてもじゃないが著作権侵害とはいえないはずだ。吉井が梨花の写真を参考にして描いたことは事実だろうが、池田大作ビラ事件の判決を引き合いに出せば、彼女は作画の過程で「元の写真における具体的な表現上の特徴をすべて捨象」しており、その結果、著作権の発生しない平凡な構図、アイデアとしてのポーズ、洋服の柄が共通しているに過ぎないのである。

これが、漫画家として許されざる行為といえるのだろうか？ましてや、身内である編集部が著作権侵害の烙印を押してよいものだろうか？この程度の行為で著作権侵害の冤罪を着せ、連載中止、単行本の販売中止を決めてしまった集英社の対応は、明確な誤りだったといわざるを得ない。**なるほど、編集長の言葉通り、確かに「編集部共に改めて著作権への認識を深めるよう努力」が必要だ。**編集部の著作権への認識がもっと深ければ、吉井を「トレパク疑惑」の**イチャモンからしっかりと守れたはず**なのである。

その後、吉井は半年の活動休止を経て、『クッキー』で新作を掲載するが、二、三作を発表した後に作品発表が途絶えてしまう。現在では「消えた漫画家」状態だ。「トレース、模写＝著作権侵害」という思い込みが作家を殺すのだ。彼女を正しく守れなかった集英社の責任は重い。

イラストレーター・漫画家よ、不正ではないトレースを恥じるな！

『エデンの花』事件

井上雄彦 vs 末次由紀

トレース界隈最大の疑獄事件

漫画やイラストにおける「トレパク疑惑」は数多いが、その中でも**最大級の事件**となったのが、末次由紀の『エデンの花』にまつわるものだろう。

血のつながらない兄妹の恋愛を描いた少女漫画で、講談社から発売されたコミックスは一二〇万部以上を売り上げた。本編が最終話まで完結したあと、単行本最終巻（第一二巻）に収録された本作のサイドストーリー『エデンの花―オートマティック―』（以下、『オートマティック』）がやり玉に挙げられたのである。

『オートマティック』には、サンフランシスコ在住の主人公の三兄妹が、地元の黒人三兄妹とバスケットボールで３ｏｎ３の試合をするシーンがある。このシーンにおけるいくつかの絵が、バスケ漫画の金字塔・井上雄彦（たけひこ）の『ＳＬＡＭ ＤＵＮＫ』からのトレースにより描かれていたのだ。この問題は、ネット掲示板での指摘と糾弾がエスカレートし、比較検証サイトなども立ち上げられていた模様だ。実際に両作品を入手して比較してみると、なるほど確かに人物像の構図についてほとんど同じ絵が複数存在することが分かる（図1、2）。

二日で全作品を絶版に!?

この事件で特筆すべきは、版元である講談社の対応だ。『オートマティック』が所収さ

図 1-2

図 1-1

図 1-3

図 1-4

図 1-5

図 1-6

あっ
ゼー ゼー
待って 待って
ガコッ
し…
死ぬ

図 2-1

!!
うっ…
ウサギのくせに
なかなかやるな
ゼー ゼー
今日は
このくらいに
しといてやる

図 2-2

図 2-3

れた単行本は二〇〇四年六月発売で、トレースについては当時から指摘はあったようではあるが、炎上騒動として顕在化したのは二〇〇五年一〇月一五日のことだ。講談社は、そのわずか三日後の一八日に、当該の単行本はおろか、なんと末次の既刊単行本である全二五点の絶版と回収、予定していた新刊の発売中止、『別冊フレンド』で連載していた新作の連載中止を一気に決定したのである。なお、末次は一六日の時点で自身のウェブサイトに謝罪文を掲載している。

講談社の取った対応は、あまりにも素早く、厳しいものだった。しかもこの年の一五日、一六日は土日だ。**実質的には週明け月・火の二日間**で、作家に対する「極刑」ともいうべき意思決定を下したことになる。同社は一八日の夕方には、主要書店に末次の単行本の返品依頼を発信し、翌日にはウェブサイトに広報室の名義で以下のリリースを掲載した。

末次由紀氏の描写盗用問題については、詳細を調査中ですが、多くについては事実が確認されました。末次氏もこれを認めております。「別冊フレンド」の連載の即刻中止を決め、末次氏のすべての単行本も出荷停止・絶版・回収の措置をとりました。編集部としても盗用に気づかなかったことを深く反省するとともに、著作権者の方、そして読者の皆様にお詫び申し上げます。(注1)

「即刻中止」という言葉に、この問題に対する講談社の向き合い方が表れている。『オートマティック』以外の全作品に対しても絶版等の措置を取ったのは、他の作品にも同種の「盗用」があることが指摘され、本人もこれを認めたからだが、**いくらなんでも性急に過ぎる**。たった一日、二日の間に、それぞれの「疑惑」に関し、社外の弁護士などから法的妥当性に関する見解を取ったり、『SLAM DUNK』の作者である井上ら「トレース元」の著作権者に報告し、その意向を確認したりしたとは思えない。それどころか、社内の法務部など然るべき専門部署がしっかり検討したかどうかさえ疑わしいタイミングだ。

せめて二ヶ月待っていれば……

そしてほどなくして、この決定はやはりあまりにも拙速だったことが明らかになる。絶版決定から二ヶ月と立たないうちに、「盗用元」とされた『SLAM DUNK』にも、似たような「トレパク疑惑」があることが、ネット上で取り沙汰されたのだ。井上がバスケットボール雑誌などから模写したと思われる絵が、やはり複数発見されたのである（**図3、4**）。なんと、井上も「同罪」を犯していたのだ。

対照的な集英社の対応

『SLAM DUNK』の単行本の累計発行部数は一億二〇〇〇万部以上といわれ、『エデンの花』の比ではない。もしこれが本当に著作権侵害ならば、甚大な被害規模になる。そして『エデンの花』を絶版・回収にした以上、**当然『SLAM DUNK』も絶版・回収にならなければ筋が通らない**という意見も多かった。末次だって納得できないだろう。

これに対し、版元の集英社や井上はどう対応したか。**何もしなかったのである。**

取材を申し入れたメディアもあったが回答せず、公式な見解は何も出さなかった。もちろん『SLAM DUNK』の出荷・流通には何の影響もなかったし、当時井上は講談社の雑誌で『バガボンド』を連載していたが、こちらにも影響はなかった。

今にして思えば、集英社と井上の対応こそが正しい。とはいえ集英社は、その後起こった「SWITCH」事件（422頁）では、似たような疑惑が取り沙汰された吉井凛の作品を瞬く間に出荷停止にしているから、確固たるポリシーがあって疑惑を無視したわけではないだろう。看板作品の『SLAM DUNK』だからこそ知らぬ存ぜぬを決め込んだのではないかと疑わざるを得ない。

いずれにせよ、『SLAM DUNK』のトレースが発覚する

図 3-2

図 3-1

図 4-2

図 4-1

まで慎重な検討を続けていれば、『エデンの花』も絶版・回収を免れた可能性があった。講談社の対応は**拙速な誤りだった**と評価せざるを得ない。末次はその被害者といってもよいだろう。

『スラムダンク』に問題なし

さて、改めて両者の模写・トレース行為の妥当性について述べよう。まず**図3**、**図4**に示したバスケットボール雑誌『HOOP』と『SLAM DUNK』の比較だが、これは問題ないだろう。『HOOP』の写真が池田大作や梨花の写真と違うのは、被写体のバスケ選手が平凡なポーズで映っているわけではなく、プレイ中の躍動感ある一瞬を捉えた写真であることだ。この点が、写真の創作性を高めていると評価できる。そしてこのことは、井上の模写の法的リスクをやや高めている。

もっとも、シャッターチャンスを的確に捉えた点は評価できるものの、選手のポーズはカメラマンが指示してとらせたものでもなんでもないから、**このポーズ「こそ」が写真表現の本質的な特徴であるとまではいえないだろう。**構図にしても、コートサイドやコートエンドといった、撮影が許されている位置から選手を撮れば、概ねどの写真も似たような構図になるだろうから、この「構図そのもの」を抜き出して、写真表現における本質的な特徴であるというのにもやはり躊躇がある。

だとすれば、『SLAM DUNK』の漫画のコマにおいては、『HOOP』の写真のバスケ選手のポーズと構図こそ再現されているものの、それらは『HOOP』の写真表現の本質的な特徴ではなく、それ以外の陰影や焦点の当て方などが本質的な特徴であると考えるべきだ。そして**それら本質的特徴は、『SLAM DUNK』のコマでは作画の過程で捨象されており、**かつ人物イラストとしては、黒人選手のチャールズ・バークレーなどではなく、日本人の高校生であって、まったく異なるものである。つまり、両者は別個の表現として成立しており、**「お咎めなし」が正し**

いといえる。

元ネタがイラストの場合は

　では、末次の『オートマティック』におけるトレースはどうか。『ＨＯＯＰ』のバスケ選手の写真と違うのは、『ＳＬＡＭ ＤＵＮＫ』におけるバスケ選手キャラクターの絵自体が、ポーズや構図も含め、すべて井上が創意工夫を凝らして描いた作画だということだ（当該の井上の絵が雑誌などからの模写だったならまた話は違うが）。そして、**図1**の『ＳＬＡＭ ＤＵＮＫ』のキャラクター達のポーズや構図は、決して平凡につっ立っているわけでもなければ、平凡なうつむき加減でコーヒーを飲んでいるわけでもない。いずれもかなりの迫力と躍動感が表れたものであり、プレイ中のバスケ選手を描こうと思ったら誰が描いたってこんな感じになるという代物ではない。人物の表情などの描写を離れて、ポーズや構図自体に、井上の創作性が宿っているとみるべきだろう。

井上の力はどこまで残ったか

　末次も、ポーズと構図以外はすべて変えており、人物イラストとしては『ＳＬＡＭ ＤＵＮＫ』のキャラクターとはまったく異なるオリジナルの人物を描いている。その点で『ＳＬＡＭ ＤＵＮＫ』における創作的表現を捨象しているのだが、**すべて捨象し切っているかというと疑問である。**井上が創作したポーズと構図の力は、まだ末次の絵に残存しているともいえそうだ。

　以上から、『オートマティック』のトレースには著作権法上の問題があった可能性はあるだろう。とはいえ、断言できるほどのものではない。加えて、漫画作品全体としてはまったく異なるものだし、『オートマティック』におけるバスケシーンの個々の絵の位置づけが、『ＳＬＡＭ ＤＵＮＫ』における絵のそれと比べて、頁に占める割合も、ストーリー上の意味合いも小さいことは、情状として考慮したい。

加罰のバランスがおかしい

　やはり改めて考えてみても、

講談社の対応は拙速という評価が相当だろう。『オートマティック』を所収した『エデンの花』の十二巻を一時的に出荷停止にしたことまでは妥当だったかもしれないが、全作品絶版・回収はやり過ぎである。

末次の他の作品には、他の漫画やアイドルの写真集、ファッションカタログなどからのトレース疑惑があったようだが、これらのトレース元にも、『SLAM DUNK』と同レベルに、ポーズや構図そのものに表現上の本質的な特徴を認められるかどうかは疑わしい。個々に丁寧な検証が必要で、とてもじゃないが一日、二日で結論を出すような話ではないだろう。『オートマティック』（『エデンの花』十二巻）についても、絶版にしてこの世から葬り去る必要はなかった。どう考えても、せいぜい一時出荷停止にして、当時同じ講談社で『バカボンド』を連載していた、井上のところに菓子折りでも持って謝りに行けばそれで済む話である。

だって井上だって、同じような模写をして『SLAM DUNK』を描いていたわけだから、「いいですよ。僕だって似たようなことをしていたし」と恩情をかけなければウソである。井上の了承を得て出荷再開、もしくは再版時に作画を修正、といった落としどころでの解決は十分に考えられたはずなのだ。それを、全作品の絶版・回収などという、作家生命を奪う措置を即断してしまうとは、本来作家を守り、育てなければならない出版社としては**致命的な過ち**ではないか。

末次の復活劇

なお、その後の末次は、約一年半にわたる活動休止状態を経て、復帰作として描いた『ちはやふる』が大ヒット。単行本の累計発行部数は二五〇〇万部を越え、アニメ化や実写映画化もなされた。逆境に打ち勝ったのは末次の実力の賜物だが、謹慎期間中に、近しい編集者の献身的なサポートがあったであろうことも想像に難くない。それだけに、問題発覚時の講談社の会社としての対応は余計に残念である。

講談社は今度こそ作家を守れ

もっとも、ここまで大ヒットすれば、もしまた『ちはやふる』に大したことのないトレース疑惑のイチャモンが持ち上がったとしても、集英社が『SLAM DUNK』にしたように、**講談社はなんとしてでも『ちはやふる』を守らざるを得ないだろう。**不当な絶版の仕打ちを受けてから、そこまでのレベルにまで自身の作品の価値を高めた末次はエライ。

それにしても、漫画やイラストに、ポーズや構図のみの模写・トレースが発覚しただけで、安易にバッシングが生じるむきは今でも変わらない。しかし、こうした風潮は改めるべきである。第三者の写真やイラストであっても、その特徴部分を省いて、ありふれたポーズや構図などの部分を模写・トレースすることは、正当行為として許容すべきではないだろうか。

トレースのボーダーラインは？

最後に、模写・トレースの著作権侵害が認められた裁判例も紹介したい。アマチュア写真家・齋藤和年が撮影した「京都の祇園祭に集まる人々の様子」の写真（**図5**）について、祇園祭を主催する八坂神社らがこれを模写した水彩画を描き、新聞広告（**図6**）に使用したという事件である。

この事件では、裁判所は、元の写真の表現上の本質的特徴として「神輿を細部に至るまで鮮明に写した点」を特に評価している。そして、これを模写した水彩画の、**神輿の濃い画線と鮮明な色彩を強調した描写**において、元の写真の本質的特徴が再現されていると評価したのである。この結果、八坂神社らの著作権侵害が認定されている（もっとも、判決には専門家からの批判的見解も見受けられる[注2]）。

逆にいえば、神輿をあまり鮮明には描かずに、単にのっぺりとした風景画として模写・トレースすれば、著作権侵害を回避できたと考えられるのだ。さらにいえば、この写真の構図のみをトレースして、タージ・マハルに集まるイスラム教徒の絵に描き替えたとしたらどうだろ

図5

図6

うか。**まったく問題ないはずなのである。**

この考え方のセンスはもっと広まるべきだし、漫画家やイラストレーターは、必要以上に模写やトレースを恐れて回避することはない。**模写・トレースとオリジナリティは両立し得ると考えるべきなのである。**そして繰り返すが、出版社はもっと著作権に対する認識を深めて、問題のない模写やトレースを大げさに不正視して作家を殺すようなことは、厳に慎むべきである。

いったい何様？　ＩＯＣがたくらむエセ放送権ビジネスに騙されるな！

聖火リレー動画事件

東京オリンピック・パラリンピック組織委員会 vs 東京新聞

東京五輪が盛り下がった理由

二〇二一年に開催された東京オリンピック競技大会は、もともと二〇二〇年夏に開催予定だったものが、世界中で大流行した新型コロナウィルス感染症の影響により、一年間延期されたものだ。しかし結局、二〇二一年夏にも流行の勢いは止まらず、国民の大半が、オリンピックどころではない感染の不安と、事業活動はおろか外出もままならない不満にさらされる中での開催となった。こんな状況では、イベントが盛り上がるはずもない。実際、競技場は無観客で、盛り上がっていたのはカラ元気を振り絞った大会主催者と関係団体だけだった。笛吹けども踊らず。盛り上がらないイベントって、いったい何のためにやるのだろうか。

そんな悲しい状況の中、この**盛り下げに拍車**をかけたのが、他でもない、主催者であるＩＯＣや組織委自身の**エセ著作権戦略**である。大会延期発表前の二〇二〇年二月末、これから日本中を駆け巡ろうとする聖火リレーについて、組織委は**「一般人は沿道からリレーを撮影した動画を、ＳＮＳなどのインターネットにアップしてはいけない」**という驚きの方針をブチあげたのだ。さらに「ツイッターやフェイスブック、インスタグラム、ＹｏｕＴｕｂｅなどの個人アカウントに動画が

2021年（令和3年）

3月28日（日曜日）

アップされた場合でも、ＩＯＣが削除要請する可能性がある」(注1)などと国民に脅しをかけたのだから正気の沙汰ではない。**日本人全員のＳＮＳを監視するほどヒマなのか、ＩＯＣは。**

時代に対応できていないＩＯＣ

法的に正しいか正しくないか以前の問題として、動画を使った体験のシェアが当然の時代に、そんな方針を一方的に高言されれば、**国民はしらけてしまうに決まっている。**そのことに想像力が及ばない時点で、彼らにイベント事を主催する資格はない。まぁ、大会を盛り下げるのも、ムチャを要請するのも、ある意味では主催者の自由だが、何一つとして根拠がない要請に、開催国の国民が応じる道理はない。公道で、自分で撮影した動画を、どう使おうが撮影者の自由である。これには日本中から、それこそＳＮＳを中心に大ブーイングが巻き起こった（当たり前だ）。すると組織委は、わずか二日後に「一般人がＳＮＳなどに動画をアップするのは問題ない」とアナウンスし、前言を撤回したのである。**聖火だけに、素早い火消しであった。**

不自然なリレー動画削除

ところが、大会延期後の翌二〇二一年。一年越しで聖火リレーが福島県からスタートすると、また動画をめぐってひと悶着があった。初日の聖火リレーを取材した『東京新聞』の記者が、その模様を動画に撮影し、記者のツイッターと東京新聞ウェブ版に掲載した（**図1**）。記事の内容は、聖火リレーを先導する公式スポンサーの宣伝トラックの騒々しさを、『商業五輪』『スポンサーファー

図1-1

図 1-2

スト』の象徴」『復興五輪』にふさわしくない」などと批判的に報じる内容だった。(注2) この聖火リレー動画が、掲載からわずか三日後にして、ウェブ記事からも、記者のツイッターからも、不自然に削除されるという事態が起きたのである。

なんだそのルールは？

世間からは、この動画削除について「オリンピックに対する批判記事ゆえに組織委に削除させられたのでは？」との憶測を招いたが、東京新聞はこれを否定。「もともと、新聞社が聖火リレーの動画を公開できるのは、**リレー後七二時間以内に限るというＩＯＣの『ルール』がある**」と発表した。つまり、あらかじめ決まっていたＩＯＣのルールに基づき、自主的に削除したに過ぎないというわけだ。

ところが、どっちにしろこの「ルール」の法的根拠についての説明が一切なかったため、前年の「一般人の動画アップ禁止方針」の記憶も残る一般市民から、再びＩＯＣに対する不信感と不支持の火の手が燃え上がったのである。中でも、ジャーナリストの江川紹子は、**「トンデモなルール」**「日本の法律を無視した傲慢な『ルール』」などと痛烈に批判している。(注3)

東京新聞に落ち度はないが

もっとも、大手新聞社は、ＩＯＣのルールに従うことを条件に、バックステージを含めたオリンピック全体の取材許可を得ているという事情（当事者間の合意）がある。その意味において、東京新聞がＩＯＣのルールに従うことには、一応の理由はある。とはいえ、IOCや組織委に無関係な一般人はもちろん、取材許可を欲していない雑誌社などの他メディア、ジャーナリストなどにとっては、こんな「ルール」は江川のいうとおり「トンデモ」で「日本の法律を無視した傲慢」なルールでしかない。**従う根拠はまったくない**ことは改めて強調したい。

もっともらしい事情説明

それにしても、IOCや組織委は、なぜ、聖火リレーの動画について、こんなにも一般人やメディアに利用されることを執拗に嫌がり、規制しようとしているのだろうか。

組織委はその理由について、IOCが聖火リレーの「放送権」を、NHKと民放連（ジャパンコンソーシアム）に許諾しているため、それ以外の者の使用は制限しなければならないからだと説明する。動画の利用を許可している公式の「放送権者」がいる手前、他人に動画を利用されるのは「困る」というわけだ。IOCは、テレビ局に「放送権」を許諾する見返りに、多額の放送権料を収入として得ている。視聴者が、テレビで聖火リレーの放送を見ずに、他メディアやネットでシェアされる動画を見て満足してしまえば、放送権には価値がなくなり、放送権許諾ビジネスが成り立たなくなってしまうという理屈である。

リレーに著作権なし

この説明をもっともだと思うだろうか？　否、これこそ何の根拠もない**身勝手な言い分**である。そもそも「放送権」という権利は、著作権のないものに対しては存在しない。映画やアニメ業界で使われる「放送権」は、著作物を放送する権利という意味の著作権の一類型なので、勝手に動画をアップすれば著作権侵害になる。これに対して聖火リレーは、**公道で人がただ走っているだけであり、映画やアニメと異なり、それ自体は著作物ではない。**沿道の観客が自分でリレーを撮影して動画配信することは誰にとっても自由である（また、公道を走るリレー走者として主体的に参加した人物に対する、常識的な態様の撮影や映像の公開は、ランナーのプライバシー権や肖像権の侵害になることもない）。

無い権利に大金を払うな

つまりIOCは、何ら独占できる法的根拠のない聖火リレーの模様に、「放送権」というもっともらしい権利をいわばでっち上げて、NHKや民放に高額で売りつけているに過ぎないのだ。ほとんど原野商法である。

NHKと民放連は、この砂上の楼閣のような「放送権」に唯々諾々と使用料を支払っているわけだから、呆れてしまう。売る方も売る方だが、個人でさえも動画配信メディアを持てる時代に、現場に来れば誰でも撮影して合法に放送できる動画の放送権を、大枚はたいて買う方のセンスも大概である。

まぁ、実体のない「権利」でも、売りたいという人がいて、買いたいという人がいるのであれば、当事者間の契約としては有効だ。勝手にすればいい。

しかし、こんな**まやかしのビジネスモデル**を維持するために、善良な市民や報道機関が聖火リレーを撮影してその動画を合法に利用することを妨害しようとするのであれば、これほど興醒めな話もあるまい。

身勝手な屁理屈！ ユーチューバーにイチャモンをつける将棋業界

棋譜配信事件

日本将棋連盟 vs クロノ、Sugar

将棋の棋譜は独占できるか？

棋譜とは、将棋や囲碁、チェスなどの盤ゲームの対局における、駒の動きを記録した盤面図のことである。将棋ファンでなくとも、テレビなどで**図1**のような図を見たことのある人は多いのではないだろうか。将棋などを嗜む人々の間では、名人と呼ばれるプレイヤーの棋譜を研究して腕を磨くことがよくあるようで、プロ棋士の対局の棋譜を再現して解説するＹｏｕＴｕｂｅチャンネルやブログを運営する者もいる。

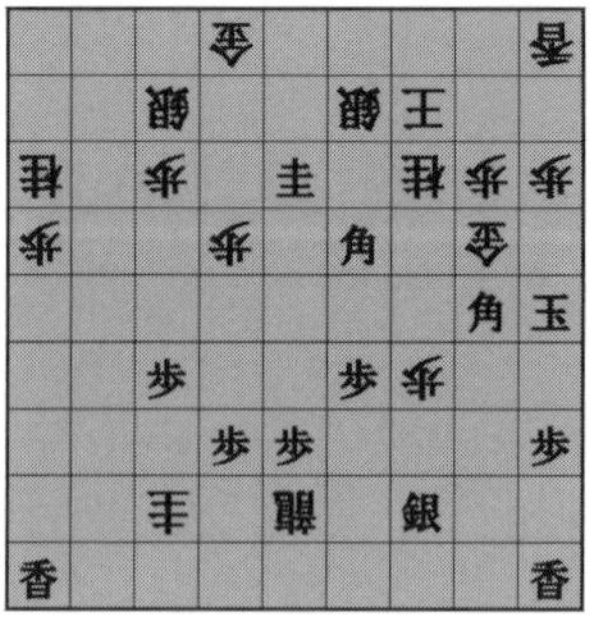

			金					香
		銀			銀	王		
桂		歩		圭		桂	歩	歩
歩			歩		角		金	
							角	玉
		歩			歩	歩		
			歩	歩				歩
		圭		龍		銀		
香								香

図1

こうしたＹｏｕＴｕｂｅなどにおける棋譜の「転載」を快く思わないのが、プロ棋士を取り仕切る日本将棋連盟（以下、「連盟」）だ。彼らは、棋戦（きせん）と呼ばれる公式大会の棋譜を利用する権利は自分たちにあると主張し、他人の無許可の使用を禁止しようと躍起になっている。

異常に高圧的な朝日新聞

二〇一七年には、朝日新聞社がＹｏｕＴｕｂｅチャンネル「将棋実況チャンネル【クロノ】」の配信者・クロノに対し、ツイッター上で「朝日杯の棋譜中継は権利の侵害に当たります。即時、中止してください」と突然クレームをつけて配信を中止させるという事件が起こった。**そのあまりの居丈高ぶり**は、一部で批判を招いた（図2）。

しかし、なぜ連盟ではなく、朝日新聞社がクレームをつけたのか。将棋の公式大会は「竜王戦」「名人戦」「王位戦」などの十数種類がある。そして、大会毎にそれぞれスポンサー企業（新聞社が多い）がついており、スポンサーは、連盟へのスポンサー料の支払いと引き換えに、連盟から「棋譜の利用許諾」を受けているのだ。朝日新聞社は、クロノが実況していた「朝日杯将棋オープン戦」のスポンサーだ。「正規に許諾を受けたスポンサー」という立場からクレームをしたというわけだ。

図2

クロノは何も悪くない！

しかし、クロノがクレームを受けるようなことをしていたかというと、**まったくもってそうではない**。彼は連盟と朝日新聞社がインターネットで公に中継していた大会の一次予選の対局を見ながら、自身のチャンネルにおいて、リアルタイムで自分の将棋ソフトを用いて同じようにコマを動かし、棋譜を再現して解説していただけである。このような棋譜の配信について、連盟らが禁止できる法的根拠はなく、クレームは単なる言いがかりに過ぎない。まさにエセ著作権である。**クロノは配信を中止する必要はなかった。**

棋譜に著作権なんかない

さて、連盟やスポンサーは、いったい何を根拠に、棋譜の独占利用を主張しているのか。かつて、連盟は「棋譜は2人の対局者を著作者とする著作物である」(注1)（つまり著作権が独占利用の根拠である）と主張していた。だが、これはおかしい。棋士はゲームのルールに従い、ゲームに勝つためにコマを動かしているだけであって、「棋譜という作品」をつくるための表現行為を行っているわけではない。**立ちションをしたおしっこの跡がたまたま抽象画みたいな形になったものを著作物だと言っているようなものだ。**棋譜が著作物などという主張はバカげており、複数の学者が名指しで否定している(注2)。

近年は、連盟もさすがに著作権は無理筋だと思っているのか、こうした主張は控えている。その代わりに何をいい出したかと思えば、「**日本将棋連盟と各社が主催する棋戦で作られる棋譜は両者の共通の財産であり、棋譜の無断使用は両者の財産を損なう恐れがあります**(注3)」などというのである。そのうえで、棋譜を利用する場合は連盟のガイドラインに基づき事前申請するよう、連盟のウェブサイトで呼びかけている。

ある意味、著作権を持ち出すよりも質が悪い。「これは私たちの財産です」というだけでそれを独占できるとしたら、これほどラクな話はない。「この土地は俺のモンだ！」と叫びながら公道を占拠しているようなものである。

なお、連盟のガイドラインを読むと、「**Ｔｗｉｔｔｅｒなどで『4三銀は良い手だね』とつぶやくようなケースも『棋譜の利用』にあた**〔る〕(注4)」とあり、ガイドラインに基づき許可を取れなどと主張している。そんなものはもはや棋譜ですらなく、**たわ言**としかいいようがない。

ユーチューバーの反乱

こうした連盟の姿勢に対し、二〇二〇年に、クロノとは別の将棋実況系ユーチューバーのＳｕｇａｒが行動を起こした。彼は弁護士を通して、連盟へ**『共通の財産』とはいかなる法的権利に基づくものですか」**と**公開質問状**を突きつけ、回答がなければ差止請求権・債務不存在確認訴訟の提起を検討すると表明したのである。おおっ、クレームを受けて速攻で配信を中止したクロノと比べると、ずいぶん気骨のあるユーチューバーもいたもんだ。そしてこの質問に対し、連盟は以下の回答を公表している。

棋譜の著作権の有無に関しましては、様々な議論があることは承知しておりますが、日本将棋連盟と各棋戦共催社及び主催社（以下「主催社」）間では棋戦運営するにあたり、主に棋譜の優先掲載に関する契約を結んでおります。

弊社団は日本の文化たる将棋の発展を目的としている団体であり、棋戦運営は事業の根幹を成すものです。棋戦を運営する前提として、弊社団及び主催社等には、棋譜の利用も含む営業上の利益を有しており、これは法的に保護される利益であると認識しております。[注5]

これに対して、Ｓｕｇａｒは「あんまり的を射ていないような回答を得たという印象」[注6]と述べ、さらに「貴連盟が主張する〔…〕『営業上の利益』なるものが〔…〕いかなる要件の下、どのような効果を有するのか不明瞭である」[注7]との返答を書面で送っている。納得していない様子がありありとうかがえるが、彼は公での追及をここまでで止めている。ならば筆者が代わって追及しよう。

こんなものは詭弁だ

筆者が見るに、連盟の回答は、一応形式的には、法律の規定に沿ったものになっている。民法上、「他人の法律上保護される利益を侵害した者は、これによって生じた損害を賠償する責任を負う」（七〇九条）と規定されており、これを念頭においた回答だろう。
　そして、この回答が何を意味するかといえば、こうだ。連盟は「ユーチューバーが棋譜を配信することで、連盟の営業は妨害され、不利益を被っている」そして「その不利益は、法律によって救済されるべきだから、棋譜を配信したユーチューバーには損害賠償金を払う責任が生じる」という見解を持っているということである。
　これはおかしい。**ユーチューバーが棋譜を配信すると、果たしてそれが連盟の事業に対する営業妨害になるものだろうか。**とてもそうとは思えない。前述したように、連盟は「棋譜の利用許諾」をスポンサーに与える代わりに、スポンサー料をもらい受けている。これが連盟のビジネスモデルである。彼らの言い分としては、「スポンサーでもないユーチューバーが棋譜を配信すると、スポンサーの公式の放送や配信が視聴されなくなり、スポンサーが困る」ということだろう。

配信で将棋ファンが減るか？

　しかし、ユーチューバーが棋譜を配信したことで、スポンサーの公式放送の視聴者が減ったという事実が存在するのかが**まず怪しい**。少なくとも連盟は因果関係を立証できまい。果たして、藤井聡太や羽生善治の対局を見たい人が、「ＹｏｕＴｕｂｅで再現棋譜配信を見られればそれでいいや」と思うだろうか。公式放送で実際の対局を見たい人と、ＹｏｕＴｕｂｅで再現された棋譜を見たい人は、異なる視聴者層だと考える方が自然ではないか。あるいはＹｏｕＴｕｂｅでの棋譜配信によって、将棋ファンの裾野が広がっている可能性もあるだろう。それは長期的に見れば、むしろ連盟やスポンサーの利益に貢献しているともいえるのではないだろうか。

単に自由競争に負けただけ

　仮に、百歩譲って、ＹｏｕＴｕｂｅでの棋譜配信によって、公式放送の視聴者数が減少しているという事実があったとしよう。だが、そのことによるスポンサーや連盟の不利益は、法律によって救済されるべきことなのだろうか？

これも否である。棋譜が、著作権やその他の知的財産権法で保護されないのであれば、すなわちそれは世界中の誰もが自由に利用できる素材ということだ。クロノやSugarなどのユーチューバーは、その自由に利用できる素材を使って配信をしているだけである。**これは憲法上保障された表現の自由の行使そのものだ。**もしくは商業的な動画配信だったとしても、営業の自由の行使である。仮にそのことによって連盟に不利益が生じたとしても、**それは単に自由競争に敗北した結果としての不利益である。**そんなものは、法律に保護してもらったり、救済してもらうべきものではない。甘んじて受け入れるしかないのである。

エセ著作権者の定番ロジック

実は、この民法七〇九条に基づく「法律上保護される利益を侵害された」という主張（「一般不法行為の主張」という）は、**多くのエセ著作権者が裁判で使う手**である。著作権では保護されないアイデアや、著作権の切れた作品の独占を目論むエセ著作権者たちは、しばしば、「事実上、オレはそれを使ったビジネスでカネを儲けてるんだから、それを邪魔するのは不法行為である」というロジックを使うのである。

だが、こうしたロジックは、今日では最高裁判決を含めてことごとく否定されている。原則として、知的財産の分野では、知的財産権侵害にならないことが分かっているものを、不法行為といういわばウルトラCを使って裁くことはできないのだ。[注8]「原則として」と書いたのは、理論上はあり得るからだが、まぁよほどあくどいやり方で、社会常識や商慣習を逸脱して、営業の自由の濫用というべき極端なチート行為でもしない限り、棋譜の配信が不法行為になることはない。仮に裁判になれば、困るのは明らかに連盟の方である。

どうしてこんなに狭量なのか

それにしても、棋譜と異なり

明らかに著作権のあるテレビゲームについてさえ、任天堂、カプコン、スクウェア・エニックスなどの大手ゲーム各社が、一定のガイドラインの下で、YouTubeなどでの実況動画の配信を許容することも少なくない時代に、連盟とスポンサー企業は、**なぜこんなにも狭量**なのだろうか。[注9]

雑誌『月刊テーミス』は、公式大会の棋譜を利用するためにスポンサー企業の新聞社が連盟に支払っている金額について、毎日新聞社は三億三四〇〇万円、読売新聞社は三億四一五〇万円、朝日新聞社は五年間で七億五〇〇〇万円だと報じている[注10]（いずれも二〇〇六年当時）。現在も、十数種類の大会に数十社のスポンサー企業がついており、連盟の二〇二〇年度の収支予算書によれば、「棋戦等契約金収益」として約二〇億円が計上されているから、大口スポンサーが支払う金額はやはり年間数億円といったところだろう。棋譜利用ビジネスをめぐっては、億単位の莫大なマネーが動いているのである。

これほどの金銭を拠出して、連盟から棋譜の「利用権」を「許諾」してもらっているスポンサー企業の立場からすれば、実害が生じるかどうかはともかくとして、タダで棋譜を配信するユーチューバーを快くは思えないのだろう。また、そうした**スポンサー企業の不快感への忖度**が、連盟が棋譜の無断配信を規制する動機になっているのだと思われる。

しかし、筆者にいわせれば、昭和時代ならいざ知らず（新聞社と連盟の協賛関係は戦前から続く）、このインターネット時代に、著作権で保護されず、誰でも自由に利用できる棋譜の「利用権」なんぞに、**惰性で何億円も支払い続ける行為こそバカ**である。連盟もスポンサー企業も、価値観やビジネスモデルを戦前からアップデートせずに、他人の正当行為にケチをつけているに過ぎないのである。

コラム⑧ エセ著作権者からの警告書を暴露したらどうなる?

警告書の暴露は慎重に

エセ著作権者から警告書を受けた際、その警告書の内容をネット上で暴露するというカウンター手法がある。以前から無いわけではなかったが、ブログやSNSといったパーソナルメディアが一般化した現代においては、比較的、誰でも取り得る手法である。

人が突然、警告書を内容証明郵便などで受け取ったときの一般的な感情は、やはり不安であろう。次に、怒りを覚えるかもしれない。不安や怒りの解消のために、それを公表して広く世間に問い、助言や同情を得ようと思う気持ちは分からなくはない。

しかし、基本的にはおすすめできないアプローチだ。そもそも、広くネット上から寄せられる助言が、法的な問題解決のために役立つことは稀であり、公表する実利に乏しい。ネット上には、見当違いの見解に基づいて、悪気もなく、堂々と間違ったアドバイスを下さる方が少なくない。そんな意見に流されて判断を誤れば、かえって不利益を被る可能性もある。法的問題についてネット上の「集合知」に頼る暇があるなら、専門家の門戸を叩くか、せめて信頼できる友人・知人に相談しよう。

実は紳士的な振る舞い!?

それに、本人に直接警告書を送ってくるタイプのエセ著作権者は、実はエセ著作権者の中では紳士的である。世の中には、ネットやメディア上で、突然、公に他人を非難するエセ著作権者も多いのだ。本人にだけそっと権利侵害を通告するエセ著作権者は、まだマトモな感性を保っているといえる。そんな私的な通告に対し、公に暴露することで応えるのは、フェアではないだろう。

フェアでないばかりか、か

えってこちらの法的立場を危うくする可能性もある。警告書には定型文的な部分も多く、そこは別としても、文書全体としては著作権で保護される著作物である場合が多い（しかも未公表の著作物は、引用による利用もできない）。安易に公表すれば著作権侵害になり得るのだ。つまり「エセ著作権警告書の著作権侵害」という状況だが、これほどややこしい罪もない。ただし、全文をそのままアップするのではなく、その主張の要旨を紹介するに留めれば著作権侵害にはならないので、どうしても公に反論したいのなら、そのような手法を採るのがよいだろう。

警告書暴露が許されるケース

ところで、警告書の暴露が著作権侵害になる可能性があるのは、警告者がフェアプレーをしていた場合の話であって、アンフェアな警告に対しては、違法とはならない場合もある。例えば、警告者が、私的な通知にとどまらず、公にも相手を非難していたような場合だ（警告書を送りつつ「○○さんに著作権侵害で警告書を送りました」などとブログでその旨を書くなど）。この場合、相手はその警告書を公表して、公に自らを弁護しなければならない状況に追い込まれたといい得る。かかる状況下で、警告者が警告書についての著作権を行使することは、権利の濫用として認められない可能性がある。

自分の名誉を守るための暴露

参考になる裁判例がある。永沢某なる一般人が、著名な刑事弁護士の高野隆について、高野の所属する弁護士会に対し懲戒請求を行った（なお、中身としては言いがかりのような内容であり、懲戒はされなかった）。のみならず永沢は、そのことを自ら産経新聞社にリークし、高野が懲戒請求を受けたことがニュースサイトで報じられるに至った。これを受け、高野が永沢の書いた懲戒請求書をブログで全文公表したうえで、反論文を掲載したところ、永沢が高野を著作権侵害で訴えたのである。

これに対し裁判所は、永沢が懲戒請求書を産経新聞社にリークした行為は、「高野の弁護士としての信用及び名誉に関して非常に大きな影響を与えるもの」とする一方で、懲戒請求書が著作権によって保護されるべき財産的・人格的利益は「それほど大きなものとはいえない」と評価。この評価に基づき、高野が懲戒請求書全文を公開することの必要性は、永沢の著作権を保護する必要性を「はるかに凌駕するというべき」とまで認定し、永沢の主張を権利の濫用として排斥したのである。(注1) 公に売られたケンカの一環として送られた警告書に対し、反論と自己弁護のためにその警告書を公表することは、法的に許容され得ることを示唆した裁判例である。

架空請求のハガキ暴露はアリ

これ以外にも、警告書の公表が公益に資する場合は、やはり権利濫用の法理により、著作権侵害を免れる可能性がある。例えば架空請求のハガキが家に届き、公への注意喚起の目的で「こんなハガキにご注意！」とネットに全文をアップすることは、十分に公益に資する行為といえる。これに対し架空請求業者が著作権侵害を訴えることが許されないというのは、感覚的にも理解されると思う。エセ著作権に当てはめると、例えば、無根拠な警告を乱発して世間を混乱させているエセ著作権者から届いた警告書を公表し、その不当性を暴く趣旨で論じる行為には公益性があるといえ、著作権侵害を排斥する理由になり得るだろう。

なお、以上は主に非公開の私的な警告書を念頭に論じたが、我が国の著作権法上、裁判や行政審判において公開された、当事者や代理人等による陳述は自由に利用できることになっている。また、裁判所の判決や決定等は著作権による保護の対象外とされており、やはり自由に利用できる。

似てすらいない！ 応募したレシピをパクられたと暴走して敗訴

具だくさんの食べるオリーブオイル事件

応募者A vs ディーエイチシー（注1）

公募主催者に作品を盗まれた？

アニメ制作会社の京都アニメーションが放火され、三六人もの死者を出した痛ましい事件が二〇一九年に起こった。容疑者の男は、犯行の動機として、同社のコンテストに応募した自作小説を盗作されたことを恨んでいた旨を語っている。実際に小説の投稿はあったとされているが、一次選考も通過しておらず、京アニ社側は自社作品との類似点はないと断言している。

一方的な逆恨みで放火殺人を犯すのは論外も論外、大論外の行為だが、コンテストに作品を応募した投稿者が、**コンテストの主催者に応募作品を盗まれたと思い込んでしまう例は少なくない。**商品化を期待して作品を送ったところ、応募先がいつの間にかそれとよく似た作品を商品化していたら、頭に血がのぼってしまう気持ちは分かる。

しかし、応募先の立場からしたら、**応募者に黙って商品化するメリットは特になく、**かえってトラブルになるリスクを思えば、おいそれと応募作品を盗用する理由はない。大抵の場合は、似ていたとしても偶然に過ぎず、またそもそも本人が思っているほど似ていない場合も多い。怒りに身を任せて行動する前に、冷静にならねばならない。健康食品や化粧品などを製造販売するＤＨＣ主催のレシピコンテストに応募したＡも、こうした思い込みにハマってしまったのである。

優勝作品に似た商品が翌年発売

Aは、あるとき「DHCの『ヌニェス・デ・プラド エクストラバージン オリーブオイル』を使った読者のオリジナルレシピ」というコンテストの存在を知り、「(健康を) 食べるオリーブ油」というタイトルで自作のレシピを投稿した。このレシピは見事最優秀賞を受賞し、DHCは、Aに五万円分のDHC商品を賞品として授与している。また、このレシピは同社の広報誌で、レシピ名を「食べるオリーブオイル」と改題し、レシピ内容に若干の変更を加えたうえで紹介もされている。

ここまでで終わればハッピーな話だ。しかし、翌年にDHCが「具だくさんの食べるオリーブオイル〜ヌニェス・デ・プラド〜2種のチーズとアンチョビチーズ仕上げ」(**図1**。以下、「DHC商品」)という、具入りのオリーブオイルの瓶詰を発売すると、**Aはブチ切れ。**自分が賞を取ったレシピと似ており、盗用されたと思い込んだのだ。Aは早速DHCに抗議し、聞き入れられないと弁護士を立てて、DHCのレシピ盗用は不法行為等にあたるとして、損害賠償金二二〇万円の支払いを求めて提訴したのである。

図1

いや、似ていないのだが……

Aのレシピも DHC商品も、オリーブオイルに刻んだ具材を混ぜ込んだ、いわゆる「食べる調味料」。バゲットやご飯にのせたり、パスタに混ぜたりして食べるものだ。蒸したり焼いたりという工程のいらない、材料の配合が肝要なタイプのレシピである。その材料について両者を比較すると、**表6**の通りになる(分量表記は省いた)。なお、Aが応募した元のレシピと、受

表6：AのレシピとDHC商品の原料の比較

Aの応募レシピ	Aの掲載レシピ	DHC商品
（健康を）食べるオリーブ油	食べるオリーブオイル	具だくさんの食べるオリーブオイル～ヌニェス・デ・プラド～２種のチーズとアンチョビチーズ仕上げ
オリーブ油、ニンニク、唐辛子（乾燥）、パセリ、アンチョビ、ドライトマトのオイル漬け、エリンギ、舞茸、パプリカ黄色、塩 ※その他に粉チーズ、バジル等	エリンギ、舞茸、黄パプリカ、ミニトマト（ドライトマトを使うと本格的な味わいに）、パセリ、アンチョビ（フィレ缶）、ニンニク、赤唐辛子、「ヌニェス・デ・プラド」（オリーブオイル）、塩 ※「粉チーズをふるとコクがアップしておすすめです」とのAのコメントも掲載。	「ヌニェス・デ・プラド」（オリーブオイル）、チェダーチーズ、パルメザンチーズ、アンチョビソース、チキンコンソメ、アーモンド、ブラックオリーブ、タマネギ、ソテーオニオン、バジル、黒コショウ、小麦粉等

賞を知らせるDHCの広報誌に載ったAのレシピは若干異なるため、それも表に記載している（なお「ヌニェス・デ・プラド」とは、DHCが販売するスペイン発祥のオリーブオイルのブランド名である）。

どうだろうか。**ハッキリいって、そもそも似ていない**のである。レシピのうち、オリーブ油（オリーブオイル）を使う事は、そもそもコンテストの応募要領だったのだから、Aが選んだわけではない。これを除くと、AのレシピとDHC商品に共通する材料は、アンチョビ、チーズ、バジルしかない（表中下線）。これはもう、単純にまったく違うレシピではないか。

ちなみに「食べるオリーブオイル」というコンセプトや名称の商品自体も、コンテスト当時にはすでに一般的であり、アンチョビ、バジル、唐辛子、ニンニク、チーズを用いた他社の商品もすでに存在していたことが裁判で確認されている。これで盗用だと信じて訴訟提起までしているのだから、**思い込みの力は怖い**。

そんな義務があるか？

それにしても、訴訟の場に出るならば、「絶対盗作なんだもん」と言い張るだけでは通らない。それ相応の法的根拠が必要だ。これ、Aの怒りをなんとか法律に当てはめなければならない弁護士が苦労したのだろうなと想像するのだが、Aは以下のように主張している。

1.被告〔DHC〕には「応募されたレシピはもとよりそれに類似したレシピを、応募者の明示の承諾なくして商品化しない」**義務が発生**している。このことは、〔コンテストの規約などに〕明示されていなくても、あらゆるオリジナルレシピを応募する料理コンテストにおいて**当然の前提**である。

2.「料理の題名や主要な材料、主要な調理過程が一致しているレシピを、応募者に無断で商品化することはしてはならない」との**商慣習**があった以上、〔…〕相手方の信頼を裏切ることのないように誠実に行動すべき信義則上の義務がある。

3.知的財産として正面から認め難いレシピという知的生産物だとしても、権利侵害は生じるべきであり、不法行為の前提となる権利侵害には該当するものというべきである。

苦しい。すべてが苦し過ぎる。いずれの義務も、前提も、商慣習も、ないのである。そもそもAの主張は、両レシピが類似していることを前提にしているが、述べたように、原材料が大きく異なっており、類似すらしていないのである。**主張の前提が破綻**している。

いくら不祥事が多くても……

加えて、DHCは商品開発においてAのレシピを参考にしたことも否定した。そのために、実際の商品開発の経緯を丁寧に説明するとともに、コンテストを主催した広報誌の編集部は東京都港区にあり、商品開発の部署は千葉県千葉市にあって、応募レシピの情報が簡単に提供される環境にもないなどと反論している。

企業不祥事などのニュースを見ると、われわれは、無意識に同じ会社に属している全社員がひとつの共通意志を持っていて、社員全員の連帯責任が当然であるかのように思ってしまいがちだ。だが冷静に考えると、それなりに人数のいる会社では、**隣の部署が何を企画しているのかすら分からないことの方**

が多いはずである。オフィスが別拠点にあるのならなおさらで、ＤＨＣの言い分は真実だろうと思う。

裁判所は丁寧に全否定

裁判の結果だが、**当然の如く、Ａが敗訴した。**

まず両レシピの類似性について、裁判所は「**原告〔Ａ〕に承諾を得なければ商品化できないような類似点があると認めることはできない**」としっかりと否定している。ここまでで、実質的に裁判は終わりのはずである。Ａの敗訴。お疲れさまでした、解散！　だが裁判所は、ご丁寧にも、Ａの荒唐無稽な主張にしっかりと付き合っている。

まず、Ａが主張した「応募されたレシピはもとよりそれに類似したレシピを、応募者の明示の承諾なくして商品化しない義務」や「商慣習」については、「**本件コンテストの開催告知の記事〔…〕には、**被告〔ＤＨＣ〕**が上記債務等を負うと解される旨の記載はなく、**また、社会通念上、**本件コンテストの主催者である被告**〔ＤＨＣ〕が、上記**債務等を当然負うべきものと理解されているとも認められない**」として全面的に退けた。さらに、「知的財産として正面から認め難いレシピでも権利侵害は認められるべき」という**超理論**に対しては、東京高裁は以下のように説明している。

現行法上、〔…〕人間の創造的活動により生み出される知的財産〔…〕の利用については、特許法、著作権法等の知的財産権関係の各法令が、一定の範囲の者に対し、一定の要件の下に排他的な使用権を設定し、その権利の保護を図って〔…い〕るが、**その反面として、その使用権の付与等が国民の経済活動や文化的活動の自由を過度に制約することのないようにするため、**各法令は、それぞれの知的財産権の発生原因、内容、範囲、消滅原因等を定め、その**排他的な使用権等の及ぶ範囲、限界を明確にしている。**上記各法令の趣旨、目的に鑑みると、人間の創造的活動により生み出されるものであっても、それが知的財産権〔…〕の対象とならないものである場合、これを独占的に利用する権利は、**法的保護の対象とはならない**ものと解される。

国民の自由のために引き下がれ

要するに、レシピのように、知的財産権の対象とならないものは、**法的な保護の対象にはならないと明言**したのである。そして、なぜ知的財産権の保護に限界が設けられているかというと、それは**「国民の経済活動や文化的活動の自由を過度に制約することのないようにするため」**なのである。これは、レシピに限らず、知的財産権で保護できないものをムリヤリ独占しようとする行為が、いかに国民の経済活動や文化的活動の自由を害するかの説明にもなっている。思い込みでエセ著作権を振り回したくなったときには、何度でも読み返したい説示である。

アンチョビ
抜いてね

新人つぶし!? ノンフィクション作家に事実を独占させていいのか

『美しい顔』事件

石井光太、新潮社 vs 北条裕子、講談社

トラブル多発のジャンル?

　ノンフィクション作家が、自身の作品を盗作されたと訴える事例は多い。裁判沙汰になった事件に限っても、最高裁判例となった江差追分事件（380頁）を筆頭に、『弁護士のくず』事件（469頁）、箱根の老舗ホテル・富士屋ホテルの経営者の生き様を追った二冊のノンフィクションの類似性が争われた『箱根富士屋ホテル物語』事件、一九八五年の日航機墜落事故に関する二冊のノンフィクションの類似性が争われた『風にそよぐ墓標』事件などがある。

　この分野に盗作騒動が多い理由として、**同じ事件や出来事を扱った作品においては、当然に一定程度は表現が共通する**ため、「似てる、似てない」の議論になりやすいというノンフィクションの宿命的性質がまず挙げられるだろう。しかしそれ以上に、ノンフィクション作家は、長期間現地に足を運び、多くの関係者にインタビューをするなど、一般の小説家や評論家などと比べるとかなり時間と手間をかけた取材に基づく著作をしており、その苦労の分だけ、**作品に自負と独占欲を抱きやすい**ということもあるのではないだろうか。その気持ちは分かるのだが、結果として、客観的に見れば行き過ぎたエセ著作権クレームに走ってしまうことも少なくない。

出産と授賞で多忙な中で

講談社の文芸誌『群像』が主催する新人文学賞を、北条裕子の小説『美しい顔』が受賞した。東日本大震災で被災した東北の女子高生を主人公に、指定避難場所の体育館を主な舞台とした作品である。受賞作は『群像』に全文が掲載されることになっている。掲載に先駆け、北条と編集部は受賞作の参考文献について確認し合ったが、当時北条が出産を控えていたこともあり、十分な確認が取れぬまま、『美しい顔』は同誌に掲載された。

その後、編集部は北条から参考文献として東日本大震災に関するいくつかの書籍を提示され、その中からノンフィクション作家・石井光太の『遺体―震災、津波の果てに』（新潮社）などの作品に「類似と見られる箇所」を確認したのである。

特に『遺体』に「より同一に近い記述を含んでいると認識」した編集部は、著者の石井と版元の新潮社に連絡を取り、事情説明とお詫びをしたうえで、さらに翌々月号の『群像』でも参考文献の未記載についてのお詫び文を掲載し、同時に『遺体』他合計五点の参考文献が示された。この件がマスコミで報道されると、「盗作、剽窃」といった意見が散見されるようになり、騒動化したのである。

詫びる必要があったのか？

だが、『美しい顔』が盗作にあたらないのはもちろんのこと、責めるべき不正行為でもない。そのことは、**両作品をきちんと読み比べれば分かる**ことだ。

石井の『遺体』は、東日本大震災で生き残った被災者が、地域民や家族などの遺体とどのように向き合い、受け止めたかを追ったノンフィクションだ。震災直後の岩手県釜石市の遺体安置所を中心に、遺体の捜索や運搬、検死を行った、市職員や消防団員、医師などの関係者に対し取材を敢行している。

一方、北条の『美しい顔』はこのような物語だ。被災して母とはぐれ、小学生の弟と共に避難所に身を寄せる女子高生・サナエは、さまざまな感情の渦に巻き込まれ、取材に訪れたマスコミに嫌悪を抱きながらも「美しい顔」で被災者を「演じ」ていた。彼女は日常を取り戻すことを恐れ、被災者としての非日常に身を置き続けることで精神の安定を図っていたのである。しかし、あるとき、意識的に遠ざけていた遺体安置所に向かい、母の遺体と対面したことで、彼女の感情が大きく揺さぶられる……。

作品のテーマは通底している

ところで、石井は、震災のルポを書くにあたり、遺体安置所の様子を中心に描こうとした動機について、以下のように述べている。

震災後間もなく、メディアは示し合わせたかのように一斉に「復興」の狼煙を上げはじめた。だが、現地にいる身としては、被災地にいる人々がこの数えきれないほどの死を認め、血肉化する覚悟を決めない限りそれはありえないと思っていた。復興とは〔…〕人間がそこで起きた悲劇を受け入れ、それを一生涯十字架のように背負って生きていく決意を固めてはじめて進むものなのだ。(注1)

この、大震災という悲劇に直面した人間は、その悲劇を受け入れることでやっと次のステージに進んでいくのだというテーマは、『美しい顔』が喚起するテーマとも通じており、『遺体』が『美しい顔』に影響を与えていることがうかがえる。

一方、『遺体』は、市職員や検死医など、遺体を扱った当事者の視点で描かれているのに対して、『美しい顔』は一貫して被災者のサナエの視点で描かれている。また、遺体安置所のシーンは重要ではあるものの、舞台としては一部分である。これは大きな違いだ。こうした全体的な共通点と相違点は、騒動においてほとんど言及されず、もっぱら**部分的な「類似する文章の箇所」**が取り沙汰された。

リストにしたのは悪手

これは当事者も同じで、講談社は**「両作品を比較した類似箇**

所のリスト」を提示して石井に説明しており、新潮社も「類似・酷似箇所」を問題視するコメントを発表している。そのリストは、報道を手掛かりにすれば**表5**の内容だったようだ。

これだけを取り上げれば、確かに「類似箇所」、「酷似箇所」に石井や新潮社にいわせれば映るかもしれない。しかし、何万文字もある作品のうち、その**一部をクローズアップして**他人の作品の一部と比較すれば、どんな作品にだって類似箇所が見つかるだろう。ましてや同じ出来事を扱っている作品ならなおさらである。

講談社がこのリストを見せて石井に説明したのだとすれば、**実態以上に類似しているという**

表5：両作品の「類似箇所」を示したリスト

	『遺体』	『美しい顔』（『群像』2018年6月号）
1	床に敷かれたブルーシートには、二十体以上の遺体が蓑虫のように毛布にくるまれ一列に並んでいた	すべてが大きなミノ虫みたいになってごろごろしているのだけれどすべてがピタっと静止して一列にきれいに並んでいる
2	うっすらと潮と下水のまじった悪臭が漂う	うっすらと潮と下水のまじった悪臭が流れてくる
3	毛布の端や、納体袋のチャックからねじれたいくつかの手足が突き出している	毛布の隅や納体袋のチャックから、ねじれたいくつかの手足が突きだしていた
4	紙にそれぞれの遺体につけられた番号が記されており、その横に名前、性別、身長、体重、所持品、手術痕などわかっている限りの情報が書かれているのだ	それぞれのリストには番号がつけられていて、その横に名前、身長、体重、所持品、手術痕といったことが書いてある。今現在でわかっている限りの情報だという
5	死亡者リストに記載されている特徴にはかなり違いがあった。すでに名前や住所まで明らかになっているものもあれば、波の勢いにもまれて傷んでしまっているために「年齢二十歳～四十歳」「性別不明」「衣服なし」としか情報が載っていないものもある	壁の遺体リストに記載されている特徴にはかなりの違いがあった。すでに身元が特定され住所や勤め先の会社名まで記してある番号もあれば、〈性別不明〉〈所持品、衣服なし〉としか情報が載っていないものもある。〈年齢三十歳～六十歳〉とものすごい幅のあるものもある

先入観を相手に与えることになり、悪手である。せめて「類似箇所」の前後の文章まで含めて比較しなければフェアではない。

全文を読むと全然違う！

表5の類似点は、すべて両作中の同じシーンに出てくる表現だ。このうち、1〜3の記述がある文章を、前後を含めて引用すると以下の通りである（傍線は、表中の類似箇所を示すために引用者が引いたもの）。『遺体』の当該箇所は、遺体の検案を任された小泉医師が、担当の警察官に招かれて遺体安置所になった廃校の体育館を訪れるくだりで、小泉医師の視点を借りて書かれている。

彼〔担当の警察官〕が見たことのないような引きつった顔をして、体育館に小泉を招き入れた。床に敷かれたブルーシートには、二十体以上の遺体が蓑虫（みのむし）のように毛布にくるまれ一列に並んでいた。隅で警察官が新しく届いた遺体の服をハサミで切ったり、ポケットから財布や免許証を出して調べたりしている。二、三十人いるのに物音ひとつしない。遺体からこぼれ落ちた砂が散乱して、うっすらと潮と下水のまじった悪臭が漂う。死後硬直がはじまっているらしく、毛布の端や、納体袋のチャックからねじれたいくつかの手足が突き出している。

「すごい数だな」と小泉はつぶやいた。

「実は、ここにあるのは今朝までにマチで見つかった分だけです。他にももっと発見されるでしょう。数百人、いや千人を軽々と超えるかもしれません」

二の句が継げなかった。港沿いの活気に満ちたマチはどうなってしまったのか。あまりに多くの遺体を前にしていると、自分一人でこれだけの数の検案ができるのかと心細くなってくる。（注2）

『美しい顔』は、母が安置されているかもしれない遺体安置所の体育館を訪れたサナエが、警察官に付き添われて歩くシーンである。

彼〔警察官〕は奥に入っていくにしたがってますます歩調が厳

粛になっていくのでうっとうしさは増すばかりであったが私は耐えて耐えて耐えしのんだ。しのびすぎて私の手のひらには汗がぎっしり握られていたし、ひじから指先までが小刻みにぶるぶると震え、それがもう母が愛用している肩をほぐす電動マッサージ器のようになってしまっていた。隙間なく敷かれたブルーシートには百体くらいはあるだろう遺体が整列していて私たちはその隙間を歩いた。すべてが大きなミノ虫みたいになってごろごろしているのだけれどそのすべてがピタっと静止して一列にきれいに並んでいる。足の踏み場もないくらいぎっしりと並んでいるその隙間の通路を私たちは進んだ。一部だけの遺体なのか、ちいさな子どもの遺体なのか、ほかの毛布の二分の一とか三分の一くらいの大きさしかないのがやたら目につく。働いている警察官たちは今私を誘導する彼のごとく凛としていた。みな手にはゴム手袋をはめ、顔はマスクで覆い、忙しそうに仕事に没頭している。大きなビニール袋をかかえてすれ違う警察官からうっすらと潮と下水のまじった悪臭が流れてくる。どの警察官も自衛隊の人も私とすれ違う時、私の顔さえ見なかった。それどころか顔を伏せて過ぎた。市の職員や消防団の法被を着た者もみなそうである。医療関係者も黙々と各々の作業をしてそれに集中しているのか顔さえあげない。ブルーシートが擦れる冷たい水を思わせるような音。無機質な作業の音。それとともに何かの数値や医療用語が暗号のように聞こえてくる。時折、遺族のギャッと泣き叫ぶ声。ほかには何もない。死んでいる人たちのなかに、数人の人たちがぽつぽつ生きて下を向いて昆虫のように動いている。私の注意はいつしか生きている人のほうに向いていた。自衛隊の人がブルーシートのかかった担架を持って静かに入ってくる。四、五人の警察官が一体を取り囲んで検死をしている。その中心にいる白衣の医師は県警からの特別な検死官だろうと思っていたのによく見れば幼少時代から世話になっている顔なじみの町医者であった。

ビニールに包まれた遺体が、こっちこっち、こっちへおいで、と私に手招きしている。と思ったらそれはビニールに納まりきらなかった黒く色の変わった腕であった。人は死ぬとき、体をまっすぐにして死ぬものだと思っていた。あちらこちらで毛布の隅や納体袋のチャックから、ねじれたいくつかの手足が突きだしていた。これが津波だ、と思った。(注3)

どうだろうか。全体としてまったく異なる文章なのである。そして、文章全体を読めば、「類似箇所」はいずれも遺体安置所の情景を説明する表現に過ぎないことが分かるだろう。ブルーシートの上に、たくさんの遺体が毛布ないし納体袋にくるまれて一列に並んでいる。うっすらと潮と下水の悪臭が漂っている。死後硬直のため、毛布や納体袋からねじれた手足が突きだしている。

これは事実とアイデアでは？

こうした情景を描こうとすることはアイデアであり、もっといえば、**これらは実際の東日本大震災における仮設の遺体安置所の光景を示す事実そのもの**である。「太陽が東から昇り、そして西に沈む」と同じように、事実を端的に文章で示そうとするならば、誰が書いてもほとんど同じ表現になる。

このような表現を特定人に独占させると、事実を描くこと自体に著しい制限がかかるようになってしまう。**東日本大震災の遺体安置所の情景を端的に描くことができるのはこの世で石井一人だけになってしまう**のだ。これは妥当ではないから、ある程度表現が似ることは許容しなければならない。

シンプルな比喩は独占できない

毛布等にくるまれた遺体を「ミノ虫のよう」と表現した点も同じである。これは事実ではなく、単純な比喩表現である。だが、くるまれた遺体を見て「ミノ虫のようだ」と思うことは思想であり、それを端的に表現することはやはり誰にでも許されなければならない。これは、実際にくるまれた遺体を見ていようが見ていまいが同じである（北条は、執筆にあたり被災地を訪れていないことを受賞インタビューの時点で明かしている）。『遺体』を読んで、毛布等にくるまれた遺体を想像し「確かにそれってミノ虫のようだな」と思い、それをそのまま表現することもまた自由であるべきだ。**くるまれた遺体をミノ虫に喩えることができるのがこの世で石井一人になってしまうこと自体が、やはり妥当ではない**からだ。

事実を忠実に書いただけなのに

後に北条は、「類似表現」が生じた理由について、「**いくつかの場面においては客観的事実から離れず忠実であるべきだろう、想像の力でもって被災地の嘘になるようなことを書いてはいけないと考えました**（注4）」と述べているが、もっともな話である。先行する参考文献の作者だからという理由で、**事実を端的に表現する言葉を他人から奪ってはならない。**

そして、このような「類似箇所」を切り取って不正視するのは安易であり、かつ誤りである。作品全体、あるいは少なくとも該当箇所の前後の表現の比較に踏み込み、石井独自の表現にまで類似点が及んでいるかどうかを慎重に検証しなければならない。そうすれば、両作品は類似しないという結論に至るのが妥当であろう。

小説に参考文献一覧は必要？

一方、北条自身が認めるように、『遺体』が『美しい顔』の主要な参考文献のひとつであることも確かだ。先に述べた通り、作品に通底するテーマには共通項があるし、また『美しい顔』の遺体安置所のシーン全体の情景描写にも、『遺体』の描写を参考にした形跡がうかがえる（注5）。ただし、だからといって小説に参考文献を列挙するべきかというと、無条件には肯定できない。どんな小説だって、すべてが作者の頭の中から生まれることは稀であり、何かしら影響を受けたり、発想や描写の参考となったりした先行作品がある。一方、フィクション小説の読者には、**フィクションの世界**

にのめり込みたいという欲求があり、巻末に参考文献が列挙されていると興醒めしてしまう側面がある。また、小説を読んだからといって、読者が内容を検証したり、理解を深めるために参考文献を手に取るという行動パターンも考えにくい。これらが、論文や評論との違いであり、**多くの小説に参考文献を示す慣行がない**ことの理由だろう。

不可抗力の凡ミスでは？

とはいえ、『美しい顔』は、まったくの空想的な恋愛小説や推理小説とは趣が異なり、東日本大震災という歴史的事実をテーマとしている。執筆にあたり、参考文献が貢献した度合いは高いだろう。また、ドキュメンタリー風の読み方を促す作品でもあり、その場合は、参考文献の記載があっても読者の興をそぐことも考えにくい。そう考えると、本作の場合、やはり参考文献の記載はあった方が望ましかったと思う。

つまり、この事件は、「類似箇所」が複数あったことではなく、あくまで参考文献の記載漏れという問題なのである。そして、その原因は、デビュー前の作家が出産時期に編集者とのコミュニケーションがうまく取れなかったことによるものだから、不可抗力にも近い事務処理上の不手際でしかない。しかも、雑誌掲載時の話だ。わざわざ詫びるようなこととも思えない。しれっと翌月号でフォローするか、単行本刊行時に改めて掲載するだけでもよかったのではなかろうか。

それを、儀礼上の問題と捉え、わざわざ事情説明とお詫びのために石井と新潮社らの元に出向いたのだから、**バカ正直とすらいえる。**北条らとしては十分過ぎるほどに誠意を尽くしたといえるはずなのである。

人の謝罪につけ込んで……

ところが、新潮社は北条らの誠実な謝罪に対し、**行き過ぎた要求**を突きつけている。同社は「単に参考文献として記載して解決する問題ではないと考えています」（後に「単行本化の際に酷似した箇所の修正が必要」と補足）と回答し、同様のコメントをプレスリリースとして発表したのだ。[注6] 儀礼上の問題について、素直に謝ってきた相手に「ごめんで済んだら警察なんていらない!」などとスゴむかの如き対応である。

ライバル出版社の不手際に、ここぞとばかりに攻撃しようと打算が働いたのではないかと疑ってしまう。だが新潮社も出版社なんだから、著作権法や小説の慣習に照らした妥当な落としどころは分かるだろうし、ましてや相手はデビュー前の新人作家なんだから「ごめん」と「参考文献」で済ませるべきではなかったか。この**余計なプレスリリース**で問題がこじれ、これに同調して「盗作、剽窃」の風評が広まってしまった側面がある。新潮社の責任は大きいといわざるを得ない。

作家を守るようになった講談社

これにより、講談社は態度を硬化させることとなり、以下のプレスリリースを行うに至った。

> 一部報道により、本作と著者について中傷、誹謗等がインターネット上等で散見され、盗用や剽窃などという誤った認識を与える文言まで飛び交う事態となりました。
>
> これらの不当な扱いによって、本作と著者およびそのご家族、新人文学賞選考にあたった多くの関係者の名誉が著しく傷つけられたことに対し、強い憤りを持つとともに、厳重に抗議いたします。
>
> 今回の問題は参考文献の未表示、および本作中の被災地の描写における一部の記述の類似に限定されると考えております。その類似は作品の根幹にかかわるものではなく、著作権法にかかわる盗用や剽窃などには一切あたりません。
>
> 〔…〕協議を続けている中で、6月29日の新潮社声明において、「単に参考文献として記載して解決する問題ではない」と、小説という表現形態そのものを否定するかのようなコメントを併記して発表されたことに、著者北条氏は大きな衝撃と

深い悲しみを覚え、編集部は強い憤りを抱いております。
北条裕子氏の作家としての将来性とその小説作品「美しい顔」が持つ優れた文学性は、新人文学賞選考において確たる信により見出されたものです。上記の問題を含んだ上でも、本作の志向する文学の核心と、作品の価値が損なわれることはありません。(注7)

まさしく正論である。参考文献をつけ忘れたという負い目を抱えた身で、それにこじつけた中傷に反論するのは勇気がいるものだが、**それでも作家を守る態度を鮮明に打ち出した講談社の姿勢を評価したい。**

単行本ではどうなった？

その後も協議は続いたようだが、最終的には、新潮社の要求を、講談社と北条がほとんど受け入れる形で決着している。『美しい顔』は二〇一九年に単行本化され、そこでは先の「類似表現」はすべて改稿され、改めて巻末に主要参考文献が記載されたうえに、『遺体』他一冊については、あとがきで謝意と、重ねてお詫びの言葉が添えられている。

改稿によって、北条の文章のオリジナリティが高まりこそすれ、作品の価値が低まることはない。講談社としても、北条の名誉を守る必要はあっても、新潮社の要求を突っぱね続けるメリットはないだろう。この決着の仕方は妥当といえそうだ。しかしプロセスには、すっきりしない思いも残る事件であった。

なお石井本人は、単行本化に際して「**彼女は文才のある人で、これ以上邪魔をしたくない。この出来事を乗り越えてほしい**(注8)」とコメントし、エールを送っている。望ましくは、この余裕を**最初から見せてほしかった**と思うのは、ノンフィクション作家に対しては酷だろうか。

乗っ取り、エセ著作権、煽り挑発…クセの強い弁護士のクズが大集合!?

『弁護士のくず』事件

内田雅敏 vs 井浦秀夫、小学館(注1)

弁護士が暗躍した異常事件

弁護士といえば、あらゆる法律に精通し、正義のために品行方正に戦うというイメージがあると思う。しかし、そんな弁護士のパブリックイメージをいろんな意味で打ち砕いてくれるのがこの事件である。

弁護士の内田雅敏は、自分が弁護士として代理したとある事件を『懲戒除名―〝非行〟弁護士を撃て』（太田出版）と題するノンフィクションとして出版した。その本につづられていたのは、確かに一冊にまとめる価値のある**異常な事件**だった。

飯高事件とは何か?

それは、飯高社という駐車場経営などをしている会社を舞台にした一九九三年の事件である（以下、「飯高事件」）。父親から飯高社の経営を引き継いだ二代目社長Aは、ぼんくらの放蕩息子で、仕事らしい仕事はせず、経営判断を顧問弁護士である皆川真寛（まさひろ）に丸投げしていた。ところが、皆川はこれをいいことに、自身が代理人として関与する別会社との間で土地を転売するなどして、自身の取引報酬として八億円もの利益を得て私腹を肥やす一方、会社に損害を与えていたというのである。

皆川の行動を徐々に不審に思うようになったAが内田に相談し、内田を通して皆川へ顧問弁護士を解任する旨を伝えたところ、自分の部下を飯高社の取締役として潜り込ませていた皆川は、Aの知らないうちに取締役会を開催し、**代表取締役だったAを逆に解任して会社を乗っ取ってしまった**のである。皆川が、その後も好き放題に会社を食い物にしていたことなどに対し、Aは内田を代理人として損害賠償請求等の訴訟を提起。また弁護士会に対しては皆川の懲戒請求を行った。その結果、皆川は弁護士会を除名処分となり弁護士資格を剥奪され、Aの皆川に対する複数の訴訟も勝訴判決が言い渡された。クライアントの利益のために働く代理人であるはずの弁護士が、逆にクライアントを食い物にしていた、という衝撃事件である。

　内田の『懲戒除名』は、飯高社を「林田社」、皆川弁護士を「稲川弁護士」とするなど、事件当事者の多くを仮名にしているものの、内田自身を主人公に据え（以下、『懲戒除名』の主人公としての作中の内田を「作中内田」とする）、ほぼ事実に沿って、飯高事件を内田の視点から詳述している。『懲戒除名』には、稲川が林田社を私物化する様子を「**顧問弁護士による㈱林田の資産の食い潰し、それはあたかも蚕が休みなく桑の葉を食い尽くしていくのと似ており、まさに『蚕食（さんしょく）』と呼ぶのがふさわしいものであった**（注2）」と喩（たと）えるシーンがある。これを覚えておいてほしい。

同じ事件を描いた漫画にキレる

　そして、この内田の本を参考にして、飯高事件をモデルにした漫画を描いたのが、漫画家の井浦秀夫だ。「ビッグコミックオリジナル」で連載していた『弁護士のくず』の一エピソード**「蚕食弁護士」**がそれである。漫画では、飯高社を「富鳥（ふとり）社」、皆川弁護士を「亜喰（あくい）弁護士」とし、特に後半は話の展開に独自のアレンジを施しているが、大まかなストーリーラインは『懲戒除名』と同じである。

　このエピソードに対し、内田が自著の「そっくりそのまま盗用」などとクレームをつけ、著作権侵害を理由に、井浦と版元の小学館に対して出版差止と五〇〇〇万円の損害賠償金を請求する訴訟を提起したのである。しかし、これはエセ著作権に基づく思い込みだ。どちらも飯高事件という実際に起きた事件を題材にしている以上、事実をなぞった表現が似るのは当たり前の話である。

「蚕食」が重複というが……

彼はまず、「蚕食弁護士」という井浦のエピソードタイトルに対して「（自分が、顧問弁護士による会社資産の食い潰しを『蚕食』と）表現しているのをそのまま使用していることからしてこの作品が盗作であることは明らかである」(注3)などと述べている。**法律を熟知しているはずの弁護士にしては、あまりに安易で短絡的なキレ方だ。**確かに、「蚕食」は日常的に使われるような言葉ではないかもしれない。しかしこれは「（蚕が葉を食うように）領域を侵す」という意味の既成語である。内田が独占できるような言葉ではない。

実際、内田も既成の熟語を本気で独占できるとは思っていなかったようで、訴訟においては、「蚕食弁護士」のタイトルに対する権利主張は控えている。**じゃあ、最初からそんなイチャモンをつけるなよ。**

報酬は期待してなかった!?

その代わり、裁判における内田の主張で特徴的だったのは、『懲戒除名』における作中内田の内心やセリフに関する描写を取り上げて**「実は、事実とは異なる自分の創作である」（＝だから著作権で保護される）**とした点だった。

例えば、こうだ。『懲戒除名』には、「依頼者の社長から『顧問弁護士に会社の資産を食いつぶされている』と、作中内田が相談を受ける」シーンがある。内田はそのときの心情を、作中内田をしてこう語っている。

私は、軽い気持ちで、同業としてそんな面汚しはとことん懲らしめてやらねばならないと思うと同時に、この依頼を首尾よく解決すれば、わが貧乏弁護士事務所にもそれなりの潤いがもたらされるかもしれないとの期待も抱いた。(注4)

資産家から相談を受けて、露骨に報酬を期待する心情を描いたのだ。しかし裁判では、内田は、実際には「依頼を受けた際、報酬への期待を抱いていなかった」（＝だから先の記述は、事実の記載ではなく、創作的表現である）と主張したのだ。**「おい、カッコつけんな内田！」**と思うが、本人がそうだといっているのだから反論するのは難しい。また、「解任したはずの悪徳弁護士から、逆に社長を取締役会で解任していたことを知らされて、作中内田が動揺、激昂する」シーンでは、作中内田の以下のセリフが描かれている。

「ふざけるな。こんなことが許されると思っているのか。これは犯罪だ。弁護士がこんなことをしてただで済むと思ったら大間違いだぞ！」とつい大声を上げた。(注5)

だが、実際の内田は、このとき大声を上げたわけではなく、冷静な対応をしていたのだという。にもかかわらず前記のように書いたのは、「わかやりやすく誇張してセリフを整えて、原告〔内田〕の怒りの表現を爆発的に」するための創作的表現だというのだ。

俺の内心は「事実じゃない」？

そして、対する『弁護士のくず』では、それぞれ同じ場面を描いたシーンで、登場人物の事件担当弁護士が、作中内田と同じように「これはいい仕事だ♡数億円を損害賠償させれば報酬が…」（図1）と報酬を期待し、「ふざけるなーっ！雇われてる顧問弁護士が社長をクビにするなんて、そんなバカな話があるかーっ！」（図2）などと激昂しているから、これらは『懲戒除名』の翻案であり、著作権侵害だというのである。

実際の事件や出来事をなぞっただけの**「事実表記」は独占できないという著作権の原則を逆手に取った、「俺の『内心表記』は事実じゃなかった」というロジックである。**確かに、ノンフィクションとはいえ、内心の動きやセリフについては、実際の感情を誇張してドラマティックに

図1

図2

表現することはあるだろう。このあたりは、さすが弁護士というべきか。それなりに弁が立つ男である。

内田は読者に謝れ!?

ところが、この主張にブチ切れたのが井浦側の代理人弁護士だ。主人公のモデルである著者＝内田自身から「本では『Aと思っていた』と書いたが、あのとき私は本当はBと思っていたので、本の記述は創作なのです」といわれれば、それについては反証のしようがない。そこで反証に代えてということなのか、**内田の戦術そのものの汚さ**を、以下のように強く非難したのである。

1.〔『懲戒除名』を〕ドキュメントとして公表しておきながら、根拠も示さず後から「実はこの部分は創作だった」と言い立てるだけで著作権侵害が基礎づけられるとすれば、これ程一方的な話はない。

2.仮に原告〔内田〕の〔実は創作だったという〕主張が事実

ならば、このような重要な局面での発言を捏造してドキュメントに記載するなど、言語道断である。

3．このような主張は、論評するにも値しない。誇張が事実ならば、原告はただちに関係者や読者に謝罪し、訂正文を公にすべきである。(注6)

といった具合だ。**「そんなに『事実じゃなくて創作でした』というのなら、お前のノンフィクションはもはや捏造だ！」**といっているのだ。「読者に謝罪しろ」「訂正文を出せ」とまで煽り立てている。もはや著作権侵害の話は関係なくなってきちゃっていて、いや、まぁ、その通りなんだけど、ちょ、ちょっとセンセイ、落ち着いて……といいたくなる。しかし言いがかりをつけられた井浦からすれば、このくらい前のめりで反論してくれる代理人の方がありがたいだろう。

どっちにせよ似てない

そして、こうした井浦側のアツい反論の甲斐あってか、結局、裁判所は内田の主張を全面的に退けたのである。さすがに『懲戒除名』が捏造などという認定はしなかったが、内田の内心が事実であれ創作であれ、事件を受任する際に弁護士が報酬を期待したり、不誠実な対応をする相手に憤慨して大声を出すという話の流れはアイデアであり、そのことを表現した『懲戒除名』の記述も、ことさらに個性的、特徴的な表現とまではいえないと認定したのだ。そのうえで、『弁護士のくず』における表現自体、『懲戒除名』の文章表現とは相違しており、『懲戒除名』について保護すべき表現上の本質的な特徴は再現されていないと判断したのである。これにより、『弁護士のくず』は『懲戒除名』を翻案した漫画ではなく、著作権侵害は成立しないことが判決として確定した。

自信満々で敗訴した内田

裁判前、内田は雑誌への寄稿で、裁判の見通しについて「乞うご期待である」**「結果が楽しみだ」**などと意気揚々と書いていた。(注7) しかし、結果はこの通り**全面敗訴**である。弁護士の立場にあって、これはカッコ悪いよな〜。

それにしても、なんとまぁ、クセの強い弁護士が集まった事件だろう。クライアント企業を食い物にして巨額の利益を得たが、悪事が露見し除名処分となった弁護士。その弁護士を執拗に追い詰めて除名に追い込んだが、事件に関する記述の独占に固執して、自信満々の著作権裁判で敗訴した弁護士。その弁護士の身勝手な主張にブチ切れ、相手の作家としての姿勢を非難し、煽りまくった弁護士。あらゆる法律に精通し、正義のために品行方正に戦うと思われている弁護士たちの、**決して品行方正ではない一面をイヤというほど味わえる事件である。**ちなみに、井浦の漫画『弁護士のくず』も、裁判で勝つためなら卑怯な手でも平気で使う〝弁護士のくず〟と呼ばれる主人公を描いた作品だ。

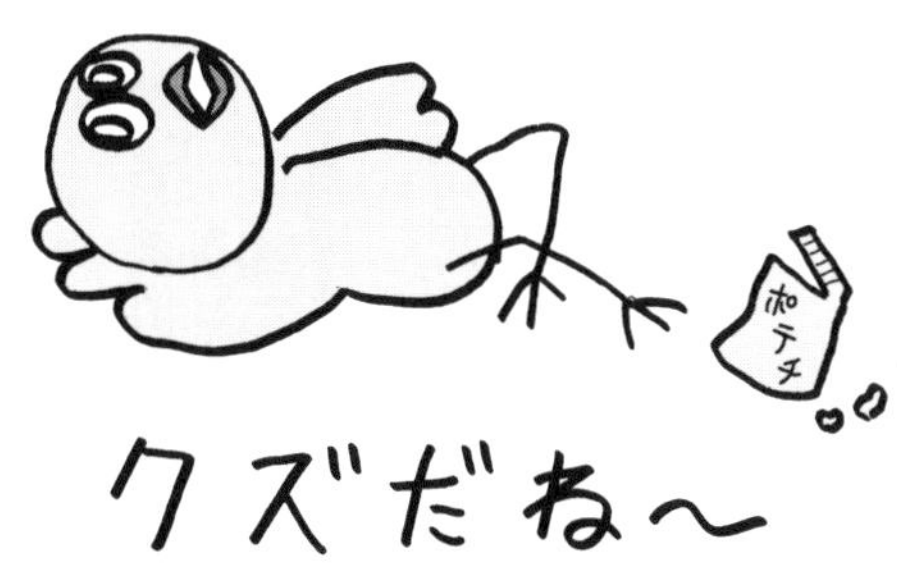

悲し過ぎる！ 四五年間、盗作の恨みを抱き続けて敗訴した大学教授

『「大東亜共栄圏」の形成と崩壊』事件

原朗 vs 小林英夫（注1）

三四年前の思い込み

本書には、自分の作品が盗作されたと思い込み、他人を恨む人が数多く登場するが、その中でも、東京大学名誉教授で歴史学者の原朗（あきら）ほど、その思い込みに**人生を翻弄された**人はいないだろう。

原は、三六歳・大学助手時代の一九七五年に、共同研究者だった小林英夫（現・早稲田大学名誉教授）の著書に、自らのレポートを盗作されたと**思い込んだ。**当時、その恨みを公にすることはなかったが、彼はずっとそれを胸に秘め続けていたのである。そして月日が流れに流れた二〇〇九年。**七〇歳になった原**は、教授として勤務していた東京国際大学を、定年により退職することになった。その最後の講義の壇上で、原は小林の三四年前の行為を取り上げ、自分は彼の「盗用・剽窃」行為の被害者であると訴えたのである。

定年前に積年の恨みをブチまけ

このときの講義内容は、後に東京国際大学の論文集『経済研究』にそのまま収録され、刊行されている。告発部分を引こう。

さて最後にここでもう一つ申しあげておかなければならないことがございます。私が十分に研究に専念することができなくなった一つの理由として、1975年のことですが、私の作品の一つが他の研究者によって剽窃された際、その研究者が

学界において果たしていた役割に配慮して、盗用を公然と指摘することをためらったことがあげられます。まだ公刊されていない自分の論文の構成を、ほとんどそのまま他人の著作の編別構成に利用されてしまったのですが、その結果、私は自分の最初の著作を著書として公表することも学位を申請することも断念することになり、以後私は学界における倫理の欠如と売名行為の横行に暗澹たる気分を抱いたまま、一切単著を出版せず、ただ共同研究の編集や資料集の出版のみに終始する態度を維持して現在に至ったのです。

〔…〕お手許のプリントの最後の2ページにその経過について実名を挙げてしるしてありま

す。現在は早稲田大学教授の小林英夫という人ですが〔…〕現在もその人は次々に著作を公表し、大活躍中です。盗用、剽窃をすることが学問の正常な発展にとっていかに大きな打撃をあたえるか、その被害を蒙（こうむ）った当事者として、研究者への道を歩む皆さんにはお伝えしておく義務があろうかと思い、恥ずかしさを忍んで今日皆様に申し上げる次第です。（注2）

三四年も前の「犯罪行為」の告発に、受講生がどよめいたことは想像に難くない。小林のせいで、原は著書の出版も学位の申請も断念し、不遇の研究者人生を送る羽目になったというのだから、同情も集めよう。その後も、原はいくつかの著作でもこの「事件」に言及し、自分は小林の行為による被害者だと訴えている。

小林に訴えられた原

しかし、いかに憐れみを誘う告発でも、これらは原の一方的な言い分だ。**小林にしてみれば、勝手に加害者にされてはたまらない。** 原による一連の発言を受けて、小林は、自分は盗用・剽窃行為を一切行っておらず、講義などでの発言は自分に対する名誉毀損にあたるとして、原に慰謝料等として三三〇万円の支払い等を要求する訴訟を提起した。二〇一三年のことだ。

そして結論からいってしまえば、小林の名誉毀損の訴えは全面的に認められた。裁判所は、一九七五年の小林の行為は盗用・剽窃にあたらず、原が盗用・剽窃と信じる根拠もなかったと認定。つまり原の発言は「言いがかり」だと結論したのである。そして、これらの発言により小林の被った精神的苦痛は「相当程度大きい」とし、慰謝料等として、原に二二〇万円の支払いを命じたのである。原は最高裁まで争ったが、最高裁は上告を受理せず、二〇二〇年に判決が確定した。原がこの裁判のために費やした金額は、慰謝料を含め**合計で一〇〇〇万円を超えた**という[注3]。

四五年間の恨み空しく……

こうして、原が**四五年間（！）**、実に**人生の半分以上（!!）**の期間にもわたって小林に募らせ続けた一方的な恨みは、裁判所から「言いがかり」と認定されたうえに、さらに多額の慰謝料と裁判費用の負担まで強いられることになったのである。この事件の結末は、恨みや怒りに任せて使われがちな「盗作、剽窃、パクリ」などといった言葉が、いかに重い責任を伴うものであるかをよく示している。軽々しく使うものではないということだ。

小林に出し抜かれた？

原が盗用・剽窃されたと主張するレポートと、小林の著書の比較については、論文の内容が高度に専門的なので、核心部分に絞って簡単に述べよう。小林は、一九七五年に『「大東亜共栄圏」の形成と崩壊』という研究書（御茶の水書房。以下、「小林本」）を出版した。原は、この本が、自分が一九七四年に学会発表した『「大東亜共栄圏」の経済的実態』というレポート（以下、「原レポート」）の盗作・剽窃にあたると疑ったのである。

原が特にショックを受けたのは、学会発表は自分の方が一年早かったにもかかわらず、原レポートが学会誌に掲載されたのは、小林本の発行よりも後の一九七六年になってからだったため、**一見すると小林本の方が**

先行研究であるかのように見えてしまうことだった。小林に「出し抜かれた」ことを知った原は、述べたように原レポートに基づき執筆を計画していた自著の刊行を断念し、その書籍の発行を前提としていた学位申請も断念した。これが、その後の小林に対する積年の恨みの端緒であり、本人曰く「**その後約四〇年間、私の生き方すべてを大きく変更させ、私の研究者人生の全体に対し決定的な打撃を与え続けてきた**[注4]」というのである。

実際に読み比べてみると……

しかし、実際に原レポートと小林本を読み比べてみると、**果たして原が人生を狂わされるほどショックを受けるような内容だろうかとの疑問を抱かざるを得ない。**どちらの論文も、大東亜共栄圏、つまり戦時中に大日本帝国が征服を目指した東アジア・東南アジア支配圏を取り上げ、そこにおける大日本帝国による経済支配のプロセスとその失敗の道程を追い、分析するという内容だ。研究テーマが共通しているというわけだ。

歴史研究において、同じ研究テーマを設定すれば、ある程度は論じる内容が共通することは当たり前だ。また、歴史研究は過去の先行文献や先行研究の分析に負うところが大きいが、同じ先行文献や先行研究を参照すれば論旨が似ることもしばしば起こり得る。したがって、全体的な構成に似た部分があることのみをもって不正・不法とはい い切れない。

テーマが共通しているだけ

そこで具体的な記述を読むと、小林本に、原レポートの影響を受けている箇所があることは確かである。例えば、小林本のタイトルである『「大東亜共栄圏」の形成と崩壊』は、原レポートの主題にもなっている。原レポートには「**本稿の力点は、『大東亜共栄圏』の形成と崩壊の全過程を貫くかかる植民地支配方式自体に内在する諸矛盾の存在形態を、貿易・金融の両側面における圏内各地域間の経済的連繫のあり方を通じて把握することにおかれる**[注5]」という記述がある（傍線は引用者による)。しかし、やや比喩的な表現とはいえ、戦時中に大東亜共栄圏が形成され、崩壊したことは歴史的事実であり、そのことを研究テーマに設定するうえで、この表現を用いることが不正・不法行為にあたるとはいえない。

出典表示も謝辞もある!

また、小林本が原レポートから直接的に引用して作成した地図やグラフがいくつかあるのだが、これらについて、小林はいずれも本文中に「**原朗『「大東亜共栄圏」の経済的実態』**(『土地制度史学』第71号、1976年4月予定)、**より作成**」などと、**きちんと出典を明示している。**さらに、小林はあとがきにおいて、「一九七四年度土地制度史学会秋学期学術大会報告(大会報告は『土地制度史学』第七一号、一九七六年四月掲載予定)の準備のため、満州史研究会の原朗氏とおこなった数度の打ち合わせの討議が、本書作成に大いに役立った。かさねて原朗氏に感謝いたしたい(注6)」と、**謝辞まで述べている**のである。

ショックを受け過ぎでは?

結局のところ、小林は、原レポートからの盗作や剽窃といった不正・不法行為に手を染めたわけではなく、原の研究や原レポートを含む数々の先行文献、先行研究を参考にして、「大東亜共栄圏における経済支配のプロセスと失敗(=形成と崩壊)」を自身の研究テーマに選び、独自に小林本を書き上げただけなのである。そして原は、自分が先に学会発表していた原レポートを参考にして書かれた小林本が、原レポートの学会誌掲載よりも先に、刊行物として世に出たことが許せなかったに過ぎないのではないだろうか。

同じ研究テーマの論文を、近しい立場にいる研究者に先に出版されたことが「出し抜き」のように感じられる気持ちは分からないでもない。だが、小林は小林本の中で、原レポートが自著に先駆けて学会発表されたことはしっかりと明示しているし、原の先行研究が「大いに役立った」ことも率直に述べ、感謝しているのである。**それでも、原は自著の刊行を断念するほど大きなショックを受けなければならなかったのだろうか。**あまつさえ「盗用・剽窃」などと恨みを抱き、三四年間も募らせた挙げ句、その恨みを公に吐露しなければならないことだったのだろうか。

独創的な研究ですらない

一方、裁判所は、小林本が「盗用・剽窃」にあたるかどうかの認定にあたり、原に最大限の配慮もしたようにも思える。つまり、一般に著作物をめぐる法律の世界で「盗用・剽窃」といえば著作権侵害のことであり、著作権侵害にあたらなければ盗用や剽窃とはいえない。しかし、本事件においては、裁判所は学術界隈が想起する「盗用・剽窃」の理解を考慮して、他人の著作物のみならず、「新規性や独創性のある他人のアイデア」に依拠して、これを自分のアイデアであるかのように表現することも「盗用・剽窃」に含まれると解釈したのである。

通常の著作権裁判では、どんなに独創的であろうとも、アイデアそれ自体は著作権で保護されないから、これは原にとって有利な解釈だ。しかし、この解釈を採用してもなお、裁判所は小林本が「盗用・剽窃」にあたるとは判断しなかった。共通するアイデア部分は、いずれも歴史的事実に係る記述か、一般的な研究手法、過去の先行研究で論じられていることで、**新規性も独創性もないと断じた**のである。

裁判官批判を展開する原

こうして、原の告発は一方的な思い込み、逆恨みに過ぎなかったことが裁判によって明らかになり、小林にかけられていた疑いは晴れたのである。四五年間もの長きにわたり、思い込みに縛られて人生を翻弄された原には同情を禁じ得ない。彼は、最高裁の上告不受理決定後も、以下のように自らの主張を曲げておらず、裁判官批判を繰り広げている。**四五年間、心にこびりついた思い込み**は、判決が確定したからといって、そう簡単に剥がれ落ちるものではないのだろう。その姿には憐れみを覚える。

第一審から最高裁まで一貫して述べ続けていた主張を、私はいまなお変えておりません。事実として、地裁・高裁の裁判官は、学術に関する専門的知識を持ち合わせず、判決を行うに際して必要不可欠な法律家としての正確な「事実認定」の能力すらなかったことを、地裁・高裁の二つの判決文で露呈してしまっていると考えています。学術的に考察すれば「誤判」としか言いようのないこれらの判決を書いた裁判官たちが、その後も私のケースと類似したような「判決」を日夜書き続けているであろうことを想像すると、私の心は傷みます。最高裁は形式的な上告棄却をするだけで、これら下級裁判所の示した重大な問題点を含む「判決」を追認し、日本国憲法第六章「司法」で国民から最高裁判所に託された決定的に重要な権限をきちんと行使できていないことも非常に問題だと考えております(注7)。

原の間違いの元はどこに？

一九七五年に、小林本を手に取った原は、どう行動すればよかったのだろうか。原は当時の想いを、「小林著書の出現によって、私自身がそれまで約一〇年かけて積み上げてきた一次史料の収集とそれに基づく分析に基づいて執筆してきた論文を集成して単著を刊行する計画は一瞬にして潰え去ってしまった」「私の研究者としての前途はほとんど全く暗黒の闇に陥れられてしまったのである(注8)」と述懐している。

だが、彼は明らかに、小林に負けずに、当初計画していた通りに、自著の刊行を目指すべきだったのだ。同じテーマの著書を先に他人に出されたからといって、執筆を止める理由にはならない。

勝手にあきらめただけじゃん

だいたい、小林本が先に刊行されたことを理由にして、原の著書の出版を予定していた出版社が、出版中止を勧告したなどといった経緯があったわけではないのだ。裁判所が認定しているが、「〔当時、原が計画していた書籍の〕原稿は完成しておらず、出版予定も立っておらず、被告〔原〕はそのような書籍の**構想をしていたにとどまる**」のである。つまり、自分が勝手にショックを受けて、自分で勝手に本を書くのをあきらめただけなのである。自分の研究者としての「前途を暗黒の闇に陥れた」のは、**他ならぬ自分自身の判断**なのである。それを小林本のせいにするのは、身勝手といわざるを得ない。

歴史研究において、自らタイムマシンで研究対象の時代に赴いて、この目で現場を見て、証拠を集めて回りたいと夢想する歴史学者は多いだろう。だが筆者がまず訪れたいのは、一九七五年の原の研究室だ。失意の原にビンタをして、**「書きゃいいじゃないか、その本よりも優れた研究書を！」**そう発破をかけてやりたいものである。

無名のほら吹き！ 東京五輪をツブしたイチャモン野郎の素性を暴く

東京五輪エンブレム事件

オリビエ・ドビ vs 佐野研二郎

史上最大のエセ著作権事件？

日本の歴史を振り返ったときに、もしかすると、これが**史上最も大規模かつ理不尽な「エセ著作権騒動」**かもしれない。二〇二〇年東京オリンピック・パラリンピック競技大会のためにデザインされた大会エンブレム（**図1**）へのパクリ疑惑である。ベルギーにあるリエージュ劇場という劇場のロゴマーク（**図2**）の盗作ではないかという疑惑が寄せられ、デザイナーである佐野研二郎に誹謗中傷が集中。このため、二〇一五年七月のデザイン発表から一ヶ月余りで撤回され、別のデザインが再公募され、差し替えになった……というのが大まかな顛末だ。

図1

図2

専門家が一様に疑惑否定

世紀の一大イベント・東京オリンピックにまつわるトラブルであり、社会の大きな関心事となった。そして、この「疑惑」

の妥当性については、当時から事後に至るまで、数多くの識者が論じている。それらによれば、まともな著作権の専門家筋は、一様にこれを著作権侵害や不正行為とは捉えていない(注1)。本書も、その立場に立つ。つまり批判や非難は「エセ著作権」に基づくものであり、パクリ疑惑は言いがかりに過ぎなかったのである。にもかかわらず、佐野のデザインしたエンブレムは批判や非難を受け、最終的には撤回されてしまったのだから、**理不尽としかいいようがない**。

元凶はこのベルギー人だ

このパクリ疑惑は、ネットメディアでのバッシングから、マスコミや言論人による批判が追随した炎上騒動の趣きが強かった。だがそもそもの疑惑の発端は、誰とも分からぬネット上の第三者の指摘ではなく、当のリエージュ劇場のロゴマークをデザインしたベルギーのデザイナー、**オリビエ・ドビ**その人による告発であった。彼が自身のフェイスブックに、東京大会エンブレムとリエージュ劇場のロゴマークを勝手にコラージュした画像を掲載して「書体まで同じ……」と投稿し（**図3**）、続けてツイッターに、東京大会エンブレムがリエージュ劇場のロゴに変形するＧＩＦ画像を掲載して「盗作？」のハッシュタグを添えてツイートしたことがすべての始まりだったのだ（**図4**）。

当時、日本の多くのメディアや言論人が、この告発を無批判に受け止め、紹介したが、ハッキリいってどうかしている。**誰も、これが非常識な思い込**

図３

Olivier Debie @OliDebie · 2015年7月28日
Théâtre de Liège vs Tokyo 2020
#Tokyo2020 #ThéâtredeLiège #plagiat?

THÉÂT

図4

みと言いがかりだと気がつかなかったのだろうか。

オマエはどこの誰なんだよ

冷静に考えてほしい。まず「ベルギーのリエージュ劇場」なんて、**ベルギー人以外で誰が知っているんだ。**リエージュ劇場はおろか、リエージュという都市すら一般的には馴染みがない。

そしてその知らない街に住んでいるという、オリビエ・ドビって**いったい誰？**果たして彼の手掛けたデザインは、デザイナーなら知っていて当然というほどのレベルなのだろうか。これを検証しようと思って、エンブレム盗作問題が発生する二〇一五年以前の文献を探してみても、彼に関する情報はほとんど見つけることができない。仕方がないので、ドビがウェブサイトで公表している作品の記録を手掛かりに、その活動範囲を調べてみる。すると、彼はリエージュ劇場以外には、他の劇場やコスメショップ、アクセサリーショップ、葬儀屋のロゴマークなどを手掛けていたことが分かったのだが、これらの施設や店舗は、大半はリエージュ市内にあるのだ（**図5**）。つまり、彼はほとんど、**リエージュを活動拠点とする地元のデザイナー**だったのである。これでは

図5-1

図5-2

日本人はおろか、リエージュ市民以外にはベルギー人にすら知られていないのではないか。

図 5-3

図 5-4

ローカルタレントのようなものである。

自意識過剰な大ぼら野郎

それなのに、この男は前述のフェイスブックや、ベルギーのメディアのインタビューにおいて、「**リエージュ劇場のロゴは、ソーシャルメディア、特に（画像共有サイトの）ピンタレストでかなりシェアされている。つまり世界中で見られていたのです**」[注2]などと堂々と述べている。つまり、佐野が自身のデザインを見たうえで盗作したことを示唆しているのだが、**自意識過剰も甚だしい**。

実はこれは、パクられ妄想に取りつかれた人がよく言うセリフだ。「俺の作品はインターネット上に掲載されており、世界中のどこからでもアクセスできる。ゆえに盗作者は俺の作品を見たはずだ」という超論理である。

しかし、ほんの少し考えれば分かることだが、「世界中のどこからでもアクセスできる」ことと「世界中の誰もがアクセスしていてもおかしくない」ことはまったく異なる。一年で一〇アクセスしかない厨二病の学生のポエムブログだって、世界中のどこからでもアクセスできるのである。

では、ドビがリエージュ劇場のロゴマークを掲載した自身のピンタレストのコレクションページ[注3]は、果たして世界中の誰もがアクセスするようなページなのだろうか。確認してみたところ、このページのフォロワー数は、事件を経た本稿執筆時現在でさえ、一五二人であった（図6）。ちょっと学年で人気のある普通の中学生かよ。**これはもう、デザイナーとして無名としかいいようがない。**

すぐバレるような嘘をつく

さらに、東京オリンピック・パラリンピック大会組織委員会（以下、「組織委」）の発表によれば、当初ドビは「**リエージュ劇場のロゴマークは、劇場がベルギーを始めヨーロッパ各国で商標登録をしているため、商標権の侵害である**」と主張していたという。[注4] ところがほどなくして、リエージュ劇場は商標登録などしていないことが明らかになるのである。**無名なうえに、調べればすぐに分かるような嘘をつく人間なのだ。**この時点で、ドビの主張する「権利侵害」など、信用に値しないと気づかなければならない。

要するに、大半の人が知らないベルギーの地方都市の、誰も知らない虚言家のローカルデザイナーが、突然、日本人に**嘘と妄想レベルのイチャモン**をつけてきたと評価すべき事案なのである。

こんなしょうもない言いがかりで、日本人の名誉が汚されたら、普通は同胞として怒るべきではないか。それを、オリンピックには何が何でも反対するイデオロギーの層や、大手広告代理店出身の売れっ子デザイナーの佐野に嫉妬する層が乗っかり、個人攻撃を展開したのだから、当時の日本人の民度も疑われる話だろう。

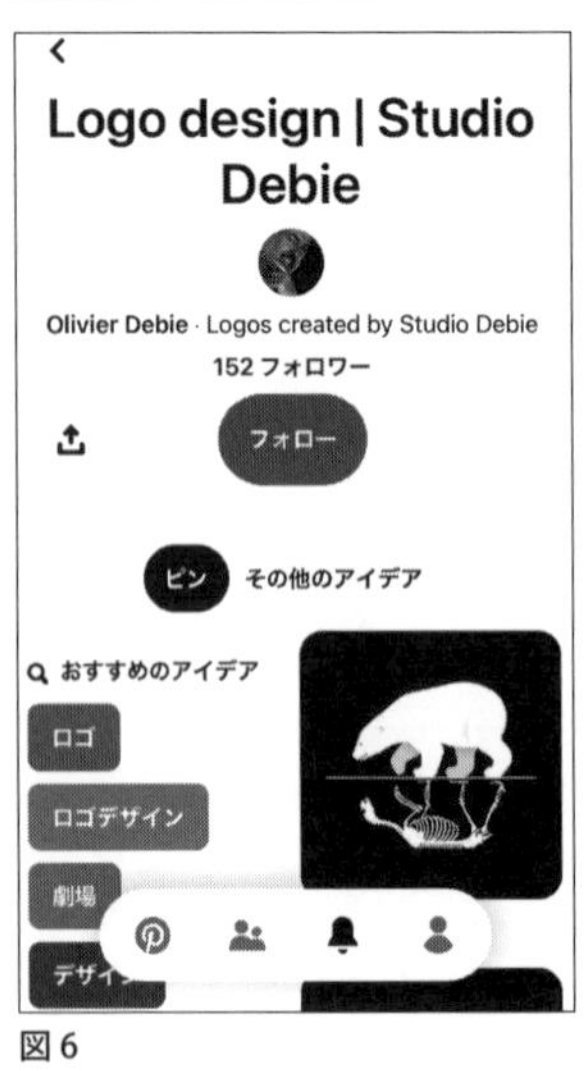

図6

世間に正当性が届かない

もっとも、「パクリ疑惑」の性質として、いくらエセ著作権による言いがかりだったとしても、「でも似てることは似てるじゃん」という身も蓋もない事実を前に、専門的知識や理屈を振りかざすだけでは大衆を納得させられないことがある。

この状況について、事件を多角的に検証した加島卓の『オリンピック・デザイン・マーケティング』は、「『パクリかどう**か？』という論点は『著作権侵害かどうか？』という論点とは別に成立可能であり、知的財産権の専門家による法的な見解だけでは十分に説得できない状態になっていた**（注5）」と評している。

実際、当時佐野や組織委は、「これは著作権侵害にはならない」「問題にならない」などと、比較的丁寧に反論したのだが、メディアや世論のバッシングを払拭できなかった。しかし繰り返すが、侵害でも不正でもないのに非難にさらされるのは理不尽である。

疑惑払拭のテクニックとは

一方で、佐野らの反論や説明にも甘さがあり、世間を説得する工夫が足りなかったともいえる（注6）。誰でも表現を発表し、情報発信できる時代、誰もが常にこのような理不尽に巻き込まれる可能性がある。以下では事件を教訓として、**謂れのない「パクリ疑惑」が寄せられたときにどう対応すべきか**を考えてみよう。

まず、組織委も佐野も、前述したドビの無名さや主張の非常識さを、ほとんど指摘しなかった。これは失策である。彼らは、「ドビの作品は知らない」「盗作はしていない」といった釈明は何度もしたが、いずれも相手の主張に対する防戦に留まっており、積極的にドビを攻撃することをしていない。だが、**イチャモンのパクリ疑惑を払拭するには、自らの潔白や正当性を主張するよりも、イチャモンをつける側の異常性**を知らしめる方が手っ取り早く、説得的な場合がある。「リエージュ以外では誰にも知られていない無名デザイナーの妄想による虚偽の告発だ！」くらいのことをぶちまけてやればよかったのである。

「似てない」に固執し過ぎた？

第二に、彼らは、東京大会エンブレムとリエージュ劇場のロゴはあくまで「似ていない」という立場に固執し、これを強調し続けた。**そのことが世間とのミスマッチを生んだ**側面がある。当時、組織委と佐野は、疑惑を払拭するために、大会エンブレムの制作過程を説明する記者会見を行っている。その席で、佐野は何度も以下のように発言している（傍線は引用者による）。

1．僕自身、このベルギーの方の作ったロゴマークを見た時に、要素は同じものはあるんですけれども、デザインに対する考え方がまったく違うので、正直まったく似てないと思いました。

2．背景の色ですとか、そういうのも全部違いますし、ということなんですが。

3．一部分だけ取り出したりとかすれば似てるところはもちろんあると思うんですけれども、全体を見ていただければ、それはまったくないっていうこと〔…〕ですので、まったく、それは問題ないかと思っております。

4．表層的に見ても、実際のデザインの考え方としても、まったく違うっていうことは僕は思います。（注7）

そう、デザインの実務家や専門家、あるいは知的財産権の専門家から見れば、両ロゴは確かに「似ていない」のである。しかし、一般人から見れば、パッと見の印象として「似ている」こともまた確かだ。実際、こうした説明の後にも、さまざまなメディアの記者から「似ているという評価についてはどう思うか？」という趣旨の質問が繰り返しなされている。**佐野の「似ていない」という説明に納得しきっていないのだ。**世間一般的にも、そうした感想は多かったのではないか。

似ている＝不正ではない

佐野らは、そうした一般の感覚を汲み取り、「似ていない」

一辺倒の説明に終始するのではなく、あえて「似ている」ことは認めたうえで、**「似ているが、そこに何らの違法性も不正性もない」**という形で説明すべきだったのではないだろうか。

なぜ、両ロゴは似ているのか。それはどちらも、「長方形」「長辺が円弧状に凹んだ略三角形を二つ」「円」というシンプルな図形を素材として、その組み合わせによって、アルファベットの「T」を基軸としたデザインを形作っているからである。

素材が同じなら当たり前

そしてなぜ、似ていても何ら違法性も不正性もないのか。各素材は極めてありふれた図形であり、その素材で「T」を形作ることもまた極めてありふれたモチーフである。共通するありふれた素材を使って、共通するありふれたモチーフを形作る以上、仕上がるデザインの表現がある程度共通するのは**自然の理**である。つまり、あえてデザインを真似してやろうなどといった、不正行為や違法行為を伴わなくとも、一定程度似るのが「当たり前」だからである。

レタスとトマトとタマネギを渡されて、これでサラダをつくれといわれたら、誰がつくったって同じような見た目と味のサラダができるのと同じことである。あるいは、同じ事件を取り上げた新聞の見出しが、どの新聞でも似たり寄ったりになることと同じである。それを**誰も、平野レミがあたしのつくったサラダをパクったとか、『読売新聞』が『北海道新聞』の見出しをパクったとはいわない**だろう。

「似てない」は専門家の理屈

こうしたデザインにおいては、デザイナーのオリジナリティの本質は、表現の細部に表れる。それは例えば各素材の細かい配置関係のバランスや、大きさの比率だったりするのだが、それらに注目すれば、両ロゴは十分「似ていない」。著作権の法理に照らしても、デザインの独創性の評価という点においてもそうである。

佐野や専門家のいう「似てい

ない」は、**ここまでの検討を経たうえでの「似ていない」だった。**しかし、「シンプルなロゴデザイン同士が、大まかに似るのは当たり前であり、それは決して責められるようなことではない」という説明をせずに、（本質部分である細部においては）「似ていない」ことを強調し続けたために、世間の感覚との溝を埋められなかったのである。

パリもリオも万博も

実は、オリンピックのような大規模イベントのロゴマークが発表される際に、**どこからともなく「○○に似ている」という感想が湧いて出ることは決して珍しいことではない。**前掲・加島は、リオデジャネイロオリンピック（二〇一六年）やロンドンオリンピック（二〇一二年）のエンブレムにもインターネット上で盗作疑惑やこじつけのような批判があったことや、一九六〇年代半ばの日本にも、公的なロゴマークに盗作疑惑が頻発するムーブメントがあり、大阪万博（一九七〇年）のロゴも標的になっていたことを指摘している[注8]（**図7〜11**）。なお、大阪万博のロゴが、米国のデザイン書掲載の図案との類似性を指摘されていることを報じた一九六六年の『朝日新聞』は、「単純な形の商標は、似ているものがよくあり、**似ているから盗用したなどということにはならない**[注9]」と至極真っ当な結論で記事をま

図7

TELLURIDE FOUNDATION
make more possible

図8

図9

図 10

図 11

とめている。**五〇年前の日本の方が、常識がある**じゃないか。
また、フランスではパリオリンピック（二〇二四年）のエンブレムにも類似デザインが存在することが報じられている（注10）（図12、13）。

歴史が無実を証明している

これらの事例はとりもなおさず、どんなロゴマークであろうとも、シンプルで抽象的な図形の組み合わせで構成されている以上、その表現バリエーションには限界があり、デザインプロセスに不正がなくとも、先行するマークに一定程度似ることは不可避的に起こり得ることを示す**歴史的な証拠**である。

それを、何の気なしに「似ている」と指摘するならまだしも、あたかも不正、いわんや違法行為であるかのように責め立てることこそ、責められるべきである。デザイナーの立場にあっ

図 12

図 13

て、それをやったのが**オリビエ・ドビという男**なのだ。

ベルギーで提訴するマヌケ

責められなかったドビは調子に乗って、リエージュ劇場とともに、IOCを相手取って東京大会エンブレムのロゴの使用差止を求めてベルギーの裁判所に提訴している（損害賠償請求はしていない）。東京で開かれるオリンピックだというのに、ベルギーで差止請求訴訟を起こしたこと自体がマヌケだ。万が一、まかり間違ってドビが勝訴したとしても、ベルギーで大会エンブレムが使えなくなるだけであり、使わなきゃいいだけの話である。東京オリンピックには何の影響もなかっただろう。

まぁ普通に考えれば、このまま裁判で白黒ついてくれた方が、かえって佐野や組織委にとっては好ましい結果になっただろう。しかし結局、判決を待つことなく、組織委は大会エンブレムを取り下げ、これを受けたドビ側も後に訴訟を取り下げてしまった。まったく残念である。そして事件後、ドビはこの騒動をネタにベルギーで定期的に講演などをし、活躍の場を広げているというのだから腹立たしい。（注11）

リンキン・パークも標的に

さらに、事件後もドビの暴走は止まらなかった。二〇一七年には、またも自身のフェイスブック上で、米人気ロックバンド、リンキン・パークのロゴマーク（図14）について、自身がデザインしたリエージュの**貸しイベントスペース会社**のロゴマーク（図15）の盗作だと示唆する投稿をしているのだ（図16）。どうして、リンキン・パークがリエージュの貸し会議室のロゴをパクらにゃならんのだ。

内容もタイミングも最悪

完全にエンブレム事件に味を占めた投稿であり、**まったく同じ手口のイチャモン**である。しかも投稿日は、よりにもよって、リードボーカルのチェスター・ベニントンが自殺によって死去した三日後であった。メンバーや関係者、ファンが混乱し、悲嘆に暮れている

図14

図15

さなかの愚行。とても正気の沙汰とは思えず、**ドビの人間性に大きな欠陥があることを示している。**もはや堂に入った著作権ヤクザ体質だが、こちらはまったく話題にならずに終わった。

Studio Debie
2017年7月24日 9:03

UP CLOSE WITH CHESTER AND MIKE
FROM LINKIN PARK
ONE MORE LIGHT

design
station

Olivier Debie 2017年7月24日 9:03

Pour 2017, Linkin Park a adopté le logo de la Design Station

図16

なお、リンキン・パークでベニントンと共にツインボーカルを務めるマイク・シノダは日系三世であることが知られている。ドビの野郎、**日本に何か恨みでもあるんじゃないか!?**

またリエージュ劇場は、エンブレム騒動をきっかけに、当てつけるように日本をネタしたリエージュ劇場のロゴとのコラージュデザインの〝We Love Japan〟ティーシャツを制作販売している（**図17**）。やっぱりこいつらの調子に乗った売名行為だよなぁ。怒れ！日本人！

図17

バカな！ 日テレドラマがアダルトビデオの盗作なんてことがある⁉

『35歳の高校生』事件

北条麻妃 vs 日本テレビ

ドラマにバカバカしい疑惑が

冷静に考えれば、怒るようなことでも責めるようなことでもなんでもないエセ著作権にまつわるさまざまな事件の中でも、**ある意味極めつけ**がこれである。同時に、これほどエセ著作権のバカバカしさを体現した事件も他にないだろう。

日本テレビが二〇一三年に放送した『35歳の高校生』（以下、『高校生』）という連続ドラマがある。とある高校に、「もう一度高校生をやり直したい」という理由で**三五歳の女・**馬場亜矢子（米倉涼子）が生徒として転入してくることから物語は始まる。同級生たちの二倍の年齢、担任教師よりも年上で、生徒とも教師とも異なる立場から、彼女が学校内にはびこる問題に立ち向かうという内容だ。生徒役に菅田将暉、広瀬アリス、山﨑賢人、野村周平、新川優愛など、その後ブレイクする俳優が多数出演しており、本作の見どころとなっているが、何より話題になったのは、当時三七歳だった米倉涼子が演じ切った、ミニスカ、ブレザー姿の女子高生のビジュアル・インパクトだった（**図1**）。

このドラマに「酷似」した先

図1

行作品があるという「パクリ疑惑」が報じられ、先行作品の主演女優も疑義を表明するという事件が起きている。報じたウェブメディア「メンズサイゾー」によれば、(注1)その作品とは『35歳の高校2年生―北条麻妃のいやらしい体に親子ほど年の離れた男子高校生が群がる』（SODクリエイト。以下、『高校2年生』）。熟女AV女優の北条麻妃が女子高生のコスプレで主演したアダルトビデオである（**図2**）。

図2

酷似してたらエライことだ

いやはや、「米倉涼子の主演ドラマがAVと酷似!? パクリ疑惑にまで発展」との表題で記事を書いたこの記者は、「酷似」の意味を分かっているのだろうか!? 日本テレビで毎週土曜日の夜九時から放送される連続テレビドラマだぞ。しかもこの放送枠は、慣例的に『金田一少年の事件簿』『野ブタ。をプロデュース』『もみ消して冬』『地獄先生ぬ〜べ〜』『未満警察 ミッドナイトランナー』など、ジャニーズアイドルが主演するローティーン向けのドラマを数多く放送している。それがアダルトビデオと「酷似」していたら、**もう大変なことである。**

当然、地上波の連続ドラマがアダルトビデオと酷似などしていないことは、作品を見比べるまでもなく明らかなのだが、見ないで評価もできないので、**一応、見比べてみることにしよう。**『高校2年生』は、中学卒業後に彼氏と駆け落ち後、ほどなくして別れてしまい、その彼氏との間にできた娘を女手一つで育てて来た主人公・夕子（北条麻妃）が、子育てがひと段落したところで高校生活をやり直したいと思い立ち、**三五歳にして高校に転入する**、という設定の作品である（**図3**）。夕子は年齢を一七歳と偽って学校生活を送るが、体育の授業で水着に着替える際に**「肌の質感がお母さんっぽい」**ことから「夕子ママ」とあだ名

図3-1

をつけられ、「本当はおばさんなんじゃないの?」とからかわれる。そして夕子は、「年齢を隠している負い目」から（理由になってていないが、劇中のナレーションでそう**明言されている**）、男子生徒や教師のムリヤリな誘いを断り切れず

図3-2

……と、まぁ後は書く必要はないだろう。

プロデューサーはAVファン?

なんとも特異な設定だとは思う。しかし、そもそも女子高生モノのアダルトビデオといえども、実際には18歳未満の人物が

図3-3

出演していないことなど世の常識。**夕子以外の登場人物も、別に高校生には見えないのである。**そうである以上、「どう見ても高校生でない主人公が女子高生になっている」という意外性が成立していないように思うのだが……。ま、そんなことを

図 3-4

いうのは野暮か。制作会社のSODクリエイトによれば、セールスポイントは「一度に熟女と女子高生を楽しめる」ことだという。だが、両者は一般的には相反する嗜好だ。一度に楽しみたいという変態紳士がどれほどいるだろうか。かなりマニアックなターゲット層を狙っているのだろう。

主演AV女優も言及

この「パクリ疑惑」報道を受けて、『高校2年生』で夕子を演じた北条が反応。「**私もそう思った！！！TVのプロデューサーが、AVファン？35才の高校2年生と、35才の高校生では、2年生が付かないだけ**(注2)」と、自身のツイッターでコメントをしている。勝手にマニアックなAVのファンにされてしまったプロデューサーが、気の毒ではある。

片やアダルトビデオ業界には、人気映画や人気アニメを無断でパロディにしたいわゆる「パロディAV」というジャンルがあり、元ネタの権利者の大半は黙認、というか黙殺している現実がある。映画『タイタニック』の主演女優、ケイト・ウィンスレットが、パロディAVの『パイパニック』を見て、「プロデューサーが、デカプリオのファン？タイタニックとパイパニックでは、タとパが違うだけ」などとツイッターで告発することがあるかというと、そんなことはないのである。そんな風潮にあって、逆にアダルトビデオの主演女優が、地上波のドラマに「パクられた」などと疑義を表明するとは、**まったく隔世の感がある。**

米倉は年齢を偽ってない

さて『高校生』との比較であ

るが、当たり前だがこちらには性的描写はないので、作品としてまったく異なる。百歩譲って、あえて性的な場面にかかわらない純粋なドラマパート部分のみを比較しても、やはり異なる。一番の違いは、『高校生』の馬場（米倉）は年齢を偽っておらず、最初から三五歳の高校生として周囲と接していることだ。三五歳だから堂々と校内でタバコを吸う描写などもある（**図4**）。この時点で、「同級生が主人公の本当の年齢を疑う」「主人公が年齢を隠していると いう負い目を抱える」といった、『高校2年生』のドラマパートの機軸には近づきようもない。まさに**決定的な相違点**だ。

図4-1

意外と暗いドラマだ……

それに、もし男性諸氏が、『高校生』にほんのちょっとでも『高校2年生』と似たような展開を期待して鑑賞したとしても、**その思いは無残に打ち砕かれることになる。**『高校生』の舞台となる学校は、スクールカースト（クラス内の人気に基づく生徒

図4-2

間の上下関係）が徹底され、上位の生徒が下位の生徒を執拗にいじめ抜き、教師もそれを見て見ぬ振りをする隠蔽体質がはびこっている。表面だけが取り繕われた、現代の荒れた学校なのだ。本作は、そこで巻き起こる陰湿な諸問題に、馬場が孤軍奮闘して立ち向かうという社会派作品なのである。

見ていてかなり暗〜い気持ちにさせられるドラマであり、米倉の制服姿というインパクトを楽しめる余裕はほとんどない。よこしまな気持ちは消沈し、正座して見る羽目になることは間違いない。そんな作品をアダルトビデオの「酷似作品」とは到底いえないだろう。

単なるネタ記事として消費

もっとも「メンズサイゾー」の記事は、見出しでこそ過激な言葉を使って煽っているものの、記事では、ストーリーはまったく異なることに触れ、最終的には「これは単なる偶然の一致でしょう」と、極めて穏当にまとめている。つまり「似ている」ことをネタとして指摘、消費しただけであり、**決して悪質な記事というわけではない**。北条も、ツイートからは殊更に憤慨している様子もうかがえず、あっけらかんとした指摘にとどまる。ＳＯＤクリエイトが日本テレビに抗議したという話も聞かない。

本来であれば、たとえ作品の設定やアイデアが似ていたとしても、せいぜい、北条のツイート程度の穏当な反応にとどめておくことが妥当なのだ。もし、本気でドラマ制作者の不正や不法行為を疑う者がいたら、その方がどうかしている。この事件では、アダルトビデオと地上波ドラマという媒体区分の顕著な違いが、疑惑を払拭するうえで奏功した側面があるが、たとえそれが、一般の小説やイラスト、映画同士であっても同じである。

類似を許容する余裕を持とう！

本書では、ここまで七一の「エセ著作権事件」を紹介してきた。そこでみてきた通り、世の中には、設定やアイデアが共通しているだけで他人を許せなくなり、ヤクザまがいのイチャモンをつける**困った人々**や、ヒステリックなパクられ妄想をぶつけてしまう**不幸な人々**が少なくないのである。さらには、それに同調する世間のむきすらある。だが、先行作品と共通する設定やアイデア、その他法律で独占できないと決められている要素から新たな作品を創り出す行為を許容できず、それを不正・不法行為呼ばわりするのは、強欲で狭量な行動ではないだろうか。

そして、新たな作品づくりに際して、先行作品に一切似せないことを強いるような**過剰な抑制**を肯定するならば、それは、文化や産業を衰退させることにもつながるのである。

そうした態度についてこそ、われわれは努めて抑制的でなければならないのだ。

しかし人間だもの。ときに強欲さや狭量さが心からにじみ出て、不当にも他人を攻撃したくなることもあるだろう。だから似た作品を見つけて、「エセ著作権」を振り回しそうになったときには、深呼吸してつぶやくのだ。**「35歳の高校生」**と。

ナェ!!

《あとがき》

自分の著書で、エセ著作権者の数々の言動を批判的に論じることには、実はジレンマがある。大御所作家からツイッターでたまたまバズったSNSユーザーに至るまで、ほとんどの創作者は、自分が生み出した作品への愛着ゆえに、それを自分だけのものにして完全にコントロールしたいという欲求を多少なりとも抱いており、それは筆者も例外ではないからだ。本書を執筆していて、エセ著作権者の後発作品に対する攻撃的な姿勢や、常軌を逸した独占欲を抱く気持ちが「分かって」しまうことがときどきあった。

暴走行為、妄想、妄言、歪んだ逆恨み、いびつな独占欲、愚にもつかないイチャモン、どうかしている思考回路……等々、手を替え品を替え、さまざまな言葉で批判的に検証してきたが、「じゃあお前は自分の作品が合法的にパクられたとしたら、冷静でいられるのか？」という声が頭に響く。そうした自問を常に突きつけながら、どうにか執筆を続けてきたというのが正直なところだ。この問いに対する筆者の答えは、本文の端々で書いてきたつもりである。

人は誰でも、たとえ高名な作家でも、大企業でも、人気のインフルエンサーでも、エセ著作権に取りつかれることはある。そしてそれを「エセ」だと気づかぬままに振り回し、後発作品に対するリスペクトを欠き、他人の自由を侵害し、文化の発展を妨げてしまう可能性を秘めている。本書で取り上げたエセ著作権者の非常識な言動を、他人事だと思って嘲笑や批判の目を向けるだけでなく、他山の石とすべき点もあるはずだ。読者諸氏がそのように捉え、ときに自分の胸にも手を当てながら読んでいただけたとしたら、著者として望外の喜びである。

この本は、編集者の濱崎誉史朗氏から提案を受けたことから始まった。氏との出会いは、そこから数年前にさかのぼるが、初対面のころ、彼はいくつか編集担当書籍にエセ著作権トラブルを抱えていたと明かしてくれた（そのうちのひとつが本書255頁所収の『完全自殺マニア』事件である）。当時、筆者は作家活動の傍らで企業の法務部に勤めており、そこではどちらかというと知的財産権をどんどん行使して他者を排除し、またおかしなクレームが来ないように企業を守ることに使命感を抱いていた。そんなときに、理不尽な理由で出版を妨害しようとするエセ著作権者に攻撃され、これを「表現の自由への挑戦」と見なし敢然と立ち向う濱崎氏の姿勢を見て、ある種のカルチャーショックを受けたものだ。書き手としても、企業人としても、この価値観に触れられたことはひとつのターニングポイントであったと思う。

その後も、濱崎氏とは折に触れてエセ著作権に関する問題意識を共有し合ってきた。相談に乗ることも、相談に乗ってもらうこともあった。そうした雑談や相談の延長線で、本書の執筆提案を受けていた。いつの間にか書かされていたような気さえする。しかしそれだけに、本書ほど、編集者と著者が抱く問題意識が高度にシンクロした状態で制作された本は他にないだろう。貴重な機会を下さり、また長きにわたり大変親身かつ丁寧にご指導下さった濱崎氏に、深く感謝申し上げます。

二〇二二年一月二〇日　友利昴

《主要参考文献》

小泉直樹、田村善之、駒田泰土、上野達弘（編）『著作権判例百選［第6版］』（有斐閣）２０１９年
小泉直樹、田村善之、駒田泰土、上野達弘（編）『著作権判例百選［第5版］』（有斐閣）２０１６年
中山信弘、大渕哲也、小泉直樹、田村善之（編）『著作権判例百選［第4版］』（有斐閣）２００９年
高林 龍『標準著作権法［第4版］』（有斐閣）２０１９年
上野達弘、前田哲男『著作物の類似性判断 ビジュアルアート編』（勁草書房）２０２１年
田村善之『著作権法概説［第2版］』（有斐閣）２００１年
岡村久道『著作権法［第5版］』（民事法研究会）２０２１年
加戸守行『著作権法逐条講義［6訂新版］』（著作権情報センター）２０１３年
安藤和宏『よくわかる音楽著作権ビジネス［５ｔｈ Ｅｄｉｔｉｏｎ］基礎編』（リットーミュージック）２０１８年
安藤和宏『よくわかる音楽著作権ビジネス［５ｔｈ Ｅｄｉｔｉｏｎ］実践編』（リットーミュージック）２０１８年
堀田貢得、大亀哲郎『編集者の危機管理術』（青弓社）２０１１年
赤田祐一、ばるぼら『消されたマンガ』（鉄人社）２０１３年
藤本貴之『パクリの技法』（オーム社）２０１９年
稲穂健市『楽しく学べる「知財」入門』（講談社）２０１７年
稲穂健市『こうして知財は炎上する』（ＮＨＫ出版）２０１８年
大串肇、北村崇、木村剛大、古賀海人、齋木弘樹、角田綾佳、染谷昌利『クリエイターのための権利の

本』（ボーンデジタル）２０１８年
『広告』Ｖｏｌ．４１４「特集：著作」（博報堂）２０２０年

図1　「ザ・テレビジョン」2013年3月13日「"女子高校生"米倉涼子の制服姿が解禁に！」https://thetv.jp/news/detail/37330/

図2　SODプライム『35歳の高校2年生』https://ec.sod.co.jp/prime/videos/?id=SDMS-903

図3　SODクリエイト『35歳の高校2年生』（監督：CHAIN宗）

図4　日本テレビ『35歳の高校生』第1話「ベンジョメシ？トイレで食べて美味しいの？」（監督：佐久間紀佳）

《表》

表1　『ジャングル大帝』第2話「砂漠の嵐」（演出：林重行）、『ライオン・キング』（監督：ロジャー・アラーズ、ロブ・ミンコフ）

表2　筆者作成

表3　筆者作成

表4　『七人の侍』（監督：黒澤明）、『武蔵―ＭＵＳＡＳＨＩ―』第1話「俺は強い！」（演出：尾崎充信）

表5 時事ドットコムニュース 2018年7月14日「【図解・社会】「美しい顔」と「遺体」の類似表現の例（2018年7月）」を参考に筆者作成 https://www.jiji.com/jc/graphics?p=ve_soc_other20180714j-01-w530

表6 東京地裁平成29年（ワ）34191号事件判決文を参考に筆者作成

ス・デ・プラド＞2種のチーズとアンチョビソース仕上げ」https://www.dhc.co.jp/goods/goodsdetail.jsp?gCode=32386

『弁護士のくず』事件

図1　井浦秀夫『弁護士のくず［第二審］第2巻』（小学館）p. 105

図2　井浦秀夫『弁護士のくず［第二審］第2巻』（小学館）p. 110

東京五輪エンブレム事件

図1　2020年東京オリンピック大会エンブレム（佐野研二郎案）

図2　リエージュ劇場ロゴ

図3　Studio Debie Facebook 2015. 7. 27 https://www.facebook.com/StudioDebie/photos/a.306570046078725/883470945055296

図4　Olivier Debie Twitter 2015. 7. 28 https://twitter.com/OliDebie/status/625982341429788672

図5-1　Le Forum Liège（劇場）Olivier Debie Pinterest https://www.pinterest.jp/pin/177751516525380387/

図5-2　Le Boudoir de Jeanne（コスメショップ）Olivier Debie Pinterest https://www.pinterest.jp/pin/440015826091237113/

図5-3　Florence Beauloye（アクセサリーショップ）Olivier Debie Pinterest https://www.pinterest.jp/pin/440015826072174094/

図5-4　Foret & Tejean（葬儀屋）Olivier Debie Pinterest https://www.pinterest.jp/pin/440015826091237147/

図6　Logo design | Studio Debie Pinterest https://www.pinterest.jp/olivierdebie/logo-design-studio-debie/

図7　2016年リオデジャネイロオリンピック大会エンブレム

図8　テルライド財団ロゴマーク

図9　アンリ・マティス「ダンス（I）」1909年

図10　1970年大阪万博ロゴマーク

図11　『朝日新聞』1966年6月29日「桜の花の万国博マーク 米国に似た図案」

図12　2024年パリオリンピック大会エンブレム

図13　4global ロゴマーク（2016年）

図14　リンキン・パーク ロゴマーク（2017年）

図15　design station WALLONIA（貸しイベントスペース）Olivier Debie Pinterest https://www.pinterest.jp/pin/426434658447169996/

図16　Studio Debie Facebook 2017. 7. 24 https://www.facebook.com/StudioDebie/posts/1401707349898317

図17　Théâtre de Liège “T-shirt We love Japan” https://theatredeliege.be/nl/actualite/t-shit-souvenir-en-remerciement-des-messages-de-soutien-qui-nous-sont-venus-du-japon/

『35歳の高校生』事件

図1　『聖教グラフ』1990年8月15日号 p. 19
図2　頒布されたビラB（mold Twitter 2020年8月9日 https://twitter.com/lautream/status/1292113730621210626）

『ＳＷＩＴＣＨ』事件

図1　『Cookie』2007年1月号（集英社）吉井凛「SWITCH」
図2　『SWEETS』2006年12月号（宝島社）p. 26（撮影：KENJI NAKAZATO）

『エデンの花』事件

図1-1　井上雄彦『SLAM DUNK 第29巻』（集英社）1996年 p. 15
図1-2　井上雄彦『SLAM DUNK 第30巻』（集英社）1996年 pp. 42-43
図1-3　井上雄彦『SLAM DUNK 第27巻』（集英社）1996年 p. 65
図1-4　井上雄彦『SLAM DUNK 第27巻』（集英社）1996年 p. 64
図1-5　井上雄彦『SLAM DUNK 第30巻』（集英社）1996年 pp. 108
図1-6　井上雄彦『SLAM DUNK 第28巻』（集英社）1995年 p. 59
図2-1　末次由紀『エデンの花 第12巻』（講談社）2004年「エデンの花 - オートマティック -」p. 139
図2-2　末次由紀『エデンの花 第12巻』（講談社）2004年「エデンの花 - オートマティック -」p. 173
図2-3　末次由紀『エデンの花 第12巻』（講談社）2004年「エデンの花 - オートマティック -」p. 174
図3-1　『HOOP』（『月刊バスケットボール』1993年1月号臨時増刊）（日本文化出版）表紙
図3-2　『HOOP』1993年7月号（日本文化出版）p. 102（撮影：Trotman Associates）
図4-1　井上雄彦『SLAM DUNK 第13巻』（集英社）1993年 p. 128
図4-2　井上雄彦『SLAM DUNK 第17巻』（集英社）1994年 p. 36
図5　齋藤和年『京乃七月』表紙（斎藤和年ホームページ http://kazz-saitoh.info/photo1.html）
図6　『京都新聞』2005年7月7日「祇園まつり」広告

聖火リレー動画事件

図1　削除された動画の他、当日の聖火リレーの様子を撮影した動画を独自入手。（初出記事）「東京新聞 TOKYO Web」2021年3月26日 原田遼「聖火リレー 大音量、マスクなしでDJ…福島の住民が憤ったスポンサーの『復興五輪』」https://www.tokyo-np.co.jp/article/94041

棋譜配信事件

図1　棋譜イメージ図（筆者作成）
図2　朝日新聞将棋取材班 Twitter 2017年6月17日 https://twitter.com/asahi_shogi/status/875964989911072769

具だくさんの食べるオリーブオイル事件

図1　DHC公式オンラインショップ「DHC具だくさんの食べるオリーブオイル<ヌニェ

図表出典

#KuToo事件

図1　石川優実『#KuToo 靴から考える本気のフェミニズム』（現代書館）2019年 pp. 72-73

図2　はるか（仮）ちゃん / スーャジタ Twitter 2019年6月7日 https://twitter.com/iroa1991/status/1136846224479272960

図3　石川優実『#KuToo 靴から考える本気のフェミニズム』（現代書館）2019年 p. 72

第4章　有名事件から学ぶ、クレームに屈しない知恵と勇気！

『七人の侍』事件

図1　『七人の侍』（監督：黒澤明）

江差追分事件

図1　『STERA』1990年11月9日（NHKサービスセンター）p. 51『遥かなるユーラシアの歌声』番組紹介

錦絵コレクション事件

図1　「鳥獣戯画」

図2-1　セキグチ「鳥獣戯画 ペンケース / ぬいぐるみ」https://www.sekiguchi.co.jp/news/501/

図2-2　メディコムトイ「鳥獣戯画 × BE@RBRICK」http://www.medicomtoy.co.jp/prod/dt/8/49/15347.html

図3-1　『最新歴史資料集（改訂新版）』（明治図書出版）p. 110 和宮の降嫁

図3-2　『最新歴史資料集（改訂新版）』（明治図書出版）p. 111 ええじゃないか

図3-3　『最新歴史資料集（改訂新版）』（明治図書出版）p. 111 彰義隊の戦い

図3-4　『最新歴史資料集（改訂新版）』（明治図書出版）p. 115 台湾出兵

平等院鳳凰堂パズル事件

図1　やのまん「天空物語：月夜に浮かぶ平等院（京都）」（撮影：KAGAYA）筆者私物

図2　平等院デジタルパンフレット https://www.byodoin.or.jp/common/pdf/pamphlet-ja.pdf

北朝鮮映画事件

図1　『司令部を遠く離れて』

図2　『密令027』

図3　『プルガサリ』

コーヒーを飲む男性事件

図1　墨谷佐和、伊勢原ささら、沙色みお『CLOSET』裏表紙（東京地裁平成29（ワ）672号・平成29（ワ）14943号判決文別紙）

図2　ペイレスイメージ「コーヒーを飲む男性」（東京地裁平成29（ワ）672号・平成29（ワ）14943号判決文別紙）

池田大作トレースビラ事件

図3 『週刊少年マガジン』2011年8月3日号（講談社）久米田康治「さよなら絶望先生」第268話「ペイの拡充」p. 318

図4 藤子・F・不二雄『ドラえもん 第13巻』（小学館）1977年「お金のいらない世界」p. 31

図5 久米田康治『さよなら絶望先生 第5集』（講談社）2006年 pp. 110, 112

『手あそびうたブック』事件

図1 永岡書店編集部（編）『手あそびうたブック』（永岡書店）2006年

図2 『たのしい手あそびうたDVDブック』（宝島社）2007年

図3 永岡書店編集部（編）『手あそびうたブック』（永岡書店）2006年 p. 15

図4 『たのしい手あそびうたDVDブック』（宝島社）2007年 p. 19

チャイルドシート交通標語事件

図1 日本損害保険協会「チャイルドシート 母と子」CM（東京コピーライターズクラブ〔編〕『TCC広告年鑑1998』、誠文堂新光社、p.263）

図2 『毎日新聞』1994年12月1日

『マンション読本』事件

図1 川上ユキ『独り暮らしをつくる100』（文化出版局）2004年 p. 40（大阪地裁平成19（ワ）7877号判決文別紙のもの）

図2 「マンション読本」イラスト（大阪地裁平成19（ワ）7877号判決文別紙）

図3 『婦人公論』2006年5月7日（中央公論新社）大和ハウス工業広告

図4 川上ユキ『独り暮らしをつくる100』（文化出版局）2004年 p. 40 頭部拡大

図5 「マンション読本」イラスト（大阪地裁平成19（ワ）7877号判決文別紙）頭部拡大

『ｅｃｏ検定最短合格講座』事件

図1 同友館OnLine「eco検定最短合格講座（eラーニング）」http://www.doyukan.co.jp/item_100000.html

『やっぱりブスが好き』事件

図1 『月刊Sakura』1990年10月号（スコラ）原田智子「やっぱりブスが好き」p. 237

『脱ゴーマニズム宣言』事件

図1 上杉聰『脱ゴーマニズム宣言』（東方出版）1997年 pp. 44-45

図2 小林よしのり『新・ゴーマニズム宣言 第9巻』（小学館）2000年 p. 121

図3 『SAPIO』2004年8月18日号（小学館）小林よしのり「新・ゴーマニズム宣言」p. 59

『小さな悪魔の背中の窪み』事件

図1 松田薫『「血液型と性格」の社会史―血液型人類学の起源と展開〔改訂第二版〕』（河出書房新社）1994年

『運鈍根の男』事件

図1 『日本経済新聞』1999年5月10日「20世紀 日本の経済人19 伊庭貞剛」

図 6　ウォルト・ディズニー・スタジオ・ホーム・エンターテイメント『となりのトトロ』（DVD）
図 7　COSPA「ポプ子のけもの T シャツ」https://cospa.co.jp/detail/id/00000077750
図 8　COSPA「COBRA ×ポプテピピック T シャツ」https://cospa.co.jp/detail/id/00000092182

『完全自殺マニア』事件

図 1　鶴見済『完全自殺マニュアル』（太田出版）1993 年
図 2　相田くひを『完全自殺マニア』（社会評論社）2012 年
図 3　大森うたえもん『ノルウェイの大森』（太田出版）1989 年
図 4　村上春樹『ノルウェイの森 下巻』（講談社）1987 年
図 5　大森うたえもん『例ダース 失われたギャーグ』（太田出版）1988 年
図 6　『レイダース 失われたアーク』40 周年限定公開公式サイト https://raiders40.com/
図 7　ブルボン小林『ジュ・ゲーム・モア・ノン・プリュ』（太田出版）2005 年
図 8　岩波文庫の装丁（芥川竜之介『河童 他二篇』、岩波書店、2003 年）
図 9　相田くひを、HORUS、SSRI、下関マグロ、久里葵、安田理央、望月美英子、綾瀬務『薬ミシュラン』（太田出版）2000 年
図 10　Harold M. Silverman “THE PILL BOOK (15th Edition)” (Random House Publishing Group) 2012 年

『どえらいモン大図鑑』事件

図 1　いんちき番長、加藤アングラ『どえらいモン大図鑑』（パブリブ）2021 年
図 2　藤子・F・不二雄『ドラえもん 第 1 巻』（小学館）1974 年
図 3　いんちき番長、加藤アングラ『どえらいモン大図鑑』（パブリブ）2021 年 表紙
図 4　『コミックヘヴン』2014 年 Vol.14（日本文芸社）藤崎ひかり「のぞえもん」p. 8
図 5　藤崎ひかり『のぞえもん 第 1 巻』（日本文芸社）2015 年 第 2 巻告知ページ
図 6　『ドラゴンエイジ』2005 年 12 月号（富士見書房）田丸浩史「レイモンド」p. 196
図 7　田丸浩史『レイモンド 第 1 巻』（富士見書房）2007 年 p. 4
図 8　藤子・F・不二雄『大長編ドラえもん Vol. 6 のび太の宇宙小戦争―リトルスターウォーズ―』（小学館）1985 年
図 9　藤子・F・不二雄『中年スーパーマン左江内氏』（小学館）2016 年
図 10　藤子・F・不二雄『ドラえもん 第 19 巻』（小学館）1980 年「天井うらの宇宙戦争」pp. 38-39, 50

『さよなら絶望先生』事件

図 1　『週刊少年マガジン』2011 年 8 月 3 日号（講談社）久米田康治「さよなら絶望先生」第 268 話「ペイの拡充」p. 316
図 2　藤子・F・不二雄『ドラえもん 第 13 巻』（小学館）1977 年「お金のいらない世界」p. 33

図1　「喫茶ステラと死神の蝶」（ゆずソフト）

図2　『神戸新聞』2019年11月22日

図3　「神戸新聞NEXT」2019年11月22日「アダルトゲームが人気洋菓子店『エス・コヤマ』外観を無断使用」https://www.kobe-np.co.jp/news/sougou/201911/p1_0012897124.shtml

図4　『BugBug』2019年10月号（スコラマガジン）

図5　「COLOCAL」2017年10月4日「[〈パティシエ エス コヤマ〉兵庫県三田市で世界的なショコラティエがつくる独創的スイーツ」（撮影：川瀬一絵）https://colocal.jp/topics/think-japan/local-action/20171004_105039.html

図6　樋浦「兵庫県三田市の『パティシエ エス コヤマ』様の内装家具」http://hiura.co.jp/product/construction_example/es-koyama/

北岡悟丼事件

図1　クックパッド「元祖・北岡悟丼」https://cookpad.com/recipe/4600803

編み物ユーチューバー事件

図1　Susanna's Hobbies R. YouTubeチャンネル2018年11月14日「かぎ針歴わずか1年でDAISOさんで作品採用!? アフリカンフラワーヘキサゴン スザンナのホビー」https://www.youtube.com/watch?v=sUhHITfr0ig

図2　Susanna's Hobbies R. 2019年12月18日「簡単小花模様のエスニック小銭入れ かぎ針編み Crochet Tribal Ethnic Change Purse Tutorial スザンナのホビー Coin Mini Pouch 初詣にも」https://www.youtube.com/watch?v=mLeheK_-tD4

図3　yukigoya 2020年2月4日「[かぎ針編み]初のダイソーメランジ☆楕円底や長方形底を編まずにマチ付きポーチを編んでみました☆☆」https://www.youtube.com/watch?v=hCk8o5K5qQE

コラム④：エセ著作権者を逆に名誉毀損で訴えたらどうなる？

図1　『週刊新潮』2003年2月20日号（新潮社）pp. 24-25

第3章　パロディ、偶然、コピペ、引用……クレーマーの常識を覆す！

左手にサイコガンを持つポプ子事件

図1　「左手にサイコガンを持つポプ子」イラスト部分（コミックナタリー「『ポプテピピック』× ROMPUSのコラボアイテム登場！大貫亜美＆横山健が着用」https://natalie.mu/comic/news/252562）

図2　寺沢武一オフィシャルサイト buichi.com DVD-BOX「SPACE ADVENTURE COBRA タートル号BOX」商品紹介 http://www.buichi.com/goods/av01_01.html

図3　大川ぶくぶ『ポプテピピック 第2巻』（竹書房）2017年p.89

図4　荒木飛呂彦『ジョジョの奇妙な冒険 第28巻』（集英社）1992年p. 140

図5　『ポプテピピック』第1話「出会い」（監督：梅木葵、青木純、山下諒、Thibault Tresca、山元隼一）

twitter.com/findy_code/status/1420254034607296516

図 3　App Store「グランブルーファンタジー」（Cygames）

図 4　crim「グランブルーファンタジーのベリアルについて」http://www.crim.co.jp/crim/FAQ1.html

図 5　crim「グランブルーファンタジーのベリアルについて」http://www.crim.co.jp/crim/FAQ1.html

図 6　「グランブルーファンタジー」

図 7　「GRANBLUE FANTASY ORIGINAL SOUNDTRACKS: CHAOS」

図 8　イグニッション・エンターテイメント・リミテッド（監修）『エルシャダイ 公式アートワークス』（PHP 研究所）2011 年 表紙、p. 11

『神獄のヴァルハラゲート』事件

図 1　App Store「神獄のヴァルハラゲート」（Mynet Games Inc.）

図 2　【公式】ドラゴンジェネシス - 聖戦の絆 - 公式 Twitter（ヘッダー）https://twitter.com/dra_gene

図 3　グラニ Facebook 2015 年 4 月 27 日「知的財産権についてのお知らせ」https://www.facebook.com/grani0919/posts/453682531372575

図 4　mobage by DeNA「大戦乱！！三国志バトル」（Mynet Games Inc.）http://www.mbga.jp/_game_intro?game_id=12010355

『華氏９１１』事件

図 1　レイ・ブラッドベリ、伊藤典夫（訳）『華氏 451 度〔新訳版〕』（早川書房）2014 年

図 2　NBC ユニバーサル・エンタテインメントジャパン『華氏 911』（DVD）

図 3　片山恭一『世界の中心で、愛をさけぶ』（小学館）2006 年

図 4　ハーラン・エリスン、浅倉久志（訳）、伊藤典夫（訳）「世界の中心で愛を叫んだけもの」（早川書房）1979 年

『父よ母よ』事件

図 1　斎藤茂男『ルポルタージュ 父よ母よ（上）愛と飢餓のなかで』（太郎次郎社）1979 年

図 2　吉村英夫（撰著）『一行詩 往信 父よ母よ』（学陽書房）1994 年

『風に吹かれて』事件

図 1　『京都新聞』2017 年 5 月 19 日

『アウターガンダム資料集』事件

図 1　矢立肇（原案）、富野由悠季（原案）、松浦まさふみ（作画）『アウターガンダム』（メディアワークス）2002 年

図 2　松浦まさふみ『アウターガンダム資料集 1988-2017』2017 年

『昴』事件

図 1　『スバル』（昴発行所）1909 年

『喫茶ステラと死神の蝶』事件

図1　スタジオジブリ『ゲド戦記』「挿入歌『テルーの唄』」http://www.ghibli.jp/ged/

『カメラを止めるな！』事件

図1　『カメラを止めるな！』ポスター

図2　NHKエンタープライズ『ショウ・マスト・ゴー・オン 幕を降ろすな』（DVD）

図3　『GHOST IN THE BOX!!』の発売中止告知 HMV & BOOKS online アルバトロス「GHOST IN THE BOX!! ゴースト・イン・ザ・ボックス !!」（DVD）https://www.hmv.co.jp/artist_Original-Cast-Musical_000000000001592/item_GHOST-IN-THE-BOX- ゴースト・イン・ザ・ボックス _9240896

『ぞりん』事件

図1　井口尊仁、石黒謙吾『ぞりん』（扶桑社）2006年

図2　りぃこ『ぞりん』（いのちのことば社）2004年

図3　井口尊仁、石黒謙吾『ぞりん』（扶桑社）「著者略歴」2006年

図4　りぃこ『ぞりん』（いのちのことば社）「あとがき」2004年

『アナと雪の女王』事件

図1　ウォルト・ディズニー・ジャパン『アナと雪の女王』（MovieNEX）

図2　『聖闘士星矢』第14話「敗れたり！幻魔拳」（演出：勝間田具治）

図3-1　ディズニー「アナと雪の女王」https://www.disney.co.jp/fc/anayuki/character/elsa.html

図3-2　ディズニー「アナと雪の女王」https://www.disney.co.jp/fc/anayuki/character/anna.html

図4-1　『聖闘士星矢』第75話「ヒルダ！悪魔に魅入られた女神」（演出：石崎すすむ）

図4-2　『聖闘士星矢』第75話「ヒルダ！悪魔に魅入られた女神」（演出：石崎すすむ）

図5　『アナと雪の女王』予告編

図6　Neil Wrischnik YouTube “The Snowman” (Directed by Kelly Wilson & Neil Wrischnik) https://www.youtube.com/watch?v=PJ6c7RLV8ew

『走馬燈屋の退屈』事件

図1　WEVCO bros.／インディーズ事務局『第2回インディーズムービー・フェスティバル 自主制作映画入選作品［短編集］』（VHS）

図2　Kaichi Sato YouTube「走馬灯屋の退屈 (99).mov」https://www.youtube.com/watch?v=Aik5hyE0UjU

図3　菅原敬太『走馬灯株式会社 第2巻』（双葉社）2010年 pp. 50-51

『四分三三秒』事件

図1　ザ・プラネッツ「クラシカル・グラフィティ」

図2　ザ・プラネッツ「コントラダンザ／ア・ワン・ミニット・サイレンス」

図3　「STUMM433」

『エルシャダイ』事件

図1　Xbox360「エルシャダイ」（イグニッション・エンターテイメント）

図2　Findy ウェブ広告に起用された「大丈夫だ、問題ない」（エルシャダイ）https://

図表出典

図 1　NHK『新撰組！』第 41 話「観柳斎、転落」（演出：小林大児）

『ラストニュース』事件

図 1　猪瀬直樹（作）、弘兼憲史（画）『ラストニュース 第 1 巻』（小学館）表紙、p. 22

図 2　日本テレビ『ストレートニュース』第 1 話「盗撮」（演出：佐藤東弥）

図 3　伴一彦 Twitter https://twitter.com/sacaban（伴の猪瀬直樹に対する連投ツイート）

『パパはニュースキャスター』事件

図 1　TBS『パパはニュースキャスター』第 1 話「こんばんは、田村正和です」（演出：吉田秋生）、第 2 話「親の顔が見たい！」（演出：吉田秋生）

図 2　フジテレビ『家族のうた』登場人物相関図 http://www.fujitv.co.jp/kazokunouta/chart/index.html

図 3　フジテレビ『家族のうた』第 1 話「自業自得！？」（演出：岩田和行）、第 4 話「お祭で告白！？届けたい想い…」（演出：佐藤源太）

『女くどき飯』事件

図 1　峰なゆか『女くどき飯』（扶桑社）2016 年 p. 6

図 2　『ハツキス』2015 年 9 月号（講談社）田所コウ「コトコトくどかれ飯」p. 271

図 3　笠原将弘『笠原将弘の口説きめし』（講談社）2012 年

図 4　TSUKURU「褒め合い」（『きょうのゲイバー』）AM「女同士の『褒め合い＝仲良し』ではない／【四コマ】きょうのゲイバー」https://am-our.com/love/301/12389/（初出記事）「2CHOPO」http://www.2chopo.com/article/detail?id=1300

図 5　峰なゆか「他人の幸せは青い」（『アラサーちゃん』）『週刊 SPA ！』（扶桑社）2015 年 11 月 3 日、11 月 10 日合併号 峰なゆか「アラサーちゃん」p. 87

図 6　峰なゆか『平成ちゃんと昭和姉さん』ELLE girl「峰なゆかが説く、ミレニアルズの LOVE & SEX ベストアンサー」https://www.ellegirl.jp/wellness/love/a70334/feat-l-love-sex-column-by-nayukamine-18-0829/

図 7　花森あめ子『昭和ちゃんと平成ちゃん』花森あめ子 Instagram https://www.instagram.com/p/Bd7glmYnJB5/

『謝罪の王様』事件

図 1　板垣恵介、RIN『どげせん 第 1 巻』（日本文芸社）

図 2　『漫画ゴラク』2010 年 11 月 19 日号（日本文芸社）板垣恵介、RIN「どげせん」

図 3　『謝罪の王様』特報ポスター

コラム②事前にググるのを止めないか？

図 1　2025 年大阪万博ロゴマーク

図 2　大場つぐみ（原作）、小畑健（漫画）『バクマン。第 7 巻』（集英社）2010 年 p. 73

第 2 章　何様なのか？ 無知と屁理屈のイチャモンワールド

『テルーの唄』事件

ンター）1991 年 p. 40

図 4　NHK 大河ドラマ「武蔵―MUSASHI―」https://www.nhk.or.jp/kirin/taiga/catalog42.html

図 5　上坂祥元『現代デザイン考 商業書道を拓く―上坂祥元による商業書道創作の意義と作品』（GE 企画センター）1988 年 p.23

図 6　ぱあとわん「Free Art Pro カリグラフィイラスト」より「趣」（『判例時報』1732 号・2001 年 2 月 11 日号、判例時報社、p.130）

プールの底のミッキーマウス事件

図 1　『サンケイ新聞』1987 年 7 月 10 日

ＬＩＮＥクリエイターズスタンプ事件

図 1　mame & co CHARACTERS　https://www.mameandco.com/pages/4172379/page_202008251356

図 2　『From A』（リクルート）2009 年 4 月 6 日号「新・Mr. ビークのおシゴト用語学習帳」p. 11

図 3　芋を食べるうるせぇトリの LINE スタンプ（東京地裁令和元（ワ）26106 号判決文別紙）

図 4　『From A』（リクルート）2007 年 11 月 5 日「Mr. ビークの突撃！ワキワキ現場」

図 5　うるせぇトリ「社畜バンザイ」LINE スタンプ（東京地裁令和元（ワ）26106 号判決文別紙）

図 6　『From A』（リクルート）2007 年 9 月 24 日裏表紙「Mr. ビークのフロム・エー的ギャル語講座」

けろけろけろっぴ事件

図 1　D のかえるちゃん（東京地裁平成 12 年（ワ）4632 号判決文別紙）

図 2　サンリオ「けろけろけろっぴ」https://www.sanrio.co.jp/character/keroppi/

ミッフィー事件

図 1　メルシス「ミッフィー」467440-KG ZA 10-1522(Court of Amsterdam) Verdict

図 2　サンリオ「キャシー」467440-KG ZA 10-1522(Court of Amsterdam) Verdict

図 3　Dick Bruna “Miffy at the seaside” (World International) 1997（1963 年初版。ミッフィーの耳が角ばっているのが分かる）

図 4　まんだらけ中野店【菓子容器】カンロ Little Honey キャンディ https://www.mandarake.co.jp/dir/nkn/konpeito/2017/11/22/-little-honey1123.html

タウンページ君事件

図 1　『タウンページ（神奈川県 鎌倉・逗子市版）』2020 年 5 月

図 2　『オール発明知的所有権「PL 表現」知的財産権キーワードライン』（発明開発連合会）1997 年「古本物語・卒論の巻」p. 62

図 3　『オール発明知的所有権「PL 表現」知的財産権キーワードライン』（発明開発連合会）1996 年 巻末

『新撰組！』事件

《図表出典》

第 1 章　大迷惑！ 驚愕のパクられ妄想ワールド

時間は夢を裏切らない事件

図 1　松本零士『銀河鉄道 999 第 15 巻』（小学館）1998 年 p. 34

図 2　松本零士『銀河鉄道 999 第 15 巻』（小学館）1998 年 p. 54

図 3　松本零士『ニーベルングの指環 第 3 巻 ジークフリート』（新潮社）1999 年 p. 116

図 4　松本零士『ニーベルングの指環 第 3 巻 ジークフリート』（新潮社）1999 年 p. 118

『生活維持省』事件

図 1　間瀬元朗『イキガミ 第 1 巻』（小学館）2005 年 p. 25

図 2　間瀬元朗『イキガミ 第 1 巻』（小学館）2005 年 p. 26

図 3　『コミック星新一 午後の恐竜』（秋田書店）2003 年 星新一、志村貴子「生活維持省」p. 174

『崖の上のポニョ』事件

図 1　『崖の上のポニョ』ポスター

図 2　名倉靖博『名倉靖博の世界』（ソフトバンク・パブリッシング）2004 年 p. 69

図 3　名倉靖博『名倉靖博の世界』（ソフトバンク・パブリッシング）2004 年 p. 76

図 4　ジョン・エヴァレット・ミレー「オフィーリア」1852 年

図 5　NHK エンタープライズ『プロフェッショナル 仕事の流儀スペシャル 宮崎駿の仕事』（DVD）

温和なシャーロック・ホームズ事件

図 1　シドニー・パジェット「ギリシャ語通訳」（挿し絵）1893 年

図 2　『エノーラ・ホームズの事件簿』ポスター

図 3　Leslie S. Klinger, Laurie R. King “In the Company of Sherlock Holmes” (Pegasus Books) 2014

『ゾディアック・ナイツ２０００』事件

図 1　Isaac A. Jr. Potter, Samuel J. Potter “Zodiac Knights 2000” (1st Book Library) 2003 Cover, pp. 79-80

図 2　A.D.V. Films “KNIGHTS OF THE ZODIAC Vol. 1” (DVD)

『龍馬伝』事件

図 1　NHK 大河ドラマ『龍馬伝』https://www.nhk.or.jp/kirin/taiga/catalog49.html

図 2　上坂祥元『現代デザイン考 商業書道を拓く―上坂祥元による商業書道創作の意義と作品』（GE 企画センター）1988 年 p.85

図 3　上坂祥元『現代デザイン考 上坂祥元の商業書道 実践・実技・理論』（GE 企画セ

（注 6）組織委が、ドビのエセ著作権に強く反論できなかった理由は何だろうか。筆者は、単に組織委の法務担当者がポンコツで頼りにならなかっただけだと思っている。一方、オリンピック組織の知的財産への向き合い方に目を向けると、「オリンピック」や「がんばれニッポン」「目指せ金メダル」などといった用語の使用を制限するなど、世間に対して根拠薄弱なエセ知的財産権を主張する傾向がある。これを踏まえて、組織委は、ドビに対し法律に則って権利侵害を否定すれば、自身の権利主張も同じように否定されることを恐れたのではないかと示唆するむきもある。例えば、足立勝『アンブッシュ・マーケティング規制法』（創耕舎、2016 年、p. 117）、大友信秀「オリンピックエンブレムから考える知的財産」（『法学セミナー』2020 年 8 月号、日本評論社）など。オリンピック組織が振りかざすエセ知的財産権については、筆者は『オリンピック VS 便乗商法―まやかしの知的財産に忖度する社会への警鐘』（作品社、2018 年）で詳述しているので、興味のあるむきは参照されたい。

（注 7）2015 年 8 月 5 日 東京オリンピック・パラリンピック組織委員会、佐野研二郎「東京 2020 エンブレム デザイン盗用問題に関する記者会見・質疑応答」※「聞文読報」による書き起こし http://bunbuntokuhoh.hateblo.jp/entry/2015/08/26/152006

（注 8）加島卓『オリンピック・デザイン・マーケティング―エンブレム問題からオープンデザインへ』（河出書房新社）2017 年 pp. 54-55, 82-84, 174-176, 222、加島卓『〈広告制作者〉の歴史社会学―近代日本における個人と組織をめぐる揺らぎ』（せりか書房）2014 年 pp. 330-333

（注 9）『朝日新聞』1966 年 9 月 29 日「桜の花の万国博マーク 米国に似た図案」

（注 10）GQ Magazine France 2016. 2. 11 Marine Delcambre, Jérémy Patrelle “Le logo de Paris 2024 est-il un plagiat?” https://www.gqmagazine.fr/lifestyle/sport/articles/jeux- olympiques-2024-paris-a-t-elle-plagie-son-logo/31749

（注 11）RTBF 2016. 7. 28 Anne Poncelet “Plagiat du logo du Théâtre de Liège pour les JO de Tokyo 2020, un an après” https://www.rtbf.be/info/regions/liege/detail_plagiat-du-logo-du-theatre-de-liege-pour-les-jo-de-tokyo-2020-un-an-apres?id=9364366

『35 歳の高校生』事件

（注 1）「メンズサイゾー」2013 年 4 月 12 日 佐藤勇馬「米倉涼子の主演ドラマが AV と酷似 !? パクリ疑惑にまで発展」https://www.menscyzo.com/2013/04/post_5710.html

（注 2）北条麻妃 Twitter 2013 年 4 月 13 日 https://twitter.com/makihojyo/status/323067801902407681

盗作か参考か―著作権をめぐって―」p. 49

（注 4）内田雅敏『懲戒除名―“非行”弁護士を撃て』（太田出版）2001 年 p. 15

（注 5）内田雅敏『懲戒除名―“非行”弁護士を撃て』（太田出版）2001 年 p. 13

（注 6）東京地裁平 20（ワ）5534 号判決文別紙 主張対照表「被告らの主張」

（注 7）『月刊 TIMES』2008 年 4 月号（月刊タイムス社）内田雅敏「弁護士のつぶやき 盗作か参考か―著作権をめぐって―」p. 50

『「大東亜共栄圏」の形成と崩壊』事件

（注 1）東京地裁平成 25（ワ）16925 号、東京高裁平成 31（ネ）715 号

（注 2）『経済研究』2010 年 3 月号（東京国際大学大学院経済学研究科）原朗「最終講義：開港百五十年史」p. 29

（注 3）「原朗氏を支援する会」2020 年 6 月 19 日 原朗「七年間の裁判を終えて―お礼のことば―」https://sites.google.com/view/aharashien/

（注 4）原朗『創作か 盗作か―「大東亜共栄圏」論をめぐって』（同時代社）2020 年 p. 43

（注 5）『土地制度史學』1976 年 4 月号（土地制度史學会）原朗「『大東亜共栄圏』の経済的実態」p. 1

（注 6）小林英夫『「大東亜共栄圏」の形成と崩壊』（御茶の水書房）1975 年 p. 543

（注 7）「原朗氏を支援する会」2020 年 6 月 19 日 原朗「七年間の裁判を終えて―お礼のことば―」https://sites.google.com/view/aharashien/

（注 8）原朗『創作か 盗作か―「大東亜共栄圏」論をめぐって』（同時代社）2020 年 p. 43

東京五輪エンブレム事件

（注 1）例えば、水野祐「デザインの法的保護とその限界―五輪エンブレム問題を通して」（『法学教室』2015 年 11 月号、有斐閣）、福井健策 2015 年 9 月 28 日「日本記者クラブ シリーズ企画『リセット 東京五輪』①五輪エンブレム問題と著作権（会見詳録）」https://www.jnpc.or.jp/archive/conferences/31813/report、稲穂健市『楽しく学べる「知財」入門』（講談社、2017 年）、山田奨治『日本の著作権はなぜもっと厳しくなるのか』（人文書院、2016 年）。

（注 2）RTBF 2015. 7. 29 Anne Poncelet “Le logo du Théâtre de Liège plagié par les Jeux olympiques?” https://www.rtbf.be/info/regions/liege/detail_le-logo-du-theatre-de-liege-plagie-par-les-jeux-olympiques?id=9042044

（注 3）Pinterest “Logo design | Studio Debie” https://www.pinterest.jp/olivierdebie/logo-design-studio-debie/

（注 4）2015 年 8 月 5 日 東京オリンピック・パラリンピック組織委員会、佐野研二郎「東京 2020 エンブレム デザイン盗用問題に関する記者会見・質疑応答」※「聞文読報」による書き起こし http://bunbuntokuhoh.hateblo.jp/entry/2015/08/26/152006

（注 5）加島卓『オリンピック・デザイン・マーケティング―エンブレム問題からオープンデザインへ』（河出書房新社）2017 年 pp. 239-240

りカネ』棋士の狂気と連盟の甘え」pp. 104-105

コラム⑧エセ著作権者からの警告書を暴露したらどうなる？

（注 1）東京地裁令和 2（ワ）4481 号・令和 2（ワ）23233 号、知財高裁令和 3（ネ）10046 号

具だくさんの食べるオリーブオイル事件

（注 1）東京地裁平成 29（ワ）34191 号、東京高裁平成 30（ネ）4611 号

『美しい顔』事件

（注 1）石井光太『遺体―震災、津波の果てに』（新潮社）2011 年 p. 262

（注 2）石井光太『遺体―震災、津波の果てに』（新潮社）2011 年 pp. 30-31

（注 3）『群像』2019 年 6 月号（講談社）北条裕子「美しい顔」pp. 40-41

（注 4）講談社 2018 年 7 月 9 日「群像新人文学賞『美しい顔』作者・北条裕子氏のコメント」https://www.kodansha.co.jp/upload/pr.kodansha.co.jp/files/pdf/2018/20180709_gunzo_comment.pdf

（注 5）文学的見地からは、こうした点を参考文献からの昇華不足と評価するむきがある。『美しい顔』は第 159 回芥川賞の候補作となったが、審査員はいずれも「盗用ではない」としつつ、「事実を表す言葉を、フィクションとして、自分なりの表現に昇華させる努力が足りなかった」（島田雅彦）、「資料に寄り掛かり過ぎなんだよ！ もっと、図々しく取り込んで、大胆に咀嚼して、自分の唾液を塗りたくった言葉をぺっと吐き出す、くらいの厚かましさがなければ。何とも素直というか、うかつというか…」（山田詠美）、「オリジナリティとは、文章だけでなく映像もネット情報も含めて、すでに表現されたものの上に存在する。それが文化というものだ。ただその場合、既存のものを越えなければならない。越えようとする意識と覚悟が、オリジナリティを生むのだと思う」（高樹のぶ子）などの評を寄せている。（『文藝春秋』2018 年 9 月号「芥川賞選評」、島田雅彦「特別寄稿 フィクションと盗用、選考委員はこう考える」文藝春秋、pp. 304-315）

（注 6）新潮社 2018 年 7 月 6 日「『群像』8 月号、『美しい顔』に関する告知文掲載に関して」https://www.shinchosha.co.jp/news/article/1317/（初出は 6 月 29 日付プレスリリース。後に 7 月 6 日に改めて発表）

（注 7）講談社 2018 年 7 月 3 日「群像新人文学賞『美しい顔』関連報道について 及び当該作品全文無料公開のお知らせ」
https://www.kodansha.co.jp/upload/pr.kodansha.co.jp/files/pdf/2018/180703_gunzo.pdf

（注 8）『日本経済新聞』2019 年 6 月 8 日「小説『美しい顔』が単行本に 事実と創作の問題にも節目」

『弁護士のくず』事件

（注 1）東京地裁平成 20（ワ）5534 号、知財高裁平成 22（ネ）10008 号

（注 2）内田雅敏『懲戒除名―“非行”弁護士を撃て』（太田出版）2001 年 p. 44

（注 3）『月刊 TIMES』2008 年 4 月号（月刊タイムス社）内田雅敏「弁護士のつぶやき

注釈

（注 1）『毎日新聞』2011 年 3 月 15 日夕刊「Crossroads 棋譜の著作権 ネットなどで出回り問題に」

（注 2）例えば、「将棋や囲碁の棋譜も、懸命に勝利を追求した結果を、一定のルールで克明に記録したもの。いわば事実の記録物ですから、著作物には当たらないのでは」（福井健策／『毎日新聞』2011 年 3 月 15 日夕刊「Crossroads 棋譜の著作権 ネットなどで出回り問題に」）、「棋譜は、勝負の一局面を決まった表現方法で記録したものであるから、創作性の要件を欠き、著作物ではない。それは事実の記録であ〔る〕」（渋谷達紀『知的財産法講義 2 第 2 版 著作権法・意匠法』有斐閣、2007 年、p. 24）、「囲碁、将棋等の棋譜の表記方法それ自体はアイデアにすぎない。棋譜に記入された対局者の着手や指し手それ自体は、当該対局の勝敗に向けられた対局者のアイデアそのものなので、対局者による本法上の創作的表現とはいえない。〔…〕それゆえ、これらに著作物性は認め難い」（岡村久道『著作権法 第 5 版』民事法研究会、2020 年、p. 45）。なお反対意見を有する学者に加戸守行がおり、「対局者双方がルールの制約内で自分の学術的思想を創作的に表現していると解すべき」（稲穂健市『こうして知財は炎上する』NHK 出版、2018 年、p. 239）と述べている。しかし、駒の動きは表現を意図したものではなく、勝負を運ぶことを意図した身体（脳と手）動作であり、駒の動きの記録としての棋譜はその跡に過ぎない。その意味において、本文で述べたように立ちションのおしっこの跡や、ひっかき傷の跡、カーナビの GPS で記録したマイカーの走行跡などと同じである。

（注 3）日本将棋連盟 2019 年 9 月 13 日「棋譜利用に関するお願い」https://www.shogi.or.jp/news/2019/09/post_1824.html

（注 4）日本将棋連盟 2022 年 6 月 2 日「棋譜利用のガイドライン」https://www.shogi.or.jp/kifuguideline/terms.html

（注 5）日本将棋連盟 2020 年 4 月 17 日「公開質問状の件（回答）」https://www.shogi.or.jp/news/questionnaire%20answer.pdf

（注 6）Sugar YouTube チャンネル 2020 年 4 月 18 日「連盟から公開質問状の回答がきたが……」https://www.youtube.com/watch?v=qhl85Qt4ltw

（注 7）たややん＠水匠 (COM 将棋) Twitter 2020 年 4 月 23 日 https://twitter.com/tayayan_ts/status/1253234677818617857 ※ Sugar の代理人弁護士によるツイート

（注 8）本書で取り上げた裁判例でも、最高裁判例となった北朝鮮映画事件をはじめ、『手あそびうたブック』事件、錦絵コレクション事件、具だくさんの食べるオリーブオイル事件、『弁護士のくず』事件などで原告側が主張しているが、すべて敗訴している。

（注 9）なお連盟も、2020 年 9 月以降、一部の棋戦については棋譜利用のガイドラインを作成し、利用条件を明示している。「ルール」が分かりやすくなったことを指して、将棋ファンの一部には歓迎するむきもあるようだが、そもそもテレビゲームなどと違って何の権利もないくせに、一方的に勝手な利用条件を設定されてもなぁ。

（注 10）『月刊テーミス』2006 年 7 月号（テーミス）「名人戦移管問題で露呈『恩義よ

ていない。

（注 3）2003 年の北朝鮮のベルヌ条約加盟を受け、文化庁が「北朝鮮がベルヌ条約を締結したとしても、我が国は北朝鮮を国家として承認していないことから〔…〕北朝鮮の著作物についてベルヌ条約に基づき保護すべき義務を負うものではな〔い〕」との見解を発表したことで、各局は使用料の支払いを渋るようになり、本件裁判に至ったのである。北朝鮮にとっては、これまで法的根拠のないまま、なぁなぁで使用料をもらい受けていたところ、きちんとベルヌ条約に加盟したことで、逆に使用料をとりっぱぐれるという皮肉な状況に陥ったといえる。

コーヒーを飲む男性事件

（注 1）東京地裁平成 29（ワ）672・平成 29（ワ）14943

池田大作トレースビラ事件

（注 1）東京地裁平成 13（ワ）12339 号、東京高裁平成 15（ネ）1464 号

（注 2）もっとも、人物画に、その人物が言ってもいないような暴言を書いた吹き出しや、侮辱的な言葉を添えることは、一般論として名誉毀損や人格権の侵害に該当する可能性がある。本事件では著作権侵害のみが主張されたため、この点について判断されていない。

『SWITCH』事件

（注 1）クッキー編集部、編集長・梅岡光夫 2007 年 1 月 30 日「お詫びと休載のお知らせ」http://cookie.shueisha.co.jp/special.html

『エデンの花』事件

（注 1）講談社 2005 年 10 月 19 日 https://www.kodansha.co.jp/info.html

（注 2）弁護士の池村聡は「私としてはこの事案で写真の著作権侵害が成立するのはちょっときついな、厳しいなという印象を受けています。〔…〕このポスターの水彩画が元の写真の創作性を再現しているかというと〔…〕個人的には大いに疑問があるところです」（『コピライト』2021 年 2 月号、著作権情報センター、「〈講演録〉現代社会における写真と著作権」、p. 59）、法学者の上野達弘は「被告の水彩画のどこに原告の写真の創作的表現が残っているのか、と疑問に思ってしまう」（上野達弘、前田哲男『著作物の類似性判断 ビジュアルアート編』、勁草書房、2021 年、p. 275）と述べる。

聖火リレー動画事件

（注 1）「日刊スポーツ」2020 年 2 月 28 日「聖火リレー撮影動画、一般人は SNS へのアップ禁止」https://www.nikkansports.com/olympic/tokyo2020/torch-relay/news/202002280000524.html

（注 2）「東京新聞 TOKYO Web」2021 年 3 月 26 日 原田遼「聖火リレー 大音量、マスクなしで DJ…福島の住民が憤ったスポンサーの『復興五輪』」https://www.tokyo-np.co.jp/article/94041

（注 3）江川紹子 2021 年 4 月 3 日「聖火リレー報道規制 IOC『ルール』に法的根拠はあるのか」https://news.yahoo.co.jp/byline/egawashoko/20210403-00230643/

棋譜配信事件

注 釈

（注 1）大阪地裁平成 27（ワ）731 号

（注 2）美術図書や雑貨を販売する便利堂の「鳥獣戯画 縮小絵巻物」には「当社の『鳥獣戯画シリーズ』は、所蔵先である高山寺様の許諾のもと商品化されています」とある。玩具メーカー・セキグチの「鳥獣戯画ぬいぐるみ／ペンケース」には「鳥獣戯画の高山寺公式認定商品」との記載がある。メディコムトイのフィギュア「鳥獣戯画× BE@RBRICK」は「高山寺の正式許諾を受け制作」と謳われ、なんと "Copyright © Kosanji All rights reserved." とまで書いてある。高山寺に著作権があることの表明として受け取れるが、さすがに違和感を覚える。

（注 3）もちろん、美術書などでは原画をできるだけ鮮明に再現して掲載したい場合もあるだろうし、複製画やミニチュアなどをつくるメーカーが、原資料を実際に目にして詳しく観察したいといった事情もあるだろう。そのような場合には、所有者の協力が不可欠であるし、その際に所有者が協力の対価として金銭の支払いや、「協力」や「監修」といった名目のクレジットを要求することには合理性があり、本書も肯定する。

平等院鳳凰堂パズル事件

（注 1）なお建築物の場合、著作権がある場合でも、著作権法上の権利制限規定（第 46 条）により、パズルなどの商品化に著作権を行使することはできず、原則として自由に行うことができる。

（注 2）「朝日新聞デジタル」2019 年 4 月 24 日「『鳳凰堂の写真、勝手にパズルに』平等院が玩具会社提訴」https://www.asahi.com/articles/ASM4S5GTRM4SPLZB00D.html

（注 3）『朝日新聞』2019 年 8 月 14 日「平等院鳳凰堂、パズルの販売ダメなの？」

（注 4）やのまんプレスリリース 2020 年 10 月 13 日「宗教法人平等院との訴訟について」https://www.yanoman.co.jp/support/news/ ■宗教法人平等院との訴訟について

（注 5）「朝日新聞デジタル」2020 年 10 月 12 日「平等院、ジグソーパズル販売会社と和解 無断販売めぐり」https://www.asahi.com/articles/ASNBD6583NBDPLZB00R.html

北朝鮮映画事件

（注 1）東京地裁平成 18（ワ）6062 号・平成 18（ワ）5640 号、知財高裁平成 20（ネ）10011 号・平成 20（ネ）10012 号、最高裁平成 21（受）602 号・平成 21（受）603 号

（注 2）判決文によれば、フジテレビの実際のニュース映像は、北朝鮮が映画を通して国民を洗脳教育していることを論じる約六分のコーナーで、『司令部を遠く離れて』の主演女優のインタビューを主軸にしたもの。そのうち映画の映像は約二分強使用された。この使用態様からは「引用」により適法という主張も可能だったと思われるが、フジテレビは引用の主張はしていないようだ。日本テレビは、二分二〇秒のニュースコーナー中、『密令 027』の映像が二分強を占めていたというから、引用の主張が成立するかは微妙か。なお同時期 NHK の『ニュース 7』でも北朝鮮映画が使用されていたが、カナリオ企画の指摘に対して、NHK は「引用の範囲内」と回答しており、訴訟対象になっ

status/1405838935410974722 ※Hの代理人弁護士によるツイート

コラム⑥：「無断引用禁止」というバカワード

（注 1）北村行夫『新版 判例から学ぶ著作権』（太田出版）2004 年 p. 296

第 4 章　有名事件から学ぶ、クレームに屈しない知恵と勇気！

『七人の侍』事件

（注 1）東京地裁平成 15（ワ）25535 号、知財高裁平成 17（ネ）10023 号

（注 2）『週刊文春』2003 年 1 月 23 日号（文藝春秋）pp. 144-146

（注 3）『週刊ポスト』2003 年 1 月 31 日号（小学館）p. 52-53

（注 4）『週刊女性』2003 年 2 月 11 日号（主婦と生活社）pp. 32-33

（注 5）小林信彦『本音を申せば』（文藝春秋）2005 年 pp. 31-35

（注 6）『週刊ポスト』2003 年 1 月 31 日号（小学館）p. 53

（注 7）橋本忍『複眼の映像―私と黒澤明』（文藝春秋）2010 年 pp. 132-134, 148-155

（注 8）『週刊女性』2004 年 2 月 10 日号（主婦と生活社）p. 182（映像評論家の島野功緒のコメント）

江差追分事件

（注 1）東京地裁平成 3（ワ）5651 号、東京高裁平成 8（ネ）4844 号、最高裁平成 11（受）922 号

（注 2）木内宏『北の波濤に唄う』（朝日新聞社）1985 年 pp. 70-73

（注 3）NHK『ほっかいどうスペシャル・遥かなるユーラシアの歌声―江差追分のルーツを求めて―』1990 年 10 月 18 日放送（東京地裁平成 3 年（ワ）5651 号判決文による）

（注 4）『北海道新聞』1990 年 11 月 3 日「『江差追分のルーツを探る』NHK が盗作？」

（注 5）『週刊新潮』1990 年 11 月 15 日号（新潮社）「『盗作』で中止した NHK『追分ロード』の問題部分」p. 18

（注 6）田村善之『著作権法概説 [第 2 版]』p. 68（有斐閣）2001 年

『やっぱりおまえはバカじゃない』事件

（注 1）杉村太蔵「タイゾーの三日坊主」2006 年 5 月 10 日（削除済みのため、『週刊新潮』2006 年 6 月 1 日号、J-CAST ニュース 2006 年 5 月 23 日付け記事 https://www.j-cast.com/2006/05/23001463.html などを参考に復元）。

（注 2）吉野敬介『やっぱりおまえはバカじゃない』（小学館）1998 年 p. 22

（注 3）J-CAST ニュース 2006 年 5 月 23 日「タイゾー君 やっぱりおまえはバカじゃない？」https://www.j-cast.com/2006/05/23001463.html

（注 4）吉野敬介『やっぱりおまえはバカじゃない』（小学館）1998 年 p. 20

（注 5）矢沢永吉『新装版 矢沢永吉激論集 成りあがり』（KADOKAWA）2004 年 p. 185

（注 6）吉野敬介『よく聞け！おまえはバカじゃない』（小学館）杉村太蔵「解説 自殺未遂のわけ」2006 年 pp. 212-213

錦絵コレクション事件

shobun/html/tyosya/tyosya-01.html)。

（注6）一ヶ所だけ、引用自体は適正だが、コマの配置が改変されていたことを理由に、同一性保持権（無断で著作物の内容を改変されない著作者人格権のひとつ）侵害が、控訴審で認定されている。原作ではコマが三つ横に連続していたカットを、上杉はスペースの関係で二コマの下に最後の一コマを配置し直したのだ。もっとも、だからといってコマを読む順序が乱れるとも、コマの意味や美観が変わるとも思えず、本当に「改変」に当たるといえるのか、本書では疑問なしとはしない。本件では、上杉本がほんのちょっとレイアウトを工夫さえすれば原作の配置まま引用できたものを、それをせずに安易にコマの配置をいじったという事情が、侵害判断の決め手になったのだろうと考える。

（注7）スタジオジブリで法務担当部長を務める野中晋輔は、2020年の雑誌記事において、スタジオジブリ作品の画像について「許諾をいただけないなら勝手に使います」といわれた例が出版関係であったと明かしている。その場合の対応については、「結果として世に出た物を見て、まあ、これは確かに引用ということになるなということであれば、それ以上何か言うということはないですね。というか、言えないです」と述べている（『熱風』2020年8月号「座談会 ジブリと著作権」スタジオジブリ、p. 10）。

（注8）小林よしのり『新・ゴーマニズム宣言 第9巻』「第115章 著作権裁判の背景にやはり慰安婦論争？」（小学館）2000年 pp. 120-124

『小さな悪魔の背中の窪み』事件

（注1）東京地裁平成7（ワ）6920号

（注2）竹内久美子『小さな悪魔の背中の窪み―血液型・病気・恋愛の真実』（新潮社）1994年［第1刷］p. 61

（注3）東京地裁平成7年（ワ）6920号判決文

『運鈍根の男』事件

（注1）東京地裁平成13（ワ）16152号、東京高裁平成14（ネ）2205号

（注2）『日本経済新聞』1999年5月10日「20世紀 日本の経済人⑲ 挑戦編『伊庭貞剛』」

（注3）砂川幸雄『運鈍根の男―古河市兵衛の生涯』（晶文社）2001年 pp. 180-182

＃ＫｕＴｏｏ事件

（注1）東京地裁令和2（ワ）19351号、知財高裁令和3（ネ）10060号

（注2）石川優実『#KuToo 靴から考える本気のフェミニズム』（現代書館）2019年 p. 13

（注3）はるかちゃん / 吸血鬼 / ぬいぐるみ / 恋話 Twitter 2019年6月7日 https://twitter.com/iroa1991/status/1136846224479272960

（注4）ただし執筆時現在、Hが最高裁に上告提起及び上告受理申立をしていることを付記する。本書としては、控訴審までの判断が覆される可能性は低いと考え、本件を掲載した（2022年10月、Hの上告棄却によりHの敗訴が確定）。

（注5）小沢一仁 Twitter 2021年6月18日 https://twitter.com/ozawakazuhito/

宝島社、pp. 63-64, 69-70)。これらの例から、百田には「紹介」と称して、出典を明かさず他人の著作物を引用する傾向があったことがうかがえる。これは不適切な引用であり、著作権侵害のおそれも考えられる。

『やっぱりブスが好き』事件

(注 1) 東京地裁平成 5(ワ)8372 号

(注 2) それでも時折、原作を台無しにするような実写映画などが公開されることはある。その理由はいくつかある。原作者に見る目がなかったか、さまざまなしがらみから OK せざるを得なかったか、あるいは製作者に対し、原作者があらかじめ「文句をいわない(同一性保持権を行使しない)」という契約を結んでいたかのいずれかである。例えば、漫画『ドラゴンボール』を実写化したハリウッド映画『ドラゴンボール・エボリューション』は、冗談のようなヒドい出来だった。これについて、原作者の鳥山明は「原作者としては『え?』って感じはありますが」と、露骨に不本意を表明するコメントを公にしている。

(注 3)『月刊 Sakura』1990 年 10 月号(スコラ)所収

『著作権判例百選』事件

(注 1) 東京地裁平成 27(ヨ)22071 号、東京地裁平成 28(モ)40004 号、知財高裁平成 28(ラ)10009 号

(注 2) 東京地裁平成 28 年(モ)40004 号決定文

(注 3) 肩書は 2022 年現在のもの。

(注 4) 全ろうの作曲家として活躍し、注目を集めたが、2014 年に代表作とされた楽曲がゴーストライターの手によるものであることが週刊誌報道で明かされ、騒動になった。

(注 5) 小泉直樹、田村善之、駒田泰土、上野達弘。なお同書の「はしがき」には、「改訂作業は、田村、駒田が中心となってたたき台を作成し、それを元に編者全員で修正を施すという過程をたどった」とある。わざわざ丁寧に役割分担を書き残しているのは、おそらく騒動の教訓からだろう。

『脱ゴーマニズム宣言』事件

(注 1) 東京地裁平成 9(ワ)27869 号、東京高裁平成 11(ネ)4783 号

(注 2) 小林よしのり『新・ゴーマニズム宣言 第 5 巻』「第 55 章 広義の強制すりかえ論者への鎮魂の章」(小学館)1998 年 pp. 93, 95

(注 3) 小林よしのり『新・ゴーマニズム宣言 第 5 巻』「第 55 章 広義の強制すりかえ論者への鎮魂の章」(小学館)1998 年 p. 94

(注 4) 小林よしのり『新・ゴーマニズム宣言 第 8 巻』「第 103 章『引用』と称する『便乗本』時代の幕開け」(小学館)2000 年 p. 153

(注 5) 漫画評論家の夏目房之介は、自著で漫画のコマの引用を試み、編集者に「このやり方だと、絶対に裁判でも負けないから」と伝えたが、「クレームが付いたら、やっぱりあとでいろいろあるから」と難色を示された経験を述べている(夏目房之介、永江朗「スタイルの変革が求められている日本のマンガ界」https://www.cokes.jp/pf/

うことは適切ではないだろう。

（注 6）騒動後、佐々木はアンゲラーの出身地であるオーストリアのチロルを訪問して調査検証を重ね、新たにウェブサイトに長文の論考をまとめている（「ミステリー『おもちゃの交響曲』～真の作曲者を探す旅～」https://www.music-tel.com/maestro/Kindersymphonie/index.html）。そこでは、先の文章の出典として国際モーツァルテウム財団『モーツァルトイヤーブック 1996』所収のヒルデガルト・ヘルマン＝シュナイダーの論文『チロルのフィーヒト修道院ベネディクト派修道士、エドムント・アンゲラー（1740-1794）は「こどもの交響曲」の作曲者か』という文献が挙げられている。

（注 7）日本版ウィキペディア「おもちゃの交響曲」2021 年 3 月 2 日（火）23:08（UTC）

（注 8）志鳥栄八郎『世界の名曲とレコード クラシック編 上巻』（誠文堂新光社）1967 年 p. 41

『ｅｃｏ検定最短合格講座』事件

（注 1）東京地裁平成 22（ワ）33497 号、知財高裁平成 24（ネ）10061 号

（注 2）日本語版ウィキペディア「環境の日」2008 年 10 月 28 日 05:45（UTC）

（注 3）この裁判には著作権者本人（ウィキペディアの執筆者など）が参加していない点には若干の注意が必要である。つまり、作者本人が創作上の工夫などを何も主張していないため、裁判所はその点を積極的に考慮していない可能性もあるだろう。ウィキペディアの執筆者などからすれば、創意工夫した点があるという言い分はあるかもしれない。

『日本国紀』事件

（注 1）例えば、菅野完は「ウィキペディアの通説を、しかも引用の要件さえ踏まえずにコピペするなどという物書きとして自殺行為としかいいようのないこと」（『週刊 SPA!』2018 年 12 月 4 日号、扶桑社）と批判し、武田砂鉄は「参考文献を一切記さず、刊行後になってから、全体の『零点何パーセント』かを〔ウィキペディアから〕無断で引用したと著者が認めた本を、大々的に勧めることにためらいはないのだろうか、とは思う」（『偉い人ほどすぐ逃げる』文藝春秋、2021 年 p. 36）と述べている。

（注 2）DHC テレビ『虎ノ門ニュース』2018 年 11 月 20 日放送。※武田砂鉄『偉い人ほどすぐ逃げる』（文藝春秋）2021 年 pp. 35-36 による引用

（注 3）日本語版ウィキペディア「歴史教科書問題」2018 年 8 月 20 日（月）10:42（UTC）

（注 4）百田尚樹『日本国紀』（幻冬舎）2018 年 pp. 481-482

（注 5）宝島本の指摘によれば、百田が、『日本書紀』の中で「私が非常に興味をそそられる」エピソードとして「紹介」した、仁徳天皇に関する記述は、真木嘉裕の『日本書紀』の現代語訳に依っているという。初版には真木の名前は一切なかったが、第九版には真木の翻訳を参考にしたことが明示された。また、百田はフランシスコ・ザビエルが来日時に日本人の国民性を評した発言をやはり「紹介」しているが、その記述はピーター・ミルワードの『ザビエルの見た日本』からの引用であることが明かされている。これも第九版で出典が示された（ちなみに初版ではルイス・フロイスの発言だと間違えて紹介していた）（別冊宝島編集部（編）『百田尚樹「日本国紀」の真実』、

（注 5）「デイリースポーツオンライン」2018 年 8 月 2 日「東国原 類似句問題で『結果的にそうなってしまった』…夏井先生はフォロー」https://www.daily.co.jp/gossip/2018/08/02/0011505118.shtml

（注 6）『宮崎日日新聞』2018 年 7 月 6 日「東国原さんの俳句 本紙投稿作に酷似」

（注 7）『俳句』2020 年 5 月号（KADOKAWA）名村早智子「テーマ別類句・類想回避法 季語の類句・類想 きっぱり捨てる」p. 60

『業柱抱き』事件

（注 1）高浜虚子『虚子俳句問答 [下] 実践編』（角川書店）2001 年 pp. 108-109, 115

（注 2）『新潮』2004 年 2 月号（新潮社）車谷長吉「ぼんくら―お詫びと訂正」p. 280

（注 3）『月刊 俳句界』2004 年 3 月号（文學の森）秋山巳之流「人、それを盗作という。」p. 12

（注 4）『月刊 俳句界』2004 年 3 月号（文學の森）筑紫磐井「類句三考 車谷長吉『ぼんくら』に触れて」p.14

（注 5）『読売新聞』2004 年 5 月 5 日「車谷長吉さんに 1 千万賠償請求へ」

（注 6）『朝日新聞』2004 年 5 月 5 日「車谷長吉氏らに損害賠償請求へ『名誉傷つけた』と俳人」

チャイルドシート交通標語事件

（注 1）東京地裁平成 13（ワ）2176 号、東京高裁平成 13（ネ）3427 号

（注 2）『毎日新聞』1994 年 12 月 1 日「交通安全年鑑スローガン 竹内、二ノ宮さん入賞」

『マンション読本』事件

（注 1）大阪地裁平成 19（ワ）7877 号

（注 2）大阪地裁平成 19（ワ）7877 号判決文

（注 3）請求額を、主張損害額の約半分にとどめたのは、裁判手数料や弁護士費用が請求額に応じて高額になるからだと推察する。また、A を被告としなかったのは、A 個人には数千万円の支払能力があることが考えにくかったことと、片や支払能力を有し、「マンション読本」の実態的な頒布者、制作責任者である両社を対象とする方が適切だと判断したのだろう。

『音楽遍歴』事件

（注 1）小泉純一郎『音楽遍歴』（日本経済新聞出版社）2008 年 p. 14（池田卓夫による注釈）

（注 2）現在は削除されているため、以下佐々木の告発発言は『週刊新潮』2008 年 6 月 19 日号（新潮社）「盗用騒ぎが持ち上がった『小泉元首相』音楽本」p. 52 による。

（注 3）佐々木修「モバイル音楽辞典 管弦楽曲データベース おもちゃの交響曲 楽曲解説」（最終更新：2006 年 11 月 28 日）https://www.music-tel.com/ez2/bz/work/Angerer/2.html

（注 4）佐々木修「ミステリー『おもちゃの交響曲』〜真の作曲者を探す旅〜」https://www.music-tel.com/maestro/Kindersymphonie/index.html

（注 5）日本版ウィキペディア「おもちゃの交響曲」2006 年 11 月 29 日（水）11:48（UTC）の版など。本来、検証可能な事実のみを記載すべきウィキペディアを自説の開陳に使

藤Pを悩ませた『これはアウト、これはセーフ』の境界線」https://www.excite.co.jp/news/article/E1521214186004/)。

『完全自殺マニア』事件

(注 1) 東京地裁平成 24 (ヨ) 22037 号

(注 2)『出版ニュース』2013 年 2 月中旬号 (出版ニュース社) 濱崎誉史朗「出版協『完全自殺マニア』パロディ裁判に携わった編集者として」p. 18

『さよなら絶望先生』事件

(注 1)『週刊少年マガジン』2011 年 8 月 3 日号(講談社)久米田康治「さよなら絶望先生」第 268 話「ペイの拡充」

(注 2) 藤子・F・不二雄『ドラえもん 第 13 巻』(小学館)「お金のいらない世界」1977 年

(注 3) 久米田康治『さよなら絶望先生 第 27 集』(講談社) 2011 年 あとがき「どうなってる脳」

(注 4) 作家のばるぼらは、赤田祐一との共著『消されたマンガ』で「著作権違反でないと結論が出ても、自分のオリジナルと本当に言えるかを考えて収録しなかった作者の態度は、『著作権』と『オリジナリティ』を本質的に区別している。収録しなかったことが真摯なのではなく、自分の判断基準を明確に持っていることが真摯なのだ。大げさにいえば、創作に携わる者のあるべき姿を見た気分である」(鉄人社、2013 年、p. 161) と評している。

(注 5) 久米田康治『さよなら絶望先生 第 5 集』(講談社) 第 48 話「ヨボー家の人々」2006 年

(注 6) 久米田康治『さよなら絶望先生 第 27 集』(講談社) 2011 年 あとがき「どうなってる脳」

『手あそびうたブック』事件

(注 1) 東京地裁平成 20 (ワ) 4692 号

(注 2) ただし、永岡本全体における楽曲と振り付けの選択については、一定の創意工夫が見られ、編集者の思想・感情が創作的に表れている編集著作物であると認定した。つまり、大部分の楽曲・振り付けの選択と配列 (曲順など) が再現されていたような場合には、著作権侵害が成立する余地はある。

『プレバト!!』事件

(注 1) MBS『プレバト!!』2018 年 6 月 7 日放送

(注 2)『宮崎日日新聞』2017 年 6 月 26 日「宮日文芸」

(注 3)「デイリースポーツオンライン」2018 年 8 月 2 日「東国原 類似句問題で『結果的にそうなってしまった』…夏井先生はフォロー」https://www.daily.co.jp/gossip/2018/08/02/0011505118.shtml

(注 4) 高浜虚子は、「類句」を「記憶する句に類した句」、「類想」を「陳腐な想で、誰でも思いつくような句」と区別している (高浜虚子『虚子俳句問答 [下] 実践編』角川書店 2001 年 p. 101)。

（注 2）東京地裁平成元（ワ）5607 号・平成元（ワ）12275 号

（注 3）東京地裁令和 2（ワ）21000 号

（注 4）東京地裁平成 24（ワ）3677 号・平成 24（ワ）7461 号、知財高裁平成 26（ネ）10003 号

（注 5）一方で、著作権侵害の指摘が名誉毀損に該当しないと判断した判決もある。代表的なものが、341 頁の『脱ゴーマニズム宣言』事件に関連する事件だ。小林よしのりが上杉聰の著書を「著作権侵害のドロボー本」などと雑誌で批判し、著作権侵害で訴え、主要部分において敗訴したことは紹介した通りだ。これに関連し、著作権訴訟の被告になった上杉が、小林による「著作権侵害のドロボー本」などの記述に対して、名誉毀損で訴えたのである。地裁、高裁で判断が二転三転したが、最高裁は、小林の記述を名誉毀損と認めなかった。ポイントは、小林の記述が「法的な見解の表明」（意見ないし論評の表明であって事実の摘示（てきし）ではない）と認められたことだ。小林が、結果的には敗訴したにせよ、それなりの根拠を持って上杉本が著作権侵害であるとの見解を表明していたことが決め手になった。一方的な思い込みによる安易な盗作呼ばわりは名誉毀損、それなりの深慮をもって法的な見解を表明するならば適法表現である、と考えてよいだろう。とはいえ「著作権侵害のドロボー本」とは、法的見解にしては相当に不穏な表現であり、どっちに転ぶかはきわどい事案だったと思う。本件では、そもそも上杉が上杉本で小林を揶揄、誹謗するような記述を多数していたことを受け、その応酬として小林が先の記述をした経緯が考慮され、「ドロボー」などの表現が、意見ないし論評の表明としての範囲を逸脱した人身攻撃とはいえない、との考えが示されていることも述べておく（東京地裁平成 12（ワ）18782 号、東京高裁平成 14（ネ）3647 号、最高裁平成 15（受）1793 号・1794 号）。

第 3 章　パロディ、偶然、コピペ、引用……クレーマーの常識を覆す！

左手にサイコガンを持つポプ子事件

（注 1）寺沢武一 Twitter 2018 年 10 月 3 日 https://twitter.com/buichi_terasawa/status/1047229300892557312

（注 2）大川ぶくぶ Twitter 2018 年 10 月 3 日 https://twitter.com/bkub_comic/status/1047402429505925120

（注 3）『けものフレンズ』のアニメ主題歌「ようこそジャパリパークへ」の歌詞の一節「けものは居てものけものは居ない」「けものですもの 大目に見ててね」（作詞：大石昌良）をモチーフにしている。

（注 4）アニメ版のプロデューサーを務めたキングレコードの須藤孝太郎は「オリジナリティを乗っけて、元ネタがかすかに臭うくらいにしないと、パロディとしては成立しない」「明確な境界線は有るようで無い。でも、この作品では、そのジャッジを僕のところでしなければいけない」と、パロディの許容性について相当苦心したことを述懐している（エキサイトニュース 2018 年3月 17 日 丸本大輔「『ポプテピピック』須

（注 7）谷村新司『谷村新司の不思議すぎる話』（マガジンハウス）2014 年 p. 18

『喫茶ステラと死神の蝶』事件

（注 1）『神戸新聞』2019 年 11 月 22 日「三田の洋菓子店『エス・コヤマ』外観 アダルトゲーム 無断で使用」

（注 2）ちなみにゲームの内容自体、それほどエグいエロゲーではない。純愛ファンタジーがベースのシナリオであり、全体的な表現としても比較的穏当である。

（注 3）建築の著作物を、アダルトゲームに使用する場合は、場合によっては著作者人格権の侵害になることもあるだろう。著作権法 113 条 7 項により、著作者の名誉又は声望を害する方法での著作物の利用は、著作者人格権の侵害にあたるとみなされているからだ。しかし「喫茶ステラ」において、コヤマをモデルとした店舗画像はあくまで風景として使用されていたのであって、性的シーンと直接結合していたわけではないと思われる。そうした使用態様が名誉声望保持権を害するとはいえず、本書は侵害にはあたらないと考える。なお、著作者人格権を行使できるのはコヤマではなく、コヤマの店舗を設計した建築家（著作者）である。

（注 4）「GOETHE」2013 年 5 月 2 日「情熱パーソン パティシエ小山進 路地裏のゴジラ !? Rozilla がオープン！ワクワクしなけりゃ仕事じゃない！」https://goetheweb.jp/person/slug-n61f15bf4f281

北岡悟丼事件

（注 1）北岡悟 Twitter 2020 年 10 月 9 日 https://twitter.com/lotuskitaoka/status/1314367626521399298

（注 2）竹脇まりな Twitter 2020 年 10 月 9 日 https://twitter.com/takemari1219/status/1314392412106584064

（注 3）クックパッド「元祖・北岡悟丼」（北岡悟）https://cookpad.com/recipe/4600803

編み物ユーチューバー事件

（注 1）京都地裁令和 2（ワ）第 1874 号

（注 2）Susanna's Hobbies R. YouTube チャンネル 2018 年 11 月 14 日「かぎ針歴わずか 1 年で DAISO さんで作品採用 !? アフリカンフラワーヘキサゴン スザンナのホビー」https://www.youtube.com/watch?v=sUhHITfr0ig

（注 3）Susanna's Hobbies R. YouTube チャンネル 2019 年 4 月 30 日「ご報告」https://www.youtube.com/watch?v=riUCfjKOOYo ※執筆時現在は削除。

（注 4）判決文では「立ち上がりを 1 目入れ、もう 1 目を入れた後、1 目スキップ（飛ばして）して、その次の目に（細編み）2 目入れる」と表記。

（注 5）ただし執筆時現在、スザンナ側の控訴により控訴審での審理が行われていることを付記する。本書としては、控訴審でも著作権侵害該当性についての認定が覆る可能性は低いと考え、本件を掲載した（22 年 10 月控訴棄却、23 年上告棄却で敗訴確定）。

コラム④：エセ著作権者を逆に名誉毀損で訴えたらどうなる？

（注 1）東京地裁平成 15（ワ）7581 号、東京高裁平成 16（ネ）5004 号

（注 1）山極壽一「京都大学 平成 29 年度学部入学式 式辞」（2017 年 4 月 7 日） https://www.kyoto-u.ac.jp/ja/about/history/successive/president26/speech/2017/170407-1

（注 2）JASRAC「JASRAC シンポジウム『著作権法上の“引用”を考える』」（2018 年 1 月 31 日）において、伊藤氏貴、上治信悟、前田哲男、浅石道夫が発言。

（注 3）『京都新聞』2017 年 5 月 19 日「JASRAC 京大に著作使用料請求」

（注 4）『朝日新聞』2017 年 5 月 20 日「ディラン歌詞、京大総長の式辞に引用 JASRAC『HP 掲載 使用料の可能性』」

（注 5）「IT media NEWS」2017 年 5 月 19 日「京大総長『式辞で歌詞紹介』に JASRAC が著作権料求める Web サイト掲載分めぐり」https://www.itmedia.co.jp/news/articles/1705/19/news072.html

（注 6）JASRAC「JASRAC シンポジウム『著作権法上の“引用”を考える』」p. 38（2018 年 1 月 31 日開催）

『アウターガンダム資料集』事件

（注 1）松浦まさふみ Twitter 2020 年 8 月 25 日 https://twitter.com/matsuurama/status/1298106534035984384

（注 2）松浦まさふみ Twitter 2020 年 8 月 29 日 https://twitter.com/matsuurama/status/1299420226950488066

（注 3）松浦まさふみ Twitter 2020 年 8 月 29 日 https://twitter.com/matsuurama/status/1299497468753620993

（注 4）松浦まさふみ Twitter 2020 年 8 月 29 日 https://twitter.com/matsuurama/status/1299567583331364864

（注 5）松浦まさふみ Twitter 2020 年 8 月 29 日 https://twitter.com/matsuurama/status/1299577040572571649

（注 6）松浦まさふみ Twitter 2020 年 8 月 29 日 https://twitter.com/matsuurama/status/1299569806601908224

『昴』事件

（注 1）小木曽友『啄木と「昴」とアジア―ラビシャンカールのシタール響く』（ブイツーソリューション）2012 年 p. 12

（注 2）『青山学院女子短期大学紀要』第 49 巻（青山学院女子短期大学）1995 年 岡崎和夫「石川啄木論（その壱 序章）」p. 87

（注 3）海部宣男『天文歳時記』（角川学芸出版）2008 年 p. 80

（注 4）「ほぼ日刊イトイ新聞」枡野浩一「石川くん 枡野浩一による啄木の『マスノ短歌』化。：第 12 回 石川くんとサビ」https://www.1101.com/ishikawa_kun/essay_12.html

（注 5）『週刊新潮』2003 年 10 月 2 日号（新潮社）p. 155

（注 6）『朝日新聞（岩手版）』2003 年 12 月 20 日「週刊誌取材きっかけ『啄木～さらばスバルよ』展 玉山村」

Cygames の 2018 年 3 月 16 日付回答書 http://www.crim.co.jp/crim/FAQ1.html

『神獄のヴァルハラゲート』事件

（注 1）執筆時現在「神獄のヴァルハラゲート」はマイネット社が運営している。

（注 2）グラニ Facebook 2013 年 4 月 27 日「知的財産権についてのお知らせ」https://www.facebook.com/grani0919/posts/453682531372575

（注 3）gumi プレスリリース「『ドラゴンジェネシス』に関しまして」http://gu3.co.jp/news/archives/1828

（注 4）グループス プレスリリース 2013 年 6 月 12 日「訴訟の提起に関するお知らせ」https://gloops.com/news/2013/06/p20130612001.html/

（注 5）グラニ プレスリリース 2013 年 6 月 13 日「株式会社 gloops（以下グループス）からの訴訟提起に関して」http://grani.jp/press_20130613.html

（注 6）グループス、グラニ 共同プレスリリース 2015 年 5 月 27 日「訴訟の和解に関するお知らせ」http://grani.jp/press_release/20150527_2

コラム③音楽業界のエセ著作権事件簿

（注 1）玉木宏樹「著作権コーナー」2002 年 9 月 10 日 http://www.archi-music.com/tamaki/copyright.html

（注 2）『週刊文春』2015 年 12 月 31 日・1 月 7 日新春特大号（文藝春秋）近田春夫「考えるヒット」p. 77

『華氏９１１』事件

（注 1）フジテレビが 2003 年に製作・放送したテレビドラマ。フジテレビは 2015 年には『ブスと野獣』というドラマも製作している。『美女と野獣』のもじりタイトルは、他に佐竹幸典の漫画『魔女と野獣』、マツモトトモの漫画『美女が野獣』、安曇ゆうひの漫画『ブ女と野獣』、イダタツヒコの漫画『美女で野獣』など多数。

（注 2）ロックバンド河内 REDS の 2020 年のアルバム。手塚治虫の漫画にも『時計仕掛けのりんご』という作品がある。

（注 3）佐藤秀峰の漫画。

（注 4）『週刊現代』2008 年 2 月 2 日号（講談社）福田和也「坂東眞理子 役人あがりのパクリ作家に『女の品格』を語る資格なし！」p. 29

（注 5）『月刊アサヒ芸能エンタメ』2004 年 11 月号（徳間書店）p. 27

『父よ母よ』事件

（注 1）サザンオールスターズ「愛の言霊～ Spiritual Message ～」、桑田佳祐「東京」、宮内洋「戦え！仮面ライダーＶ３」などのヒット曲に使われている。さだまさし、キム・ヨンジャ、氣志團、GReeeeN、DIR EN GREY なども歌っている。

（注 2）『毎日新聞』1994 年 8 月 20 日夕刊「ベストセラータイトル論争 そっくり『父よ母よ』」

（注 3）『毎日新聞』2001 年 7 月 27 日「類似タイトル、賠償認めず『高度の独創性ない』」

（注 4）吉村英夫（撰著）『一行詩 往信 父よ母よ』（学陽書房）1994 年 pp. 163-164

『風に吹かれて』事件

（注 2）『週刊新潮』2006 年 6 月 29 日号（新潮社）「TEMPO タウン 架空動物『ぞりん』をめぐる『盗作騒動』」p. 139

『アナと雪の女王』事件

（注 1）Wilson v. Walt Disney Co., 123 F. Supp. 3d 1172 - District Court, Northern District California 2015

（注 2）Sabrina Tumblr "Animation Things" 2013. 7. 10 https://anni-thii.tumblr.com/post/55135095738/anna-and-elsa-from-frozen-reminds-me-a-lot-to

（注 3）KOTAKU 2014. 3. 21 Brian Ashcraft "Some Say Frozen Ripped Off a Japanese Anime. Here's Why." https://kotaku.com/some-say-frozen-ripped-off-a-japanese-anime-heres-why-1548623784

（注 4）『週刊文春』2014 年 6 月 5 日号（文藝春秋）pp. 146-147

『走馬燈屋の退屈』事件

（注 1）『週刊アサヒ芸能』2012 年 7 月 12 月号（徳間書店）pp. 211-212

『四分三三秒』事件

（注 1）Los Angeles Times 2002. 9. 25 Elaine Dutka "Morning Report" https://www.latimes.com/archives/la-xpm-2002-sep-25-et-morn25-story.html

（注 2）BBC NEWS 2002. 7. 17 "'Silent works' do battle" http://news.bbc.co.uk/2/hi/entertainment/2133426.stm

（注 3）CNN 2002. 9. 23 "Composer pays for piece of silence" https://edition.cnn.com/2002/SHOWBIZ/Music/09/23/uk.silence/

（注 4）The New Yorker 2002. 9. 30 Ben Greenman "Silence is beholden" https://www.newyorker.com/magazine/2002/09/30/silence-is-beholden

（注 5）The New Yorker 2002. 9. 30 Ben Greenman "Silence is beholden" https://www.newyorker.com/magazine/2002/09/30/silence-is-beholden

（注 6）Mike Batt Twitter 2010 年 12 月 9 日 https://twitter.com/Mike_Batt/status/12629279615492096

（注 7）The New Yorker 2002. 9. 30 Ben Greenman "Silence is beholden" https://www.newyorker.com/magazine/2002/09/30/silence-is-beholden

『エルシャダイ』事件

（注 1）竹安佐和記 Twitter 2018 年 3 月 3 日 https://twitter.com/Sawaki_Takeyasu/status/969841051245543424、togetter「グラブルのベリアルがエルシャダイのルシフェルに類似している件でサイゲームスから回答が出る」https://togetter.com/li/1212934

（注 2）2020 年に発売された PS4 向けの格闘ゲーム「グランブルーファンタジー ヴァーサス」では、ベリアルは映像による多彩なポーズが描かれている。

（注 3）イグニッション・エンターテインメント・リミテッド（監修）『エルシャダイ 公式アートワークス』（PHP 研究所）2011 年 p. 17

（注 4）crim「グランブルーファンタジーのベリアルについて」において引用された

注釈

第２章　何様なのか？ 無知と屁理屈のイチャモンワールド

『テルーの唄』事件

（注 1）『諸君！』2006 年 11 月号（文藝春秋）荒川洋治「ゲド戦記 作詞者宮崎吾朗氏への疑問」p. 171

（注 2）スタジオジブリ「『テルーの唄』の歌詞の表記の問題について」http://www.ghibli.jp/info/003477/

『中国塩政史の研究』事件

（注 1）東京地裁平成元（ワ）5607 号・平成元（ワ）12275 号

（注 2）『史学雑誌』1970 年 2 月号（史学会）藤井宏「漢代塩鉄専売の実態（一）―史記平準書の記載をめぐる諸問題」p. 20

（注 3）佐伯富『中国塩政史の研究』（法律文化社）1987 年 p. 104

（注 4）『週刊朝日』1988 年 6 月 17 日号（朝日新聞社）「塩辛過ぎる『盗作』クレームに学士院がアタフタ」p. 33

（注 5）『週刊朝日』1988 年 6 月 17 日号（朝日新聞社）「塩辛過ぎる『盗作』クレームに学士院がアタフタ」p. 33

（注 6）『産経新聞』1989 年 3 月 14 日「喜び半減 Vs 提訴だ 佐伯教授の盗作騒動 PART Ⅱ」

『カメラを止めるな！』事件

（注 1）実際の各テレビシリーズの製作現場において、石森プロが新番組のたびに原作といえる素材を創作し、提供しているのかもしれないが（しかしそれなら石ノ森没後の原作クレジットは「石ノ森章太郎」ではなく「石森プロ」とすべきである）、ここではたとえとして、石ノ森章太郎の原作漫画『仮面ライダー』（1971 年）との比較を前提として述べる。以下同様。

（注 2）『FLASH』2018 年 9 月 6 日号（光文社）p. 38

（注 3）内藤みか note 2018 年 8 月 13 日「【ネタバレ注意】『カメラを止めるな！』。原案となった舞台も観ている私の感想。」https://note.com/micanaitoh/n/nbcad085920af

（注 4）「FRIDAY DIGITAL」2018 年 9 月 23 日 堀田純司「独占入手『カメラを止めるな！』の原作？『舞台版映像』を観た！」https://friday.kodansha.co.jp/article/17012

（注 5）上田慎一郎 Twitter 2018 年 8 月 21 日 https://twitter.com/shin0407/status/1031908659608006657

（注 6）『カメラを止めるな！』公式サイト 2019 年 3 月 31 日「『カメラを止めるな！』リメイクについて」http://kametome.net/news/3133702 なお、2022 年にフランスで『Final Cut』のタイトルでリメイクされ、同年に日本でも『キャメラを止めるな！』として公開された。

『ぞりん』事件

（注 1）引用した表紙画像では分かりにくいが、井口らの『ぞりん』の表紙の左下あたり、吹き出しで囲んだ「扶桑社」の表示の脇に、白い鳥のアイコンが小さく描かれている。

status/631759195067408384

（注 4）講談社 Kiss 2015 年 8 月 21 日「『コトコトくどかれ飯』へのツイッター上でのお問い合わせに関する編集部の見解とお知らせ」https://kisscomic.com/hatsukiss/news/150821.html

（注 5）きょうのゲイバー Twitter 2015 年 11 月 12 日 https://twitter.com/kyonogayber/status/664668273850519554

（注 6）きょうのゲイバー Twitter 2015 年 11 月 12 日 https://twitter.com/kyonogayber/status/664677463897706496

（注 7）『週刊 SPA!』2015 年 11 月 24 日号（扶桑社）p. 79

（注 8）「ガジェット通信」2015 年 12 月 9 日 Taka「峰なゆか『アラサーちゃん』パクリ疑惑が他にも !?『週刊 SPA!』の連載は作者急病のため過去の作品を掲載」https://getnews.jp/archives/1295441

『謝罪の王様』事件

（注 1）りんプロ Twitter 2013 年 6 月 8 日 https://twitter.com/rinpuro/status/343104456990261248

（注 2）りんプロ Twitter 2013 年 6 月 8 日 https://twitter.com/rinpuro/status/343118966463541249

（注 3）りんプロ Twitter 2013 年 6 月 8 日 https://twitter.com/rinpuro/status/343106272503152643

（注 4）りんプロ Twitter 2013 年 6 月 8 日 https://twitter.com/rinpuro/status/343134856932376576

（注 5）りんプロ Twitter 2013 年 6 月 8 日 https://twitter.com/rinpuro/status/343136037075312640

（注 6）りんプロ Twitter 2013 年 6 月 8 日 https://twitter.com/rinpuro/status/343373023451176961

（注 7）りんプロ Twitter 2013 年 6 月 8 日 https://twitter.com/rinpuro/status/343366162920390656

（注 8）りんプロ Twitter 2013 年 6 月 13 日 https://twitter.com/rinpuro/status/344981478767214592

（注 9）りんプロ Twitter 2013 年 6 月 13 日 https://twitter.com/rinpuro/status/344985172879499264

コラム②事前にググるのを止めないか？

（注 1）大場つぐみ（原作）、小畑健（漫画）『バクマン。第 7 巻』（集英社）2010 年 p. 73

（注 2）『発明 THE INVENTION』2021 年 2 月号（発明推進協会）髙木紀明、友利昴「デザイナーが語る aibo 復活の裏側」p. 8

連合会）1996 年 巻末

『新撰組！』事件

（注 1）『週刊新潮』2004 年 11 月 4 日号（新潮社）p. 56

（注 2）千秋寺京介『怨霊記 巻ノ一 四国結界篇』（徳間書店）2001 年 pp. 90-92

（注 3）『週刊新潮』2004 年 11 月 4 日号（新潮社）p. 57

『ラストニュース』事件

（注 1）猪瀬直樹 Twitter 2012 年 10 月 22 日 https://twitter.com/inosenaoki/status/260057278303064066

（注 2）村川康敏 Twitter 2013 年 1 月 25 日 https://twitter.com/highlightsfact/status/294783240848429057

（注 3）『週刊新潮』2013 年 3 月 21 日（新潮社）「『猪瀬副知事』を名誉棄損で訴える『人気脚本家』勝訴のシナリオ」p. 44

（注 4）『読売新聞』2013 年 7 月 2 日「猪瀬知事書き込み『不穏当』」

（注 5）猪瀬直樹 Twitter 2014 年 4 月 1 日 http://twitter.com/inosenaoki/status/450868793590288385

（注 6）後の捜査で借入金であることは認められ、その金が選挙運動費用収支報告書に未記載だったことによる公職選挙法違反による罰金刑（50 万円）にとどまった。

『パパはニュースキャスター』事件

（注 1）伴一彦 Twitter 2012 年 2 月 14 日 https://twitter.com/sacaban/status/169412182784737280

（注 2）フジテレビ 番組・イベント最新情報「とれたてフジテレビ」https://www.fujitv.co.jp/fujitv/news/pub_2012/i/120208-i009.html

（注 3）伴一彦 Twitter 2012 年 2 月 14 日 https://twitter.com/sacaban/status/169417997134479360

（注 4）伴一彦 Twitter 2012 年 2 月 15 日 https://twitter.com/sacaban/status/169604815784128512

（注 5）伴一彦オフィシャルサイト「【『パパはニュースキャスター』を巡るフジテレビとの顛末】」https://www.plala.or.jp/ban/now120228.html

（注 6）だがドタバタで無理が生じたのか、評判は芳しくなく、全 11 話の予定が 8 話で打ち切りとなった。

（注 7）伴一彦 Twitter 2012 年 2 月 17 日 https://twitter.com/sacaban/status/170503781312761856

『女くどき飯』事件

（注 1）峰なゆか Twitter 2015 年 8 月 13 日 https://twitter.com/minenayuka/status/631746542639038464

（注 2）峰なゆか Twitter 2015 年 8 月 13 日 https://twitter.com/minenayuka/status/631729260223311872

（注 3）峰なゆか Twitter 2015 年 8 月 13 日 https://twitter.com/minenayuka/

（注 4）『中国研究集刊』2008 年 12 月 生号（第 47 号）（大阪大学文学部中国哲学研究室）加地伸行「中国哲学史研究ノート〔九〕」p. 109

（注 5）加地は、論語における「君子」と「小人」の対比関係から、孔子の「単に知識を得ることのみに甘んじず、知識を正しく活かすための徳性、人格性を備えねばならない」というメッセージを読み取り、これを現代にも通じる普遍的な思想と把握したことから、現代語訳に「教養人」「知識人」を充てたという。

（注 6）加地伸行『論語 全訳注（増補版）』（講談社学術文庫）2009 年 p. 170

（注 7）気の毒なのは山田だが、もっとも山田は『寝床で読む「論語」』で、論語の「過ちて改めず、これを過ちと謂う」（まちがったのにぐずぐずと改めない、それが真のまちがいである〔山田訳〕）を引き合いに、「謝ると決心したとしよう。そのさい『謝ったもん勝ちなんだ』と自分に言い聞かせよう。どちらの言い分にスジが通っているかということは、謝ると決めたからには関係ない。ちっぽけなプライドは捨ててかかろう」と書いている（p. 40）。まぁこの性格なら案外気にしていないのかもしれない。山田が「教養人」としての君子であるかは分からないが、少なくとも加地よりは「大人物」なのでは !?

コラム①「オレ様の先行作品に敬意を払え！」はカッコ悪い

（注 1）今敏「KON'S TONE」2001 年 1 月 23 日「VS ダーレン」http://konstone.s-kon.net/modules/notebook/archives/60

（注 2）今敏「KON'S TONE」2010 年 7 月 22 日「お節介ながら」http://konstone.s-kon.net/modules/notebook/archives/514

ＬＩＮＥクリエイターズスタンプ事件

（注 1）東京地裁令和元（ワ）26106 号

けろけろけろっぴ事件

（注 1）東京地裁平成 12（ワ）4632 号、東京高裁平成 12（ネ）4735 号

（注 2）もちろん裁判では開示は認められなかったが、後に作者は社員デザイナーの地井明子であることが公表されている（「いちご新聞」2014 年 10 月号、サンリオ）。ポムポムプリンも同氏のデザインである。

ミッフィー事件

（注 1）467440-KG ZA 10-1522(Court of Amsterdam)

（注 2）The Telegraph 2008. 07. 31 Horatia Harrod "Dick Bruna, creator of the Miffy books, talks about his life and work" https://www.telegraph.co.uk/culture/donotmigrate/3557810/Dick-Bruna-creator-of-the-Miffy-books-talks-about-his-life-and-work.html

タウンページ君事件

（注 1）東京地裁平成 11（ワ）20965 号

（注 2）ＮＴＴタウンページ「2010 ～ 2020 年度 電話帳発行状況一覧」https://www.ntt-tp.co.jp/company/pr_num.html

（注 3）『オール発明 知的所有権「PL 表現」／知的財産権 キーワードライン』（発明開発

マウス」

（注2）文化庁 2021年6月28日『令和3年度著作権セミナー（富山県会場）』文化庁著作権課著作物流通推進室長 日比謙一郎「学校教育と著作権―授業目的公衆送信保証金制度を中心に―」https://www.bunka.go.jp/seisaku/chosakuken/seminar/2021/pdf/93183101_01.pdf

（注3）著作権情報センター 大和淳「学校教育と著作権」https://www.cric.or.jp/qa/cs01/

（注4）インターブックス『翻訳コラム』2017年9月21日 奥田百子「著作権の基本 ミッキーマウスをプールの底に描いた事件、早慶戦のマスコットに使用した事件」https://www.interbooks.co.jp/column/jpatent/20170921/

（注5）安藤健二『封印されたミッキーマウス 美少女ゲームから核兵器まで 抹殺された12のエピソード』（洋泉社）2008年 p. 136

『ライオン・キング』事件

（注1）『ジャングル大帝』は、1994年までに、原作にあたる手塚の漫画版（1950）、テレビアニメ第一作『ジャングル大帝』（1965）、アニメ第二作『新ジャングル大帝 進めレオ！』（1966）、映画版『ジャングル大帝劇場版』（1966）、アニメ第三作『ジャングル大帝』（1989）、OVA『アニメ交響詩ジャングル大帝』（1991）の作品が発表されているが、議論の中心は、米国で放送され、現地で最も知られるテレビアニメ第一作『ジャングル大帝』だったため、本稿でも同作品と比較する。

（注2）『ニューズウィーク日本版』2019年8月6日号（CCCメディアハウス）「ディズニーのパクリ疑惑が実写版大ヒットで再熱中」p. 20

（注3）『産経新聞』1994年8月20日夕刊「里中満智子 映画『ライオン・キング』に物申す」

（注4）第8話「きちがい雲」、第23話「大怪虫」。

（注5）『産経新聞』1994年8月20日夕刊「里中満智子 映画『ライオン・キング』に物申す」

（注6）『Voice』1994年11月号（PHP研究所）桐山秀樹「『ライオン・キング』は盗作か」p. 210

（注7）San Francisco Chronicle 1994. 7. 12 "'Lion King' recalls beast of another reign" https://www.baltimoresun.com/news/bs-xpm-1994-07-12-1994193097-story.html

（注8）『Voice』1994年11月号（PHP研究所）桐山秀樹「『ライオン・キング』は盗作か」p. 208

（注9）手塚眞『天才の息子 ベレー帽をとった手塚治虫』（ソニー・マガジンズ）2003年 p. 205 ただし漫画版の『ジャングル大帝』と比較した発言。

『寝床で読む「論語」』事件

（注1）『中国研究集刊』2007年12月 霜号（第44号）（大阪大学文学部中国哲学研究室）加地伸行「中国哲学史研究ノート〔八〕」pp. 78-82

（注2）『中国研究集刊』2008年12月 生号（第47号）（大阪大学文学部中国哲学研究室）加地伸行「中国哲学史研究ノート〔九〕」p. 109

（注3）『ちくま』2008年4月号（筑摩書房）p. 80「お詫びとお知らせ」

https://blog.goo.ne.jp/ynakura/e/1339b0a30c69840f490368e2674555bd

（注 2）名倉靖博 ブログ「またたき街雑記」2007 年 3 月 30 日「金魚救い」https://blog.goo.ne.jp/ynakura/e/1cb210a59f1ac6c12a592842ef77ce2c

（注 3）『ジブリの森とポニョの海—宮崎駿と「崖の上のポニョ」』（角川書店）2008 年 p. 2

（注 4）鈴木敏夫『天才の思考 高畑勲と宮崎駿』（文藝春秋）2019 年 p. 307

（注 5）DVD『プロフェッショナル 仕事の流儀スペシャル 宮崎駿の仕事』（NHK エンタープライズ）2009 年

温和なシャーロック・ホームズ事件

（注 1）Conan Doyle Estate, Ltd. v. Netflix, Inc. - Case No. 1:20-cv-00610 -District Court of New Mexico 2020

（注 2）Klinger v. Conan Doyle Estate, Ltd., 761 F. 3d 789 - Court of Appeals, 7th Circuit 2014

（注 3）1927 年発表の最後の二作品である『覆面の下宿人』『ショスコム・オールド・プレース』の著作権が、2022 年末を以って満了する。

（注 4）製作は Hulu と、ワーナー・ブラザーズ傘下のテレビ局 HBO が共同で務める。すでにロバート・ダウニー・Jr. 主演の映画『シャーロック・ホームズ』でドイル財団とライセンス契約を結んでいたワーナーの意向だったのかもしれない。

（注 5）北原尚彦『初歩からのシャーロック・ホームズ』（中央公論新社）2020 年 p. 88

（注 6）ドイル財団の知的財産権の乱用については、マティアス・ボーストレム、平山雄一（監訳）、ないとうふみこ（訳）、中村久里子（訳）『〈ホームズ〉から〈シャーロック〉へ—偶像を作り出した人々の物語』（作品社、2020 年）にも詳しい。

『ゾディアック・ナイツ２０００』事件

（注 1）Isaac A. POTTER, Jr. v. TOEI ANIMATION INCORPORATED. (839 F. Supp. 2d 49)

『龍馬伝』事件

（注 1）おはようチンタイガー YouTube チャンネル 2017 年 10 月 3 日「龍馬伝の題字の作り方を聞いてみた【紫舟 2/10】」https://www.youtube.com/watch?v=4T0qp4R7OOQ

（注 2）『朝日新聞（大阪版）』2011 年 9 月 23 日「大河の題字『デザイン酷似』京都の書道家、NHK 提訴」

（注 3）上坂祥元『現代デザイン考 商業書道を拓く—上坂祥元による商業書道創作の意義と作品—』（GE 企画センター）1988 年 p. 127

（注 4）一般社団法人日本新聞協会 2012 年 9 月 26 日「龍馬伝の題字『創作性ない』書道家の著作権侵害せず 大阪高裁判決」https://www.pressnet.or.jp/news/headline/120926_2036.html

（注 5）大阪地裁平成 10 年（ワ）11012 号・平成 11 年（ワ）4128 号

プールの底のミッキーマウス事件

（注 1）『サンケイ新聞』1987 年 7 月 10 日「プールの絵 著作権違反 卒業記念のミッキー

《注釈》

※引用元がウェブサイト文献の場合、執筆時に現存しない URL は、ウェブアーカイブサービスによって参照した。

まえがき

（注 1）宮本督（監修）『これだけは知っておきたい「著作権」の基本と常識』（フォレスト出版）2017 年 帯文。なお念のため、同書の中身がバランスを欠いていると指摘するものではない。以下同様。

（注 2）齋藤理央『マンガまるわかり著作権』（新星出版社）2021 年 帯文

第 1 章　大迷惑！ 驚愕のパクられ妄想ワールド

時間は夢を裏切らない事件

（注 1）東京地裁平成 19（ワ）第 4156 号

（注 2）コミカライズとキャラクターデザインなどを担当したアニメ『宇宙戦艦ヤマト』の原作者は自分だと主張し、アニメプロデューサーと裁判沙汰になったが、認められなかった。「リカちゃん人形をデザインしたのは、妻である漫画家の牧美也子」と主張したことがある。だが牧はリカちゃんの商品封入ブックレットのイラストを描いたことはあるが、原デザインの開発には関わっていない。開発者が牧の作品ほか、複数の少女漫画の絵柄を参考にしてデザインしたのである。書籍『宇宙戦艦ヤマト伝説』（フットワーク出版社、1999 年）のインタビューで、『スター・ウォーズ』のレイア姫の初期設定は、自身の漫画『宇宙海賊キャプテンハーロック』のキャラクター有紀螢（ゆうきけい）「そのまんま」と述べたことがあるが、本文の裁判で、槇原側から「似ているのは宇宙を舞台にした物語に登場する意思の強い若い女だということくらいで、後は絵姿から、キャラクター設定から、何一つ似ていない」と喝破されている。

（注 3）槇原はゴダイゴの「MONKEY MAGIC」をカバーしており、収録 CD で「槇原が愛するナンバーをカバー」と宣伝された。

（注 4）疑いの霧が完全に晴れた「約束の場所」は、2022 年に槇原によるセルフカバー版が発売された。

『生活維持省』事件

（注 1）星新一公式サイト「『生活維持省』と『イキガミ』との類似点」https://www.hoshishinichi.com/ikigami/ruijiten.html 以下四点、引用元同じ。

（注 2）星新一公式サイト 片寄聰「星マリナさんの『イキガミ』に対するお尋ねについて」2008 年 9 月 18 日 https://www.hoshishinichi.com/ikigami/shogakukan.html

『崖の上のポニョ』事件

（注 1）名倉靖博 ブログ「またたき街雑記」2007 年 3 月 20 日「金魚姫な事件」

友利 昴

作家。慶應義塾大学環境情報学部卒業。企業で法務・知財実務に長く携わる傍ら、著述・講演活動を行う。主な著書に『オリンピックVS便乗商法—まやかしの知的財産に付度する社会への警鐘』（作品社）、『知財部という仕事』『へんな商標？』（発明推進協会）、『それどんな商品だよ！』（イースト・プレス）、『日本人はなぜ「黒ブチ丸メガネ」なのか』（KADOKAWA）などがある。一級知的財産管理技能士。

過剰権利主張ケーススタディーズ Vol.1

エセ著作権事件簿

著作権ヤクザ・パクられ妄想・著作権厨・トレパク冤罪

2022年8月1日　初版第1刷発行
2024年10月1日 初版第5刷発行
著者：友利昴
本文イラスト：ずるのバレンティノ（自己肯定感の高いひよこ）
装幀＆デザイン：合同会社パブリブ
発行人：濱崎誉史朗
発行所：合同会社パブリブ
東京都中央区東日本橋2丁目28番4号
日本橋CETビル2階
Tel 03-6383-1810
https://publibjp.com/
office@publibjp.com
印刷＆製本：シナノ印刷株式会社